高等职业教育通识教育"十五五"规划教材

职业汉语能力与素养

第三版

管琰琰 张红娟 主 编
杨卿呈 王传明 副主编

图书在版编目(CIP)数据

职业汉语能力与素养/管琰琰,张红娟主编. —3版. ——上海：立信会计出版社，2025.6. —— ISBN 978-7-5429-7810-3

Ⅰ．H1

中国国家版本馆 CIP 数据核字第 2025S611R8 号

责任编辑　　孙　勇
助理编辑　　吴佳璘
美术编辑　　吴博闻

职业汉语能力与素养(第三版)
ZHIYE HANYU NENGLI YU SUYANG

出版发行	立信会计出版社
地　　址	上海市中山西路 2230 号　　邮政编码　200235
电　　话	(021)64411389　　传　　真　(021)64411325
网　　址	www.lixinaph.com　　电子邮箱　lixinaph2019@126.com
网上书店	http://lixin.jd.com　　http://lxkjcbs.tmall.com
经　　销	各地新华书店
印　　刷	上海华业装潢印刷有限公司
开　　本	787 毫米×1092 毫米　　1/16
印　　张	21
字　　数	498 千字
版　　次	2025 年 6 月第 3 版
印　　次	2025 年 6 月第 1 次
书　　号	ISBN 978-7-5429-7810-3/H
定　　价	54.00 元

如有印订差错，请与本社联系调换

前　　言

　　高等职业教育体系下的"大学语文"课程虽然和普通高等教育、中等职业教育和继续教育体系的同类课程一样，承担着提升人才人文素养和语文能力的任务，但在高等职业教育体系中，"大学语文"课程理念和建设路径的选择，又因其独特的性质和任务而有所不同。根据《国家职业教育改革实施方案》等相关政策文件的精神，结合高职院校语文课程改革建设的实际，我们对《职业汉语能力与素养》作了第二次修订。

　　本次修订的指导思想是，遵循职业教育"德技并修、知行合一"的育人导向，注重面向新时代新兴产业及数字化转型，提高学生在未来职场中综合运用汉语的能力，为培养复合型高素质的技术技能人才服务。

　　修订后的教材共有听说技能的训练、实用文阅读技能的训练、实用文写作技能的训练、职场人文素养的训练四个模块。教材末的三个附录为职场中汉语运用相关的技能介绍及综合训练。

　　本次修订更加注重以职业岗位实际需求来构建教材内容，比如针对护理专业，侧重于医患沟通、医护文书写作等语文应用能力的训练；针对机械制造专业，侧重于设备操作说明书的阅读与理解等。编者在各模块训练项目后增加了面向若干不同专业的可裁切下来的强化训练。

　　在第一模块的口语交际、第二模块和第三模块的实用文读写相关的训练中，本次修订增加了最新研究理论和案例的相关内容，诸如个人即兴演讲技能训练、电商平台口语技能训练、创新创业文案读写训练、自媒体文案读写训练、AI人机协同写作实践、经典电影中的励志名言给予的启示等，增加了趣味性、实用性、实践性。在第四模块职场人文素养的训练中，本次修订更加突出语文作为立德树人重要育人载体的导向作用。教材增加了诸如"文艺经典的吟唱"等学生喜闻乐见的方式，进一步拓宽了中华优秀传统文化的认同渠道，能够更好地引导学生增强文化体验，树立文化自信。

　　每个模块根据"情景案例、知识解说、训练项目"等体例编写，在理论方面点到为止，更加注重训练，把交流合作、解决问题、自我学习等核心素养与语文应用技能训练相结合，为提高学生综合素质和职场中汉语运用能力提供训练途径。

　　本教材既适用于职业教育语文类公共基础课或通识课的教学，也可作为职业院校的语文教学教材的参考资料。

　　本教材主编为管琰琰、张红娟，副主编为杨卿呈、王传明。本教材由管琰琰、张红娟、杨卿呈、王传明、黄杰、李阳、赵瑾等协作编写完成。在编写过程中，编者参考了一些专家、学者的著作，也获得了同行的宝贵意见和建议，在此表示衷心感谢！

　　由于编者水平有限，本教材难免有疏漏之处，敬请专家、同仁批评指正，也欢迎学生将使用本教材的意见和建议及时反馈给我们。

　　联系邮箱：zyhy@shzq.edu.cn

编　者
2025年4月

目　　录

第一模块　听说技能的训练 …………………………………………… 1

情景案例 …………………………………………………………………… 1
知识解说 …………………………………………………………………… 1
 一、听说的原则 ………………………………………………………… 1
 二、影响听说的因素 …………………………………………………… 3
 三、提高听说效果的技巧 ……………………………………………… 10
 四、非语言表达方式在口语交际中的应用 …………………………… 18
 五、新媒体语言（口语）的运用 ………………………………………… 20
训练项目 …………………………………………………………………… 24
 项目1　电话接听 ……………………………………………………… 24
 项目2　掌握求职面试语言 …………………………………………… 35
 项目3　掌握职场中与人合作共事的听说技巧 ……………………… 42
 项目4　朗读 …………………………………………………………… 53
 项目5　即兴演讲 ……………………………………………………… 59
 项目6　复述 …………………………………………………………… 62

第二模块　实用文阅读技能的训练 …………………………………… 66

情景案例 …………………………………………………………………… 66
知识解说 …………………………………………………………………… 67
 一、认识职场中的阅读 ………………………………………………… 67
 二、了解实用文的特点 ………………………………………………… 69
 三、了解实用文的阅读规律 …………………………………………… 70
 四、掌握实用文的阅读技巧 …………………………………………… 77
训练项目 …………………………………………………………………… 85
 项目1　阅读新闻 ……………………………………………………… 85

项目 2　阅读公文 ··· 91
项目 3　阅读市场调查报告 ··· 100
项目 4　阅读论文 ··· 105
项目 5　阅读合同 ··· 110
项目 6　阅读法律文书 ·· 114

第三模块　实用文写作技能的训练 ································· 118

情景案例 ··· 118
知识解说 ··· 118
一、实用文写作的含义 ·· 118
二、实用文的写作语言 ·· 119
三、实用文的运思 ·· 120
四、AI 赋能实用文写作——人机协同写作 ···································· 123
训练项目 ··· 129
项目 1　校园社团招新——撰写招聘启事 ······································ 129
项目 2　校园社团招新——撰写求职信（求职简历）、应聘信 ············ 130
项目 3　参加社会实践活动——撰写计划 ······································ 138
项目 4　参加学生组织活动——撰写总结 ······································ 142
项目 5　参加社会实践活动——撰写述职报告 ································ 147
项目 6　参加社会实践活动——撰写调查报告 ································ 152
项目 7　参加社会实践活动——撰写社团活动策划书 ······················· 164
项目 8　参加社会志愿者实践活动——撰写联系信函 ······················· 169
项目 9　组织开展大型活动——撰写会议议程 ································ 173
项目 10　组织召开学代会活动——撰写活动邀请函与会议通知 ········· 176
项目 11　组织召开学代会活动——撰写会议报告 ··························· 178
项目 12　组织召开学代会活动——撰写会议纪要 ··························· 180
项目 13　参加创新创业大赛活动——撰写商业计划书 ····················· 183
项目 14　参加新媒体运营实践活动——撰写新媒体文案 ·················· 190
项目 15　完成学业论文 ·· 197

第四模块　职场人文素养的训练 ·································· 202

情景案例 ··· 202
知识解说 ··· 202

一、文化经典与人文素养 ·· 203
二、传统文化精神与职业基本素养 ·································· 209
三、中国传统文化与文化自信 ·· 212

训练项目 ·· 215
项目1 了悟经典文本中的做人之道 ······························ 215
项目2 从先秦散文看职场素养 ······································ 243
项目3 从文化经典中感悟匠人情怀 ······························ 249
项目4 从文学名著中培养人文素养 ······························ 269
项目5 古风新韵——文艺经典的吟唱 ··························· 281
项目6 乡贤少年 人生楷模——从松江英雄夏完淳事迹中获取奋斗动力
　　　　 ··· 288
项目7 新媒体视阈下传统义化涵养职场人生 ················· 292
项目8 从哲理句段中获取职场励志 ······························ 299

参考文献 ·· 304
附录1 PSC(普通话水平测试)简介 ································ 305
附录2 HZC(汉字应用水平测试)简介 ····························· 308
附录3 汉语言应用能力综合训练题 ······························· 314

第一模块　听说技能的训练

在职场这片广阔的天地里,口语交际是我们日常工作中最常用、最直接的沟通方式。无论是与同事协作、向上级汇报,还是与客户洽谈,良好的听说技能都是职场成功的关键。本模块将带你深入探索职场听说技能的奥秘,帮助你在职场中更加自信、有效地沟通。

 情景案例

某公司总经理向下属口授近期工作任务。内容如下:

这几天,公司研制的新产品即将投产,可是资金方面还有短缺。你帮我联系工商银行的王行长,我打算与他好好谈谈,公司能贷到 100 万元就足够用了,今年年底就能还上。如果他肯出来的话,就定在金海大酒店见面吧。公司定于 6 月 10 日至 6 月 20 日在市展览中心举办新产品展销会,你问问下面的分部参不参加,统计一下有多少个分部参加。对了,明天咱们公司举行篮球赛,我过去看看,工会主席邀请我代表领导班子讲几句话。再有,下个月举办公司职工代表大会,你的准备工作做得如何?

请问:如果你是总经理助理,你听到的重点内容是什么?如果你是一名部门经理,你听到的重点内容是什么?

 知识解说

一、听说的原则

(一)尊重

听说活动的开展是思想、感情的双向交流与沟通。尊重是沟通的基石,尤其在职场中,要做到不以职位的高低判定对方,始终保持不卑不亢的态度。尊重不仅仅表现在语言和语调上,而且体现为情感上的理解与接纳。正如《论语》中所说,"己所不欲,勿施于人",尊重他人就是要站在他人的立场上去思考和理解,避免一味地要求别人遵从自己的意愿。

科学研究表明,尊重能够促进心理安全感的建立,进而提高工作满意度与团队绩效。科学研究指出,心理安全感是团队成员能够大胆表达观点、承担风险的关键因素,而这一切都建立在彼此尊重的基础上。尊重能够降低个体的防御心态,增强沟通的效果,进而使沟通更加顺畅与有效。尊重与情感理解的结合,有助于消除沟通中的误解,推动职场关系的和谐发展。

> ▶▶▶职场沟通技能扩展
>
> 在职场复杂的场景中,如何在不同层级的沟通中体现尊重?
> 例如,在会议中发言时,如何表达对他人意见的尊重,尤其当意见不合时,如何用恰当

的语言和态度表明异议,避免冲突并维护沟通的顺畅。

【例1-1】 在一次跨部门会议中,在项目经理张雷提出新的营销方案时,财务经理王丽表示不认同,并认为预算无法支持此方案的实施。张雷如何回应王丽的不同意见,才能做到既能展现尊重,又能有效推动团队达成一致?

【解析】 张雷可以先对王丽的意见表示认可:"我理解你对预算问题的关注,这确实是我们实施计划时必须考虑的关键因素。"然后提出自己的看法:"为了确保项目顺利进行,我认为我们可以通过调整预算分配,或者探索其他融资渠道来弥补这一差额。"这样既尊重了对方的立场,又通过合作的方式提出解决方案,避免了冲突并促成了团队的协作。

(二)真诚

真诚是高尚人格的体现,它不仅能够帮助人们建立信任关系,也能够有效避免职场中的误解和猜疑。在复杂的职场沟通中,保持真诚并同时传递自己的观点是高级沟通技巧的重要组成部分。真诚(或称为"真我")是人际关系中最重要的元素之一。科学家认为,人类天生追求自我实现和内心的真实,且每个人都有一个"真实自我",人际关系中的真诚是这种自我表达的自然体现。在人际交往中,真诚被认为是建立和维持良好人际关系的关键因素之一。多个心理学研究和人际关系理论表明,真诚对人际交往的成功起着决定性作用。

在中国传统文化中,真诚同样被视为人际交往的核心。孔子在《论语》中提到"言必信,行必果",这句话强调了言行一致的重要性。真诚不仅仅是话语上的承诺,而且是行动上的兑现。无论是日常交流还是职场沟通,真诚的言行都能够让他人感受到信任,减少误解。

在现代企业中,很多成功的管理者深知真诚的重要性。华为公司创始人任正非在与员工沟通时,始终保持真诚的态度,强调"做事真诚,做人踏实",这种真诚的沟通方式不仅让员工感受到信任,也让公司文化得以深入人心,推动了公司的持续发展。任正非的领导风格体现了真诚在职场中的深远影响。

> ▶▶▶ **职场沟通技能扩展**
> 在高压情境下,你该如何保持真诚而不失分寸?

【例1-2】 在面临职场冲突时,如何真诚地表达自己的感受而又不伤害对方?

在一场管理层会议上,主管李薇发现下属小王的工作进度严重滞后,而小王在会上显得十分紧张,似乎不愿正面回答问题。李薇应该如何真诚地沟通,以帮助小王改进表现而不使其感到被指责或羞辱?

【解析】 李薇可以先用支持的语气表态:"小王,我知道你近期面临很多挑战,这可能会影响你的进度。我理解你可能有一些难以启齿的困难,我们可以一起找到解决办法。"这种方式传达了理解和支持,同时避免了直接批评,鼓励对方以开放的心态面对问题。

课堂实训:

情境一:跨部门会议中的尊重

背景:在一次跨部门会议中,市场营销专业的员工小张提出了一项新的营销策略,但财务管理专业的员工小李认为预算无法支持这一策略。

任务:请小李以尊重的态度回应小张提出的营销策略,并提出自己的看法和解决方案。

提示:小李可以先认可小张的努力,再提出预算问题,并探讨可能的解决方案。

情境二:管理层会议中的真诚

背景:在一次模拟的管理层会议中,作为主管的你发现下属(由另一名学生扮演)的工作进度严重滞后,且显得紧张不愿正面回答问题。

任务:请主管以真诚的态度与下属沟通,帮助其改进表现而不使其感到被指责或羞辱。

提示:主管可以表达理解和支持,鼓励下属以开放心态面对问题,并共同寻找解决办法。

练习步骤:

分组:每组4～5人。

角色分配:每组内部确定角色,如小张、小李、主管、下属等。

准备:各组根据情境模拟的内容进行准备,讨论各角色在这几个情境中如何体现尊重与真诚。

表演:各组轮流上台进行情境模拟表演,其他同学作为观众观看。

反馈:表演结束后,作为观众的同学和教师给予反馈,指出表演中的亮点和不足。

讨论:全班共同讨论在职场沟通中如何更好地体现尊重与真诚并分享个人经验和见解。

强化训练

撰写心得:请每位同学撰写一篇关于本次课堂练习的心得体会并思考如何在未来的职场沟通中运用尊重与真诚的原则。

_____

_____

二、影响听说的因素

(一) 参与者的自身因素

参与者自身的背景、知识水平、心理状态等都对听说交流产生深远的影响。不同的人因其文化、社会地位、性别、教育背景等的差异,在表达和理解上往往有很大的不同。不同的文化背景会影响人们的沟通方式,尤其在跨文化交流中,个人的文化、社会地位、性别、教育背景都会影响他们如何解读信息。

1. 知识水平和经验差异

知识水平不同的人在表达时,往往有着不同的方式。有些人可能会过于简化,表达缺乏详细的信息,而有些人则可能过于复杂,讲解太过深奥。例如,一个刚入职的员工可能没有足够的职场经验,因此他在回答问题时可能不能像有经验的老员工那样给出深入的见解。这种知识差异可能会影响沟通的质量和效率。文科背景的毕业生更委婉,理工科背景的毕业生更直接。

2. 沟通双方的态度和情绪

沟通中的情绪状态也会影响信息的传递。积极的情绪有助于提高沟通的效果,而消极情绪则容易导致误解。例如,焦虑使人的注意力难以集中,人在情绪低落时,沟通时的反应也可能变得迟缓。又如,职场中,若一方因情绪低落而影响了表达清晰度,可能导致另一方误解。

3. 性别与性格差异

性别与性格差异对沟通也有影响。男性和女性在情感表达、沟通方式上存在差异,性别差异在沟通中通常表现为情感表达、沟通方式、语言使用等方面的不同。语言学家 Tannen 提出的"性别和沟通"理论指出:男性和女性在沟通中的风格存在显著差异。她认为,男性倾向于将沟通视为一种工具,主要用于传递信息、解决问题或展示权威;而女性则更倾向于通过沟通建立关系、增强情感联结。因此,男性和女性在交谈中往往会有不同的期望和目的。同时,不同文化中的交流方式也大相径庭。

(二)团队与组织层面的因素

1. 团队文化与合作氛围

团队文化与合作氛围是影响职场沟通的重要因素。团队中的共同价值观、目标、信任关系以及团队成员之间的互动模式直接影响沟通的开放性和有效性。一个拥有良好合作氛围的团队更容易保持沟通的流畅性,这有助于减少误解、提高效率和增强团队凝聚力。

信任与沟通效率密切相关。在高信任度的团队中,团队成员更愿意分享自己的观点和信息,沟通不再受到防备心理的影响,从而提升团队整体的协作效率。

【例1-3】 中国的团队文化案例。在中国的企业中,团队合作往往受集体主义文化的影响,强调共同的目标和集体利益。像华为这样的企业在早期阶段,通过强调"狼性文化"和共同奋斗的目标,营造了团队成员之间高度的信任与合作氛围,促进了团队的高效沟通与协调。

国外的团队文化案例。Google 公司以其独特的团队文化和合作氛围著称,强调扁平化的管理结构,鼓励团队成员在开放、平等的环境中进行沟通。Google 公司的"20%时间"制度(允许员工将20%的时间用于个人项目)促进了员工之间的自由交流和合作,增强了团队凝聚力和创新力。

2. 职场地位和权力距离

权力距离是指组织内上下级之间的权力差距,这决定了不同级别的员工在沟通中的角色和地位。在职场沟通中,高权力距离和低权力距离的文化环境影响着组织内员工沟通的方式和层次。

文化维度理论强调,权力距离是衡量不同文化中上下级关系和权力结构的重要指标。在高权力距离文化中,权威和上级地位被高度重视,沟通方式通常较为正式且层级分明,员工可能不愿公开表达反对意见。这种文化环境下,组织内部的沟通可能较为保守,信息流动受到一定限制。相比之下,在低权力距离文化中,上下级关系更加平等,沟通更加开放,员工更愿意直接表达意见,甚至对上级提出建议或批评。

文化的语境特征(高语境与低语境)与权力距离密切相关。在高权力距离文化中,沟通方式多依赖间接和含蓄的表达,信息传递依赖于上下级之间的非语言信号和隐含意义。而在低权力距离文化中,沟通方式更加直接、明确,信息通常不带有隐晦的暗示,表达更加开放。

从团队与组织层面的角度来看,文化和权力结构对职场沟通有着深远的影响。团队文化和成员之间的信任关系能够促进信息流通,而职场的权力距离则直接影响沟通的形式和效果。在高权力距离文化中,沟通较为正式和层级化,可能导致信息的封闭和误解;而在低权力距离文化中,沟通较为开放和直接,能够促进创新和提高效率。

理解这些文化和权力差异,能够帮助我们在跨文化团队或跨国公司中调整自己的沟通方式,更加高效地进行信息传递、解决冲突和制定决策,最终促进团队合作与组织目标的实现。

(三) 环境语言:空间的布局与沟通氛围

环境语言是指在沟通中,空间、环境以及物理布置对信息传递和人际互动的影响。环境语言不仅包括会议室的布局、座位的安排,还涵盖了交谈的空间性质、声音、光线等因素,这些都会在潜移默化中影响沟通效果。在职场中,环境语言的有效运用有助于优化沟通氛围、提高信息传递效率并促进良好的人际关系的形成。

1. 会议环境与座位安排

会议环境与座位安排直接影响沟通的效果与效率。在正式的职场会议中,座位的安排不仅是出于功能性的考虑,更是权力、身份和尊重的象征。通过座位安排,领导和参与者的角色、责任和沟通的目标能够得以明确和强化。根据"身份管理理论",人与人之间的互动具有强烈的象征性意义。在职场中,空间布局和座位安排可以通过"环境符号"显示领导力和权力结构,从而影响交谈的方向和氛围。

【例1-4】 在商务会议中,领导往往会坐在会议桌的中心或首席位置,体现其在会议中的主导地位,而其他与会者通常会根据职级依次就座。这种安排有助于保持会议的秩序,确保各方在沟通过程中明确自己的立场和角色。

华为公司在举行高层战略会议时,通常会为不同级别的管理者安排不同的座位。高层管理者位于会议桌的两侧,确保他们能够掌控整个讨论进程,而基层管理者则按照职级依次坐在桌子周围。这种座位安排有助于提升管理层的决策效率,同时也展示了层级分明、权威明确的企业文化。

2. 私密性与开放性环境

职场中的沟通场所可以分为私密性环境和开放性环境,两者具有不同的功能和适用场景。根据环境心理学理论,空间的物理布局对人际互动有深远影响。开放性环境有助于促进信息流通和创新思维,而私密性环境则有助于减少外部干扰,增加情感投入和信息保密性。

(1) 私密性环境。当沟通涉及个人隐私、敏感话题或深层次讨论时,选择私密性环境至关重要。私人谈话、员工评估、绩效反馈等通常会选择封闭、安静的办公室,以保证信息的私密性和准确性。私密环境让与会者感到更舒适、更放松,也有助于减少外界干扰,避免泄密风险。

(2) 开放性环境。与私密性环境相对,开放性环境适用于讨论创意、团队合作或非正式交流。开放的空间和布局有助于激发创新思维,促进团队成员之间的自由交流。在这种环境下,职场人员能够更加开放和主动地分享自己的观点和创意,推动团队协作。

【例1-5】 腾讯公司在进行跨部门合作时,通常会选择开放式会议室,鼓励员工围绕白板自由讨论,激发创意思维。而在进行员工个人发展评估时,腾讯公司则倾向于选择封闭的办公室,确保讨论的私密性,避免在公开场合泄露敏感信息。

3. 环境语言的细节

环境语言不仅仅涉及座位安排与空间的私密性,还包括空间内的物理细节,如光线、噪声、家具设计等。一个舒适且功能性强的空间设计能够显著影响参与者的情绪,进而影响沟通的效果。中国环境心理学家研究指出,空间环境对个体行为具有重要影响,特别是在工作环境中,空间的设计能够激发参与者的情感反应和行为表现。精心设计的办公空间能够提高员工的工作效率,促进创意的迸发,尤其是在高压或需要高度集中注意力的工作场景中,环境的影响尤为显著。

(1) 光线和颜色。光线的强弱和颜色的搭配可以直接影响一个人的心理状态。明亮的光线通常能够使人保持警觉、活跃和精力充沛,而柔和的光线则能使人感到放松和舒适。在职场环境中,适当的光线设计不仅能够提升工作效率,也能够创造出良好的沟通氛围。

(2) 噪声与私密性。环境中的噪声会直接影响沟通的质量。开放式办公室虽然促进了信息的流动,但也可能造成噪声干扰。而私密的环境则通常较为安静,适合需要集中讨论和深度思考的工作场合。

【例1-6】 阿里巴巴集团为了提升员工的创造力和工作效率,精心设计了办公环境。阿里巴巴集团的办公室不仅有宽敞明亮的开放空间,还根据不同的工作性质设立了多个主题区,如休息区、创意区、集中思考区等,以满足不同沟通需求。开放式的设计促进了团队间的信息流动,而专门的休息区则帮助员工缓解工作压力,提升沟通效率。

在职场中,环境语言是沟通中不可忽视的因素。合理的空间布局、座位安排和环境设计,能够有效地影响沟通氛围、提高沟通效率并增强工作关系。无论是私密性环境还是开放性环境,企业相关人员都应根据沟通的内容和目的进行选择。职场中的环境设计不仅影响员工的心理状态,还直接影响员工工作成果的产生。因此,理解和运用环境语言,将使职场沟通更加高效和顺畅。

在职场中,知识与技能层面的因素对于沟通效果有着决定性的影响。良好的沟通能力和文化敏感性不仅能够提升信息传递的准确性,还能加深情感的共鸣,帮助个体更好地适应跨文化的工作环境。

(四) 知识与技能层面因素

在职场中,沟通不仅仅是信息交换的过程,它还涉及情感传递、非语言行为以及信息的解读。有效的沟通技巧不仅能确保信息的准确传递,还能增强团队合作并推动个人职业发展。以下是提升沟通效果的三项核心技能。

1. 倾听技巧

倾听是有效沟通的第一步。良好的倾听不仅仅是听对方说什么,而且要理解其言外之意、语气以及情感。人本主义理论认为,倾听是一种深度理解他人感受和观点的技巧,而不只是信息的接收。良好的倾听方式能够帮助人们建立信任,减少误解,增强情感共鸣。

【例1-7】 华为创始人任正非非常注重倾听员工的意见。他曾说:"只有倾听,才能发现问题,找到解决方案。"华为强调"客户至上"的理念,尤其是在与国际客户沟通时,任正非要求团队必须倾听客户需求,以此提高沟通的效率和质量。

2. 表达清晰度

清晰的表达是确保沟通顺畅的关键。在职场中,沟通者要避免使用过多的行业术语和模糊不清的表述,而是要通过简洁、直观的语言传递核心信息。高效的领导者能够通过清晰、简洁的语言表达复杂的观点,从而确保团队的理解与执行。清晰的表达能够减少信息的歧义,帮助团队提高执行力。

【例1-8】 阿里巴巴的主要创始人马云强调,领导者应当用简洁的语言与团队沟通。他曾表示,与其花时间用复杂的术语解释,不如用简单明了的语言传达信息。在阿里巴巴,所有部门之间的沟通都力求简洁明了,以确保每一位员工都能理解企业的战略方向。

3. 情商

情商是指个体识别、理解和管理自己及他人情绪的能力。情商高的人能够有效处理职场中的冲突和复杂情绪,从而促进良好的沟通和合作。这使他们能够在压力或冲突的情况下作出更加理智的回应,从而促进有效沟通和团队协作。

【例1-9】 腾讯的主要创始人马化腾以高情商著称。马化腾不仅具备冷静理性的决策能力,还能通过情感共鸣与团队建立紧密联系。他常常通过温和的语气和正面的情感引导,帮助团队成员处理工作中的压力和挑战。

沟通能力是一个人取得职场成功的重要因素,而倾听技巧、表达清晰度和情商是三大核心技巧。有效的沟通不仅要求沟通者的语言简洁明确,还要求沟通者有敏锐的情感洞察力,并且具备良好的倾听能力。通过不断培养和提高这些技巧,职场中的沟通效果将显著提高。

(五) 文化因素

在现代职场中,文化差异对沟通的影响非常大。尤其是在全球化的背景下,不同文化背景的人们在沟通时会有不同的思维方式、表达方式和行为规范,这可能导致误解或冲突。因此,理解和尊重文化差异,培养文化敏感性,是提高职场沟通能力的关键。

1. 沟通方式的文化差异

文化差异不仅仅体现在语言的不同上,还表现在沟通的方式的不同上。例如,在一些文化背景下人们更倾向于间接表达,而另在一些文化背景下人们则偏向于直接表达。了解这种差异,可以帮助我们更好地适应不同的交流场合。

(1) 间接表达:在一些东南亚国家和部分中东国家文化中,间接表达被认为是礼貌和尊重的表现。这些文化中的人们通常避免直截了当地表达不满,认为这样做会破坏人际关系的和谐。例如,泰国和日本文化强调"面子"和"和谐"。因此,人们在交流时常常会使用婉转的语气来避免正面冲突,表达时会更多依赖于非言语的暗示或态度,而不是直接的言辞。

(2) 直接表达:相比之下,像美国、德国等低语境文化国家的人们更喜欢直接、清晰地表达自己的想法和意见,他们认为这样能够提高沟通效率,避免误解。在这种文化中,人们认为直截了当地表达能够节省时间,减少误会,是高效沟通的重要手段。

在中国,沟通方式的差异也非常明显,不同地区和文化背景中的人们在沟通时有着不同的表达习惯。例如,在南方的江浙沪地区,特别是上海和杭州,很多人偏向于使用委婉的表达方式,在商务和职场中,他们注重礼仪和面子的维护,因此倾向于使用间接的方式来表达不满或不同的意见。

【例1-10】 上海人在表达意见时往往会使用一些模糊或婉转的词语,例如,"这个问题可能需要再考虑一下"或"或许我们可以试试别的方式",以避免直接冲突。

然而,在北方地区,尤其是北京和天津,人们的沟通方式相对直接。北京人习惯直接表达自己的想法,讲话更为直白和开放。例如,在会议中,如果有不同意见,北方人可能会直接说出"我不同意这个看法"或者"这个方案不太合理"。这种方式在北方文化中被认为是坦诚和高效的。

同样,在四川、重庆等地,虽然整体的交流方式偏直接,但当地的语言中又带有一定的包容性和调侃性质,所以即便是在直接表达的场合,气氛也不会过于严肃。四川人习惯以幽默和轻松的方式打破僵局,虽然直率,但能保持良好的氛围。

这些地区性的文化差异说明了即使在同一个国家,沟通方式也会受到地域和文化背景的影响。在跨文化交流中,人们如果没有理解这些差异,可能会导致误解和冲突。例如,在一场跨地区的商务谈判中,来自南方的李明可能更倾向于通过含蓄和委婉的方式表达意见,而来自北方的张伟则可能直接表达他的观点。如果双方未能意识到这种沟通方式的差异,可能会误解对方的意图。

了解和尊重这些文化差异,能够帮助人们更好地适应不同的沟通场合,避免因为表达方式的不同而产生不必要的误解。此外,这些文化的特点是研究者基于大数据观察得出的,我们在观察与沟通的过程中可根据实际情况去交谈,切莫形成刻板印象,更不应该有地域歧视。

2. 集体主义文化与个人主义文化

文化差异的研究提供了理解不同文化背景的重要视角。集体主义文化与个人主义文化的差异是文化差异的重要体现,具体表现如下。

1) 集体主义文化

在注重集体利益的文化中,人们倾向于强调团队合作与和谐相处。人们更愿意考虑他人的感受,表达方式往往含蓄委婉。例如,中国、日本等国家的员工通常更重视集体责任感,倾向于通过团队合作实现目标。

2) 个人主义文化

个人主义文化强调个人的独立性和成就。人们更加直接地表达自己的需求与意见,注重个人价值和成就感。在美国、澳大利亚等国家,员工更倾向于直言不讳地表达观点,追求自我表现和个性化发展。

▶▶▶ 职场沟通技能扩展

在跨文化的职场中,理解和尊重文化差异非常重要。例如,在集体主义文化背景中,直接批评同事可能被视为对同事的不尊重,容易引发误解;而在个人主义文化背景中,直接反馈却可能被认为是坦率而高效的沟通方式。因此,在与不同文化背景的人沟通时,适应对方的表达习惯和文化特点,是建立良好职场关系的关键。

 小贴士

面对集体主义文化时,多注重团队合作和间接沟通。

面对个人主义文化时,直接清晰地表达观点更受欢迎。

灵活调整沟通方式,能够更好地适应不同文化环境,促进团队合作与效率提升。

3. 高语境文化与低语境文化

高语境文化与低语境文化理论，进一步揭示了文化差异对沟通的影响。在高语境文化中，沟通通常含有大量的隐性信息和非语言信号，而低语境文化中的沟通则更倾向于言辞直接、信息明确。

1) 高语境文化

在高语境文化中，沟通不仅仅依赖语言，还包括面部表情、肢体语言、语气等。信息传达往往是间接的，表达含蓄、委婉。

2) 低语境文化

在低语境文化（如美国、德国等）中，沟通则更加直接。人们期望在对话中清晰明确地传达自己的意见，避免任何可能的误解。

【例1-11】 在一次跨文化的会议中，美国经理John可能直接要求团队立即解决某个问题，而中国经理李明可能通过暗示、提问或提供建议来表达相同的需求。这种沟通方式的差异可能会导致误解。李明可能觉得John太过直率，而John则可能觉得李明不够果断。

4. 跨文化沟通中的尊重与融合

为了避免文化差异带来的沟通障碍，我们在跨文化交流中应当采取尊重和融合的策略，理解对方文化的背景和沟通方式，减少误解并促进合作。

【例1-12】 在一次跨国公司的会议中，中国的销售总监李明和美国的营销总监John在讨论广告策略时发生了分歧。李明提议"以集团领导为主导"，而John认为应更加注重市场反馈和团队合作。两人都坚持自己的观点，会议氛围变得紧张。那么，李明该如何处理这一文化差异，促进有效沟通呢？

【解析】 交流的一方是美国人，另一方是中国人。显然，出生于两个不同国家的人的思维方式是不同的，正是这一差异使双方在沟通的过程中产生了一系列障碍。李明可以采取"文化尊重与融合"的策略，先肯定John的意见："我理解美国市场强调灵活应对市场反馈，这一点对我们的广告策略非常重要。"然后，李明再结合中国市场的特点提出一个融合方案："在中国市场，品牌的定位和集团领导的影响力也至关重要。我们可以将这两者结合起来，这可能会是最理想的策略。"应用这种跨文化沟通技巧，李明不仅展示了对文化差异的理解，还提出了融合两种文化优势的方案，最终推动了合作的达成。

 小贴士

加强文化自我意识：了解自己文化的沟通特点，认识到自己的表达方式可能并不适用于所有文化环境。

学习和适应他人文化：主动了解和学习对方的文化特点，尤其是沟通风格、行为规范和社会习惯。

培养文化敏感性：通过观察、倾听和互动来提高对他人文化背景的敏感性，避免因无意的行为或语言造成误解。

灵活调整沟通策略：根据不同的文化背景调整自己的沟通方式，在不同情境中找到最合适的表达方式。

 小贴士

日本是中国的邻国,它受儒家文化等中国传统文化的影响较深。日本人重视人际关系,待人接物讲礼貌、重礼节;责任心、进取心强,办事细心认真;与人初次见面时,好行鞠躬礼,一般是面向对方鞠躬90度。互相交换名片也是日本人初次见面时的日常礼节。日本人与朋友见面时会握手,有时还拥抱。日本人不给他人敬烟,若自己想吸烟,会事先征求对方的同意。日本人很有耐心,他们认为没有耐心的人是软弱和不成熟的。

韩国人也十分重视礼节,讲究尊卑。见面时打招呼是韩国人的日常礼节,有时还会鞠躬握手。但是韩国的女士一般不主动先与人握手,除非别人先伸出手来。与韩国人交谈时,宜多谈韩国的文化艺术,少谈政治。

印度是亚洲文明古国,十分注重礼节。印度人与友人见面时,通常是双手合掌或举手。印度人有右手抓食的习俗,在朋友相聚或参加招待会、聚餐会时,主人往往以自助餐形式款待客人。印度有"牛的王国"之称,牛是当地最神圣不可侵犯的动物。印度人大多信仰印度教,素食者众多。

泰国有"微笑之国"的美称,因为泰国人很有涵养,喜欢面带微笑。在交谈时,泰国人习惯轻声细语,而不是高声喧哗、大喊大叫。泰国人认为头是灵魂所在,神圣不可侵犯,所以在泰国不要触碰别人的头部,即使是小孩子的头也不要轻易去摸。

美国人总是充满信心与热情,他们重视效率,做事不喜欢拖沓。美国人做事讲究条理,喜欢秩序化,在美国不欢迎没有事先联系的突然到访。美国人法律意识很强,尤其重视合同的作用,所以与美国人谈判,通常要请律师参加。

德国人勤劳、务实,厌恶投机取巧。他们纪律意识很强,注重细节。同时,他们还十分重视个人信誉和商业信誉。

法国人性格开朗,谈吐幽默,但是他们不喜欢谈论个人、家庭问题及商业秘密。法国人善于争论,甚至会为争论而争论。法国人十分重视饮食,法国美食享誉全球。

在欧洲国家中,英国人相对保守,感情不外露。英国绅士闻名全球,在交往中,他们崇尚彬彬有礼,讲究绅士风度,奉行"女士优先"。英国商人保守、谨慎,在商务活动中一般不轻易动感情或者表态,他们讨厌生意场中的夸夸其谈或者自吹自擂。

三、提高听说效果的技巧

(一) 聆听的技巧

《财富》杂志对全球五百强企业进行的调查显示,几乎有60%的企业为新来的员工提供聆听技巧方面的培训。也曾有学者对人们的日常言语活动进行调查,结果显示,言语活动的分布比例为:"听"占45%、"说"占30%、"读"占16%、"写"占9%。由此可见,人们几乎用一半的时间在听。聆听是一种技能,人们可以通过以下几个方面的练习来提高这项技能。

1. 主动聆听

主动聆听是一种全身心投入的沟通技巧,这强调聆听者不仅要听懂对方说什么,还要理解其背后的意图和情感。主动聆听包括注重语言、语气、非语言信号(如肢体语言和眼神接

触)的细节,并通过反馈让对方感到被尊重和理解。根据人本主义心理学理论,主动聆听不仅能帮助自己理解对方的言辞,还能帮助自己与他人建立情感上的连接,提升人际信任感。真诚地聆听他人是建立信任的第一步。

【例1-13】 在腾讯公司,团队合作和沟通效率一直是其能够在残酷的市场竞争下取得成功的关键。腾讯公司注重培养员工的主动聆听技能,特别是在产品开发团队和客户服务团队中,团队成员通过主动聆听客户反馈、同事建议和跨部门沟通,帮助企业不断优化产品和服务。在一次关于新产品功能的讨论中,团队成员张华主动聆听同事的建议,并及时反馈,不仅帮助团队避免了可能的设计问题,也促进了团队的创新思维。

> **▶▶▶职场沟通技能扩展**
> 保持眼神接触,避免分心。
> 用点头、微笑等非语言信号表示你在专心听。
> 在对方表达观点后,用简洁的语言复述一遍,确认理解无误。

2. 回应性聆听

回应性聆听是一种通过复述对方话语来确认理解的技巧,因此聆听者需要具有概括能力和理解能力,这些能力可以在语文阅读理解以及生活中习得。通过简要总结或提问,你可以确保自己理解了对方的真实意图,并让对方感受到你的关心和认真。回应性聆听有助于减少沟通中的误解,它能够让对方确认他们的想法被准确理解,同时增强沟通双方的情感联系。回应性聆听能够使人际关系更加平衡,避免误解的发生。

【例1-14】 阿里巴巴的管理者在与团队成员沟通时,广泛运用回应性聆听技巧。在一次全球跨部门的项目讨论中,项目经理李敏通过不断总结和反馈团队成员的意见,确保项目进度的透明性,并解决了团队内的分歧。通过回应性聆听,李敏加强了团队成员的参与感,减少了因缺乏及时沟通带来的误会,确保团队成员都能在沟通中获得充分表达。

> **▶▶▶职场沟通技能扩展**
> 使用类似"我理解你说的……"来确认对方的观点。
> 如果有疑问,可以通过提问来确认理解:"你是说……吗?"
> 尝试根据对方的情感反应作出适当的回应。

3. 情感聆听

情感聆听不仅关注对方的语言内容,还关注其背后的情绪和感受。聆听者需要具备较强的观察和感悟能力,我们可以在生活中和职场上总结不同的话语以及表情所展示出的真实情感,这样的总结以及反思对于情感聆听的技能提升尤为重要。在职场中,情感聆听能够帮助我们更好地理解同事或客户的情感需求,建立更深的信任关系。情商理论强调,情感聆听是高情商的体现,它有助于理解他人的情感需求,改善职场沟通的质量。情感聆听能够有效减少冲突,并促进合作与协作。

【例1-15】 华为注重情感管理,尤其是在跨文化团队的沟通中。华为的国际团队在合作时,管理者李涛特别注重情感聆听。在一次与欧洲客户的谈判中,李涛通过注意客户的语气变化和情感表达,及时调整沟通策略,在客户情绪紧张时,通过表达理解和关心缓解了紧张氛围,成功达成了合作协议。

> **▶▶▶职场沟通技能扩展**
> 在沟通中关注对方的语气、表情和非语言信号。
> 用同理心回应对方的情感:"我能理解你现在的困惑"。
> 在对话中表现出关心和支持,让对方感到被理解。

4. 积极反馈

积极反馈是指在对话过程中,给予对方鼓励和肯定,让对方知道自己所说的内容被重视和认可。适当的积极反馈能够鼓励对方更深入地表达观点,提升沟通效果。正向反馈对个体的自我认同和信心有很大的提升作用。职场中,积极的反馈能够提升团队士气,提高员工之间的信任度并加强合作。

【例1-16】 京东在管理层与员工的沟通中,注重积极反馈的运用。在一次内部会议中,刘强东通过正向反馈对员工的创意和努力给予了高度评价,这种反馈不仅增强了员工的信任感,也激励了他们在未来工作中继续提供创新思路。通过正向反馈,团队成员能够更好地合作,达成共同目标。

> **▶▶▶职场沟通技能扩展**
> 使用积极的词汇,如"这是个很好的点子","我赞同你的观点"。
> 对于提出问题或解决方案的同事,及时给予认可和肯定。
> 在讨论过程中,多关注对方的优点,避免过多批评。

5. 非言语聆听

非言语聆听指通过观察对方的肢体语言、面部表情、语气等非言语信号,来理解其真正的意图和情感。非言语信息在沟通过程中往往比语言信息更具影响力。在高语境文化(如中国、日本等)中,非言语信息在沟通中的作用更为重要。在这些文化中,语气、眼神和身体姿势等非语言线索往往能传递大量信息。

【例1-17】 字节跳动的跨国团队在与客户沟通时,往往会注意到客户的非言语信号。在一次与中东地区客户的讨论中,字节跳动的跨国团队成员注意到客户在会议中的微妙肢体动作和眼神变化,及时调整了自己的表达方式。通过对非言语信号的敏感捕捉,字节跳动的跨国团队避免了因文化差异引发的误解,最终成功达成了协议。

> **▶▶▶职场沟通技能扩展**
> 观察对方的肢体语言和面部表情,感知其情绪变化。
> 注意对方的语调变化,避免单纯依赖言语理解。
> 在会议中,尽量避免过于严肃或冷漠的姿势,保持开放的肢体语言。

6. 人工智能时代的聆听技巧

随着人工智能(artificial intelligence,AI)技术的快速发展,AI逐渐成为辅助提高聆听和沟通效率的有力工具。例如,语音助手(如讯飞听见、Alexa)已经可以帮助用户快速记录信息,整理对话内容,甚至实时翻译不同语言间的对话。此外,语音分析工具还可以帮助用户识别说话中的情感倾向,为用户提供更全面的信息。

AI在聆听中的应用主要有关键内容提炼、情感分析和语音助手的反馈。

(1) 关键内容提炼:使用AI工具记录会议内容时,系统能够自动提取关键点,生成会议纪要,帮助听者聚焦重要信息。例如,在参加一个项目会议时,用户使用AI语音助手实时记录每个人的发言内容,并自动提取项目进度、下一步行动和关键决策等信息。这样,即使参会者在会议中忙于思考问题,会议结束后也能迅速获得关键信息,而无需仔细回顾冗长的会议记录。

(2) 情感分析:先进的AI技术可以进行情感分析,捕捉对话中的情感波动。这在跨文化沟通中尤其有价值,因为它能够帮助听者更准确地理解非语言的情感信息,并作出相应的反应。例如,在跨国公司的一次远程会议中,一位经理用英语表达了对某项提案的疑虑。AI分析后,提示与会者该经理的语气略显紧张,表明他对提案的疑虑。通过这种情感分析,其他与会者能够意识到问题的敏感性,适时提出解决方案,而不是忽视潜在的情绪因素。

(3) 语音助手的反馈:AI语音助手还能够通过机器学习不断优化反馈的准确性和效果,帮助用户更加清晰地理解对话内容,提升聆听质量。团队成员进行电话会议时,借助AI语音助手实时识别并整理对话内容。第一次使用时,AI语音助手可能会因口音或噪声干扰而偶尔出错,但随着使用频率的增加,AI语音助手的反馈会越来越精准。例如,如果会议中某人快速讲述了一份报告内容,AI语音助手会标记出报告的重点,并在之后的会话中调整语速和语调,确保用户能更好地听清关键信息。

(二) 说话的技巧

在快节奏的职场环境中,沟通能力已成为决定职业成功的重要因素之一。无论是面对面的交流,还是通过电子邮件、电话等渠道的沟通,说话技巧都能帮助我们更好地传递信息、建立人际关系、解决问题,并推动团队合作。

1. 目的明确:沟通的方向与目标

在职场沟通中,明确的沟通目的和清晰的方向是高效交流的关键。为了确保沟通成功,我们需要提前规划,确保每次沟通都有清晰的目标。

1) 识别沟通目标

在职场沟通中,每次对话前,我们应明确自己希望通过沟通达成的具体目标。有效的沟通目标不仅仅是实现信息的传递,而且是达成共识、解决问题和促进关系的关键。常见的沟通目标包括以下几点。

信息传递:确保信息准确、清晰地传递给对方,避免误解或信息滞后。

关系建立:通过沟通增进与同事、客户或合作伙伴的信任,增强人际联系,促进团队合作。

问题解决:沟通的另一重要目标是解决问题。通过协商、讨论或提供反馈,达成共同的解决方案。

2) 设定具体目标

在沟通之前,设定具体、可衡量的目标可以有效引导对话,确保沟通的高效性。具体目标不仅有助于引导对话方向,还能帮助沟通双方快速达成一致,避免沟通中的误解和偏离。模糊的沟通目标往往导致无效讨论,而具体的沟通目标能够帮助沟通更具针对性。

模糊的沟通目标如讨论项目进度。

具体的沟通目标如在会议结束前达成关于项目延期的共识,并明确下一阶段的工作计划和分工。

3)策略性规划

根据沟通目标和实际情境,选择最适合的沟通方式是确保沟通高效的关键。在不同的情境下,选择合适的沟通渠道和方式能够提高沟通效果。常见的沟通渠道和方式有以下几种:

面对面沟通:其适用于需要建立信任、解决复杂问题或进行情感交流的场合。面对面沟通能够帮助解决团队内的冲突,增进彼此的理解和合作。

电话沟通:其适用于时间紧急、需要快速反馈或讨论的简单事项。电话沟通能够突破时间和空间的限制,快速传递信息。

邮件沟通:其适用于传递正式信息、记录决策或安排工作。邮件沟通可以确保信息传递清晰、准确,并且便于后续查阅。

视频会议沟通:其适用于远程团队协作、跨地域沟通或复杂的多方讨论。视频会议沟通不仅可以让信息实时传递,还能通过视觉和声音的结合,增强沟通的效果。

【例1-18】 雷军在小米公司的沟通方式被认为是高度战略性和目标导向性的典范。小米的发布会不仅展示新产品,而且通过精心设计的演讲、互动环节以及社交媒体的传播,传递出产品的核心价值和品牌理念。雷军利用情感化的语言、用户的真实反馈以及精准的市场定位,使每次新品发布会都不仅是信息的传递,而且是一次引发消费者广泛关注和热烈反响的营销活动。

雷军与其团队在每次产品发布会前,都会明确设定沟通目标——不仅展示技术创新,而且通过产品与用户的情感连接,强调"性价比"和"用户至上"的品牌价值。在发布会中,雷军并不只是单纯地讲解产品功能,而是通过用户故事、案例分享和互动环节,建立起强烈的共鸣,帮助消费者理解产品如何切实改善他们的生活体验。

这种沟通方式非常值得借鉴。雷军通过明确的沟通目标、创新的展示方式和对情感的精准传递,确保了与观众的深度连接,并成功推动了品牌的传播和销售业绩的提升。尤其是在当今竞争激烈的市场环境中,信息传递与情感共鸣的结合,使小米能够在短短几年内,成为全球领先的智能硬件和互联网公司之一。

职场沟通不仅是信息的传递,它还是建立关系、解决问题和达成共识的重要工具。通过识别沟通目标、设定具体目标以及选择最合适的沟通方式,我们能够大幅提升沟通的效率和效果。在此基础上,借鉴像雷军这样的创新人物的沟通策略,可以帮助我们在工作中更好地传递信息、建立关系并推动问题的解决。尤其在品牌建设、产品推广和高层管理中,这些沟通策略具有重要的启发性和实践价值。

2. 因人而语:根据沟通对象的特点和需求调整表达方式

职场中的每个个体都有不同的背景、文化以及性格特点,因此,在沟通时,我们需要根据受众的不同需求定制个性化的沟通方案。这不仅能提高信息传递的效率,还能帮助我们建立更加紧密的职场关系。

1)了解受众

在沟通中,了解受众的背景、性格、兴趣以及沟通风格是至关重要的。研究表明,不同的人有不同的沟通偏好,这些偏好受到文化、个性、情境等因素的影响。通过了解这些差异,我们能够选择最合适的沟通方式和表达风格,从而提高沟通的效率和效果。除

了在生活中了解受众的经验并不断积累,以下的理论和模型,也有助于我们理解不同的受众:

(1)"大五"人格理论。"大五"人格理论指出每个人的人格特征可以通过五个维度进行描述:外向性、宜人性、尽责性、神经质和开放性。这些人格特征影响个体的沟通风格和偏好。

外向性高的人更喜欢社交和开放的沟通方式,通常更容易直接表达自己的想法;宜人性高的人倾向于使用温和的语言,注重和谐关系,通常避免冲突;尽责性高的人在沟通时更加细致,喜欢有条理、有计划地表达;神经质高的人在沟通中可能显得更加情绪化,容易受到情绪影响;开放性高的人倾向于使用更灵活、更具创意的沟通方式,乐于接受新的沟通方式和不同的观点。

通过了解对方的人格特征,我们可以调整沟通的方式。例如,与外向性高的人沟通时,我们可以采用更加开放和直接的语气;而与宜人性高的人沟通时,我们则可以采用更加温和、支持性的语气。

(2)交际适应理论。交际适应理论强调人们在沟通过程中会根据对方的社会特征和沟通风格进行调整。交际适应理论认为,在交际中人们往往会根据对方的身份、地位、文化背景等因素调整自己的语言和行为,以达到更好的互动效果。这种调整通常有以下两种方式。

趋同:通过模仿对方的语言和行为,使沟通更容易接受。例如,模仿对方的说话方式或使用类似的语气。

偏离:当双方的沟通风格差异较大时,谈话者可能会有意强化差异,以突出个人或群体身份。

通过观察对方的语言风格和行为,我们可以灵活调整自己的沟通方式,以适应对方的风格。例如,如果对方偏好简洁明了的表达,我们可以采用直接的沟通方式;如果对方更倾向于委婉、间接的交流,我们则可以调整自己的沟通方式,使其更符合对方的沟通风格。

(3)情境领导理论。情境领导理论主张领导者应根据团队成员的成熟度和任务需求调整领导风格。在沟通中,这一理论同样适用,该理论强调根据对方的经验、能力、情绪等因素调整沟通方式。

对于经验丰富且自信的受众,沟通可以更为直接、简洁,强调目标和行动计划。对于缺乏经验或不自信的受众,沟通需要更多的支持、鼓励和引导,语言应更加温和包容。

▶▶▶ **职场沟通技能扩展**

了解受众的成熟度和需求,有助于我们调整沟通的语气和方式,以更好地满足对方的需求。例如,与新员工沟通时,管理者可以更多地提供指导和反馈;而与经验丰富的员工沟通时,管理者则可以直接讨论任务目标和具体执行步骤。

了解受众的背景、性格、文化和沟通风格,是提高沟通效果的关键。学术理论如文化维度理论、"大五"人格理论、交际适应理论和情境领导理论,都为我们提供了深入理解和应对沟通差异的框架。通过运用这些理论,我们能够更加精准地调整自己的沟通方式,从而提高沟通的有效性,避免误解,增强人际关系和协作效果。

3. 差异化沟通

针对不同的人群调整沟通策略。例如,与高层管理者沟通时,我们应尽量简洁、突出重点;而与同事沟通时,我们则可以采取更加随意和开放的语言风格。

【例1-19】 孔子因人而语——根据不同听众调整表达方式

孔子是中国古代最伟大的思想家和教育家,他的教学方法和沟通技巧至今仍然为人称道。孔子非常注重根据不同听众的特点来调整自己的语言和表达方式,确保能够准确地传达自己的思想。

1. 与弟子们的沟通

孔子与他的弟子们的沟通方式非常具有针对性。孔子常通过因材施教的方式,理解每个弟子不同的性格特点能力和需求,从而调整言辞和教学内容。孔子对弟子们并不以统一的方式讲话,而是因人而异,这样能够更好地激发每个学生的潜力。例如,孔子对子路的教育偏重实际应用和勇气的培养,因为子路性格刚毅、直率,孔子知道他需要在实际行动中去学习和成长;而对颜回的教育,孔子则多采用言辞较为简洁和哲理化的方式,因为颜回是一个极为聪明且思维深邃的学生,适合通过辩论和思考来深化理解。

2. 与贵族和官员的沟通

孔子与社会上层人物的沟通方式则更加正式、得体。他在与贵族和官员交往时,语言表达常常富有礼仪性和道德内涵。孔子深知社会阶层的差异,因此他在言辞上更加注重修辞和礼仪,他通常通过引经据典,引用历史和文化名言来与社会上层人物进行对话。在这个过程中,孔子话语中往往充满了深刻的道德教化,使社会上层人物既能感受到教诲的力量,又不至于觉得被冒犯或挑战。例如,在与鲁国的国君鲁景公对话时,孔子更多地运用了传统的礼仪和规范,强调治理国家的道德与理性,这体现出孔子的政治智慧和道德胸怀。孔子还曾对鲁国的国君提出过"为政以德"的建议,强调一个国家的治理应当建立在德行的基础上,而非单纯依靠法律和权力。

3. 与平民百姓的沟通

孔子与百姓交流时,语言则更为朴实易懂。他注重用生动的比喻、简洁的语言和生活中的例子来教导他们。例如,孔子在日常谈话中,经常通过民间故事或者百姓熟悉的情境来讲述道理,帮助百姓理解如何修身、齐家、治国、平天下。他特别强调"修身"和"养性",并通过一些生活中的行为规范来指导百姓如何为人处世。例如,孔子提到"君子和而不同"时,他通过简单易懂的语言,强调君子应当与他人和谐相处,但又保持独立的见解。这样的教诲不仅适用于贵族,也能够帮助普通百姓在日常生活中更好地与他人相处。

孔子的教育和沟通方式恰到好处地体现了因人而语的原则。他根据不同的人群和场合调整自己的语言,既能通过哲理性的话语启发聪明的弟子,也能通过简单的教诲帮助百姓理解道德和行为规范;既能通过礼仪性的言辞与贵族对话,又能通过实际的比喻和生活经验与普通百姓沟通。这种灵活的沟通方式让孔子的思想不仅得以广泛传播,还影响了几千年的中国文化。

4. 建立共鸣

建立共鸣即通过倾听和反馈建立情感联系,提高沟通效果。通过了解对方的兴趣点和关注焦点,我们能够找到共同话题,增加沟通的亲和力。社会交换理论指出人际关系的建立和维持依赖于互惠的交换。当我们在沟通过程中表现出关心和倾听时,交际双方便建立了互惠关系,增强了沟通效果。

【例1-20】 唐太宗与魏征的君臣之道

唐太宗李世民作为开创"贞观之治"的明君,其治国成就与善纳谏言的沟通智慧密不可分。史载太宗常于便殿召见谏议大夫魏征,不仅耐心倾听其尖锐谏言,更主动询问:"朕之行事,于天下何如?"(《贞观政要》)。当魏征病逝时,太宗悲叹:"夫以铜为镜,可以正衣冠;以古为镜,可以知兴替;以人为镜,可以明得失。朕常保此三镜,以防己过。今魏征殂逝,遂亡一镜矣!"(《旧唐书》)

共鸣建立需突破身份差异(如君臣地位悬殊仍可深度沟通);持续性的情感投资方能产生长期互惠(太宗坚持问政十余年);物质激励与精神认可需并重(太宗既厚偿魏征,更给他"人镜"的精神褒扬)。

5. 合乎情景:调整沟通方式

职场中的沟通情境多种多样,正式会议、非正式交流、冲突处理等场合都需要不同的沟通策略。因此,适应情境变化是提升职场沟通效果的重要步骤。

1) 识别情境类型

在不同的情境下,沟通的方式和内容应有所不同。例如,正式场合要求规范、精确地表达;而非正式场合的交流则可以更加轻松、随意。

正式场合:例如,在重要会议中,沟通应注意讲话的条理性和专业性,避免不必要的细节和冗长的讨论。此时,交际双方可以使用结构化的语言,清晰地表达观点和建议。

非正式场合:例如,在午餐、茶歇等场合,沟通应更为轻松,侧重于建立人际关系和促进团队融洽。此时,交际双方可以使用更加开放、非正式的语言,促进交流的自然流动。

2) 适应情境变化

在不同情境下,沟通的风格、语气和语速应有所调整。在紧张的情境或冲突中,我们需要保持冷静,避免情绪化的言辞。而在轻松的团队活动中,适度幽默或亲和的交流能够缓解气氛,促进沟通。

【例1-21】 亚马逊创始人杰夫·贝索斯的"沟通危机"

在2000年,亚马逊的财务状况非常困难。杰夫·贝索斯意识到,虽然亚马逊拥有先进的技术和创新的商业模式,但团队内部的沟通存在严重问题,尤其是高层管理和团队之间存在隔阂。杰夫·贝索斯决定亲自主持一场"全员沟通大会",他在会上不仅公开透明地讨论了亚马逊的财务状况,还鼓励员工提出问题和建议。在这种高压情境下,他通过开放的态度和直接的语言,让员工感受到共同努力渡过难关的信心。此举不仅有效缓解了员工的焦虑情绪,还激发了团队的凝聚力,最终帮助公司渡过了危机。

3) 营造积极氛围

积极的沟通氛围有助于营造良好的工作环境。在职场中,我们可以通过正面语言、幽默感和适当的肢体语言来鼓励他人,缓解紧张情绪,推动有效沟通。

强化训练

1. 背景设定

班级决定举办一次"迎新晚会",以增进新同学之间的了解和友谊。班级成立了策划小组,该策划小组由 5 名成员组成,他们分别负责活动策划(角色 A)、节目编排(角色 B)、物资采购(角色 C)、场地布置(角色 D)和宣传推广(角色 E)。在策划过程中,负责节目编排的同学(角色 B)和负责物资采购的同学(角色 C)之间产生了意见分歧。

2. 冲突情境

角色 B 希望晚会能有一些高质量的表演节目,如请校外的专业乐队来演出,以提升晚会的档次;而角色 C 则担心这样做会大大增加预算,超出班级能承受的范围,主张以班级内部同学的才艺展示为主。双方都有自己的坚持,气氛开始变得紧张。

请同学们以小组为单位,根据情景模拟演练,要求:讨论随着情景的变化,如何调整语用策略,怎样的语气、语调、语速更有利于化解冲突,更有利于达成一致意见。

四、非语言表达方式在口语交际中的应用

关于交流中的信息表达,美国传播学家艾伯特·梅拉比安给出过一个这样的公式:信息的全部表达=7%的语言+38%的声音+55%的肢体语言。专家们认为,沟通中的 60%~90%是非语言的沟通。也就是说,在口语交际中,语言只是其中一部分,沟通者的表现和声音等非语言沟通也是其中非常重要的一部分。因此,我们要善于运用这些非语言方式以获得良好的交际效果。在交际中,我们要以有声语言为交际载体,并恰到好处地使用非语言在无声的交流中形成与有声语言的共鸣和共振。口语交际中的非语言表达方式主要有副语言、身体语言、环境语言。

(一)副语言(声音的特征)

副语言包括语调、语速、停顿、音量等声音元素。尽管这些声音本身并不承载具体的词汇意义,但它们能够传递情感、态度与意图,增强语言的表达效果。

1. 语调与情感传递

语调的高低起伏直接影响沟通的情感传递。在职场沟通中,语调的变化能够帮助我们突出重点,表达情绪。例如,语调上升可能表达疑问或强调,语调下降则可能表示结束或总结。语调的变化与情感密切相关,语调的适当调节能够帮助沟通者增强信息的情感共鸣。

▶▶▶职场沟通技能扩展

较高的语调(如较高的音高)常用于表示兴奋、惊讶或表达疑惑(如"真的吗?")。

较低的语调(如较低的音高)常用于表示肯定、确认或陈述事实(如"我明白了。")。

如何避免单调语调:语调应有起伏,不应过于单一。例如,在进行职场汇报时,讲话者可以通过升降音调来强调某些重点,避免语言平淡无力。

2. 语速与信息传递

语速是指说话时的速度,直接影响信息传达的清晰度和听众的接受度。语速过快会导致信息的遗漏可能让听众感到无法跟上或产生理解困难,而过慢的语速可能会降低沟通的效率,可能让沟通显得沉闷、拖沓。适中的语速能有效提高信息的理解和接受度。

> ▶▶▶ 职场沟通技能扩展
>
> 　　稍快的语速:指每分钟约说 120~150 个词,其适用于传达紧急信息或需要表达活力、动力的场合。例如,谈论紧急项目时,语速适当加快可以传递紧迫感。
>
> 　　适中的语速:每分钟约说 100~120 个词,其适用于大部分职场场合,如汇报、会议讨论等。这一语速既能够确保信息传递清晰,又能让听众轻松跟上。
>
> 　　稍慢的语速:每分钟约说 80~100 个词,其适用于复杂的解释或当对方可能不熟悉你的语言时,降低语速有助于确保信息的准确传达。

3. 音量与自信

音量指的是说话时声音的大小。在职场中,音量应根据情境适当调整。适当的音量可以增强沟通的亲和力,过大或过小的音量都会影响沟通效果。音量的大小能直接影响信息传递的效果。适当的音量可以提高沟通的效果,同时也能传递自信和权威。

> ▶▶▶ 职场沟通技能扩展
>
> 　　适中的音量:在大多数职场环境中,音量应当适中,通常在 70~80 分贝,大致为在寝室中 2 个室友能听到你所阐述的内容的音量。这样既能让对方听清楚,也不会显得过于压迫。在会议中,尤其是多人讨论时,音量应适中,这样既能让周围的人听清楚,又不会让场面显得过于严肃或压抑。适时的音量调整,可以传递自信与掌控感。一般来说,音量过低(如低于 70 分贝)可能会使信息传递不清晰,而音量过高(如超过 85 分贝)则可能让对方感到不适或被压迫。

(二) 身体语言

身体语言(又称肢体语言)是通过身体动作、面部表情、姿势、眼神等来传递信息的。在职场中,身体语言往往能直接反映出我们的情感、态度和对沟通的投入程度。姿势与对话参与度相关,姿势在职场沟通中非常重要。开放的姿势能够展现出你对话题的兴趣,增强沟通的亲和力和信任感。而封闭的姿势则可能传递冷漠或不耐烦的情绪,会被对方解读为不信任或不关注。

> ▶▶▶ 职场沟通技能扩展
>
> 　　微微前倾的姿势:一般来说,身体微微前倾的角度为 15°~20°。这种姿势能够传递出你对话题的高度关注和兴趣,尤其是在讨论工作细节或客户需求时。
>
> 　　双臂交叉或后仰:这通常是封闭姿势,往往表示防备或不感兴趣。在与同事或客户面谈交流时,你应尽量避免过度依赖这种姿势。
>
> 　　目光交流:适当的目光交流是建立信任和亲和力的重要方式。一般来说,在职场交流中,适宜的眼神接触应为 2~3 秒,进行一次短暂的凝视,再移开视线有助于增加沟通的有效性、亲密感和互动性。在会议或面谈时,眼神游移或频繁转移视线会被解读为缺乏兴趣或不自信。而过度凝视或避免眼神接触则会让对方感到不安。

(三) 环境语言

交谈与环境密不可分。环境是沟通的必要条件,又是沟通的重要工具。交谈中的环境语言包括环境设置,如房间的颜色、格局、光线明暗等场所的设计,办公桌的大小、外形、摆放的位置等。环境语言还包括空间环境,如空间利用方式、座位布置、空间距离、时间环境等。例如,交谈时选择的场所周围噪声大,交谈者可能就无法获得完整、准确的信息;私密性话题的交谈可能不适宜选择开放型场所;交谈时,应选择双方都方便的时间等。

五、新媒体语言(口语)的运用

新媒体是在新的技术支撑体系下出现的媒体形态,涵盖了所有数字化的媒体形式。新媒体包括所有数字化的传统媒体、网络媒体、移动端媒体、数字电视、数字报刊等。新媒体的发展极大地丰富了人们接收信息的方式。在传统媒体时代,报纸传播是简单的图文传播,广播传播是单纯的声音传播,电视传播是文字、声音、图像的三维传播体系。在新媒体时代,新媒体以电视、计算机和手机等为平台,以网络为载体,通过视频、音频、图片、文字等向人们传播信息。新媒体改变了人们的阅读习惯、信息接收方式和思维方式,受众更喜欢交互性强、主动性强的信息接收方式,偏爱"自媒体"的表达方式。

1. 新媒体语言的特点

1)创新性

新媒体语言最鲜明的特点之一是语言的创新性。随着网络文化的发展,越来越多的新词汇、新表达方式涌现出来。

新造词与新义词:很多词汇因互联网文化而被赋予了新的意义。例如,"躺平"指的是放弃竞争,选择一种消极的生活态度;"内卷"形容在竞争中无意义的自我消耗;"熬夜打工人"指的是在加班加点工作的职场人,这些词语已经逐渐成为日常交流中不可或缺的部分。

表情符号与缩写:除了文字,新媒体语言还包括大量的表情符号和缩写。例如,人们用表情符号来传递情感和情绪;缩写如"OMG"(Oh My God)、"LOL"(Laugh Out Loud)等成为人们表达感叹和情绪的快捷方式。

词语混搭与拼音化:新媒体语言中还有大量的词语混搭及拼音化词汇,特别是在社交平台上。"喜大普奔"是"喜闻乐见、大快人心、普天同庆、奔走相告"四个词语的混搭,用于形容让人高兴的事情,大家纷纷互相转告。"yyds"(永远的神)用来夸赞某人或某物非常厉害、优秀,堪称神一般的存在。例如,"这位运动员太厉害了,yyds"。

2)简易性

随着信息流动的加快,人们在接受信息时越来越偏向简洁明了的表达方式。新媒体语言注重用最少的文字表达最多的信息。以下是一些体现简易性的语言特征。

数字与字母的组合:数字和字母的运用让语言表达更加精炼。比如,"520"代表"我爱你","666"表示"牛"或"厉害",这些数字和字母的组合成为网络上的"新词汇"。

短小精悍:新媒体尤其是在微博、微信、抖音等平台,语言篇幅要求越来越简短。例如,抖音视频通常只有15~60秒,为了在有限的时间和空间里抓住观众的注意力,标题和内容也要求简洁明了,语言变得更加直白、简明。

碎片化信息:在微博、微信朋友圈等平台上,人们倾向于发布短小、独立的信息片段,快速传递关键信息。例如,"打卡成功"就是一个典型的碎片化表达。

3）亲密性

新媒体语言的另一个重要特点是亲密性,尤其是在互动性较强的社交平台中,语言更加随意、亲切。例如,带货主播和网友的互动往往很生活化,表达方式也非常亲切。

"小姐姐""老铁"等这些网络用语常用于调侃或亲密称呼。例如,带货主播会称呼粉丝为"小姐姐""小哥哥"或"老铁",增加亲切感和互动感。

生活化的表达:新媒体语言不仅用于传递信息,还通过幽默、轻松的语气拉近人与人之间的距离。例如,常见的表述如:"你要不要'买它'?""哎呀,不写了,已经'摊手'了!"这些句子通过轻松幽默的语气来表达复杂的情感。

4）口语化与方言化

新媒体语言的口语化特征非常明显。在与朋友、同事的沟通中,我们不再拘泥于正式的语言,而是喜欢用更加随意、亲切的方式交流。

口语化:新媒体语言普遍使用口语化表达,去掉了很多书面语表达带来的复杂性。例如,"今天超累的"比"今天的工作量很大,感到非常疲惫"更加自然和贴近实际。

方言化:为了加强沟通的亲和力,一些新媒体内容还融入了地方方言。例如,用东北话中的"啥"代替"什么","吃了吗"代替"你怎么样"。

2. 新媒体语言在职场中的应用

新媒体语言的应用不仅仅局限于社交平台,它在职场中的应用也变得越来越广泛,尤其是在团队沟通、客户交流和市场营销等方面。通过简洁、高效和亲密感的表达,新媒体语言能够帮助职场人士迅速适应现代沟通环境,提高效率并增强互动。

1）简洁高效的职场沟通

在现代职场中,沟通方式日益多样化,电子邮件、即时通讯工具(如微信、QQ)以及视频会议等都成了日常沟通的重要手段。新媒体语言的简洁性非常适合快节奏、高效率的职场环境,能够帮助提高职场沟通效率,减少冗长无效的信息传递。

在团队的微信群或钉钉群发布公告时,如果合理使用新媒体语言,可以更精简、直观地传递信息。

【例1-22】

1. 简短的沟通

传统表达:

"请各位同事注意,明天上午9点将在会议室召开关于项目进度的会议,届时请大家准时参加,提前准备好相关材料。"

(解析:字数较多,信息密度高,可能导致信息遗漏或对信息的关注度下降。)

新媒体语言表达:

"【紧急】明天9点开会,议题:项目进度。"

(解析:简短、直接,突出了重点,便于快速抓住注意力。这不仅能够节省时间,还能够让团队成员迅速获得关键信息,提高工作效率。)

2. "打卡式"沟通

很多公司已经采用"打卡式"沟通方式,以适应员工碎片化的工作习惯。例如,字节跳动的内部沟通工具"飞书"就倡导"短小、精炼"的工作信息更新,员工通过简洁的文字和实时反馈迅速完成任务汇报和沟通,避免了信息冗余。在这些工作群体中,员工通过简单的文字和

表情符号快速传达工作情况。例如，

"今天任务已完成，打卡！"

"签到：已完成客户沟通，明天继续跟进。"

2）增强互动与亲密感

新媒体语言的亲密性在职场中得到了广泛应用，尤其是在团队协作时，增强亲密感能够提升团队凝聚力、促进积极的团队文化的形成。职场沟通不再是单纯的"上下级"关系，更多的是"平等"与"互助"。

【例1-23】 在团队合作中，利用新媒体语言增强彼此之间的亲近感，能够提升团队的凝聚力和工作热情。

团队之间轻松地对话时：

阿里巴巴在其内部沟通中，尤其是团队成员之间的互动中，非常注重通过轻松、幽默的语言拉近彼此距离。例如，阿里员工习惯用"牛B"来称赞工作表现优秀的同事，或者用"接下来又要'摊手'了"来表示项目中遇到的困难。在这种氛围下，员工之间的沟通显得非常自然与亲密，促进了团队合作和正向激励。

团队成员之间互相鼓励时：

在腾讯，尤其是各个部门间的跨部门协作中，团队成员通过微信群或钉钉群分享自己的工作成果，并通过类似"牛"或"666"的表情符号来表达对同事工作的肯定。例如，某个团队成员完成了一个重要项目时，大家会在群里用"666，做得漂亮！"来给予肯定和激励。

3）增强客户忠诚度与品牌传播

在市场营销中，新媒体语言具有极强的传播力，能有效吸引客户并增强品牌忠诚度。尤其是在客户互动和品牌宣传中，新媒体语言的使用能够帮助企业精准触达目标客户并创造情感连接。

【例1-24】 京东在"双十一"购物节期间，通过微博、微信等平台进行互动式营销，采用了大量的流行语和新媒体语言，如"你们的双十一，我的双十二"。这种幽默、亲密的表达方式让顾客感受到品牌的活力和幽默感的同时也增加了顾客对品牌的好感。

在小米的"粉丝文化"中，通过新媒体语言与粉丝进行互动已成为企业传播的一部分。小米会使用"米粉"这一亲切的称呼来称呼顾客，并通过幽默、互动的语言促进品牌的口碑传播。

例如，"米粉们，今天的新品已经上线，快来抢购吧！""感谢米粉们的支持，今天继续开黑一起'吃鸡'！"

这种亲密、互动式的语言让品牌与顾客之间建立了深厚的情感连接，从而提高了顾客的品牌忠诚度。

新媒体语言不仅能够提升职场沟通的效率，还能增进职场成员之间的互动和亲密感。在现代企业中，利用新媒体语言提高沟通效率、增强团队凝聚力、提升品牌亲和力，已经成为越来越多公司和团队所采用的战略。在这一过程中，知名企业如阿里巴巴、腾讯、美团、京东等已经成功地将新媒体语言与自身的企业文化、市场营销活动紧密结合，这不仅加速了信息传递，还帮助企业塑造了更具亲和力和互动感的形象。

对于职场新人来说，学习和掌握新媒体语言并灵活地运用它们，不仅可以提升工作效率，还能帮助其建立良好的职场关系和品牌形象，是现代职场必备的沟通技能。

小贴士

优秀的带货主播通常会使用一系列有吸引力、富有感染力的语句来吸引观众购买产品。以下是一些常见的带货主播新媒体语录类型。

1. 引起兴趣型

"朋友们,今天的这个宝贝可是我亲测过的,效果真的超乎你们的想象!"

"这个价格,错过今天要再等一年!"

"看着就让人心动,是不是? 快来看看,错过了就真的没了!"

"你们看这个颜色,真的太适合这个季节了!"

"等了这么久,终于等到它的降价,赶紧抢!"

2. 强调稀缺性和紧迫感型

"库存有限,手慢无,赶紧下单!"

"还有最后50件,错过今天就真的没有了!"

"这个活动仅限今天,明天就涨价了!"

"刚才被抢光了,赶紧点击购买,最后一批了!"

"快! 快! 快! 抓住这次机会!"

3. 真实推荐型

"我自己都用过,效果非常好,大家放心购买。"

"亲们,这款我用了一个月,效果简直是太棒了!"

"我也试了很久,才找到这款,真的不踩雷!"

"这个产品绝对没有坑,你买了不会后悔!"

4. 利益驱动型

"现在下单还能享受限时优惠,立减20元,机会不等人!"

"大家可以通过我的专属链接享受额外的折扣哦!"

"这个礼包只剩下最后几个,买一送一,绝对划算!"

"你们今天买就可以得到独家赠品哦,太划算了!"

5. 展示效果型

"看这个效果,简直太神奇了,做到了你们想要的完美!"

"你们看看,拿到手后真的超惊艳!"

"我自己用过这款,效果立竿见影,真的是一次改变!"

"亲们,看看效果,分分钟让你爱不释手!"

6. 口语化和互动型

"宝宝们,快来告诉我,你们最喜欢哪一款?"

"亲们,留言告诉我你们喜欢什么款式,我帮你们选!"

"给我点个赞,告诉我你们喜欢,马上带你们看更多好货!"

"大家手速快不快? 抢到的话就发个弹幕告诉我!"

7. 幽默和夸张型

"这款东西,真的不是我在夸,简直是人类智慧的结晶!"

"我能说这件衣服让我爱上了自己吗?"
"大家看这个小巧的设计,真的是给你生活加点料!"
"不吹不黑,穿上它,你就是最靓的仔!"

8. 情感引导型

"你们知道吗?这款商品就像是为你们量身定做的!"
"每次看见这款,我都觉得它像是我的朋友,真的太值得推荐!"
"为了大家的美丽,我已经等不及要告诉你们这款宝贝了!"
"亲们,这不是一款普通的商品,它带给你的将是满满的幸福感!"

9. 情境对比型

"你看看市场上同类的产品,价格都要贵一倍,买这个真是赚到了!"
"别等到别人都买完了,才后悔错过了这么好的机会!"
"你还在为没有找到合适的产品而烦恼?这款就解决你的所有问题!"

10. 亲切称呼型

"亲爱的们,赶紧下单,错过了就真的没了!"
"宝贝们,来看看这款新品,我保证你们一看就爱上!"
"小仙女们,你们一定要看这款,超级适合你们的!"

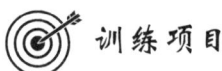

训练项目

项目1 电话接听

电话被现代人公认为便利的通信工具,在日常工作中,电话中使用的语言很关键,它直接影响着一个公司的声誉。人们通过电话也能粗略判断对方的人品和性格。因此,掌握正确的、礼貌的电话沟通方法非常必要。

在职场中,人们应熟练使用电话礼仪。

技能 点拨

职场电话礼仪包括以下几个方面。

1. 3声之内接起电话

如果电话响了5声以上才接,要先向对方表示歉意并作出适当的解释,如"很抱歉,让你久等了"等。

2. 电话的开头语展示公司的形象

我们在接听电话时,应先问候,再自报家门,这样万一对方打错电话,就可以少费口舌。规范的电话开头语体现的不仅是对对方的尊重,还能反映公司的高效率和严管理。

打外线(不认识对方)时,应该做详细的自我介绍,如"你好,我是××,××公司销售部经理的秘书。"

打内线的开头语可以有几种表达方式,如"我是××,王经理的秘书";"我是销售部的××";"王先生,您好,我是××"。

3. 通话尽量简单扼要

在业务通话中,"一个电话最好不超过3分钟"是通行的原则,如果估计这次谈话时间较长,那么应在通话前询问对方此时是否方便长谈。例如,"王先生,此次我想和您谈谈分配方案的事宜,时间大约需要一刻钟,您现在方便吗?"

4. 要找的人不在时的处理

如果你要找的人恰巧不在,可以有几种应对方式:

(1) 直接结束通话。在事情不是很紧急,并且自己还有其他联系方式的情况下,你可以直接使用"对不起,打扰了,再见"结束通话。

(2) 请教对方联系的时间或其他可能联系的方式。通常在比较紧急的情况下可以采用这一方式,具体的做法是:"请问我什么时候再打来比较合适?"或"我有紧急的事情要找××,不知道您有没有其他的联系方式?"不管对方是否为你提供了其他联系方式,都应该礼貌地说"再见"。

(3) 请求留言。若你要找的人不在或恰巧不能听电话,最好是用礼貌的方式请求对方转告。留言时,你要说清楚自己的姓名、单位名称、电话号码、回电时间、转告的内容等。在对方记录下这些内容后,你千万不要忘记问:"对不起,请问您怎么称呼?"对方告知后,你要用笔记录下来,以备查找。

接听电话时,若对方要找的人不在或不能接听电话且需要帮忙留言,那么你在询问对方姓名前,要先告知对方他找的人不在。

(4) 要等对方先挂电话。当对方向你说"再见"时,你也应该说"再见",并要等对方先挂断电话,注意挂电话时应小心轻放,别让对方听到很响的声音。

(5) 当需要打电话时,你应先确定此刻打电话给对方是否合适。你应该选择对方方便的时间打电话,一般是在对方上班时间内为宜,但不要在用餐时间或下班时间打电话,这会造成他人工作的不便。打电话时,你最好问一声:"你现在方便听电话吗?"

【例1-25】 长江出版社责任编辑王明给教育局刘艺打电话,想和他讨论"读书周"活动安排。但刘艺不在,张宁接了电话。

王明:"喂,教育局吗?"

张宁:"是。"

王明:"刘艺同志在吗?"

张宁:"他不在。"

王明:"怎么会不在?"(打电话的急不择言)

张宁:"我怎么知道!"(接电话的生气了)

王明:"那……那就跟你说吧。"

张宁:"对不起,你过会儿再打吧。"(把电话一摔)

【解析】 1. 以电话礼仪考量[例1-25]中的两位,想一想他们的问题是否出在语言表达上,并尝试进行以下演练。

张宁听到电话铃声……

张宁:"喂,您好,教育局。"

王明:"您好,请问刘艺同志在吗?"

张宁:"对不起,他不在。"

王明:"哦,真不巧,那我有点事可以麻烦您一下吗?"
张宁:"好的,你说吧。"
王明:"我是长江出版社的责任编辑王明,听说贵局刘艺同志负责'读书周'活动,请您转告他和我联系。"
张宁:"好的。"
王明:"请问您如何称呼?"
张宁:"我是刘艺的同事张宁,我会请他联系您的。"
王明:"我的联系号码是56362715015,谢谢您!"
张宁:"不客气。"
王明:"再见。"
张宁:"再见。"

2. 如果你是张宁,请就[例1-25]中接听情况,做一份电话记录。

技能 点拨

(1) 电话记录是记载有关单位电话内容的一种事务性文书。除了一般的事务性联系,凡内容比较重要的电话应当由通话人做记录,以备日后查考。这种电话记录应当被看作是机关公务文书的一种,并按照它的工作内容定期整理归档保存。

(2) 电话记录内容一般包括来电单位、来电人、来电时间、电话内容,其中核心部分是电话内容。

(3) 电话记录的基本要求:一要记清,二要核准。为此,具体要做好以下两点:①询问并写明对方单位、身份、姓名、电话和传真号码,以便联系;②应按来电人的话逐一记录电话内容。若内容项目较多,应分项、分段记录,以区分项目和显示内容层次,特别要记录好何时、何地、何人、何事、有何原因、如何处理等重点内容。

(4) 电话记录的格式:①致:即给谁的留言;②来电人:即打来电话的单位及人名(可加职位身份);③来电时间:来电的具体时间;④电话内容:记录主要及重要内容;⑤回电号码:如需回电时可用,或是需要传真的传真号码;⑥记录者签名;⑦具体日期。

【例1-26】 电话记录

致:刘艺
来电人:长江出版社责任编辑王明
来电时间:2024年5月18日上午9:20
电话内容:请回电王明先生,讨论关于"读书周"的事情
回电号码:56362715015
记录者签名:张宁
2024年5月18日

强化训练

请你根据自己的专业进行电话沟通的技能模仿。

1. 管理与商业类

专业:企业数字化管理、金融服务与管理、现代物流管理、国际商务、工商企业管理等

1) 普通工作情况:客户咨询物流服务

接听者:您好,感谢致电(公司名称),我是(接听者的名字以及职位),请问有什么可以帮助您的?

客户:你好,我想了解一下你们的物流配送服务,特别是国际物流方面。

接听者:非常感谢您的咨询。我们提供全球范围的物流服务,包括国际空运、海运和陆运等。请问您想了解哪些具体的物流方案?

客户:我需要了解货物从中国到美国的运输时间和费用。

接听者:根据您的需求,货物运输时间通常在7~10天,费用会根据货物的种类、重量以及是否需要加急运输来定。您可以提供具体的货物信息,我为您做个估算。

客户:好的,货物大约5吨,属于普通电子产品。

接听者:谢谢您提供的信息,预计运输费用为(费用),时间约为8天。如果您确认订单,我会安排专员与您进一步沟通。

客户:好的,谢谢。

接听者:不客气,祝您生意兴隆。如有其他问题,请随时联系我们。

2) 紧急工作情况:客户紧急申请资金贷款

接听者:您好,感谢致电(公司名称),我是接听者,请问有什么可以帮助您的?

客户:你好,我是(客户公司名称)的财务经理,我们急需一笔资金周转,能否尽快批准我们的贷款申请?

接听者:非常抱歉听到这个情况,您是否能提供一下贷款的编号或者详细信息?

客户:贷款编号是(编号),我们需要资金来支付紧急订单。

接听者:我已将您的请求转给专员,您在30分钟内会收到贷款批准通知。为了贷款业务顺利进行,我建议您准备好相关的财务报表和抵押资料。

客户:好的,我马上准备。

接听者:非常感谢您的合作,我们将尽快处理您的问题。如有其他问题,您可以随时联系我。

_____

_____

2. 工程与技术类

专业:建筑工程、工程造价、大数据工程技术、人工智能工程技术、数字媒体技术、物联网工程技术等

1) 普通工作情况:客户咨询建筑工程报价

接听者:您好,感谢致电(公司名称),我是(接听者的名字以及职位),请问有什么可以帮助您的?

客户:你好,我们正在考虑一个新建项目,想了解一下你们提供的工程报价。

接听者:好的,您能提供一下项目的具体信息吗?比如,建筑面积、结构类型等,方便我们给出准确报价。

客户:项目是建造2 000平方米的办公楼,办公为钢筋混凝土结构,预计建造3层。

接听者:根据您的描述,初步估算总造价为(估算金额),我们将为您提供详细的项目预算和具体报价,您可以将设计图纸和材料要求发送给我们,我们的工程师会给您做详细的分析。

客户:明白了,谢谢。

接听者:不客气,如果有任何进一步的问题,请随时联系我们。

2) 紧急工作情况:人工智能系统故障紧急修复

接听者:您好,感谢致电(公司名称),我是接听者,请问有什么可以帮助您的?

客户:你好,我们的人工智能监控系统出现了严重故障,不能正常运行,能不能派人来修复?

接听者:非常抱歉听到这个消息,麻烦您提供一下系统故障的具体情况,方便我们安排技术人员尽快到达现场。

客户:系统提示"服务器无法连接",这导致我们无法进行远程控制人工智能监控系统。

接听者:好的,我们会立即派遣技术人员进行现场检查,技术人员预计在30分钟内到达,其间我会保持联系,确保您的问题得到及时处理。

客户:非常感谢!

接听者:感谢您的理解,我们将尽力为您解决问题。如有其他问题,请随时联系我。

_____

_____

3. 健康与护理类

专业:护理、护理(康复护理)、医用电子仪器技术、智慧健康养老服务与管理等

1) 普通工作情况:病人家属咨询护理服务

接听者:您好,感谢致电(医院名称),我是(接听者的名字以及职位),请问有什么可以帮助您的?

客户:你好,我的母亲住院了,我能不能了解一下她的护理安排?

接听者:好的,请您提供病人的姓名和住院号,我为您查询护理计划。

客户:病人姓名是李华,住院号是123456789。

接听者:稍等,我先为您查找相关资料。

(查询中)

接听者:李华女士的护理计划包括每天两次体温和血压监测,同时我们安排护士为她进

行康复训练,预计在一周内开始进行下肢康复训练。

客户:好的,谢谢!

接听者:不客气,祝您的母亲早日康复。如有其他问题,欢迎您随时联系我们。

2) 紧急工作情况:急诊科病人转院紧急处理

接听者:您好,感谢致电(医院名称),我是接听者,请问有什么可以帮助您的?

急诊科医生:我们急诊科有一位重症病人,情况危急,需要立刻转到贵院的ICU。

接听者:麻烦您提供一下病人信息,我马上为您确认ICU床位。

急诊科医生:病人姓名张三,年龄65岁,患有严重心脏病。

接听者:ICU床位空闲,我们将立即做好接诊准备,请您尽快将病人转送过来。

急诊科医生:好的,我们马上转运。

接听者:请确保病人转运的过程中安全无虞,我们会在接待时给予全力支持。如有其他问题,您随时联系我。

---

4. 食品与生物技术类

专业:烹饪与餐饮管理、食品营养与健康、食品质量与安全、合成生物技术、生物制药技术等

1) 普通工作情况:客户咨询食品质量检测服务

接听者:您好,感谢致电(公司名称),我是(接听者的名字以及职位),请问有什么可以帮助您的?

客户:你好,我们公司需要检测一些进口食品的质量,你能告诉我你们提供哪些检测服务吗?

接听者:我们提供多项食品检测服务,包括食品添加剂、营养成分、微生物检测等,具体检测项目可以根据您的需求定制。

客户:我主要关注的是食品添加剂和微生物含量的检测。

接听者:明白了,该项目的检测周期为3~5个工作日,您可以将样品送至我们的实验室,我们会为您提供详细的检测报告。

客户:好的,我会准备样品。

接听者:非常感谢,如果有其他问题,请随时联系我。

2) 紧急工作情况:食品安全事件报告

接听者:您好,感谢致电(公司名称),我是接听者,请问有什么可以帮助您的?

客户:我们收到消费者投诉,发现我们的产品可能存在过期成分,请你们尽快处理!

接听者:感谢您的报告,我已经通知相关部门启动紧急检测程序。您可以将受影响的批次样品送至我们实验室,我们将优先处理并提供24小时内的初步检测结果。

客户:太好了,谢谢。

接听者:我们会尽快处理此事,确保食品安全。如有其他问题,您随时联系我。

5. 外语类

专业：应用英语、商务日语、应用西班牙语等

1）普通工作情况：客户咨询翻译服务

接听者：您好，感谢致电（公司名称），我是（接听者的名字以及职位），请问有什么可以帮助您的？

客户：你好，我们公司正在准备一份英文合同，想请你们提供翻译服务。

接听者：我们提供合同翻译、口译等多项语言服务。请问您需要翻译的合同有多长，您翻译合同的语言要求是什么？

客户：合同大约有30页，需要正式翻译。

接听者：好的，我们会为您安排专业的翻译人员，预计翻译时间为5个工作日。

客户：好的，谢谢。

接听者：不客气，期待为您服务。如有其他问题，请您随时联系我。

2）紧急工作情况：客户紧急需要翻译会议资料

接听者：您好，感谢致电（公司名称），我是接听者，请问有什么可以帮助您的？

客户：我有一个国际会议需要翻译支持，能否安排翻译人员马上准备会议资料？

接听者：请问会议资料大致有多少页？是否需要当天完成？

客户：会议资料有大约10页，需要在今天内翻译完成。

接听者：我们可以安排翻译人员加急处理，预计能在4小时内完成翻译，您可以通过电子邮件将资料发送给我们。邮箱号为：××××××。

客户：好的，我马上发过去。

接听者：感谢您的配合，我们将尽全力确保按时完成。如有其他问题，请随时联系我。

6. 艺术与设计类

专业：视觉传达设计、环境艺术设计、数字媒体艺术、人物形象设计、室内艺术设计、广告艺术设计等

1）普通工作情况：客户咨询设计服务

接听者：您好，感谢致电（公司名称），我是（接听者的名字以及职位），请问有什么可以帮助您的？

客户：你好，我们公司正在进行品牌重塑，想要找专业的设计公司来做视觉形象设计。

接听者：非常感谢您的咨询。我们可以为您提供品牌设计、LOGO设计、宣传海报设计等服务。请问您对设计有什么具体要求吗？

客户：我们希望设计能够体现公司的现代感，并且具有国际化视野。

接听者:好的,我们的设计师会根据您的需求提供个性化的设计方案。我们的设计周期通常为7~10天,您可以提供一些参考资料或公司文化背景,帮助我们更好地理解您的需求。

客户:好的,我会准备资料。

接听者:感谢您的信任,期待与您的合作。如有其他问题,随时联系我。

2) 紧急工作情况:紧急修改广告设计

接听者:您好,感谢致电(公司名称),我是接听者,请问有什么可以帮助您的?

客户:我们的广告设计文件有一些问题,您能否帮我们做紧急修改?

接听者:请您提供修改的具体内容,我们会尽快安排设计师进行调整。

客户:广告设计文件需要调整色调和文字排版。

接听者:我们会在2小时内完成修改并发送给您确认。

客户:非常感谢!

接听者:不客气,我们将尽最大努力确保您的要求得到及时满足。如有其他问题,请随时联系我。

___

___

___

7. 信息与通信技术类

专业:数字媒体技术、物联网工程技术、计算机应用技术等

1) 普通工作情况:客户咨询IT服务

接听者:您好,感谢致电(公司名称),我是(接听者的名字以及职位),请问有什么可以帮助您的?

客户:你好,我公司最近需要优化网络系统,想请你们提供一些专业服务。

接听者:好的,我们提供网络系统优化、硬件维护等多项服务。请问您的具体需求是什么?

客户:我们公司有多个办公点,需要提升局域网的速度和安全性。

接听者:我们可以为您提供专门的网络优化方案,确保各办公点之间的网络连接更稳定,数据传输速度更快。优化周期为1~2周。

客户:明白了,谢谢!

接听者:不客气,如果有其他问题,随时联系我。

2) 紧急工作情况:客户请求系统故障紧急修复

接听者:您好,感谢致电(公司名称),我是接听者,请问有什么可以帮助您的?

客户:我们的系统出现故障,无法启动,你们能不能尽快派人来修复?

接听者:非常抱歉听到这个问题,请您提供一下系统的具体故障情况,便于我们安排工程师尽快到现场。

客户:系统显示"无法连接服务器"。

接听者:我们将立即派技术人员进行远程诊断,并在30分钟内安排人员到现场解决问题。

客户：太好了，感谢！

接听者：感谢您的耐心，我们将尽最大努力确保问题尽快解决。如有其他问题，请随时联系我。

 小贴士

电话接听需要的相关知识储备

1. 管理与商业类

专业:企业数字化管理、金融服务与管理、现代物流管理、国际商务、工商企业管理

电话接听专业资料如下所示。

企业数字化管理:在电话接听中,接听者需要熟悉企业数字化系统的相关流程,能够清晰解释数字化管理解决方案,如 ERP、CRM 系统的使用方法,并能提供客户所需的信息与服务。接听者应能够准确理解客户的需求,并通过电话传递系统操作的相关步骤,帮助客户解决问题。

金融服务与管理:接听者需要了解银行或金融机构的各类业务(如贷款、信用卡、理财产品等),能够清晰地向客户解释金融产品的利率、条款以及申请流程。对客户咨询的贷款额度、利率计算、投资回报等方面需要有足够的专业知识。

现代物流管理:接听者需要了解物流行业的基本流程,包括运输、仓储、配送等,能够回答客户关于货物运输、到货时间、费用计算、货物追踪等方面的问题。对客户提出的急单、特殊配送需求等情况需要迅速作出反应并提供解决方案。

国际商务:在接听国际商务相关电话时,接听者要了解国际贸易流程、关税政策、跨国公司合作等内容。电话中,接听者需要能够解释有关国际货运、付款方式(如信用证、汇款等)、跨国公司合同条款等问题。

工商企业管理:接听者应具备企业管理相关的知识,如人力资源管理、市场营销策略、生产流程等,能够通过电话解答客户关于公司产品、服务、业务流程等方面的疑问,提供相应的咨询和帮助。

2. 工程与技术类

专业:建筑工程、工程造价、大数据工程技术、人工智能工程技术、数字媒体技术、物联网工程技术

电话接听专业资料如下所示。

建筑工程:接听者需要了解建筑工程的项目管理流程,包括预算编制、施工计划、材料采购等内容。在电话中,接听者应能提供有关建筑项目的基本信息,解答客户关于项目进度、预算、施工方案等方面的疑问。

工程造价:接听者需要熟悉建筑项目的成本控制和造价估算过程,能够解答客户关于项目预算、费用清单、材料报价等相关问题。在电话中,接听者还需提供成本优化建议,帮助客户节省预算。

大数据工程技术:接听者应具备大数据处理、存储和分析的基本知识,能够在电话中为客户解释如何使用大数据技术进行数据收集、分析与报告生成等。接听者还需了解数据安全与隐私保护政策,以应对相关咨询。

人工智能工程技术:在电话接听过程中,接听者需要了解人工智能的基础应用,包括机器学习、深度学习、自然语言处理等领域。接听者可以为客户提供技术咨询,解答有关人工智能算法的应用、实施过程和技术难题。

数字媒体技术:接听者需要掌握数字媒体内容制作与传播技术,包括视频剪辑、图像处理、网络直播等。在电话中,接听者应能够为客户解答关于媒体技术方案、内容制作、设备选择等方面的问题。

物联网工程技术:接听者需要了解物联网设备、网络协议、传感器技术等内容,能够帮助客户解决设备安装、数据传输、系统调试等方面的技术问题。在电话中,接听者还应提供物联网系统维护和升级的相关服务信息。

3. 健康与护理类

专业:护理、护理(康复护理)、医用电子仪器技术、智慧健康养老服务与管理

电话接听专业资料如下所示。

护理:接听者需要了解护理工作的基本程序与技巧,包括病人护理、心理疏导、健康监测等。在电话中,接听者应能够解答关于护理计划、护理技术、护理人员安排等问题,或为病人家属提供有关护理方案的咨询。

护理(康复护理):接听者需要具备康复护理的专业知识,能够为病人或家属提供康复护理指导。在电话中,接听者应为客户提供康复训练、日常护理、疼痛管理等方面的专业建议,并解释不同康复方法的适用性。

医用电子仪器技术:接听者需要了解各种医用电子仪器的工作原理、维护方法和故障排除技巧。接听者应能够解答客户关于设备功能、使用注意事项、维修保养等方面的问题,帮助客户正确操作和维护仪器。

智慧健康养老服务与管理:接听者需要熟悉智慧健康养老服务的相关技术和管理方法,包括老年人健康管理、远程监控、智能健康设备的使用等。接听者应能够为客户解答关于健康数据管理、智能设备安装及使用、健康监测服务等方面的问题。

4. 食品与生物技术类

专业:烹饪与餐饮管理、食品营养与健康、食品质量与安全、合成生物技术、生物制药技术

电话接听专业资料如下所示。

烹饪与餐饮管理:接听者需要了解餐饮行业的运营管理、菜品制作、厨房安全等方面的内容。在电话中,接听者应能够解答客户关于菜单设计、食品采购、餐厅服务等方面的问题,并提供专业的餐饮管理建议。

食品营养与健康:接听者应具备食品营养学的基础知识,能够为客户提供关于健康饮食、营养搭配、食品选择等方面的咨询。接听者应能够在电话中解答客户关于食物营养成分、疾病预防饮食等方面的问题。

食品质量与安全:接听者需要了解食品安全法律法规、食品检测技术、质量控制方法等。在电话中,接听者应能够为客户提供食品质量检测、质量管理及相关政策方面的解答,确保客户全面了解食品安全。

合成生物技术:接听者需要具备生物合成技术、基因编辑技术、蛋白质工程等方面的知识,能够为客户提供生物技术产品的技术咨询、产品应用指导及技术支持。

生物制药技术:接听者应了解生物制药的生产工艺、质量控制、药物研发等方面的知识。在电话中,接听者应能够为客户提供有关药品生产、药效分析、质量监控等方面的专业建议。

5. 外语类

专业：应用英语、商务日语、应用西班牙语

电话接听专业资料如下所示。

应用英语：接听者需要掌握一定的英语语言能力，能够使用英语流利与外籍客户进行沟通。接听者可以解答客户的咨询，并用英语为客户提供专业服务，尤其是涉及外贸、跨国合作等场景。

商务日语：接听者需要了解日本商业文化与日语的专业术语，能够处理与日本客户的商务电话沟通问题，包括产品信息咨询、价格谈判、订单处理等。

应用西班牙语：接听者需要掌握西班牙语的基础知识及商务沟通技巧，能够为以西班牙语为官方语言的国家的客户提供服务，解答客户有关产品信息、价格查询、支付方式等方面的疑问。

6. 艺术与设计类

专业：视觉传达设计、环境艺术设计、数字媒体艺术、人物形象设计

电话接听专业资料如下所示。

视觉传达设计：接听者应熟悉平面设计、视觉效果设计等，能够解答客户有关设计流程、创意方案、广告设计等方面的疑问。在电话中，接听者可为客户提供相关设计服务的咨询。

环境艺术设计：接听者应了解环境艺术设计的基础知识，如室内外设计、景观设计、公共艺术设计等。在电话中，能够为客户提供项目咨询、设计方案等专业建议。

数字媒体艺术：接听者需要熟悉数字媒体内容制作，包括动画设计、视频剪辑、视觉特效等。在电话中，接听者可以为客户解答关于数字媒体艺术制作、项目进展等方面的问题。

人物形象设计：接听者应了解人物形象设计中的妆容、服饰搭配、发型设计等内容，能够提供相关的形象设计建议，帮助客户提升个人形象。

项目2　掌握求职面试语言

面试是经过组织者精心设计，在特定场景下，通过面试官与应试者交谈与观察，由表及里测评应试者的语言表达能力、思维能力、处事能力等综合素质的一种形式。面试是公司挑选职工的一种重要方法。求职面试是现代社会每个大学生必须经历的自我推销的过程。面试过程本质上是求职者与招聘者相互沟通的过程。双方能否进行有效沟通，决定着求职的成败。本项目将介绍面试中常见问题的回答思路、回答技巧及注意事项。

1. 自我介绍

技能 点拨

自我介绍是求职者经常会被问到的问题，而且往往在面试开始时就会提及。面试官问这个问题，一方面是想确认求职者的简历是否真实；另一方面也想更多地了解求职者。一般人回答这个问题过于平常，只谈论姓名、年龄、爱好、工作经验。其实，企业最希望知道的是求职者能否胜任工作，因此自我介绍中最好包括个人的技能、深入研究的知识领域、个性中

的积极部分、做过的最成功的事、主要成就等。这些内容可以和学习无关,也可以和学习有关,但要突出个人积极的个性和做事的能力。自我介绍应控制在一分钟之内,尽量口语化,条理清晰,合情合理。

此外,企业喜欢有礼貌的求职者。尤其在面试中,求职者要尊重面试官,回答每个问题后要说"谢谢"。

【例1-27】 小徐推门进来,坐在主考官对面,默不作声。

主考官:你是徐栋吧?请问你从哪所学校毕业?什么时候毕业的?

小徐:(不解地)您没有看我的简历吗?您问的问题都在简历上写着呢。

主考官:看了。不过我还是想听你说说。那么,请你用一分钟简单介绍一下你的情况。

小徐:(快速地)我在大学学习文秘专业,实习时在一家广告公司负责文案工作。我还报考了英语专业的自学考试,目前已通过五门功课的考试。我很想到贵公司工作,因为贵公司的工作环境很适合年轻人的发展。我希望贵公司给我一个机会,而我将回报给贵公司一个惊喜!

主考官:(皱起眉头)好吧,回去等通知吧。

小徐急匆匆走出去,又急匆匆返回来拿放在椅子脚旁的皮包。

【解析】 小徐的这次面试以失败告终,原因有以下几点:一是缺乏对主考官的尊重,进门不问好,没有回答问题反而质问主考官;二是语速太快,这会使主考官认为他缺乏诚意,好像是在背诵事先准备的内容;三是自我介绍的内容泛泛而谈,都是简历的翻版,缺乏重点和新意;四是粗心,离开考场时遗忘了自己的皮包。因此,目前小徐显然不适合做公司文案工作。

可以尝试着做如下演练:您好,我叫×××,××省××市人,今年6月将从××学校××专业本科(专科)毕业。除了简历上您看到的,我愿意特别说一下我在××方面的特长。我最大的特点是××(给出事例),正是基于对自己这方面的自信,我才有勇气来应聘贵公司的××这一职位,谢谢。(很阳光的微笑)

下面再介绍一种富有幽默的自我推荐方法。自我推荐是求职过程中最为主动和直接有效的方式。用一种幽默的方式去推荐自己,既能显示你的聪明之处,又能给大家带来快乐,引起他人对你的兴趣和好感。

【例1-28】 有位刚毕业的大学生,主动到一家报社去求职。在办公室里,他见到了总编,于是直接问道:"你们需要一位好编辑吗?"

总编:"不需要。"

大学生:"那么,记者呢?"

总编:"不需要。"

大学生:"印刷小工呢?"

总编:"不,我们现在什么也不缺。"

大学生:"那么,你们一定需要这个东西。"

这位大学生从公文包中拿出一个精美的牌子,上面写着"额满暂不招聘"。总编笑着说:"如果你愿意的话,请到我们的广告部来。"

这位大学生就这样被录用了。

2. 说说你最大的缺点

🌱 技能 点拨

"你的缺点或不足之处在哪里?"企业在招聘时问这个问题的概率很大,企业通常不希望听到你直接回答一些与工作精神相违背的缺点。如果求职者说自己小心眼、爱忌妒人、非常懒、脾气大、工作效率低,企业肯定不会录用你。但求职者也不能说自己没有缺点或自作聪明地回答"我最大的缺点是过于追求完美",有的人以为这样回答会显得自己比较出色,但事实上并不是这样。"金无足赤,人无完人",每个人身上都是优缺点并存。大多数人对缺点总是回避或者遮掩,敢于正视自己缺点确实需要很大的勇气,能利用缺点并将其转化为有利因素,就不仅是有勇气的表现,而是自信与智慧的体现。

在面试中,求职者能否正视自身的缺点会被面试官作为考核的标准之一。求职者可以认识自身缺点,并用好口才加以表述,将劣势转化为优势,同样可以取得成功。企业喜欢求职者从自己的优点说起,中间加一些小缺点,再把问题转回到优点上,突出优点的部分。

【例1-29】 小陈是会计专业的毕业生,面试某公司财务助理工作。

主考官:你在简历和刚才的自我介绍中,都没有提及自己的缺点,请你谈谈自己的缺点吧。

小陈:您好,我觉得自己没有特别大的缺点,就是平时生活中比较粗心,会丢三落四,但我现在正在努力改进。

【解析】 小陈的回答方式很不错,说了缺点又表明改正的决心。但他是应聘财务助理,会计人员最重要的品质就是细心,这个缺点还是有些大。可以这样回答:各位老师好,作为一名应届毕业生,我觉得自己身上最大的缺点就是经验不足,看问题有时不够全面。因为没有工作经验,我往往无法对遇到的问题作长远考虑。但是我相信自己能在今后的工作中不断总结和积累经验,努力让自己成为一个做事全面的人。

3. 你对加班的看法

🌱 技能 点拨

实际上,许多公司在面试时喜欢问加班这个问题,但并不证明公司一定会加班。有时公司只是想测试求职者是否有奉献精神,所以一般用肯定的回答比较好。

【例1-30】 主考官:我们公司经常会加班,你对此有何看法?

小张:如果工作需要,我当然会留下来加班。

【解析】 小张的肯定回答比较好,说明他愿意为公司做贡献。也可以这样说:您好,如果是工作需要,我会义不容辞加班。我现在没有家庭负担,可以全身心投入工作。但同时,我也会提高工作效率,减少不必要的加班。

4. 你对薪资的要求

🌱 技能 点拨

薪资要求是求职者敏感但又经常需要面对的问题。如果求职者对薪酬的要求太低,是在贬低自己的能力;如果求职者对薪酬的要求太高,又显得要求过高,公司有可能不予考虑。大部分公司通常都会事先对面试岗位定下开支预算,因而面试官第一次提出的薪资往往是公司所能给予的最高价钱。面试官问你只不过想证实一下这个薪资是否能够引起你对该工作的兴趣。在面对这个问题时,求职者最好不回答确切的数字,除非你是职场上的紧缺人才。

【例1-31】 主考官:王先生,通过以上的面试,公司认为您是一位优秀的大学毕业生,如果公司录用您,您希望得到什么样的薪酬?

小王:(很开心)您好,我希望月薪在3 000元以上,能交"四金"。

【解析】 尽管小王的回答很有礼貌,但这样的回答对一个初入职场的人来说不太合适,因为他对应聘公司和所求职业的薪酬不了解,3 000元只是他个人的心理期待。因此可以从以下两种方式中选择回答:①我对工资没有硬性要求。我相信公司在处理我的问题上会友善合理。我注重的是找对工作机会,所以只要条件公平,我不会在这方面计较太多。②我受过系统的软件编程训练,不需要进行大量的培训,而且我本人也对编程特别感兴趣。因此,我希望公司能根据我的情况和市场标准的水平,给我合理的薪水。

若小王不是职场新人,可以尝试以下回答:因为我从事这方面的工作已达10年,积累了一定的经验,也比较了解行业薪酬趋势,如果有幸能在贵公司就业,希望贵公司能给我提供税后月薪10 000元,您看可以吗?

5. 你的职业规划是什么

技能 点拨

职业规划是求职者特别是初入职场者不希望被问到的问题,但是几乎每个公司在招聘时都会问这个问题,许多人喜欢回答"管理者"。近几年,许多公司都已经建立了专门的技术职位,这些工作职位往往被称作"顾问""参议技师"或"高级软件工程师"等。当然,说出其他一些你感兴趣的职位也是可以的,如产品销售部经理、生产部经理等一些与你的专业有关联的工作。要知道,面试官总是喜欢有进取心的求职者,此时如果说"不知道",或许就会使你丧失一次好机会。

【例1-32】 主考官:在5年内,请问你对自己即将从事的职业有什么样的规划?

小赵:(想了一会儿)您好,我目前最大的目标是能进入贵公司,为自己找到第一份工作。至于5年的规划,我想等工作后再进行自我定位,好好规划。

【解析】 这个回答对于初入职场者比较实际,但如能对心仪的职业有一些规划和设想,能为自己成功就业增加砝码。求职者可以这样作答:我希望经过5年的工作,自己能对所从事的行业有比较全面而深入的了解,并在技术领域有所作为或能往管理方向发展。

6. 你还有什么问题要问吗

技能 点拨

"你还有什么问题要问吗?"这个问题看上去可有可无,其实是企业测试面试者的应变能力和学习能力的关键问题。企业不喜欢说"没有问题"的人,因为其很注重员工的个性和创新能力;企业也不喜欢求职者问个人福利之类的问题,这样会被认为太过功利。求职者所提的问题最好是关于员工培训等方面的,因为这能体现你对学习的热情、对企业的忠诚度以及你的上进心。

【例1-33】 主考官:我们的面试即将结束,请问你还有什么问题要问我们吗?

小李：(吃惊了一下)谢谢你们的提问,我暂时没有问题。

【解析】 这样的回答显然没有提前准备,表明求职者对该企业了解不够,也不够重视个人的后续发展。求职者可以尝试这样回答：一是贵公司对新员工有没有什么培训项目,我可以参加吗？二是贵公司的晋升机制是什么样的？

7. 你从上一家单位离职的原因是什么

技能 点拨

"你为什么选择这个职位？""你为什么选择我们公司？""你从上一家单位离职的原因是什么？"回答这些关于求职动机、求职意愿的动机类问题,技巧是在了解公司、职位的基础上,把个人的人生追求与目标岗位、所选公司联系起来,展现你积极的一面。例如,你可以回答"我想挑战我自己""我喜欢在快节奏的环境下生活,这让我感到充实""我喜欢贵公司务实的公司文化"。求职者应避免去谈消极的求职动机,如"不喜欢上一家公司的管理方式""没有工作,生活太无聊了"。

【例 1-34】 主考官：你为什么想放弃目前的职务？

求职者：公司最近搬迁了,距离我的住处太远,路上浪费的时间太多了。

【解析】 这个回答把辞职的原因归于工作地点搬迁这一客观原因,不是消极的原因,不会给主考官留下不良的印象。

小贴士

实践经验类问题的回答技巧

常见的问法有"作为应届生,你缺乏工作经验,请问你如何能胜任这项工作""你有相关的工作经验吗？请谈谈"。这类问题的回答,我们应做到诚实、机智、果敢,可以扬长避短地回答,但是不要弄虚作假,以免给对方留下不诚实的印象,带来一系列其他问题。回答技巧是尽量告诉对方你之前的经验对这份工作的益处。面试官问应届生这个问题的用意不在于探究其经验多少,而在于观察求职者是怎么回答的。

8. 你有相关的工作经验吗

技能 点拨

"你有相关的工作经验吗？"这个问题是情境类问题,常见的问法还有"如果你的客户故意刁难你,怎么办""如果你的同事不配合你的工作,怎么办"。这类问题考查的是求职者随机应变、组织协调、把控情绪的能力。回答技巧是将自己代入角色中,从具体的情境里想对策。例如,同事不配合我的工作时,我要找出问题的原因,并对症下药。如果是同事对我有看法、有意见,不愿与我合作,那么我应该主动沟通,消除误会,达成共识；如果是职责不清,那么我们应该明确各自的职责。

【例 1-35】 主考官：你有相关的工作经验吗？请谈谈。

求职者：作为应届生,我的工作经验的确有所欠缺,但是在校期间,我利用各种机会在这个行业里做兼职。学校里举办相关的比赛或者活动,我都积极参与。我的学习能力很强,并且热爱这份工作,有这些兼职和活动的经验,我一定能胜任这个职位。

【解析】 这个回答一方面展现了求职者真诚的态度,另一方面又体现了求职者的自信和上进心。

> **强化训练**

下面是一段求职者与面试官的对话,通过这段对话,我们来体会面试的交谈技巧。

王(某宾馆人事部部长):陈先生,欢迎你来参加面试,请说说你的情况,好吗?

陈(某求职青年):谢谢王部长给我参加面试的机会。我叫陈刚,今年28岁,现在是南湖宾馆销售部的经理,负责一个4人组成的部门,在这个部门已工作2年多了。我2017年从××学院英语系毕业,先在中学教了2年英语。2019年,我在南湖宾馆当接待员,半年后由于表现颇佳,被升为前台经理。

王:你为什么离开中学到宾馆工作?

陈:我喜欢挑战性的工作。在宾馆工作,我可以与五湖四海的宾客直接接触,开阔视野。在向这些客人提供优质服务的同时,我能得到客人们真诚的答谢,感受劳动的快乐与自我价值的实现。有人说过,如果你从事某种工作时感到心情愉快,那就说明你找到了合适的职业。我觉得我很适合在宾馆工作。

王:你为何辞去现在的工作?

陈:王部长,您对本市十分熟悉,您知道南湖宾馆是三星级宾馆,没有进一步发展的打算。我的自身发展受到限制,我觉得继续待下去就是浪费时间。在南湖宾馆工作的2年多时间里,我学到了有关宾馆管理的知识与经验,现在,我想进一步学习和提高。贵公司一流的服务和管理,以及在专业氛围中的学习和培训对我更具有吸引力。

王:谈谈你过去工作中的成绩,好吗?

陈:好的。2020年冬天,我制订了一个计划。您知道,这几年高级宾馆越来越多,宾馆空房率很高,竞争日趋激烈,2020年冬季宾馆行业的大环境更是不佳。我和同事们按照新的计划工作并完成了冬季任务,与上年同期相比,客房住房率上升了20%,这是近年来我们宾馆一直期望而没有实现的,我因此受到了嘉奖。

王:(有兴趣地)这确实不错。陈先生,你能谈得具体些吗?

陈:这个计划主要是在全面调研客户需要的基础上制订的。我们在原来旅游团体、长包房合同价的基础上作了新的调整,同时突出了特色服务。其中效果最好的是,我们工作人员全力争取旅游公司和中小型公司的客户,使得宣传和客房服务相互配合,保证了计划的完成。

王:如果安排你到客房工作,你觉得怎么样?那里急需用人。

陈:王部长,我愿意接受新的挑战。既然我已决定投身宾馆行业,我就会珍惜在所有部门工作的机会。请问您安排我到客房部门做什么工作?

王:职位是客房部经理助理。这项工作十分费力,而且工作不定时。现任助理因个人原因要辞职。

陈:哦,是这样,正如王部长所说,这份工作的确不轻松。认真负责、吃苦耐劳是我的一贯作风,我想我会尽力做好的。

王:陈先生,你是已婚还是未婚?

陈:已婚,我的妻子是中学教师,她很理解、支持我的工作。

王:你现在有没有孩子?

陈:有。小孩两岁了,上全托幼儿园,我的母亲和我们生活在一起,帮助我们料理家务和照顾孩子。我能这样轻装上阵,得感谢我的母亲和我的妻子。

王:目前,你还考虑去其他单位就职吗?

陈:不考虑。我的目标就是一家有声誉的宾馆。如果能到贵公司任职,我将不胜荣幸。

王:陈先生,你预想的薪金是多少?

陈:王部长,我对你们的薪金不太了解。王部长,我现在的薪金是每月 4 000 元,外加保险和奖金,我希望到这里每月比原来增加 300~500 元,然后能根据工作业绩和酒店定级规定定期加薪。

王:可以考虑。请问你什么时候可以来上班?

陈:如果只涉及我个人,我可以马上开始,但我还要考虑手头工作的交接问题。请问王部长,我可以有多少时间办理移交手续?

王:一般来说,移交手续时间为 2 周。陈先生,我想与您面试讨论的就是这些问题,具体决定,我会让有关人员及时通知你。

陈:谢谢您给我面试机会。

王:今天与你谈得很愉快,谢谢你来参加面试。

 小贴士

面试前的准备

1. 物质准备

物质准备包括推荐信、个人简历、业绩资料、毕业证书、学位证书、资格证书、获奖证书、身份证原件及复印件等材料。

2. 心理准备

面试前如果感到焦虑、紧张,面试者可采取放松身体、开怀大笑、散步、深呼吸、听音乐等方式进行心理调适。

3. 信息准备

收集招聘单位的信息,了解企业背景、企业历史、企业文化等主要信息。

4. 仪表准备

衣着应干净、整齐、得体,不宜穿休闲装。女士服装颜色不宜太过艳丽,避免无袖、露背、露肚脐、迷你裙等装束;男士服装不宜有太过明显的花纹,领带、衬衣的颜色不要过于鲜艳。妆容应淡雅、自然,不宜浓妆艳抹。同时,应注意一些细节,如牙缝是否有食物残留,头发是否干净,指甲是否干净,配饰是否清爽等。

5. 注意交谈时的言谈举止

交谈时,即使面对自己并不擅长的项目,也要给自己积极的心理暗示,保持必胜的心态,要沉着自信。交谈时要精神饱满,面带微笑,展示热情与活力,从细节中体现文明礼貌,如手机调成振动、适时地礼貌回应。要学会扬长避短、适当包装,但是不能吹嘘夸大,要实事求是;说话尽量简明扼要、避免口头禅、脏话,也不宜重复用词;控制好自己的肢体,避免消极的身体语言,如眼神游离、面无表情、经常摸嘴或头发、咬嘴唇、吐舌头、抖腿、交叉胳膊、回答问题前假装咳嗽等。

 小贴士

面试中的礼仪

1. 时间观念是第一道题

守时是职业道德的一个基本要求,提前 10~15 分钟到达面试地点效果最佳,你可以熟悉一下环境,稳定一下心神。在面试时提前半小时以上到达会被视为没有时间观念;迟到或是匆忙赶到是致命的,如果你面试迟到,那么不管你有什么理由,也会被视为缺乏自我管理和约束能力,即缺乏职业能力,给面试官留下非常不好的印象。不管什么理由,迟到都会影响自身形象。而且大公司的面试往往一次要安排很多人,迟到了几分钟,你就很可能永远与这家公司失之交臂了。

2. 进入面试单位的第一形象

到了办公区,你最好径直走进面试公司,不要四处张望。走进公司前,你要收起口香糖和香烟,因为大多数面试官都无法忍受员工在公司嚼口香糖或吸烟;手机尽量静音或关机,避免面试时造成尴尬局面,同时也避免分散精力,影响成绩。进入面试公司,若有前台,你则应开门见山说明来意,经指导到指定区域落座;若无前台,则你应向工作人员求助,这时要注意用语文明,开始的"你好"和被指导后的"谢谢"是必说的,这代表你的教养。一些小企业没有等候室,一般会在面试办公室的门外等候。办公室门打开后,你应有礼貌地说"打扰了",然后向室内面试官表明自己是来面试的,绝不可贸然闯入。假如有工作人员告诉你面试地点及时间,你应当表示感谢。你不要询问公司情况或向其索要材料,不要对公司进行点评;不要驻足观看其他工作人员的工作,或在落座后对工作人员所讨论的事情或接听的电话发表意见或评论,以免给人留下肤浅嘴快的印象。

3. 等待面试时表现不容忽视

到达面试地点后,你应在等候室耐心等候,并保持安静。若等候室准备了公司的介绍材料,你应该仔细阅读以了解情况。等待面试时,你不要来回走动,也不要与其他求职者聊天,你的谈话对周围的影响是你难以把握的,这也许会导致你的面试失败。

4. 把握进屋时机

如果没有人通知,即使前一个面试者已经面试结束,你也应该在门外耐心等待,不要擅自走进面试房间。自己的名字被喊到时,应有力地回答一声"是",再敲门进入,敲两三下是较为标准的,敲门时不应太用力。听到里面说"请进"后,你要回答"打扰了"再进入房间。开门、关门尽量要轻,进门后你不要随手将门关上,应转过身去正对着门,用手轻轻将门合上。转过身后将上半身前倾 30 度左右,向面试官鞠躬行礼,面带微笑地说"您好",应大方得体,不要过分殷勤、拘谨或过分谦让。

项目 3 掌握职场中与人合作共事的听说技巧

在职场协作中,"听"与"说"的技巧是搭建高效沟通桥梁的基石,深刻影响着团队协作的质量与职业发展的高度。倾听的功能不仅是接收信息,更是理解同事的观点、需求与潜在情绪,通过专注的眼神、适时的回应展现尊重,挖掘出话语背后的深层意图,避免因误解产生的内耗;而精准表达则是将自身想法转化为团队共识的关键,用简洁清晰的逻辑传递核心内

容,结合换位思考调整语言风格,既能减少信息传递偏差,又能激发共鸣、凝聚力量。掌握这些技巧,不仅能化解团队内部的矛盾冲突,还能建立信任关系,让团队在流畅的互动中实现资源整合与优势互补,最终推动个人与集体目标的共同达成。

1. 让上司接受建议

技能点拨

在职场中,下属向上司提出建议并使建议被接受,不仅需要注重语言技巧的使用,还需要注重时机选择、表达方式,以及提供解决方案的能力。这一过程下属需要展示对上司的尊重,同时也要具备一定的策略性和技巧性。

1) 选择合适的时机

在职场中,提出建议的时机非常关键。下属需要避免在上司情绪激动或工作压力较大的时候提出建议。"情境领导理论"显示,在压力较大的环境中,决策者的接受度较低。如魏征所做的,选择合适时机,有利于提高建议被采纳的概率。

2) 书面建议的表达

在现代职场中,书面沟通往往比口头沟通更具说服力。书面建议能够给对方更多的时间来思考和理解,从而减少误解和冲动反应。书面形式的沟通也能确保提出的建议具有更高的条理性和明确性。

3) 提供解决方案

单纯地指出问题而不提供解决方案,往往会引起上司的防备心态。现代职场中的有效沟通要求我们不仅要提出问题,还要提供切实可行的解决方案。"问题解决型沟通"理论强调提出问题后要结合实际情况提出建设性解决方案。

【例1-36】 魏征,唐代著名政治家,他以敢于直言进谏而著称。有一次,唐太宗李世民决定加大对百姓的征税力度,魏征知道这一政策会对百姓造成较大负担,于是直言劝谏李世民。

魏征在提出自己的建议时,避免直接批评李世民的决策,而是采取含蓄而巧妙的表达方式。他用《春秋》中的"宽政"和"仁爱"的思想来劝说李世民。魏征说道:"天子宽以待人,百姓自然会感恩戴德,征税过重,则百姓不堪重负,恐将造成民心不稳。"他没有简单地指责征税政策的不妥,而是将建议与李世民的治国理念——宽仁治国相联系,使李世民感受到建议的建设性和魏征对自己的尊重。

李世民最初听后不悦,认为魏征在挑战自己的决策权威。然而,魏征接着提出了一些实际可行的方案,例如,通过调整税制,使税收分担更公平,百姓受益,国家依然能够获得足够的财政收入。李世民经过思考后,最终采纳了魏征的建议,调整了税收政策。

【解析】 魏征之所以能够成功地让李世民采纳他的建议,是因为采用了以下几点策略,这些策略与现代职场沟通中的相关理论高度契合。

第一,权威尊重与适当进言。

魏征的沟通方式尊重了李世民的权威。尽管他有不同的意见,但并没有直接冲撞李世民的尊严,而是通过温和的方式表达自己的观点,且在提出建议时始终保持敬意。这个做法符合心理学中的"权威影响理论",该理论指出,当你尊重上司或权威人物的权威时,反而能获得更多的信任和影响力,进而提高建议被采纳的机会。

第二,建立信任和可信度。

魏征作为一名大臣,已经在唐太宗面前建立了长期的信任。根据"可信度"理论,信任和影响力密切相关。如果上司已经信任某位下属,那么该下属提出的建议往往能够得到更多的重视和采纳。在这一点上,魏征凭借自己多次直言进谏且始终诚实正直的行为,建立了不可动摇的个人威信。

第三,提供可行的解决方案。

魏征不仅提出了问题,还提出了可行的解决方案,这符合现代管理学中的"问题解决型沟通"的理念。领导者更愿意接受那些能够提供具体解决方案的建议。单纯的批评容易激发对方的反感,而提出解决方案则能够让对方感受到建议者的积极性和建设性,从而减少对抗情绪。

第四,情境沟通的策略。

魏征精准地选择在合适的时机提出自己的建议。在李世民未表现出情绪激烈或强硬态度时,他选择了温和地进谏,而不是在李世民情绪激动或决策已定时强行提出。这符合"时机选择"的理论,即在合适的时机提出建议,比直接表达不满更能提高沟通的效果和建议的可行性。

强化 训练

情境一:

假设你是一名职场新人,刚刚加入一家新公司。在工作中,你发现上司在项目安排上有一些决策上的偏差。你认为如果能调整一下安排,项目进展会更顺利。请你思考如何表达你的建议,既能让上司理解,又能使上司愿意采纳?

任务要求

结合你的专业写一段你向上司提出建议的邮件或演讲稿,注意语气的尊重与礼貌,避免过于直白或指责,要求加入所在专业的专业术语。

同时,请描述一个你认为合适的时间或情境来向上司提出你的建议。

_____

_____

情境二:

请分析下面案例中的文文与老板的沟通在哪里出了问题。

文文活泼开朗,年轻干练,入行几年就升职,很快成为公司的主力干将。几天前,新老板走马上任,把文文叫了过去说:"文文,你经验丰富,能力又强,这里有个新项目,你就多费心盯一下吧!"

恰好文文的项目组这天要去上海周边某城市谈判,文文一想,一行几人坐公交车不方便,人也疲惫,会影响谈判效果;若是打车,一辆车坐不下,两辆车费用又太高。于是文文决定包一辆车，经济又实惠。

方案定好后，文文并没有直接去办理。几年的职场生涯让她懂得，遇事应该向老板汇报。于是，文文来到老板面前说："老板，您看，我们今天要出去。"文文把几种方案的利弊分析了一番，接着说："所以呢，我决定包一辆车。"汇报完毕后，文文发现老板的脸不知道什么时候黑了下来。他生硬地说："是吗？可是我认为这个方案不太好，你们还是买票坐长途汽车去吧！"文文愣住了，她万万没有想到，一个如此合情合理的建议竟然被打了"回票"。

_____
_____
_____

2. 在办公室与人交谈

技能 点拨

在办公室中，人与人之间的语言沟通至关重要。学会如何得体地表达自己的观点，避免不必要的冲突，是职场人际交往的重要组成部分。良好的沟通技巧不仅能提高工作效率，还能增进团队协作，营造和谐的工作环境。

1）有话好好说

情绪管理和语言表达的平和性是良好沟通的基础。在办公室交谈时，避免情绪化表达和过于尖锐的语言，保持语气平和，尊重他人。过于直白和尖锐的语言往往容易激发对方的防御心理，而温和、理性的表达更有助于问题的解决。

2）避免炫耀

无论个人能力多么出众，炫耀式的沟通往往引发反感，得不偿失。在人际交往中，谦虚是一种重要的美德。正如古语所说的"谦谦君子""温文尔雅"。研究表明，谦逊的沟通方式有助于建立和谐的职场关系，提高团队的凝聚力。过度的自夸会引发他人的不满和嫉妒，降低团队合作的效率。

3）避免负面情绪的宣泄

如果有负面情绪，应尽量选择私下与对方沟通，避免在公众场合表现出来。情绪传染效应表明，负面情绪具有传染性。在集体环境中，负面情绪的传播可能会影响整个团队的士气和工作效率。保持积极的情绪表达，不仅能够维护个人形象，也有助于营造积极的工作氛围。

【例1-37】 季孙行叔与外交谈判

春秋时期，季孙行叔是季孙氏家族的当家人，凭借其出色的外交和谈判能力，他在当时的诸侯国中声名显赫。在一次外交谈判中，季孙行叔被派往邻国与他们的使节进行沟通，解决两个国家间的矛盾。双方的矛盾并非小事，涉及领土争端和军事对抗，且由于文化差异，双方的谈判非常敏感和复杂。

在这场谈判中，季孙行叔巧妙地运用语言艺术化解了僵局。在初始阶段，季孙行叔发现双方的情绪都很激烈，任何稍显强硬的言辞都可能导致局势的进一步恶化。因此，他没有立即表达自己的立场,而是通过温和的语言与对方建立了信任关系。他先从对方的立场出发,给予对方足够的尊重和理解,耐心地倾听对方的诉求。

接着,季孙行叔在提出自己的建议时,并没有直接反驳对方的观点,而是巧妙地将两国的共同利益引入讨论中。他通过理性分析,让对方看到共同合作的利益,而不是坚持己方的胜利。在这一过程中,他时刻保持着谨慎的语言策略,避免使用任何可能激怒对方的词汇。他的语言既柔和又具备说服力,最终使得双方达成协议,避免了冲突。

【解析】 季孙行叔的沟通技巧体现了语言的柔韧性与灵活性。在处理复杂的人际关系时,直接的强硬语言往往会激发对方的反感与敌意,反而可能导致冲突。而季孙行叔通过巧妙的言辞和对情境的敏锐把握,成功地促成了双方的合作。

这种技巧在学界被归结为"情境沟通理论",它强调在沟通时,交际者不仅要根据内容的需要调整语言,还要根据交际双方的关系、文化背景、情绪状态以及具体场合等外部因素灵活应对。此外,季孙行叔的做法也体现了"沟通适应性"的原则。沟通者应根据听众的需求和情感反应调整自己的表达方式,避免固守单一的沟通模式。通过这样的适应性调整,沟通者可以提高信息传递的效果,促进双方的理解与合作。

3. 谈判的口语表达

技能点拨

在职场中,谈判不仅仅是为了争取个人利益,而且是为了通过有效沟通达成共识,寻求双方或多方的共赢解决方案。谈判能力是职场中不可或缺的技能,既涉及与客户、合作伙伴的合作洽谈,也涉及同事之间的资源分配、任务协调等"内部谈判"。能够有效进行谈判的人,通常具有出色的沟通技巧和应变能力,他们懂得如何通过语言建立信任,处理冲突,最终达成双方或多方满意的结果。

1) 充分准备

了解对方的需求和底线。在任何谈判中,充分的准备都是成功的前提。事先了解对方的背景、需求和底线,能够帮助我们在谈判中占据有利位置,使谈判顺利进行。

在与客户或合作伙伴进行谈判之前,谈判者需要尽可能多地了解对方的业务、战略方向以及他们在谈判中的主要目标,通过行业分析和公司背景调查,获取重要的信息。

了解对方的"底线"或无法妥协的核心利益点,可以帮助你在谈判中作出合理的让步,同时避免陷入不利的谈判局面。

2) 尊重对方观点

避免引发冲突。在谈判中,谈判者尊重对方的观点并表达出自己理解对方立场的态度,不仅能够避免不必要的冲突,还能建立信任,增强合作的可能性。即使双方有明显的利益分歧,通过委婉的语言表达自己的立场和需求,往往也能避免激化矛盾。

在谈判时,谈判者可以使用一些缓和语气的表达方式,如"我理解您的观点,然而……"或"我们有不同的看法,但我们可以这样尝试……"这既能表现出你对对方意见的尊重,同时也为后续的讨论开辟空间。

遇到意见不合时,谈判者可以提出解决方案而非直接反对对方的建议。例如,"我看到了这个提议的优势,但我有一个可以让我们双方都受益的想法,您愿意考虑一下吗?"这种做法可以避免对方感到被挑战或否定。

3) 寻找共同点

强调共赢。任何谈判的核心目标都是寻找一个双方都能接受的解决方案。寻找共同利益是促成谈判成功的关键。强调双方合作所能带来的共赢局面,可以使对方更愿意放下分歧,达成一致。

在谈判中,谈判者可以通过探讨合作所能带来的共同利益来引导对方。例如,在关于资源分配的谈判中,谈判者可以强调双方合作后获得的优势,例如,"我们如果共同投入,能够更好地利用资源,降低成本"。

在与团队成员或跨部门沟通时,谈判者重点突出合作的共同目标,而不是过分强调个人或部门的短期利益。例如,"我们一起努力,确保项目成功,可以为公司带来更多的机会和声誉"。

4) 灵活调整策略

在谈判过程中,灵活调整策略是实现目标的关键。谈判者根据对方的反应适时调整自己的沟通方式或让步范围,能够增强谈判的有效性。

在谈判过程中,谈判者要时刻注意对方的反应并适时调整策略。若对方开始表现出不满或不同意时,谈判者可以适当调整话题,转向双方共同感兴趣的问题,避免进一步激化矛盾。

在长时间的谈判中,适时的妥协和让步是促成协议的必要步骤。谈判者可以通过小范围让步来换取对方更多的合作。

【例1-38】 刘备与孙权的联合抗曹谈判

三国时期,刘备与孙权的联合抗曹谈判,是中国历史上经典的政治谈判之一。尤其是在"赤壁之战"前,刘备与孙权的联合协商经过了长期的谈判与博弈。双方的谈判面临诸多挑战,其中之一是利益诉求的差异,刘备希望借孙权之力扩大自己的势力,而孙权则希望在合作中确保自己的地位和权力。

最具代表性的谈判发生在刘备与孙权之间的一次会谈中。孙权的谋士周瑜和刘备的军师诸葛亮,分别代表了双方的利益和观点。两人虽然在许多战略问题上有所不同,但在谈判过程中,他们始终保持着对对方的尊重,巧妙地通过语言技巧达成共识。

周瑜与诸葛亮在这次谈判中的表现可以看作是古代谈判技巧的典范。周瑜善于运用战略语言,强调合作对双方的共同利益;而诸葛亮则注重通过委婉的语言表达立场,同时也通过"反向思维"提出可能的合作方案。最终,双方通过协商,成功达成联合抗曹的协议,为"赤壁之战"的胜利奠定了基础。

【解析】 刘备和孙权虽然各自有明确的利益诉求,但双方通过高超的语言技巧,强调共同利益,巧妙地回避了彼此的矛盾。双方始终坚持合作共赢的理念,而非简单的零和博弈,这也是谈判成功的关键。后人常援引共赢理论对此谈判过程进行分析。共赢理论强调,在谈判过程中,各方不仅要关注自身的利益,还要重视对方的需求与目标。通过深刻理解对方的利益点和底线,双方可以通过合作实现共同的最大利益,而不是片面追求单方利益的最大化。共赢理论强调谈判应基于"人、问题、利益三分离"的原则,不因情感和个别立场而偏离大局。在刘备与孙权的谈判中,双方通过分离个人情感和战略利益,避免了因为固执己见而导致的僵局。

强化训练

请你根据自己的专业进行谈判角色扮演。

1. 现代物流管理专业

课堂练习:谈判角色扮演

情境设置:你和你的团队负责与供应商谈判一个重要的运输合约。你们的公司希望降低运输成本,但供应商要求增加费用以应对成本上升的压力。在此次谈判中,供应商有其底线,你们的公司也有自己的预算限制。你们需要通过沟通来达成一项双方都能接受的协议。

要求:学生分为两组(每组4~6人),分别扮演公司和供应商的角色,进行模拟谈判。学生需运用谈判技巧,如共赢策略、灵活调整、尊重对方需求等。

目标:学生须促成双方达成协议,强调如何通过有效的沟通与让步达成共识。

课后作业:谈判准备与分析

情境设置:你是现代物流公司的一名采购经理,负责与一个新兴运输公司进行价格谈判。你需要确保价格既能满足公司需求,又不超出预算。请根据以下条件准备你的谈判:你方的预算为100万元,预计需要运输5 000吨货物。运输公司希望提高价格,但并未给出具体理由。你了解市场价格,但也希望与该公司建立长期合作关系。

要求:分析对方需求,提出谈判策略(例如,妥协、折中方案、替代方案等);预测对方可能提出的反对意见,提出可能的解决方案,并说明如何与对方达成协议。

目标:通过具体的分析和策略设计,让学生理解如何做好谈判前的准备工作。

_____

_____

_____

2. 大数据与会计专业

课堂练习:谈判角色扮演

情境设置:你是一家会计公司的员工,负责与客户进行年度财务审计费用的谈判。客户希望减少年度财务审计费用,但公司需要保障一定的利润空间。你需要在保证服务质量的前提下,尽量争取客户的优惠。

要求:学生分为两组(每组4~6人),分别扮演会计公司的员工和客户的角色进行模拟谈判。学生需要使用共赢策略,灵活应对客户的要求,提出适当让步,并维护公司的利益。

目标:学生通过角色扮演,练习如何在有限的条件下达成双方都能接受的解决方案。

课后作业:谈判准备与分析

情境设置:你是财务经理,正在与另一家公司就未来年度合作协议中的费用进行谈判。对方要求大幅度降低审计费用,而你方并不希望损失利润。你需要为这次谈判做准备,分析双方的利益与底线。

要求:学生列出可能的谈判策略,包括妥协的底线,灵活调整方案,如何提出附加服务或增值服务等,并分析对方可能提出的反对意见。

目标:通过详细的分析,帮助学生了解谈判准备中的关键要素,培养他们的谈判技巧。

_____

_____

3. 企业数字化管理专业

课堂练习：谈判角色扮演

情境设置：你所在的公司正准备与一家软件开发公司签订数字化转型合作协议。你方希望以较低的成本实现全面的系统升级，而软件公司则希望提高价格以反映系统升级的成本。你需要与对方就价格、交付时间、服务内容等方面进行谈判。

要求：学生分为两组（每组4~6人），分别扮演所在公司员工和软件开发公司的员工角色，进行谈判模拟。学生需要有效运用共赢策略、提出替代方案，并根据实际情况进行灵活的谈判。

目标：通过模拟谈判，帮助学生理解如何在复杂的商务合作中进行有效的沟通和谈判。

课后作业：共赢案例分析

情境设置：选择一个国内外知名企业数字化转型的成功案例（如阿里巴巴的数字化转型），分析其中的谈判技巧和共赢策略。具体分析谈判双方如何通过对话和妥协，达成最终的合作协议。

要求：选择合适的案例进行分析，讨论谈判中的语言技巧、如何解决分歧、如何寻找双方利益最大化的解决方案。

目标：通过案例分析，帮助学生理解实际应用中的谈判技巧，特别是如何通过共赢策略达成双方满意的合作协议。

4. 全媒体电商运营专业

课堂练习：谈判角色扮演

情境设置：你是一名电商平台的运营经理，正在与一个供应商谈判关于提高商品上架费用的事宜，供应商希望提价，而你方希望维持现有的费用，或者在提价的同时获取额外的广告支持或营销资源。

要求：学生分为两组（每组4~6人），分别扮演电商平台运营经理与供应商代表的角色，进行谈判模拟。学生需利用谈判技巧达成双方满意的协议，强调提出共赢、灵活性和创意的解决方案。

目标：通过模拟谈判，帮助学生提升处理电商平台与供应商之间关系的能力，特别是在价格和合作条款方面的谈判技巧。

课后作业：谈判准备与分析

情境设置：你是一个电商平台的采购经理，正在与多个供应商谈判大规模商品采购的协议。每个供应商都有不同的价格和交货条件，你需要选择最佳的供应商并与之达成协议。

要求：准备一个谈判策略，策略包括如何评估供应商的报价，如何进行价格谈判，以及如何通过增加附加条件（如交货时间、付款方式等）优化合作条件。

目标：通过详细分析和策略设计，帮助学生理解如何在多方竞争中选择最优供应商，并通过谈判达成最佳协议。

5. 国际商务专业

课堂练习:谈判角色扮演

情境设置:你是跨国公司的采购经理,正在与一个国际供应商谈判大宗商品采购协议。该国际供应商要求提高价格,但你的公司希望维持现有价格。你需要与供应商进行价格谈判,并寻求一种既能满足供应商需求,又能控制成本的解决方案。

要求:学生分为两组(每组4~6人),分别扮演跨国公司采购经理和国际供应商的角色,并进行模拟谈判。学生需运用跨文化谈判技巧并灵活调整谈判策略,争取最佳价格。

目标:通过角色扮演,帮助学生掌握如何在跨文化背景下进行有效的商务谈判。

课后作业:共赢案例分析

情境设置:选择一个国际商务领域的经典谈判案例(例如,中国与其他国家在贸易谈判中的合作),分析其中体现的谈判技巧与共赢策略。重点讨论如何通过文化理解与尊重,达成双方都能接受的协议。

要求:选择合适的案例进行分析,讨论谈判过程中的语言运用及文化差异如何影响谈判成效,以及如何实现双赢。

目标:通过分析跨国谈判案例,帮助学生理解国际商务谈判中的共赢策略。

6. 跨部门资源分配谈判模拟

适用专业:所有专业(如现代物流管理、大数据与会计、全媒体电商运营、建筑工程等)

课堂练习:谈判角色扮演

情境设置:你是一个大型企业的项目经理,正在与其他部门(如财务部、人力资源部、市场部)就公司的年度资源分配进行谈判。你需要为自己的项目争取到更多的资金和人力资源,而其他部门也有各自的需求和预算限制。你们必须通过谈判来达成一个平衡所有部门需求且符合公司整体利益的资源分配方案。

任务说明:

学生分组:将班级中的学生分为若干小组(每组4~6人),每组成员扮演不同部门负责人的角色(如市场部经理、财务部经理、项目经理等)。

目标:每组成员需要在一个限定时间内,通过沟通与谈判,确保各自部门的资源需求得到一定程度的满足,同时要避免冲突并达成最终的资源分配方案。

要求:每个小组的小组成员都需要明确自己部门的需求和底线,讨论并提出具体的谈判策略。力求在有限的资源和预算下,平衡各方需求并达成协议。例如,如何通过增加附加条件(如跨部门合作、共享资源等)来达成共赢。

在谈判中,强调尊重与倾听对方需求,避免强硬态度。

课后作业:谈判策略分析报告

情境设置:你作为公司部门经理,正在准备下一次的跨部门资源分配谈判。公司年度预算已经确定,但各个部门仍然有不同的资源需求,你的任务是为你的部门争取更多的预算或人力支持。

任务说明:请撰写一份详细的谈判准备报告,内容包括:

①部门需求分析:明确你部门的核心资源需求(例如,资金、人力、设备、培训等)。②对方需求分析:根据其他部门的工作职能与目标,推测他们的需求和底线。③谈判策略:提出至少三种可行的谈判策略(例如,替代方案、妥协方案等),并分析每种策略的利弊。④谈判目标:明确谈判目标和底线。例如,你期望争取多少资金或人力支持,你能接受的最大妥协程度是什么。⑤可能的反对意见和应对方案:考虑对方可能的反对意见或挑战,并提出应对策略。

要求:详细分析各部门的需求、利益冲突及其可能的妥协空间。提出具有实际操作性的谈判策略,展示你如何平衡各方利益。请以书面报告的形式提交报告,报告内容应具体且逻辑清晰。

项目4　朗　　读

朗读跟朗诵是不同的。朗读是一种应用性的朗声阅读,在口语交际中,它更突出讲解方面的功能。朗读优秀的作品可以更具体地学习艺术语言的表达技巧,丰富自己的词汇,提高运用语言的能力。而朗诵是一种语言表达的艺术形式,它通过朗诵者富于变化的个性化的表现手段,将材料转化成一种艺术表演,追求的是听众听之动情的艺术感染力。

朗读的表达技巧主要有句子间的停顿、重音、语速、句调和音量。

1. 停顿

技能点拨

停顿是指朗读时在词语、语句或段落间刻意保留的沉默。朗读者朗读时会由于换气、句子结构、表情达意、语法结构的需要作出停顿,因此停顿又分为生理停顿、逻辑停顿、感情停顿、语法停顿。生理停顿需要考虑语意的完整,不能随意换气。逻辑停顿是为了突出或者强调某一意思所作的顿歇,如"这个报告我写不好",在"告"字后停顿,表达的是自己没有能力写好;而在"写"字后停顿,表达的是我不是写这个报告的合适人选。感情停顿是为了突出某种强烈的感情而作的停顿,它停顿的时间可长可短,视情感表达的需要而定,如"这样的事情我们不得不早做准备"一句,双重否定已经表明了说话人的决心,若在"情"之后停顿,则可表达出更大的决心。语法停顿反映了一句话的语法关系,在书面语言里就反映为标点。但是语法停顿绝不限于标点的停顿,在句子内部没有标点符号的地方,为使朗读气息畅通、语义分明,按语法关系也可以作短暂的停顿,如"这就是/被誉为/世界民居奇葩的/世上独一无二的/神话般的/山区建筑模式的/客家人/民居。"

【例1-39】 北京时间7月27日5时44分,中国在西昌卫星发射中心用"长征三号甲"运载火箭,将第九颗北斗导航卫星成功送入太空预定转移轨道,这是中国北斗导航系统组网的第四颗倾斜地球同步轨道卫星。第九颗北斗导航卫星成功发射,标志着中国北斗区域卫星导航系统建设又迈出坚实一步。

【解析】 这是一篇新闻稿,播报新闻时语速一般较快,停连得当,观众才能跟得上,才能听懂新闻的内容。

2. 重音

技能点拨

重音是为了准确表达语意和思想感情,突出或者凸显那些起重要作用的词或短语,而在朗读时加以重读的方式。"重"在这里作"凸显、突出"之意,而非"轻重"之意。重音读法主要分为重音重读、重音轻读、重音慢读三类。朗读时通过"加重音量,加强语气"来突出某个意思是重音重读,如"你为什么打他",当要强调打的原因时,要重读"为什么",而要强调打不是合适的方式时,要重读"打",重读的词语不一样,意思就完全不同。重音轻读指的是通过"降低音量,减弱气息"来达到强调的目的,如"她死了,在旧年的大年夜冻死了"。重音慢读指的是"放慢语速,适当拖腔"来突出某个意思,如"一阵台风袭过,一只孤单的小鸟无家可归,落到被卷到海里的木板上,乘流而下,姗姗而来,近了,近了"。

【例1-40】　　　　　　我的"自白"书

陈　然

任脚下响着沉重的铁镣，
任你把皮鞭举得高高，
我不需要什么"自白"，
哪怕胸口对着带血的刺刀！
人，不能低下高贵的头，
只有怕死鬼才乞求"自由"；
毒刑拷打算得了什么？
死亡也无法叫我开口！
对着死亡我放声大笑，
魔鬼的宫殿在笑声中动摇；
这就是我——一个共产党员的"自白"，
高唱凯歌埋葬蒋家王朝！

（资料来源：吴宏聪.中国现当代文学作品选[M].上海：华东师范大学出版社,1998.）

【解析】　这是一个共产党员的自白，作者陈然被国民党抓捕后在狱中受尽种种酷刑，特务们威逼利诱要他写自白书，于是他写下了这一诗篇。朗读这一作品时，恰当地使用重音才能将他视死如归的英雄气概体现出来。

3. 语速

技能 点拨

语速是指朗读时在一定的时间里呈现的词汇速度。说话的速度是由说话人的感情决定的，朗诵的速度则与文章的思想内容相联系。一般来说，热烈、欢快、兴奋、紧张的内容速度快一些；平静、庄重、悲伤、沉重、追忆的内容速度慢一些；而一般的叙述、说明、议论则用中速。

【例1-41】　下面是《雷雨》中周朴园和鲁侍萍的一段对话。

（1）周：梅家的一个年轻小姐，很贤惠，也很规矩。有一天夜里，忽然地投水死了。后来，后来——你知道么？

（2）鲁：这个梅姑娘倒是有一天晚上跳的河，可是不是一个，她手里抱着一个刚生下三天的男孩，听人说她生前是不规矩的。

（3）鲁：我前几天还见着她！

（4）周：什么？她就在这儿？此地？

（5）鲁：老爷，您想见一见她么？

（6）周：不，不，不用。

（7）周：我看过去的事不必再提了吧。

（8）鲁：我要提，我要提，我闷了三十年了！

（资料来源：中国现代文学馆.曹禺文集（下卷）[M].北京：华夏出版社,2000.）

【解析】 (1) 慢速,周朴园故作与鲁侍萍闲谈状,以便探听一些情况。

(2) 慢速,鲁侍萍回忆悲痛的往事,又想极力克制怨愤,以免周朴园认出自己。

(3) 中速。

(4) 快速,表现周朴园的吃惊与紧张。

(5) 慢速,鲁侍萍故意试探。

(6) 快速,表现周朴园的慌乱与心虚。

(7) 中速。

(8) 快速,表现鲁侍萍极度的悲愤以至几乎喊叫。

4. 句调

技能点拨

句调是指语句调值的高低升降。句调可分为四种:升调、降调、平调、曲折调。

(1) 升调。升调指的是调值前低后高,整个句子语气上扬、语势上升。这种句子一般用来表示疑问、反问、惊讶、号召、警告等。例如,"你早干嘛去了?""你有什么好害怕的?""难道他不该被表扬吗?"

(2) 降调。降调的调值逐渐由高降低,句子语势渐降,句末音节念得低而短。降调一般用于陈述句、感叹句、祈使句,表达肯定、坚决、赞美、祝福等感情。例如,"我们一定要实现中国梦""您再宽限几天吧"。

(3) 平调。平调指的是整个句子的调值没有显著的高低变化,语势平稳舒缓。平调一般用于说明意见、叙述事实的陈述句,多用来表达庄严、悲痛、冷淡、厌恶等感情。例如,"大家都说这件事情是真的""在英雄面前请抱有一颗敬畏的心"等。

(4) 曲调。曲调的调值由高而低再高,或由低而高再低,调值呈波浪形变化,根据句子的不同内容调值或是首尾低、中间高,或是首尾高、中间低,或是由低到高,再由高到低。曲调常用来表达讽刺、厌恶、不满、讥笑等情绪。例如,"这么小的事情哪敢劳烦您这个大忙人呐"。

【例1-42】 (1) 父亲走进孩子的房间:"你睡了吗?"

(2) 推开门一看,嚄!好大的雪啊!

(3) 如果你只是要借钱去买毫无意义的玩具的话,就给我回到你的房间睡觉去。

(4) 读小学的时候,我的外祖母去世了。

(5) 这一切,都是原始生命得以产生和发展的必要条件。

(6) 很久以前,在一个秋天的夜晚,我泛舟在西伯利亚一条阴森森的河上。

(7) 爸爸听了便叫嚷道:"你以为这是什么车?旅游车?"

【解析】 (1) 疑问,升调。

(2) 惊讶,升调。

(3) 坚决,降调。

(4) 沉重,降调。

(5) 叙述,平调。

(6)叙述,平调。

(7)讥笑,曲调,由高而低再高。

5. 音量

音量是指说话或者朗读时声音的大小。朗读时音量太大一方面会对身体消耗太大,另一方面不利于恰当地表情达意;朗读时音量太小则会造成听众听不清,甚至听不见的现象。一般来说,场所大、听众多时音量要大一些;朗读祝贺、动员的内容时音量要大一些,而朗读纪念性、追悼性、回忆性、思考性的内容时,音量要小一些;朗读快乐性的内容时音量要大一些,而朗读悲伤性的内容时音量要小一些。朗读者要根据朗诵的氛围、内容、环境等确定好音量的大小。

【例1-43】 (1)这些遗物引发了我对英雄们的无限怀念和崇敬之情。

(2)告诉你一个好消息,我被录用了。

(3)第二天清晨,这个小女孩儿坐在墙角里,两腮通红,嘴上带着微笑。她死了,在大年夜冻死了。

【解析】 (1)悲伤性内容,音量偏低。

(2)高兴、快乐的内容,音量偏高。

(3)悲伤性内容,音量偏低。

强化 训练

1. 朗读下面的文章,注意语气句调的表达。

心田上的百合花开(节选)
林清玄

百合的心里很高兴,附近的野草却很不屑,它们在私底下嘲笑百合:"这家伙明明是一株草,却偏偏说自己是一株花,我看它顶上结的根本不是花苞,而是长了一个疙瘩……"

在公开场合,它们也嘲笑百合:"你不要做梦了!即使你真的会开花,在这荒郊野外,你的价值还不是跟我们一样。"

偶尔有飞过的蜂蝶鸟雀,它们也会劝百合不用那么努力地开花:"在这断崖边上,纵然开出世界上最美的花,也不会有人来欣赏啊!"

百合说:"我要开花,是因为我知道自己有美丽的花;我要开花,是为了完成作为一株花的庄严使命;我要开花,是由于自己喜欢以花来证明自己的存在。不管有没有人欣赏,不管你们怎么看我,我都要开花!"

在野草和蜂蝶的鄙夷嘲笑下,百合努力地生长着。终于有一天,它开花了。

百合花一朵一朵地盛开着,花朵上每天都有晶莹的水珠,野草们以为那是昨夜的露水;只有百合自己知道,那是极深沉的欢喜所结出的泪滴。它那透着灵性的洁白和秀挺的风姿,成了断崖上最美丽的一道景色。

这时候,野草和蜂蝶再也不嘲笑它了。

(资料来源:董卿.朗读者(1辑)[M].北京:人民文学出版社,2017.)

2. 朗读下面的文章,注意语速的变换。

荷塘月色(节选)
朱自清

路上只我一个人,背着手踱着。这一片天地好像是我的;我也像超出了平常的自己,到了另一个世界里。我爱热闹,也爱冷静;爱群居,也爱独处。像今晚上,一个人在这苍茫的月下,什么都可以想,什么都可以不想,便觉是个自由的人。白天里一定要做的事,一定要说的话,现在都可不理。这是独处的妙处,我且受用这无边的荷香月色好了。

曲曲折折的荷塘上面,弥望的是田田的叶子。叶子出水很高,像亭亭的舞女的裙。层层的叶子中间,零星地点缀着些白花,有袅娜地开着的,有羞涩地打着朵儿的;正如一粒粒的明珠,又如碧天里的星星,又如刚出浴的美人。微风过处,送来缕缕清香,仿佛远处高楼上渺茫的歌声似的。这时候叶子与花也有一丝的颤动,像闪电般,霎时传过荷塘的那边去了。叶子本是肩并肩密密地挨着,这便宛然有了一道凝碧的波痕。叶子底下是脉脉的流水,遮住了,不能见一些颜色;而叶子却更见风致了。

(资料来源:吕周聚.中国现代文学新编作品选[M].北京:高等教育出版社,2013.)

3. 运用朗读的表达技巧朗读下面的文章。

写给母亲
贾平凹

人活着的时候,只是事情多,不计较白天和黑夜。人一旦死了日子就堆起来:算一算,再有二十天,我妈就三周年了。

三年以前我每打喷嚏,总要说一句:这是谁想我呀? 我妈爱说笑,就接茬说:谁想哩,妈想哩! 这三年里,我的喷嚏尤其多,往往错过吃饭时间,熬夜太久,就要打喷嚏,喷嚏一打,便想到我妈了,认定是我妈还在牵挂我哩。

我也是觉得我妈还在,尤其我一个人静静地待在家里,这种感觉就十分强烈。我常在写作时,突然能听到我妈在叫我,叫得很真切,一听到叫声我便习惯地朝右边扭过头去。从前我妈坐在右边那个房间的床头上,我一伏案写作,她就不再走动,也不出声,却要一眼一眼看着我,看得时间久了,她要叫我一声,然后说:世上的字你能写完吗,出去转转么。

现在,每听到我妈叫我,我就放下笔走进那个房间,心想我妈从棣花来西安了? 当然是房间里什么也没有,却要立上半天,自言自语我妈是来了又出门去街上给我买我爱吃的青辣子和萝卜了。或许,她在逗我,故意藏到挂在墙上的她那张照片里,我便给照片前的香炉里上香,要说上一句:我不累。

三周年的日子一天天临近,乡下的风俗是要办一场仪式的,我准备着香烛花果,回一趟棣花了。但一回棣花,就要去坟上,现实告诉着我,妈是死了,我在地上,她在地下,阴阳两隔,母子再也难以相见,顿时热泪肆流,长声哭泣啊。

(资料来源:董卿.朗读者(2辑)[M].北京:人民文学出版社,2017.)

 小贴士

职场的朗读技巧

朗读技巧在企业中的应用场合非常广泛,特别是在商务演讲、团队汇报、客户沟通、营销推广等场合。通过恰当的朗读技巧,员工能够更有效地传递信息、提升说服力,甚至改善品牌的形象。朗读技巧包括停顿、重音、语速、句调等方面的技巧。企业员工在日常工作中,可以通过这些技巧来提升会议中的发言效果,优化客户展示内容,提升产品或服务介绍的影响力。

1. 停顿

在职场中,停顿技巧通常用于演讲、报告或汇报场合中。在这种场合下,恰当的停顿能够让信息更加清晰,避免听众在长时间的表达中失去兴趣。比如,销售人员在向客户介绍产品时,适时的停顿可以增强话语的说服力。

企业案例:

假设你是某科技公司的销售经理,正在向潜在客户介绍新产品的特点。你可以使用停顿来强调新产品的核心卖点,避免信息过载。

销售经理:"我们的新款智能手表支持全天候健康监测(停顿)。与市场上的传统产品不同(停顿),它配备了全球领先的生物识别技术(停顿)。这意味着,您将能实时监测您的身体状态(停顿)。更重要的是,它的电池的续航能力,远超同行业的任何产品(停顿)。"

通过停顿,客户能够更好地把控每一个关键点,并且被产品的独特性打动。

学术理论:停顿不仅是生理上的需要,而且是表达重点和情感的有效手段。在职场中,停顿的运用能够帮助沟通者控制信息的流动,确保听众能够逐步消化重要内容。

2. 重音

重音技巧在职场中的应用非常广泛,尤其是在演讲、汇报和广告推介场合中。强调关键词汇或短语,可以帮助传递企业的核心价值或重要信息。例如,企业的 CEO 在年度总结时,可能会通过重音来强调公司的发展目标和未来方向。

企业案例:

某企业的 CEO 在年终总结会上,使用重音技巧来强调公司未来的发展方向和战略重点。

CEO:"在过去的一年,我们不仅巩固了市场领导地位,而且更加注重创新(重音)。创新不仅是我们产品的核心竞争力,更是未来发展的引擎(重音)。在接下来的 3 年里,创新将是我们工作的重中之重(重音)。"

通过重音,CEO 强调了创新对公司未来发展的战略意义,使听众更加关注和理解这一主题。

学术理论:重音不仅能突出信息的重点,还能强化情感,使听众感受到讲话者的决心与信心。

3. 语速

在职场中,语速技巧是非常重要的沟通技巧。在商务谈判中,语速的变化可以反映说话者的情绪和态度。过快的语速可能让听众感到信息过载,过慢的语速则可能让沟通显得拖沓不清。适当的语速可以帮助说话者清晰传达关键信息,并通过语速的变化增强表达效果。

企业案例：

在一次产品推介会上，市场部经理在向客户展示新产品时，语速的控制尤为重要。在推介初期，他可能会放慢语速，以确保客户理解每一个产品功能；而在介绍核心卖点时，他会稍微加快语速，给客户带来紧迫感和购买的动力。

市场经理："这款产品的核心优势是（慢速）它的跨平台兼容性，它可以在不同设备之间无缝切换（稍快），"（停顿）"而且它具有行业内最高的处理速度，是市面上最快的智能硬件之一（加速语速）。"

通过语速的变化，产品的优点得以逐一强调，同时让客户感受到产品的独特性和市场竞争力。

4. 句调

在职场的演讲或汇报中，句调的变化可以帮助讲者增强情感表达，并且有效传达意图。例如，在面对客户时，企业销售人员可以使用上升句调来表示问题，使用下降句调来传达肯定或结论。

企业案例：

假设你是某咨询公司的项目经理，正在向客户汇报项目进展。为了增强汇报的影响力，你会根据不同内容使用升调、降调等语调变化来吸引客户的注意力。

项目经理："本月我们已经完成了项目的初步调研阶段，并且收集到了大量有价值的数据（降调）。接下来我们的工作重点是根据客户反馈进行系统优化（升调）。我们预计下月能够提交完整的方案（降调）。您对目前的进度有何反馈意见？（升调）"

通过不同句调的使用，项目经理既能够清晰地表达自己的计划，又能够促使客户给出反馈，确保合作顺利推进。

学术理论：语调不仅是语言表达的一部分，它还能够有效地反映情感、态度和意图。在职场中，合适的句调能够增强信息的传递效果和感染力。

项目5 即兴演讲

技能 点拨

即兴演讲又称即席演讲或即时演讲。它是指演讲者在没进行心理和语言准备的情况下，在公众场所以口头语言为主要形式、非口头语言为辅助形式，针对某个具体问题，鲜明、完整地发表自己的见解或者阐明某一事理，并相互交流信息的一种语言交际活动。

即兴演讲在职场中应用得很广泛。例如，在会议上的发言、同事或者客户突然的发问、工作中说明情况的即兴发言、面对突发情况下的即席发言、被人邀请时的即席发言、参观访问时的即席发言等。这些临场发言其实都是即兴演讲。

在事先没有准备的情况下能够面对观众侃侃而谈，是有才智、有能力的表现。因此，熟练掌握即兴演讲的技巧非常重要。

1. 话题选择的技巧

（1）以环境为点。无论身处什么样的环境，演讲者都要让自己的注意力集中。即兴演讲时演讲者可以抓住某物在特定场合、时间的象征意义，借题发挥；抓住会场环境气氛，点明其象征意义，表达说话的主题，如听众聚精会神的表情、好奇的态度、微笑、眼神等都可以成为演讲开头的素材。例如，1951年6月1日，马寅初任北京大学校长，在就职演说前他被邀请对全体师生们说一些话。他是这样说的："北京大学是我的娘家，回到了娘家，见到了红楼，我心中就有说不出的感情。"

（2）以前者讲的内容为点。发言者当场从前面发言者的话语中捕捉话题，加以引申、发挥，讲出新意来，从而给人以启迪。这个选点方式有一定的难度，要求发言者具有细心聆听的习惯和敏捷灵活的思维，能够迅速捕捉前者发言中的闪光点，并在自己的发言中以它作为切入点进行发挥。

1990年，中央电视台邀请中国台湾影视艺术家凌峰先生参与春节联欢晚会。当时，许多观众对他还很陌生，凌峰在唱歌之前说道："在下凌峰，和文章（台湾歌星，在凌峰之前出场表演过）不同，虽然我们都获得过'金钟奖'和最佳男歌星称号，但我以长得难看而出名……一般来说，女观众对我印象不太好，认为我人比黄花瘦，脸比煤炭黑。"凌峰巧妙地使用与前面出场者的对比，并有幽默的自嘲精神，说完这开场白后，一下子被观众认同并受到热烈欢迎。

2. 表达的技巧

（1）语言表达。语言表达要情真意切。只有真挚的感情才能拨动听众的心弦，使其对你的演讲产生共鸣。演讲时，演讲者感情的表达应做到真实流露而不是无病呻吟；应做到适度适中，不能太饱满、太放纵；应做到高格调，表现出对真善美的追求，而不是狭隘的私情；语言要轻松活泼。在演讲时，演讲者应尽量做到声情并茂，通过活泼轻松的语言，展现自信与乐观。例如，一位空乘人员在介绍安全知识的时候说："正如一首歌中唱的那样，离开爱人的方式有50种，但是离开飞机的方式只有6种：机身前部的两扇门、机翼上方的两扇移动门和机身后部的两扇门。"

演讲也是一种口语交际，只有简练易懂的语言才能吸引听众，长篇大论只会让听众昏昏欲睡。

（2）非语言表达。演讲时，演讲者要善于运用非语言作为辅助手段，要学会准确、适时地运用表情态势语、手势态势语、体态态势语、仪表态势语。表情态势语通过眼神和面部表情来进行感情和思想的传递，主要包括目光语和表情语。手势态势语是交谈者或者演讲者通过上肢，特别是运用手指、拳头、手掌、手臂的动作变化来传递信息。体态态势语是通过头姿、站姿、坐姿等身体的姿势和动作来表达情感、传递信息。仪表态势语是交谈者或演讲者的穿着服饰、行为举止等直观的态势语言。

3. 内容组织的技巧

（1）好的开场白是演说成功的一半。开场白能在刚开始的时间内将听众的注意力集中到说话者身上，有利于后面的演讲内容能够准确清晰地传达到每位听众的耳朵里。好的开场白一般不直奔主题，演讲者可以设计一点悬念，或者以幽默的表述开始，这些方式都能很好地吸引听众。开场的方式有很多，主要包括以下几种：

一是提问式开场白。例如，在题为"寒门难在出贵子"的演讲中，演讲者提问听众："你们当中有谁觉得自己是家境普通甚至出身贫寒，将来想要出人头地只能靠自己？"此问一出，听众立马与演讲者达成"共情"，开场精彩。

二是悬念式开场白。例如，在题为"女人永远是最佳辩手"的演讲中，演讲者是这么开场的，"我在辩论的赛场上拿过世界冠军，拿过全程最佳辩手，也算是小有收获，但是说实话有一件事情真的非常丢人，但是在这里我必须向在座所有人坦白"。悬念式开场白往往能够扣人心弦、引人入胜。

三是赞扬式开场白。例如,"我今天非常高兴能来这里和大家作分享,我去很多地方做过演讲,但是从来没有一个地方的朋友能够像你们那样给我这么积极热烈的回应,所以我认为你们是我遇到过最有热情、最积极的一群伙伴,让我们先给在场这么多优秀的伙伴以热烈的掌声"。赞扬式开场白可尽快缩短演讲者与听众的情感距离。

四是套近乎式开场白。例如,蔡顺华同志应家乡宜城市团委的邀请,为家乡1 000多名青年做演讲时说"曾经有人问我最喜欢哪首歌,我脱口回答《回娘家》!是的,宜城是我的娘家,是我母亲的土地"。套近乎式开场白会让观众产生一种"自家人"的亲切感。

五是新闻式开场白。即演讲者当众宣布一条引人注目的新闻以引起全场听众的高度注意。在"文明古国的悲哀"的演讲中,演讲者先分享了一则新闻:"据一家国家级的报纸报道,在国外,几乎所有国家的公共场所都专门贴有用中文写的告示牌——请不要随地吐痰和乱扔果皮、纸屑。朋友们,这并非一件小事,而是对号称文明古国的子孙们的一种讽刺。"

六是道具式开场白。演讲者在开讲之前向听众展示某件道具,如一幅画、一张照片、一张图表、一件衣服等,给听众以新鲜、形象的感觉,引起他们的注意。

(2) 富于变化的主体是演讲成功的关键。好的演讲应该有"平"有"曲",既要娓娓道来,又要波澜起伏,达到"曲径通幽"的效果。想要做到"曲",我们可以选择以下几种方式。

一是高峰突起式,即以静雅之美开头,中间部分采用激情的方式演讲。

二是波浪起伏式,运用扬抑手法构成波澜起伏的主体形式。批评性内容为抑,表扬性内容为扬,一扬一抑,一起一伏,形成波浪状。

三是层层剥笋式,即由表及里,先谈现象和事实,再谈本质和道理,步步为营,层层递进,渐入佳境。

(3) 让演讲在圆满中结束。演讲的开头和结尾一样重要,否则会给人以"虎头蛇尾"的感觉。结尾应简短凝练,一般有以下几种方式:

一是对整个演讲内容进行概括、提炼。

二是注入强烈的情感以鼓动、感染全场听众。

三是以幽默的方式使演讲令人回味。

四是引用名言提高演讲的社会认同度。

【例1-44】 一天,一些企业界和政府高级官员共同参加一个制药公司新设立的研究部门的开幕典礼。研究处长的6名下属相继发表了有趣而又非常成功的演说。

一位官员对研究处长说:"你的每一位部下都很了不起,他们都是杰出的人才,你为什么不登台讲几句呢?"

"我只能对着自己的脚讲,不敢在大庭广众面前发表演说。"研究处长不好意思地说。

过了一会儿,主席使他大吃一惊。

"接下来请研究处长讲话",他说,"听说研究处长不太喜欢发表正式演说,不过,今天我们还是想听研究处长说几句话。"

结果显然非常糟糕,他虽然很勉强地站起来开口说话,但只不过刚讲了一两句,就说很抱歉,不知道再说些什么了。

他站在那里,作为一个在自己行业里精明强干的负责人,当他面向人群说话的时候却显得笨拙而又迷惘,狼狈不堪。

【解析】 上面这位研究处长碰到的临时发言在职场中几乎每个人都会遇到,像会议发言或者研讨中的"临时说几句"。但是研究处长的"不知道再说些什么",说明他没有关注活动,没有认真聆听他人发言,从而造成尴尬的局面。

强化训练

请你选取校内外师生关注的"热点"事件作即兴演讲训练。

_____

_____

项目6 复 述

复述是一种常用的口语表达形式,是一种"说"的训练。它是指运用自己的语言,把读过的、看过的、听过的语言材料重新叙述一遍。复述时,我们要在记忆和理解的基础上,对读过的、看过的或听过的语言材料进行加工整理,根据不同的要求,做不同的复述。详细复述是运用口语,完整连贯、详尽细致地重述原材料;概要复述是用简明扼要的语言重述原材料;创造性复述是在不改变原意的基础上根据内容的需要加上合理的想象,使内容更生动完整的复述方式。

复述融合了理解能力、记忆能力、表达能力的训练,其对词语的积累、语言的学习、表达能力的提高、思维的训练都大有助益,因此掌握复述技巧,多做复述训练很有必要。

技能点拨

1. 从整体上把握思路

读、看、听语言材料时要把握材料的逻辑思路、顺序结构、重点情节、主要内容,从整体上对语言材料有一个清晰的"框架认知"。

2. 记下重要的信息

记下事情发生的时间、地点、先后顺序、起因、经过、结果、有关的人物及关系等关键词,精彩的片段、关键性语句等重要信息。

3. 留主删次,把握要点

在忠实原材料内容的基础上删繁就简、保留梗概,突出主要情节、精彩部分、关键之处,删除细枝末节。

4. 厘清条理,注意衔接

要想清楚先讲什么,后讲什么,哪些内容在前,哪些内容在后,尤其要注意在转承启合处的衔接过渡。

5. 表达要口语化

复述时要用口头语言,用自己的话叙述,不要通篇背诵。例如,将材料中的第一人称改成第三人称;适时解说,用自己的话把抽象的事物说得具体、形象,把难懂的道理说得浅显、明白,把专业性较强的知识说得通俗易懂。

【例1-45】

渔夫与金鱼的故事

普希金

　　从前有个老头儿和他的老太婆住在蓝色的大海边,他们住在一所破旧的泥棚里整整三十三年。老头儿撒网打鱼,老太婆纺纱结线。

　　有一次老头儿向大海撒下网,拖上来的只是些水藻。他再撒了一次网,拖上来的是一些海草。他又撒下第三次网,这次网到了一条鱼,不是一条平常的鱼,是条金鱼。金鱼苦苦地哀求!她用人的声音讲着话:"老爷爷,您把我放回大海吧,我要给您贵重的报酬:为了赎回我自己,您要什么都可以。"老头儿大吃一惊,心里还有些害怕:他打鱼打了三十三年,从来没有听说鱼会讲话。他放了那条金鱼,还对她讲了几句亲切的话:"上帝保佑你,金鱼!我不要你的报酬,你到蔚蓝的大海里去吧,在那儿自由自在地漫游。"

　　老头儿回到老太婆那儿,告诉她这桩天大的奇事。"今天我捕到一条鱼,不是平常的鱼,是条金鱼;这条金鱼会跟我们人一样讲话。它求我把它放回蔚蓝的大海,愿用最值钱的东西来赎回它自己:为了赎得自由,我要什么它都依。我不敢要它的报酬,就这样把它放回蔚蓝的大海里。"

　　老太婆指着老头儿就骂:"你这傻瓜,真是个老糊涂!不敢拿金鱼的报酬!哪怕是要只木盆也好,我们的那只已经破得不成样啦。"

　　于是老头儿走向蓝色的大海,看到大海微微起着波澜。老头儿就对金鱼叫唤,金鱼向他游过来问道:"你要什么呀,老爷爷?"老头儿向它行个礼回答:"行行好吧,金鱼,我的老太婆把我大骂一顿,不让我这老头儿安宁。她要一只新的木盆,我们的那只已经破得不能再用。"

　　金鱼回答说:"别难受,去吧,上帝保佑你。你们马上会有一只新木盆。"老头儿回到老太婆那儿,老太婆果然有了一只新木盆。

　　老太婆却骂得更厉害:"你这傻瓜,真是个老糊涂!真是个老笨蛋,你只要了只木盆。木盆能值几个钱?滚回去,老笨蛋,再到金鱼那儿去,对它行个礼,向它要座木房子。"于是老头儿又走向蓝色的大海(蔚蓝的大海翻动起来)。老头儿就对金鱼叫唤,金鱼向他游过来问道:"你要什么呀,老爷爷?"

　　老头儿向它行个礼回答:"行行好吧,金鱼!老太婆把我骂得更厉害,她不让我老头儿安宁,唠叨不休的老婆娘要座木房。"金鱼回答说:"别难受,去吧,上帝保佑你。就这样吧,你们会有一座木房。"

　　老头儿走向自己的泥棚,泥棚已变得无影无踪;他前面是座有敞亮房间的木房,有砖砌的白色烟囱,还有橡木板的大门,老太婆坐在窗口下,指着丈夫破口大骂:"你这傻瓜,十足的老糊涂!老混蛋,你只要了座木房!快滚,去向金鱼行个礼说:我不愿再做低贱的老太婆,我要做世袭的贵妇人。"

　　老头儿走向蓝色的大海(蔚蓝的大海骚动起来)。老头儿又对金鱼叫唤,金鱼向他游过来问道:"你要什么呀,老爷爷?"老头儿向它行个礼回答:"行行好吧,金鱼!老太婆的脾气发得更大,她不让我老头儿安宁。她已经不愿意做庄稼婆,她要做个世袭的贵妇人。"金鱼回答说:"别难受,去吧,上帝保佑你。"

老头儿回到老太婆那儿。他看到什么呀？一座高大的楼房。他的老太婆站在台阶上，穿着名贵的黑貂皮坎肩，头上戴着锦绣的头饰，脖子上围满珍珠，两手戴着嵌宝石的金戒指，脚上穿了双红皮靴子。勤劳的奴仆们在她面前站着，她鞭打他们，揪他们的额发。老头儿对他的老太婆说："您好，高贵的夫人！想来，这回您的心总该满足了吧。"

老太婆对他大声呵斥，派他到马棚里去干活。过了一星期，又过一星期，老太婆胡闹得更厉害，她又打发老头到金鱼那儿去。"给我滚，去对金鱼行个礼，说我不愿再做贵妇人，我要做自由自在的女皇。"

老头儿吓了一跳，恳求说："怎么啦，婆娘，你吃了疯药？你连走路、说话也不像样！你会惹得全国人笑话。"老太婆愈加冒火，她刮了丈夫一记耳光。"乡巴佬，你敢跟我顶嘴，跟我这世袭贵妇人争吵？快滚到海边去，老实说，你不去，也得押你去。"

老头儿走向海边（蔚蓝的大海变得阴沉昏暗）。他又对金鱼叫唤，金鱼向他游过来问道："你要什么呀，老爷爷？"老头儿向它行个礼回答："行行好吧，金鱼，我的老太婆又在大吵大嚷，她不愿再做贵妇人，她要做自由自在的女皇。"金鱼回答说："别难受，去吧，上帝保佑你。好吧，老太婆就会做上女皇！"老头儿回到老太婆那里。

怎么，他面前竟是皇家的宫殿，他的老太婆当了女皇，正坐在桌边用膳，大臣贵族侍候她，给她斟上外国运来的美酒。她吃着花式的糕点，周围站着威风凛凛的卫士，肩上都扛着锋利的斧头。老头儿一看——吓了一跳！连忙对老太婆行礼叩头，说道："您好，威严的女皇！好啦，这回您的心总该满足了吧。"

老太婆瞧都不瞧他一眼，吩咐把他赶跑。大臣贵族一齐奔过来，抓住老头的脖子往外推。到了门口，卫士们赶来，差点用利斧把老头砍倒。人们都嘲笑他："老糊涂，真是活该！这是给你点教训，往后你得安守本分！"

过了一星期，又过一星期，老太婆胡闹得更加不像话。她派了朝臣去找她的丈夫。他们找到了老头，把他押来。老太婆对老头儿说："滚回去，去对金鱼行个礼。我不愿再做自由自在的女皇，我要做海上的女霸王，让我生活在海洋上，叫金鱼来侍候我，叫我随便使唤。"

老头儿不敢顶嘴，也不敢开口违拗。于是他跑到蔚蓝色的海边，看到海上起了昏暗的风暴，怒涛汹涌澎湃，不住地奔腾、喧嚷、怒吼。老头儿对金鱼叫唤，金鱼向他游过来问道："你要什么呀，老爷爷？"

老头儿向它行个礼回答："行行好吧，鱼娘娘！她已经不愿再做女皇了，她要做海上的女霸王；这样，她好生活在汪洋大海上，叫你亲自去侍候她，听她随便使唤。"

金鱼一句话也不说，只是尾巴在水里一划，游到深深的大海里去了。老头儿在海边久久地等待回答，可是没有等到，他只得回去见老太婆，一看：他前面依旧是那间破泥棚，她的老太婆坐在门槛上，她前面还是那只破木盆。

（资料来源：[俄]普希金.渔夫和金鱼的故事(美绘注音版)[M].南京：江苏人民出版社，2017.）

【解析】 复述这篇童话故事，要理清故事梗概：渔夫和妻子过着贫穷生活→渔夫捕到一只会说话且能满足人们愿望的神奇金鱼→渔夫放走金鱼，被妻子大骂→妻子要只新木盆→妻子要座木房子→妻子要做世袭的贵妇人（派丈夫去干粗重活）→妻子要做自由自在的女皇→妻子要做海上的女霸王（让金鱼来侍候我，叫我随便使唤）→生活又变回原样。

> **强化 训练**

1. 用第三人称的口吻复述《组织部新来的青年人》片段。

组织部新来的青年人

王 蒙

三月,天空中纷洒着的似雨似雪。三轮车在区委会门口停住,一个年轻人跳下来。车夫看了看门口挂着的大牌子,客气地对乘客说:"您到这儿来,我不收钱。"传达室的工人、复员荣军老吕微跛着脚走出,问明了那年轻人的来历后,连忙帮他搬下微湿的行李,又去把组织部的秘书赵慧文叫出来。赵慧文紧握着年轻人的两只手说:"我们等你好久了。"这个叫林震的年轻人,在小学教师支部的时候就与赵慧文认识。她的苍白而美丽的脸上,两只大眼睛闪着友善亲切的光亮,只是下眼皮上有着因疲倦而现出来的青色。她带林震到男宿舍,把行李放好、解开,把湿了的毡子晾上,再铺被褥。在她料理这些事情的时候,常常撩一撩自己的头发,正像那些能干而漂亮的女同志们一样。

她说:"我们等了你好久!半年前就要调你来,区人民委员会文教科死也不同意,后来区委书记直接找区长要人,又和教育局人事室吵了一回,这才把你调了来。"

"可我前天才知道,"林震说:"听说调我到区委会,真不知怎么好。咱们区委会尽干什么呀?"

"什么都干。"

"组织部呢?"

"组织部就做组织工作。"

"工作忙不忙?"

"有时候忙,有时候不忙。"

赵慧文端详着林震的床铺,摇摇头,大姐姐似的不以为然地说:"小伙子,真不讲卫生;瞧那枕头布,已经由白变黑;被头呢,吸饱了你脖子上的油;还有床单,那么多折子,简直成了泡泡纱……"

林震觉得,他一走进区委会的门,他的新的生活刚一开始,就碰到了一个很亲切的人。

(资料来源:钱谷融.中国现当代文学作品选(下卷)[M].上海:华东师范大学出版社,2020.)

---

2. 简要复述一部你喜爱的电影、电视剧或者小说。以《西游记》为例:

《西游记》是一部非常好看的古典小说,它讲的是唐僧师徒四人去西天取经的故事。唐僧是个和尚,他要去西天取真经,普度众生。孙悟空是唐僧的大徒弟,本领高强,会七十二变。猪八戒是唐僧的二徒弟,他好吃懒做,但有时候也很勇敢。沙和尚是唐僧三徒弟,他忠厚老实,总是默默地挑着行李。他们一路上遇到了很多妖魔鬼怪,但是都靠孙悟空的聪明才智和勇敢战胜了。最后,他们成功地取到了真经,回到了大唐。

提示:复述时,抓住故事的主要线索和人物特点,用简洁的语言把故事的大概内容讲出来。

第二模块　实用文阅读技能的训练

在这个文字密集的时代里,我们比以往任何时候都需要具备最基本的阅读技能。职业活动离不开实用文的阅读。实用文阅读包括说明文、科普文、传记、报告、评论、杂文等的阅读。实用文的阅读能力是学习专业课程的基本功,也是从自学和工作实践中获取信息、积累知识的最基本方式,更是职场活动中不可或缺的职业技能之一。本模块结合职场中经常运用的阅读技巧,通过有选择、有针对的训练,帮助学生掌握实用文的阅读规律,提高实用文的阅读技能及书面语沟通能力。

 情景案例

案例 2-1

小王是一名即将毕业的大学生,对未来的职场充满期待。时常有几位已参加工作的学长对他说后悔自己没掌握好一些阅读技巧,在职场中吃了不少苦头。小王很纳闷:读书不是在校学生的事情吗,职场中还用得到阅读吗?

不久,小王应聘某公司的一个岗位。经过第一轮严格的面试,小王成功进入第二轮笔试。这家公司的笔试很奇特,考试时间仅为 15 分钟。小王对这轮笔试的态度非常慎重,临进考场,还在内心告诫自己一定要大胆心细,抓紧时间认真答题。笔试题目终于发下来了,厚厚的一大沓!小王扫了一眼,只见第一张试卷上密密麻麻写满了题目,内心不禁一阵紧张,看来这场笔试是比反应、拼速度了!看到在场的应试者已经开始书写了,小王不敢懈怠,赶紧埋头答题。

刚过 2 分钟,就有应试者起身交卷,小王心想这人是知难而退了吧。过了几分钟,又有几位考生交卷离开考场……15 分钟很快过去了,小王和其他那些坚持答题到最后一刻的应试者们不得不交卷了,大家无不摇头唏嘘。小王的心情很沉重,还有那么多题目没来得及答呢。考官催促大家离开,小王和其他的几位应试者迟迟不愿意离去,有人询问考官:这么短的考试时间,这么大的试题量,应试者来不及做完,这样的考试意义何在。考官看了他们一眼,微微一笑,说:"请将试卷翻到最后一页,自己去读。"小王这才看到试卷最后一页的最后一行赫然写着:以上的题目,您无须解答,请在首页签上姓名和考号,您就可以离开考场了。

仅仅是在求职的过程中,小王就领教了阅读有多重要了。

案例 2-2

小张是团队里刚入职 3 个月的新人,虽然他每天都加班到很晚,但交上来的报告质量都不高。团队负责人和她谈话时发现她满眼疲惫,不再是入职面试时自信满满的样子了。她的学历和学校背景都很突出,她是排名前列的学校的金融专业硕士,在面试中表现也很亮眼,怎么她入职后的工作表现和之前预期差得那么远呢?

小张说她没有想到工作后有雪花般的邮件、报告要读,需要汇总各个部门交上来的材料,一天要读几十份材料,每份材料都有几十页,完全看不过来,更别提理解了。

 知识解说

一、认识职场中的阅读

(一)职场阅读无处不在

千万不要以为从大学校园毕业后,就用不着再阅读了。实际上,无论是在求职的过程中,还是在职场工作中,阅读与职业活动的若干环节甚至与整个职业活动都有着密切的关系。职业活动中的阅读与职业活动的若干环节甚至整个职业活动本身有关。众多机构、团体和单位在上传下达时,一般要借助文字材料使相关人员了解情况,掌握信息。由于工作需要,在职业活动中人们每天会阅读一定数量的文件、计划、总结、报告、合同、协议等材料。职场中的阅读,阅读与否、阅读什么、何时阅读、以怎样的态度和方式阅读等,一切取决于工作需要。我们不仅需要主动阅读,还需要被动阅读——为推进工作而不得不进行的阅读。一个合格的职业人肯定要具备一定的阅读能力。

(二)职场阅读材料多为实用文

除特定的文学刊物编辑等职业,在一般的职场活动中,员工几乎不会阅读小说、诗歌、散文等文体,但阅读技术理论、业务能力、专业知识相关的实用文本却是常态。

1. 什么是实用文

从文体类型上来说,实用文指的是除诗歌、小说、散文、戏剧等文学性文体以外的其他文章。从文章的功用上来说,实用文是一种用于解决实际事务、有特定实用功能的文章,它强调文章的实用功能,围绕提供信息、指导实践等实用功能展开,实用文诸如法定公文(如命令、决定、公告等)、事务文书(如计划、总结、述职报告等)、财经文书(如财务预算报告、审计报告、商业合同等)、司法文书(如起诉状、判决书、公证书等)、科技文书(如学术论文、实验报告、科技说明书等)、礼仪文书(如请柬、贺信、唁电等)、日常办公和事务处理的文书(如会议记录、备忘录、启事等)等。

2. 实用文阅读与文学作品阅读的区别

文本形式的不同必然会带来阅读行为的差异。文学作品的阅读往往给予读者真善美的感受,读者可以陶冶性情,修养身心。实用阅读似乎少了许多审美趣味,在这种阅读中,几乎没有曲折生动的情节,也没有人物形象可供鉴赏,读者要采用理性认知的手段准确领会文本传达的信息。例如,营销人员要通过网络和报刊媒体大量阅读整个市场和产业的动态信息等。具体来说,实用文阅读与文学作品阅读的区别主要体现在:

(1)阅读目的不同。文学作品阅读是为了获得审美感受,着眼于作品的艺术性,阅读是鉴赏,重点放在言语的品味和感悟上。而实用文阅读是为了获取信息。职场阅读是使职场人尽快探寻到解决实际事务的有关信息,并切实地将这些转换为有价值的信息。

(2)阅读类型不同。文学作品阅读是审美性阅读和创造性阅读,引导读者走向主观精神领域,追求精神的愉悦。读者从文学作品的阅读中或能获得文学的美感,或能获得情感的

熏陶、共鸣，或能获得思想的启迪、人生的哲理。对文学作品阅读而言，"一千个读者有一千个哈姆雷特"，读者的阅读是一种创造性阅读。实用文阅读是功利性阅读和提取性阅读。它建立在对文本的理性认知的基础上，以准确领会文本的意义为出发点，并以从中探寻处理解决实际事务的有关信息为最终目的。实用文重在"用"，对于作者来说，它是为用而写的，而对于读者来说，是为"用"而读它的。在职场中，人们总是为了某个实用的目的而去阅读实用文。例如，阅读新闻的目的就是了解新闻事件，阅读论文的目的就是了解某一领域的科学研究成果，阅读说明书的目的就是了解某物的相关情况，阅读招聘启事的目的就是了解招聘信息等。

（3）读者的地位不同。阅读文学作品时，读者是主动的参与者。文学作品内涵丰富多元，主题含蓄隽永，令人回味。读者可以凭借自身经历、情感思想去解读。文学作品的阅读过程是读者对作品的主动再创造的过程。阅读实用文时，读者是被动的接受者。实用文旨在精准传达信息，内容相对客观、唯一，读者主动解读的空间有限。同时，实用文的读者往往为特定目的而阅读，且受文本的"束缚"较大，读者很多时候需按照作者意图来理解并把握。

课堂实训 2.1　文学作品与实用文的比较阅读

阅读下面两篇与梅花有关的文章，比较两篇文章最大的不同。

梅　花

［北宋］王安石

墙角数枝梅，凌寒独自开。

遥知不是雪，为有暗香来。

＊＊梅花园项目可行性研究报告（提纲）

一、项目概述

1. 项目名称

2. 项目地点

3. 项目规模

二、市场分析

1. 旅游市场

2. 衍生产品市场

三、项目选址与建设条件

1. 选址优势

2. 基础设施

四、项目规划与建设方案

1. 功能分区

2. 景观设计

五、环境影响评价

1. 生态影响
2. 污染防治

六、项目组织与运营
1. 组织架构
2. 运营模式

七、财务评价
1. 投资估算
2. 收入预测
3. 成本分析
4. 盈利预测

八、风险分析与对策
1. 自然风险分析与对策
2. 市场风险分析与对策

九、可行性研究结论与建议
1. 结论
2. 建议

思考：

___

___

___

二、了解实用文的特点

（一）突出的实用性

实用文是为解决实际问题、处理具体事务而作，实用性是其最突出的特征。实用文直接作用于现实生活，具有直接的使用价值。例如，商务合同明确双方权利义务，求职简历帮助求职者获得工作机会，行政公文推动政务执行等，它们都是为达成特定的现实目标而创作的。实用文在内容上与人们的社会生活紧密相连，它引导人们走向客观世界，帮助人们在现实中处理解决相关的问题。

（二）逻辑的严密性

实用文的文本具有严密的逻辑性。其叙述事件或阐述观点时，遵循一定的逻辑规律。例如，调查报告一般先叙述调查得来的事实，再针对事实提出相应的观点，循序渐进。计划、总结等事务文书一般在开头先引出主题，主体用于阐述核心内容，结尾用于总结或提出要求，层次分明。又如，商业计划书从执行摘要到公司概述、市场分析、营销策略的阐述，环环相扣。再如，产品说明书按操作步骤先后或部件重要程度依次说明，条理清晰。

（三）对象的明确性

实用文对象的明确性，是指其写作目的、受众及针对事项具体清晰。实用文的阅读对象具有明确具体的指向，作者在写作之初就已经锁定了受众。例如，学术论文的读者为某一专业领域的学者、同行；又如，新闻的读者面向大众；再如，招聘启事的读者面向求职者。同时，每种实用文都有清晰的写作意图。例如,请示是下级机关向上级请求指示批准,合同是为确立双方权利义务关系。实用文写作围绕目标展开,不讲无关内容,内容精准、恰当。

三、了解实用文的阅读规律

在职场中,实用文的阅读是以达到准确解读文本,筛选、整合信息为基本目的的,其阅读规律一般是着眼全篇,认真筛选,合理归纳,简洁概括。读懂实用文需要理解词句、筛选和提取重要信息、分析结构及理清思路、归纳要点及概括中心。

(一) 有效的实用文阅读应把握"宏观加微观"的阅读思路

"宏观"指的是阅读时从宏观上把握文章思路,分析其结构;"微观"指的是阅读时抓住材料的关键信息,如关键词、关键句等。换句话说,阅读实用文时要学会从宏观上把握文章的脉络,从微观上学会抓住对于解读文章有重要作用的关键信息。

(二) 分析文章结构,把握文章思路

文章结构是指文章各部分之间的组织和安排。具体来说,就是划分文章的结构层次。文章思路是作者行文时思考的线索、路径和脉络,始终贯穿在文章中。把握文章思路,即分析作者如何围绕中心选择材料、安排材料的逻辑顺序,结构就是这种思路的具体展现。我们阅读时只有把握住文章的结构,理清文章的层次,包括段与段之间以及一段内部的层次,才有可能真正理解文章,达到读懂文章的目的。结构分析需要先了解文章层次结构与客观事物、客观事理的内部联系。一般来说,文章层次结构与客观事物、客观事理的内部联系有关,与作者的写作意图有关,与作者组织全篇的思路有关,这三者是我们必须了解的。实用文具有约定俗成的格式、惯用的体式,这种规律性更有利于我们去把握实用文的逻辑思路。在阅读实用文时,我们要学会利用这种规律性来提高阅读的效果,如抓住新闻的"六要素"进行阅读;把握总结的"五段式"结构特征进行阅读;抓住标题和主题词进行实用文阅读等。

(三) 抓住关键信息,准确解读文意

任何一篇文章都有主要信息和次要信息。主要信息是文章的关键信息,是作者最想要传达给读者的信息,是文章的灵魂与精髓。次要信息是为主要信息服务的辅助性信息。我们想要快速且准确地解读文章的信息,阅读时就要学会抓住关键信息点。通常来说,这些关键信息或在篇首、篇尾、段首或段尾处,或在文章的转折处,或在观点句处,或在总结句处,或在态度倾向句处。它们表意清晰,态度明确,观点鲜明。

【例2-1】 影响一个地区长期或某段时期气候变化的原因是众多而复杂的,人们至今还无法确切说明各种因素对气候变化的影响程度。但是可以断言,即使人类社会发展到今天,从总体上讲,自然因素仍然是影响气候的主导因素。人类活动至今仍然不足以影响地区性气候的基本属性,更不用说引起冰期或间冰期等巨大的气候变化。

【解析】 在这则材料中,转折处"即使人类社会发展到今天,从总体上讲,自然因素仍然是影响气候的主导因素"一句是关键信息。这段材料意在说明地区性气候的基本属性主要取决于自然因素。

课堂实训 2.2　阅读能力活页式训练
面向食品专业

五味的调和

不管在中餐还是在汉字里,神奇的"味"字,似乎永远都充满了无限的可能性。除了舌之所尝、鼻之所闻,在中国文化里,对于"味道"的感知和定义,既起自饮食,又超越了饮食。也就是说,能够真真切切地感觉到"味"的,不仅有我们的舌头和鼻子,还有中国人的心。

和全世界一样,汉字也用"甜"来表达喜悦和幸福的感觉。这是因为人类的舌尖能够最先感受到的味道就是甜,而这种味道则往往来源于同一种物质——糖。

对于阿鸿来说,糖不仅表示甜,而且意味着一切。糖葱薄饼是潮州著名的传统甜食,阿鸿做糖葱薄饼的手艺是祖传的。今天,阿鸿准备多做一些糖葱,因为明天就是当地隆重的节日——冬节。祖祠中,随着大戏的开场,人们怀着敬意,把各种色泽艳丽的甜品奉献给祖先,同时为自己的生活祈福。阿鸿的心愿,是他的传统手工技艺能继续为整个家庭带来富足。

中国人在品尝生活的甘甜之时,似乎也很善于欣赏苦。

10 月的果园,茶枝柑由青转黄,气味芬芳。味苦带甘的陈皮就出自这些饱满的果实。储存年份的长短,决定了陈皮的等级和价值。在中国南部,陈皮甚至能决定一家餐馆的兴衰。

在澳门路环岛,阿伦进完货回到店里。他是这家海鲜餐厅的主人。这家海鲜餐厅以阿伦祖父的名字命名,半个多世纪以来,餐厅的生意很少冷场,秘密就在于餐厅的招牌菜——陈皮鸭。

在阿伦的记忆里,父母始终只是在店里日夜忙碌的两个身影。童年给他留下的,是辛苦的回味。在陈皮飘香里,时光仿佛过得很快。如今,阿伦已有了稳定的工作和收入。在他看来,自己四十多年的生活经历,如果用一句话来概括,最准确的一句,莫过于"苦尽甘来"。

咸的味觉来自盐。在中国菜里,盐更重的使命,是调出食物本身固有的味道,改善某种肌体的质地。在中国的烹饪辞典里,盐是百味之首。

在粤东海边,村民世代以晒盐为生。在不下雨的日子里,阿刘每天都要在盐田里忙碌。晒盐的收入微薄,一年不到一万元,阿刘还要做电工和捕鱼贴补家用。村子里的人大多外出打工,大片的盐田已经荒废,阿刘依然选择留守。

酸味能去腥解腻,提升菜肴的鲜香。当酸味和甜味结合在一起时,它还能使甜味变得更加灵动,更加通透。酸甜,正是大部分外国人在中国以外的地方对中餐产生的基本共识。

在烹制肉类时,酸味还能加速肉的纤维化,使肉质变得更加细嫩。当然,酸味本身,不仅能促进消化,增进食欲,与此同时,在世界通用的"甜"以及"苦"之外,中国人还很特别地使用"酸"字来形容某种疼痛、某种妒忌、某种不堪以及某种纠缠而难以言说的苦难。

除了"酸",还有一种可以提振食欲,并且在中餐的菜谱上经常和"酸"字合并使用的味道,那就是"辣"。

素琼是个菜农,也是绝对的一家之主。在四川,许多妇女都像素琼这样开朗、坚韧、果断。在汉语里,人们用"泼辣"来形容这种性格。四川盆地气候潮湿,多阴雨,住在这里的人,正需要辣椒的刚猛热烈。

在川菜中,无论是作主料、辅料还是作调味料,辣椒都是宠儿,它给川菜烙上了鲜明的印记。素琼特意推迟了这一季辣椒的种植和采摘,辣椒果然在冬季里卖出更好的价格,这种精明让她丈夫十分佩服。

中国烹饪,既能像麻辣的川菜一样如此凶猛地侵略我们的味觉,也能润物细无声地让我们的舌尖领略鲜味的美好。

庄臣18岁时,进入中国最早的五星级酒店,成为一名厨师。2000年,庄臣辞去餐饮总监的职务,成为职业美食家、广东饮食文化的推广者。他认为,在烹饪中保持食材的原味,是一种素面朝天的鲜美。

"鲜"是只有中国人才懂得并孜孜以求的特殊的味觉体验。全世界只有中文才能阐释"鲜味"的全部含义。然而所谓阐释,并不重在定义,更多的还是感受。"鲜"既在"五味"之内,又超越了"五味",成为中国饮食最平常但又最玄妙的一种境界。

五味使中国菜的味道千变万化,也为中国人在况味和回味他们各自不同的人生境遇时,提供了一种特殊的表达方式。在厨房里,五味的最佳存在方式,并不是让其中有某一味显得格外突出,而是五味的调和以及平衡。这不仅是中国历代厨师和中医不断寻求的完美状态,也是中国在为人处世,甚至在治国经世上所追求的理想境界。

(资料来源:本文由《舌尖上的中国》第一季第六集整理而成。)

练习

一、请你概括文章中提到的五种味道。

二、关于这五种味道,文章分别列举了哪些代表食物?

面向旅游专业

西安这座城

贾平凹

我住在西安这座城里已经20年了,我不敢说这个城就是我的,或我给了这个城什么,但20年前我还在陕南的乡下,确实做过一个梦的,梦见了一棵不高大的却很老的树,树上有一个洞。在现实的生活里,老家是有满山的林子,但我没有觅寻到这样的树,而在初做城里人的那年,于街头却发现了,真的,和梦境里的树丝毫不差。这棵树现在还长着,年年我总是看它一次,死去的枝柯变得僵硬,新生的梢条软和如柳。我就常常盯着还趴在树干上的裂着背已去了实质的蝉壳,发许久的迷瞪,不知道这蝉是蜕了几多壳,生命在如此转换,真的是无生无灭,可那飞来的蝉又始于何时,又该终于何地呢?于是在近晚的夕阳中驻脚南城楼下,听岁月腐蚀得并不完整的砖块里,一群蟋蟀在唱着一部繁乐,恍惚里就觉得哪一块砖是我的吧,或者,我是蟋蟀的一只,夜夜在望着万里的长空,迎接着每一次新来的明月而欢歌了。

我庆幸这座城在中国的西部,在苍茫的关中平原上,其实只能在中国西部的关中平原上才会有这样的城,我忍不住就唱起关于这个地方的一段民谣:

八百里秦川黄土飞扬,三千万人民吼叫秦腔。

调一碗黏面喜气洋洋,没有辣子嘟嘟囔囔。

这样的民谣,描绘的或许缺乏现代气息,但落后并不等于愚昧,它所透出的一种气势,没有矫情和虚浮,是冷的幽默,是对旧的生存状态的自审。我唱着它的时候,唱不出声的常常是想到了夸父追日渴死在去海的路上的悲壮。正是这样,数年前南方的几个城市来人,以优越异常的生活待遇招募我去,我谢绝了,我不去,我爱陕西,我爱西安这座城。我生不在此,死却必定在此,当百年之后躯体焚烧于火葬场,我的灵魂随同黑烟爬出了高高的烟囱,我也会变成一朵云游荡在这座城市的上空的。

当世界上的新型城市愈来愈变成了一堆水泥,我该如何来叙说西安这座城呢?是的,没必要夸耀曾经是13个王朝国都的历史,也不自得八水环绕的地理风水,承认中国的政治、经济、文化的中心已不在这里,对于显赫的汉唐,它只能称为"废都"。但可爱的是,时至今日,气派不倒的,风范犹存的,在全世界的范围内最具古都魅力的,也只有西安了。它的城墙赫然完整,独身站定在护城河上的吊桥板上,仰观那城楼、角楼、女墙垛口,再怯懦的人也要豪情长啸了。大街小巷方正对称,排列有序的四合院砖雕门楼下已经黝黑如铁的花石门墩,让你可以立即坠入了古昔里高头大马驾驶了木制的大车喧喧哗开过来的境界里去。如果有机会收集一下全城的数千个街巷名称:贡院门、书院门、竹笆市、琉璃市、教场门、端履门、炭市街、麦苋街、车巷、油巷……你突然感到历史并不遥远,以至眼前飞过一只不卫生的苍蝇,也忍不住怀疑这苍蝇的身上有着汉时的模样或者有唐时的标记。现代的艺术在大型的豪华的剧院、影院、歌舞厅日夜上演着,但爬满青苔的古钱一样的城根下,总是有人在观赏着中国最古老的属于这个地方的秦腔,或者皮影木偶。这不是正规的演艺人,他们是工余的娱乐,有人演,就有人看,演和看都宣泄的是一种自豪,生命里涌动的是一种历史的追忆,所以你也明白了街头饭馆里的餐具,碗是那么的粗的瓷,大的称之为海碗。逢年过节,你见过哪里的城市的街巷表演着社戏,踩起了高跷,扛着杏黄色的幡旗放火铳,敲纯粹的鼓乐?最是那土得掉渣的土话里,如果依音笔写出来,竟然是文言文中的极典雅的词语,抱孩子不说抱,说"携",口中没味不说没味,说"寡",即使骂人滚开也不说滚,说"避"。你随便走进一条巷的一户人家吧,是艺术家或者是公人、小职员、个体的商贩,他们的客厅必是悬挂了装裱考究的字画,桌柜上必是摆设了几件古陶旧瓷。对于书法绘画的理解,对于文物古董的理解的珍存,成为他们生活的基本要求。男人们崇尚的是黑与白的色调,女人们则喜欢穿大红大绿的衣裳,质朴大方,悲喜分明。他们少以言辞,多以行动;喜欢沉默,善于思考;崇拜的是智慧,鄙夷的是油滑;又整体雄浑,无琐碎甜腻。西安的科技人才云集,产生了众多的全球也著名的数学家、物理学家,但民间却大量涌现着《易经》的研究家,观天象,搞预测,作遥控。你不敢轻视了静坐于酒馆一角独饮的老翁或巷头鸡皮鹤首的老妪,他们说不定就是身怀绝技的奇人异才。清晨的菜市场上,你会见到托着豆腐,三个两个地立在那里谈论着国内的新闻。在公共厕所蹲坑,你也会听到最及时的关于联合国的一次会议的内容。关心国事,放眼全球,似乎对于他们是一种多余,但他们就是有这种古都赋予的秉性。"杞人忧天"从来不是他们讥笑的名词。甚至有人庄严地提议,在城中造一尊大的杞人雕塑,与那巍然竖立的丝绸之路的开创人张骞塑像相映生辉,成为一种城标。

整个西安城,充溢着中国历史的古意,表现的是一种东方的神秘,囫囵囵是一个旧的文物,又鲜活活是一个新的象征。

(资料来源:贾平凹.贾平凹作品选[M].西安:陕西师范大学出版社,2019.)

练习

一、请你概括说明作者是从哪些方面描写古都西安。

二、请你从文中筛选关键信息,为西安写一则300字左右的旅游广告。

面向护理专业

突发性神经性耳聋耳鸣患者的护理体会

王鑫瑶

护理策略和技巧

在突发性神经性耳聋和耳鸣患者的护理中,对其提供信息和进行教育尤为重要,可以促进患者及其家属的理解、合作。过程中护理人员应向患者解释突发性神经性耳聋耳鸣的相关知识,包括可能引发疾病的原因、病理生理过程及预后相关信息。介绍干预过程,包括药物治疗、听力康复训练、心理支持等,帮助患者及其家属了解干预的目的、方法和可能的效果。提供生活方式管理建议,如避免噪音暴露、保持耳朵清洁、合理饮食和锻炼等,以促进康复,减轻疾病症状。强调听力保护的重要性,包括佩戴耳塞或耳罩、限制耳机音量和使用时间,以避免进一步损伤听力。提供心理健康支持和应对策略,帮助患者及其家属应对可能的焦虑、抑郁和应激反应。介绍康复训练的重要性,鼓励患者参与听力康复训练,并强调定期复查的必要性,以监测病情和调整治疗方案。

心理专家会倾听患者的情绪体验,并提供情绪调节技巧和应对策略。采用认知行为疗法帮助患者识别和改变消极的思维模式和行为习惯,以减轻焦虑和抑郁症状。教授患者放松技巧,如深呼吸、渐进性肌肉放松和冥想,有助于减轻身体和心理的紧张感,从而减轻耳鸣带来的不适。教授应对耳鸣带来的困扰和不适的具体策略,如注意力转移、分心技巧和身体放松法,以帮助患者更好地适应耳鸣。培养患者有效的沟通技巧,帮助其与家人、朋友和医疗团队有效交流,表达其需求和感受。提供关于耳鸣的相关知识和信息,帮助患者理解耳鸣的病因、机制和治疗方法,减少对耳鸣的恐惧和误解。协助患者制订应对生活挑战的具体计划,如应对工作、家庭和社交方面的困难,以提高其生活质量和自我效能感。

突发性神经性耳聋耳鸣是一种复杂疾病,需要为患者提供综合性的护理康复计划以帮助其面对后续挑战。护理康复计划的主要内容为:①护理人员需要进行全面的评估,包括患者的听力状况、病史、心理健康状况以及生活方式等方面。这有助于确定患者的具体需求,并为其制定出合理的个性化康复计划。②基于评估结果,制定清晰、具体和可衡量的康复目标,包括听力恢复、情绪管理、社交参与等方面。该类目标应该是可实现的,并且能够激励患者积极参与康复过程。③根据患者的特定需求和目标,制定个性化的干预方案。这可能包括药物治疗、听力康复训练、心理健康支持、康复护理等多种干预措施的结合应用。④对于某些病因明确的突发性耳聋耳鸣,如病毒感染或炎症反应,需要叮嘱患者遵医嘱用药以控制病情和促进康复,如抗病毒药物、抗炎药物、激素治疗等。⑤对于听力受损的患者,听力康复训练是至关重要的一部分。该训练旨在帮助患者重新适应听觉刺激,提高听力敏感度和听觉辨别能力。训练内容可以包括听觉训练、语言训练、听觉环境调整等。⑥提供心理健康支持和情绪管理是护理康复计划的重要组成部分,主要包括心理咨询,传授认知行为疗法及压力管理技巧等,以帮助患者应对焦虑、抑郁及应激反应等。⑦对患者及其家属进行关于疾病的相关健康宣教,包括病因、预后、干预具体措施等。同时,提供社交支持和资源,鼓励患者积极参与社交活动和支持团体,帮助其建立支持系统,以应对未来挑战。⑧康复计划的实施需要定期跟进和评估。护理人员应该与患者保持联系,监测治疗效果,及时调整干预方案,确保患者康复过程顺利进行。

推荐和调整合适的听力辅助设备对于突发性神经性耳聋耳鸣患者具有重要意义。首先,建议患者使用耳塞或耳罩来保护残存听力,避免进一步损伤。其次,对于存在听力损失的患者,可以考虑使用助听器或植入式听觉设备,该类设备可以帮助患者更好地听清周围的声音,提高沟通和生活质量水平。最后,对于伴随耳鸣的患者,特定类型的助听器(如白噪音发生器)可能有助于减轻耳鸣的感知。调整听力辅助设备需要专业听力师或听觉专家进行,根据患者的听力损失类型和程度,以及个体的需求和偏好进行调整,以确保设备的有效性和舒适性。

(资料来源:王鑫瑶.突发性神经性耳聋耳鸣患者的护理体会[J].哈尔滨医药,2024,44(05):135-137.)

练习

一、请你概括出突发性神经性耳聋耳鸣患者的护理策略。

二、请你从文中筛选关键信息,在对突发性神经性耳聋和耳鸣患者的护理中,护理人员需要对其提供哪些信息和教育?

面向建筑专业

"工业上楼"建筑电气设计要点浅析
王伟方

随着城市经济的发展,珠三角城市工业发展面临越来越严重的土地资源紧缺与产业转型升级问题,这逐步推动了"工业上楼"的发展。因"工业上楼"建筑相较于传统工业厂房多出了垂直延伸,电气专业相应增加许多需要考虑的设计内容。

关于负荷计算,不同产业的生产工艺设备的用电功率、数量需求和用电同期系统均各不相同,在设计前期做负荷计算时需让建设单位尽可能提供拟建设投入的生产设备用电资料,并尽可能参观考察相关类型厂房,了解其负荷指标和实际用电情况。在无准确工业提资的前提下,一般工业用电可按 150 VA/m² ~ 200 VA/m² 进行计算,并在变、配电房预留一定面积保障以后扩容需求。以下列举装机容量较大的产业类型:①超高清视频显示产业,前工序段(厂房)400 VA/m² ~ 500 VA/m²,后工序(厂房)200 VA/m² ~ 300 kVA/m²;②新材料产业、新能源产业、高端医疗器械产业、现代时尚产业 150 VA/m² ~ 250 VA/m²;③半导体与集成电路产业 400 VA/m² ~ 500 VA/m²;④生物医药产业 150 VA/m² ~ 300 VA/m²。结合厂房各类设备用电运作时间、负荷特点进行分析,同时了解当地供电的优惠政策,确保变压器、发电机的容量和高低压设备的设置既能满足短时最大负荷需求,又能满足平均负荷负载率在经济运行范围内,还能争取到最优惠的电价。

本项目空调采用冰蓄冷形式,空调主机制冷时间为夜间 10 点至次日早上 8 点,与生产时间相错开,建设单位提出若将其配电与生产设备用电合用变压器,则可以节省两台变压器和多台低压配电柜的初设投资,以及运行时按变压器容量收取的基本电费。但当地供电部门对用电低谷优惠电价的计量设置要求为单独高压计量,要想获得低谷优惠电价就需要将空调主机用电单独设置变配电设备和设置高压计量。通过比较发现,在长期运行中,单独设置变配电设备所能节省的电费要远大于合用变配电设备所节省的初始投资和基本电费费用,最终确定空调主机用电单独设置变配电设备。

本项目厂房在生产车间较高层高的大开间区域选用 LED 悬挂灯,满足生产作业的照明要求;在夹层区域工艺隔间选用 LED 荧光灯吸顶安装,满足局部照明要求。灯具需考虑生产线、设备及操作岗位情况合理设置,避免影响生产目视操作。大开间的生产车间照明一般在配电箱处集中控制,在设计照明回路时应将回路所接灯具的区域和所需分组控制灯具的区域相结合,对通道、工业隔间的照明灯具采用就地控制。消防应急照明系统采用集中供电集中控制型系统,常规疏散楼梯间、走道按标准图集设置疏散指示和疏散照明灯,大空间生产区域由建筑专业根据生产线布置规划好预设的虚拟疏散通道,沿此通道在柱子上设置疏散方向指示灯和疏散照明灯具。

本项目厂房在二层设置有两台行车,其生产流线区域要求保证行车横梁顶至地面净高不小于 6.8 m,此处层高虽然有 9 m 高,但因暖通专业排烟管尺寸大,占据了很大的布线空间和净高,无论如何都无法满足所有管线在梁下敷设的要求,最终征得建设方同意,将生产专用管线在行车轨道结构牛腿下设置,才满足了行车横梁顶至地面的净高要求。因厂房货物运输的多为重型卡车,跨路走向的室外线路敷设需考虑重型卡车加上货物的荷载影响,当设置电缆沟过路时,在道路区域考虑设置暗沟,并对电缆沟结构进行加强……

(资料来源:王伟方."工业上楼"建筑电气设计要点浅析[J].智慧建筑与智慧城市,2024,(10):128-130.)

练习

一、请你概括出"工业上楼"建筑电气设计的要点。

二、请你从文中筛选关键信息,并说明大开间的生产车间照明的要求。

四、掌握实用文的阅读技巧

(一) 识文种而读

实用文源于实际,用于实际。不同的实用文文种有着不同的特点,解决着不同的实际问题。在实用文长期的发展过程中,在与现实的不断"磨合"中,每个实用文文种都有着属于自己的最佳"样式"。在阅读的过程中,读者若是有着清晰的文种意识,能够自觉地用文体形式规范进行阅读指导,将能有效提高阅读效率及质量。例如,新闻大多是以"倒金字塔"结构组织内容,说明文大多是以总分(包括总-分-总,总-分,分-总)的结构展开,问题调查报告大多是以"提出问题,分析问题,解决问题"的结构铺开。

(二) 围绕目的而读

根据不同的阅读目的,针对不同的阅读材料,灵活运用精读、略读、浏览、速读等阅读方法,提高阅读效率及质量。如果阅读目的是获取学术论文的主要信息,那么读者应该采用快读、导读的阅读方法。如果阅读的目的是寻找关键词,那么读者可以采用跳读、寻读的方法,如果阅读的目的是全面把握文章内容,深入理解文章旨意,那么读者应该采用通读、精读的方法。

(三) 运用恰当的阅读方法

运用恰当的阅读方法是提高实用文阅读效果的有效方式。最高明的阅读技巧是读者根据阅读目的选择适宜的阅读方法。阅读方法主要有以下几种:

(1) 通读:对阅读材料从头到尾通览一遍,抓住关键信息。

(2) 跳读:对不能仔细阅读的材料,针对自己所需或有疑问的部分,重点留意。例如,通过标题、小标题、黑体字、首尾句跳读;通过语法结构跳读,如连词、段落中的结构语等。

(3) 精读:细读、仔细琢磨,如重要的合同、合约、文件资料等。

(4) 略读:不从头到尾一一细读,只读内容提要、序跋、目录、文章标题,浏览图表、结论等。

(5) 寻读:带有很强目的性的阅读,重在辨认某些具体信息。

(6) 诵读:以牢固记忆为目的的,心到声到,声到则心到。

(7) 抄读:作摘录、记心得,阅读时作圈点批注,编制卡片、写提纲、札记、心得等。

(8) 朗读:与默读相对,与诵读相关联,不以记忆为目的,阅读时不增字、不减字、不重复、不颠倒。

(9) 默读:不出声的阅读,并不是"唇读"或"心读"。

(10) 速读:快速浏览材料,提高阅读速度,在有限的时间里增加阅读量。读者要善于抓住主要信息和关键语句,关注首句、过渡句等。

在阅读技巧的操作训练中,读者要力避不良的阅读习惯。阅读速度过快或过慢是人们普遍存在的两个不良阅读习惯。在信息日益膨胀的今天,许多行业中的诸多岗位都需要职业人快速掌握海量的信息。可以说,职业人需要阅读的内容浩如烟海,读后的内容获取却如过眼烟云,这种只求速度而忽视效果的假性阅读只会延误工作。过慢的阅读方式则和人们的认识误区相关,人们经常把逐字逐句的阅读和认真严谨的态度联系起来,其实不然。阅读心理学表明,大多数人的阅读速度远远低于思维速度。很多时候,逐字逐句地阅读只是在浪费时间,因为一般情况下,文本中真正对读者有价值、有意义的信息是非常有限的。此外,依赖有声阅读、指划阅读,过多地回视与补读等也是不良的阅读习惯,读者需要注意克服,多做阅读训练以真正掌握良好的阅读技巧。

课堂实训 2.3 阅读方法训练
速读训练

赠与今年的大学毕业生
胡 适

人,都不能没有堕落的危险。堕落的方式很多,总括起来,约有这两大类。第一是容易抛弃学生时代的求知识的欲望。你们到了实际社会里,往往所用非所学,往往所学全无用处,往往可以完全用不着学问,而一样可以胡乱混饭吃,混官做。在这种环境里,即使向来抱有求知识学问的决心的人,也不免心灰意懒,把求知的欲望渐渐冷淡下去。况且学问是要有相当的设备的;书籍,试验室,师友的切磋指导,闲暇的工夫,都不是一个平常要糊口养家的人所能容易办到的。没有做学问的环境,又谁能怪我们抛弃学问呢?

第二是容易抛弃学生时代的理想的人生的追求。少年人初次与冷酷的社会接触,容易感觉理想与事实相去太远,容易产生悲观和失望。多年怀抱的人生理想,改造的热诚,奋斗的勇气,到此时候,好像全不是那么一回事,渺小的个人在那强烈的社会炉火里,往往经不起长时期的烤炼就熔化了,一点高尚的理想不久就幻灭了。抱着改造社会的梦想而来,往往是弃甲曳兵而走,或者做了恶力的俘虏。你在那俘虏牢狱里,回想那少年气壮时代的种种理想主义,好像都成了自误误人的迷梦!从此以后,你就甘心放弃理想人生的追求,甘心做现成社会的顺民了。

要防御这两方面的堕落,一面要保持我们求知识的欲望,一面要保持我们对于理想人生的追求。有什么好法子?依我个人的观察和经验,有三种防身的药方是值得一试的。

第一个方子只有一句话:"总得时时寻一两个值得研究的问题!"问题是知识学问的老祖宗;古往今来一切知识的产生与积聚,都是因为要解答问题——要解答实用上的困难或理论上的疑难。所谓"为知识而求知识",其实也只是一种好奇心追求某种问题的解答,不过因为那种问题的性质也不必是直接应用的,人们就觉得这是"无所为"的求知知识了。我们出学校之后,离开了做学问的环境,如果没有一个两个值得解答的疑难问题在脑子里盘旋,就很难继续保持追求学问的热心。可是,如果你有了一个真有趣的问题天天逗你去想他,天天引诱你去解决他,天天对你挑衅笑你无可奈何他——这时候,你就会同恋爱一个女子发了疯一样,坐也坐不下,睡也睡不安,没工夫也得偷出工夫去陪她,没钱也得撙衣节食去巴结她。没有书,你自会变卖家私去买书;没有仪器,你自会典押衣服去置办仪器;没有师友,你自会不远千里去寻师访友。你只要能时时有疑难问题来逼你用脑子,你自然会保持发展你对学问的兴趣,即使在最贫乏的智识环境中,你也会慢慢地聚起一个小图书馆来,或者设置起一所小试验室来。所以我说:第一要寻问题。脑子里没有问题之日,就是你的智识生活寿终正寝之时! 古人说:"待文王而兴者,凡民也。若夫豪杰之士,虽无文王犹兴。"试想伽利略和牛顿有多少藏书?有多少仪器?他们不过是有问题而已。有了问题而后他们自会造出仪器来解答他们的问题。没有问题的人们，关在图书馆里也不会用书，锁在试验室里也不会有什么发现。

　　第二个方子也只有一句话："总得多发展一点非职业的兴趣。"离开学校之后，大家总得寻个吃饭的职业。可是你寻得的职业未必就是你所学的，或者未必是你所心喜的，或者是你所学而实在和你的性情不相近的。在这种状况之下，工作就往往成了苦工，就不感觉兴趣了。为糊口而作那种非"性之所近而力之所能勉"的工作，就很难保持求知的兴趣和生活的理想主义。最好的救济方法只有多多发展职业以外的正当兴趣与活动。一个人应该有他的职业，又应该有他的非职业的玩艺儿，可以叫作业余活动。凡一个人用他的闲暇来做的事业，都是他的业余活动。往往他的业余活动比他的职业还更重要，因为一个人的前程往往全靠他怎样用他的闲暇时间。他用他的闲暇来打麻将，他就成了赌徒；你用你的闲暇来做社会服务，你也许成个社会改革者；或者你用你的闲暇去研究历史，你也许成个史学家。你的闲暇往往定你的终身。英国十九世纪的两个哲人，密尔终身做东印度公司的秘书，然而他的业余工作使他在哲学上、经济学上、政治思想史上都占一个很高的位置；斯宾塞是一个测量工程师，然而他的业余工作使他成为前世纪晚期世界思想界的一个重镇。古来成大学问的人，几乎没有一个不是善用他的闲暇时间的。特别在这个组织不健全的中国社会，职业不容易适合我们性情，我们要想生活不苦痛或不堕落，只有多方发展业余的兴趣，使我们的精神有所寄托，使我们的剩余精力有所施展。有了这种心爱的玩艺儿，你就做六个钟头的抹桌子工夫也不会感觉烦闷了，因为你知道，抹了六点钟的桌子之后，你可以回家去做你的化学研究，或画完你的大幅山水，或写你的小说戏曲，或继续你的历史考据，或做你的社会改革事业。你有了这种称心如意的活动，生活就不枯寂了，精神也就不会烦闷了。

　　第三个方子也只有一句话："你总得有一点信心。"我们生当这个不幸的时代眼所见，耳中所闻，无非是叫我们悲观失望的。特别是在这个年头毕业的你们，眼见自己的国家族沉沦到这步田地，眼看世界只是强权的世界，望极天边好像看不见一线的光明——在这个年头不发狂自杀，已算是万幸了，怎么还能够希望保持一点内心的镇定和理想的信任呢？我要对你们说：这时候正是我们要培养我们的信心的时候！只要我们有信心，我们还有救。古人说："信心可以移山。"又说："只要工夫深，生铁磨成绣花针。"你不信吗？当拿破仑的军队征服普鲁士占据柏林的时候，有一位穷教授叫做费希特的，天天在讲堂上劝他的国人要有信心，要信仰他们的民族是有世界的特殊使命的，是必定要复兴的。费希特死的时候（1814年），谁也不能预料德意志统一帝国何时可以实现。然而不满五十年，新的统一的德意志帝国居然实现了。

　　我们要深信：今日的失败，都由于过去的不努力。我们要深信：今日的努力，必定有将来的大收成。

　　（资料来源：孙昕光.大学语文[M].北京：高等教育出版社，2018：62-65。有删减。）

练习

你的阅读时间：_____

你在阅读中使用了哪几种阅读技巧：_____

抄读训练

说"木叶"

林 庚

　　"袅袅兮秋风,洞庭波兮木叶下。"(《九歌》)自从屈原吟唱出这动人的诗句,它的鲜明的形象,影响了此后历代的诗人们,许多为人传诵的诗篇正是从这里得到了启发。如谢庄《月赋》说:"洞庭始波,木叶微脱。"陆厥的《临江王节士歌》又说:"木叶下,江波连,秋月照浦云歇山。"至于王褒《渡河北》的名句:"秋风吹木叶,还似洞庭波。"则其所受的影响更是显然了。在这里我们乃看见"木叶"是那么突出地成为诗人们笔下钟爱的形象。

　　"木叶"是什么呢?按照字面的解释,"木"就是"树","木叶"也就是"树叶",这似乎是不需要多加说明的;可是问题却在于我们在古代的诗歌中为什么很少看见用"树叶"呢?其实"树"倒是常见的,例如,屈原在《橘颂》里就说:"后皇嘉树,橘徕服兮。"而淮南小山的《招隐士》里又说:"桂树丛生兮山之幽。"无名氏古诗里也说:"庭中有奇树,绿叶发华滋。"可是为什么单单"树叶"就不常见了呢?一般的情况,大概遇见"树叶"的时候就都简称之为"叶",例如说:"叶密鸟飞碍,风轻花落迟。"(萧纲《折杨柳》)"皎皎云间月,灼灼叶中华。"(陶渊明《拟古》)这当然还可以说是由于诗人们文字洗炼的缘故,可是这样的解释是并不解决问题的,因为一遇见"木叶"的时候,情况就显然不同起来;诗人们似乎都不再考虑文字洗炼的问题,而是尽量争取通过"木叶"来写出流传人口的名句,例如:"亭皋木叶下,陇首秋云飞。"(柳恽《捣衣诗》)"九月寒砧催木叶,十年征戍忆辽阳。"(沈佺期《古意》)可见洗炼并不能作为"叶"字独用的理由,那么"树叶"为什么从来就无人过问呢?至少从来就没有产生过精彩的诗句。而事实又正是这样的,自从屈原以惊人的天才发现了"木叶"的奥妙,此后的诗人们也就再不肯轻易把它放过;于是一用再用,熟能生巧;而在诗歌的语言中,乃又不仅限于"木叶"一词而已。例如,杜甫有名的《登高》诗中说:"无边落木萧萧下,不尽长江滚滚来。"这是大家熟悉的名句,而这里的"落木"无疑的正是从屈原《九歌》中的"木叶"发展来的。按"落木萧萧下"的意思当然是说树叶萧萧而下,照我们平常的想法,那么"叶"字似乎就不应该省掉,例如,我们无妨这么说:"无边落叶萧萧下",岂不更为明白吗?然而天才的杜甫却宁愿省掉"木叶"之"叶"而不肯放弃"木叶"之"木",这道理究竟是为什么呢?事实上,杜甫之前,庾信在《哀江南赋》里已经说过:"辞洞庭兮落木,去涔阳兮极浦。"这里我们乃可以看到"落木"一词确乎并非偶然了。古代诗人们在前人的创造中学习,又在自己的学习中创造,使得中国诗歌语言如此丰富多彩,这不过是其中的小小一例而已。

　　从"木叶"发展到"落木",其中关键显然在"木"这一字,其与"树叶"或"落叶"的不同,也正在此。"树叶"可以不用多说,在古诗中很少见人用它;就是"落叶",虽然常见,也不过是一般的形象。原来诗歌语言的精妙不同于一般的概念,差一点就会差得很多;而诗歌语言之不能单凭借概念,也就由此可见。从概念上说,"木叶"就是"树叶",原没有什么可以辩论之处;可是到了诗歌的形象思维之中,后者则无人过问,前者则不断发展;像"无边落木萧萧下"这样大胆的发挥创造性,难道不怕死心眼的人会误以为是木头自天而降吗?而我们的诗人杜甫,却宁可冒这危险,创造出那千古流传形象鲜明的诗句;这冒险,这形象,其实又都在这一个"木"字上,然则这一字的来历岂不大可思索吗?在这里我们就不得不先来分析一下"木"字。

首先我们似乎应该研究一下，古代的诗人们都在什么场合才用"木"字呢？也就是说都在什么场合"木"字才恰好能构成精妙的诗歌语言；事实上他们并不是随处都用的，要是那样，就成了"万应锭"了。而自屈原开始把它准确地用在一个秋风叶落的季节之中，此后的诗人们无论谢庄、陆厥、柳恽、王褒、沈佺期、杜甫、黄庭坚，都以此在秋天的情景中取得鲜明的形象，这就不是偶然的了。例如吴均的《答柳恽》说："秋月照层岭，寒风扫高木。"这里用"高树"是不是可以呢？当然也可以；曹植的《野田黄雀行》就说："高树多悲风，海水扬其波。"这也是千古名句，可是这里的"高树多悲风"却并没有落叶的形象，而"寒风扫高木"则显然是落叶的景况了。前者正要借满树叶子的吹动，表达出像海潮一般深厚的不平，这里叶子越多，感情才越饱满；而后者却是一个叶子越来越少的局面，所谓"扫高木"者岂不正是"落木千山"的空阔吗？然则"高树"则饱满，"高木"则空阔；这就是"木"与"树"相同而又不同的地方。"木"在这里要比"树"更显得单纯，所谓"枯桑知天风"这样的树，似乎才更近于"木"；它仿佛本身就含有一个落叶的因素，这正是"木"的第一个艺术特征。

要说明"木"它何以会有这个特征，就不能不触及诗歌语言中暗示性的问题，这暗示性仿佛是概念的影子，常常躲在概念的背后，我们不留心就不会察觉它的存在。敏感而有修养的诗人们正在于能认识语言形象中一切潜在的力量，把这些潜在的力量与概念中的意义交织组合起来，于是成为丰富多彩一言难尽的言说；它在不知不觉之中影响着我们；它之富于感染性启发性者在此，它之不落于言筌者也在此。而"木"作为"树"的概念的同时，却正是具有着一般"木头""木料""木板"等的影子，这潜在的形象常常影响着我们会更多地想起了树干，而很少会想到了叶子，因为叶子原不是属于木质的，"叶"因此常被排斥到"木"的疏朗的形象以外去，这排斥也就是为什么会暗示着落叶的缘故。而"树"呢？它是具有繁茂的枝叶的，它与"叶"都带有密密层层浓荫的联想。所谓："午阴嘉树清圆。"（周邦彦《满庭芳》）这里如果改用"木"字就缺少"午阴"更为真实的形象。然则"树"与"叶"的形象之间不但不相排斥，而且是十分一致的；也正因为它们之间太多的一致，"树叶"也就不会比一个单独的"叶"字多带来一些什么，在习于用单词的古典诗歌中，因此也就从来很少见"树叶"这个词汇了。至于"木叶"呢，则全然不同。这里又还需要说到"木"在形象上的第二个艺术特征。

"木"不但让我们容易想起了树干，而且还会带来了"木"所暗示的颜色性。树的颜色，即就树干而论，一般乃是褐绿色，这与叶也还是比较相近的；至于"木"呢，那就说不定，它可能是透着黄色，而且在触觉上它可能是干燥的而不是湿润的；我们所习见的门栓、棍子、桅杆等，就都是这个样子；这里带着"木"字的更为普遍的性格。尽管在这里"木"是作为"树"这样一个特殊概念而出现的，而"木"的更为普遍的潜在的暗示，却依然左右着这个形象，于是"木叶"就自然而然有了落叶的微黄与干燥之感，它带来了整个疏朗的清秋的气息。"袅袅兮秋风，洞庭波兮木叶下。"这落下绝不是碧绿柔软的叶子，而是窸窣飘零透些微黄的叶子，我们仿佛听见了离人的叹息，想起了游子的漂泊；这就是"木叶"的形象所以如此生动的缘故。它不同于："美女妖且闲，采桑歧路间；柔条纷冉冉，落叶何翩翩。"（曹植《美女篇》）中的落叶，因为那是春夏之交饱含着水分的繁密的叶子。也不同于："静夜四无邻，荒居旧业贫；雨中黄叶树，灯下白头人。"（司空曙《喜外弟卢纶见宿》）中的黄叶，因为那黄叶还是静静地长满在一树上，在那蒙蒙的雨中，它虽然是具有"木叶"微黄的颜色，却没有"木叶"的干燥之感，因此也就缺少那飘零之意；而且它的黄色由于雨的湿润，也显然是变得太黄了。"木叶"所以是属于风的而不是属于雨的,属于爽朗的晴空而不属于沉沉的阴天;这是一个典型的清秋的性格。至于"落木"呢,则比"木叶"还更显得空阔,它连"叶"这一字所保留下的一点绵密之意也洗净了:"日暮风吹,叶落依枝。"(吴均《青溪小姑歌》)恰足以说明这"叶"的缠绵的一面。然则"木叶"与"落木"又还有着一定的距离,它乃是"木"与"叶"的统一,疏朗与绵密的交织,一个迢远而情深的美丽的形象。这却又正是那《九歌》中湘夫人的性格形象。

"木叶"之与"树叶",不过是一字之差,"木"与"树"在概念上原是相去无几的,然而到了艺术形象的领域,这里的差别就几乎是一字千里。

(资料来源:林庚.唐诗综论[M].北京:商务印书馆,2011.有删减。)

请你为本文创作一幅思维导图。

通读训练

请你完成一本书的读书笔记。具体要求是:选取的书籍需具有代表性;请你认真地通读全文,完成30处原文摘抄及对应的阅读理解及感悟写作。

强化 训练

1. 你对自己的阅读速度和阅读效果满意吗?请你就如何进一步提高阅读能力拟一份计划。

2. 请根据下列文字概括我国自主研发的磁浮列车的优点,不超出20个字。

最近,我国自主研发的第一辆具有自主知识产权的磁浮列车成功通过了室外实地运行联合试验。列车采用的是常导电磁吸引力控制悬浮原理,运行中列车悬浮8~10毫米,时速为80~160千米/时。磁浮列车是在路轨上悬浮行驶,没有轨轮的机械磨损,因此列车运行平稳而安静。据了解,与时速可达500千米/时的高速磁浮列车相比,这种中低速磁浮列车成本低,适合城市内部和市郊卫星城之间的快速运输。

3. 同学们在研究学习活动中,对"禽流感"展开了调查和研究。请你从他们搜集到的材料中提取出相关信息,整合成一个单句,为"禽流感"下定义,不超出 40 个字。

(1) 禽流感是一种俗称禽类病毒性流行性感冒的传染病。

(2) 关于禽流感的记载最早是在一个多世纪前的意大利。

(3) 禽流感是由 A 型流感病毒引起的。

(4) 禽流感的传染源主要是鸡、鸭。

(5) 禽流感会引发禽类从呼吸系统到全身败血症等多种症状。

(6) 人类直接接触受 H5N1 病毒感染的家禽及其粪便也可能会受到感染。

_____
_____
_____

4. 请阅读下文并回答问题。

2020 年,受国内外需求量增加的影响,我国主要家电产品产量大幅度上升。根据国家统计局统计,1~8 月累计彩色电视机产量 4 493 万台,比 2019 年同期增长 17.2%。家用洗衣机产量 311 万台,比 2019 年同期增长 29.5%。家用电冰箱产量 2 085 万台,比 2019 年同期增长 37.6%。房间空调器 5 169 万台,比 2019 年同期增长 42%。一些小家电产品产量增幅也达 19%。

在产量增加的同时,市场销售量也加快增长。据统计,2021 年上半年,产销衔接水平较高、库存下降的家电产品主要有家用电冰箱、冷柜、房间空调器和吸排油烟机,产品销售量分别比 2020 年同期增长 43.8%、15.7%、42.4%和 44.5%;库存分别比 2020 年同期减少 10.3%、32%、11.3%和 23.4%。库存下降的电子产品主要有彩色电视机、收音机和录音机,下降幅度为 2.5%~65.8%。家用洗衣机、电冰箱、房间空调器、电风扇、冷柜的产销率分别为 102.5%、100.5%、100.5%、102.2%和 101.5%,比 2020 年同期提高 1.7%~4.3%。

(1) 以下产品中,1~8 月产量最高的是(　　)。

A. 彩色电视机　　　　　　　B. 家用电冰箱

C. 房间空调器　　　　　　　D. 家用洗衣机

(2) 2020 年,产品库存下降幅度最大的是(　　)。

A. 冷柜　　　　　　　　　　B. 房间空调器

C. 家用电冰箱　　　　　　　D. 吸排油烟机

(3) 以下产品中产销率最高的是(　　)。

A. 冷柜　　　　　　　　　　B. 电冰箱

C. 家用洗衣机　　　　　　　D. 房间空调器

5. 请阅读下文并回答问题。

过去的一年是快餐业的黄金年,几乎所有出名的快餐公司都是华尔街的宠儿。肯德基隶属的 Tricon Global 股价上涨 65%,另一家汉堡店 Wendy's 股价也上涨了 57%。餐饮业的标准普尔指数全年上涨了 18%。在此背景下,只有行业龙头麦当劳脱离了主流,大有被投资者遗弃的嫌疑。

麦当劳的一蹶不振,据说起因于一场史无前例的厨房改革。1998 年,面对新起的汉堡店的竞争,麦当劳提出抛弃半成品肉制品的口号,给顾客新鲜、即时加工的汉堡。这就要求在厨房里配置全新烧烤设备,为协调制作过程,甚至还要配备奔腾级电脑。这次厨房改革耗费巨大,持续了很长时间,结果消费者却没有吃出区别。相反,几次全国瞩目的评比,麦当劳都不敌规模远小的汉堡王和Wendy's。密执安大学的一份饮食业调查,麦当劳的顾客满意度比Wendy's少10%,比汉堡王少3%。汉堡王和Wendy's的发家史各有不同,但基本是模仿麦当劳的模式,Wendy's的很多品种汉堡价格都为0.99美元,汉堡王的价格与麦当劳相似,但汉堡的个头却大一圈,表面上两家店利润稀薄,但发展势头已令麦当劳相形见绌。

麦当劳的另一个麻烦,是它辉煌的过去。全盛时期的麦当劳一年恨不能在美国就开上千家店,结果现在没有了增长空间。2001年,麦当劳在美国只开了300多家店,仅是过去的一个零头。海外虽然看似有无穷的消费者肯为之献身,但去年,麦当劳有1亿美元全花在了关闭154家不盈利的店上,仅在土耳其就关闭了32家。不妨设想一下,对于全球3万家店,每天要接待4 600万顾客的餐馆,多大的扩张规模才能给投资者提供激动人心的增长?恐怕全球人口顿时翻番才有这样的效果。

麦当劳的飞速膨胀相当一部分靠的是它的品牌战略和广告投入。曾经有一段时间,它的广告投入世界第一,玩具发放量和儿童娱乐场地也是世界第一。96%的美国学童能辨识麦当劳标志,只有圣诞老人的知名度在它之上。8个美国人中就有1个被麦当劳直接或间接雇用,在当时,麦当劳俨然是快餐业的代名词。实际上也的确如此,20世纪70年代,美国人花在快餐上的钱是60亿美元,那时麦当劳有1 000家。2000年,当麦当劳成了美国最大雇主的时候,美国人花在快餐上的钱超过1 000亿美元,比花在教育、汽车和计算机上的都多。同样是白人后裔,你很容易看出美国人和欧洲人体形的不同,美国人偏胖,欧洲人则多比较匀称。有人做过统计,结果发现美式快餐30年的兴盛是和工人实际工资的减少,以及女性就业的潮流耦合的。最辛酸的是快餐业培养出的劳动大军,他们挣的薪水基本上是政府规定的最低工资。

(资料来源:本文选自2002年10月《三联生活周刊》,略有改动)

(1)下列说法中,与原文提供的信息相符的是(   )。

A. 麦当劳所谓给顾客"即时加工的汉堡"的改革有名无实

B. 低价位是Wendy's和汉堡王与麦当劳竞争的取胜之道

C. 麦当劳出售即时加工的汉堡延长了顾客等待就餐的时间

D. 麦当劳试图把改善快餐质量作为应对竞争的最主要策略

(2)关于麦当劳,下列说法中,正确的是(   )。

A. 去年新开店与关闭店数量之比约为2∶1

B. 麦当劳的经营模式在激烈竞争中已经落伍

C. 现在顾客在麦当劳可以吃上用鲜肉即时烤成的汉堡

D. 顾客不满意麦当劳是因其汉堡个头小且缺乏新鲜感

(3)下列说法中,与麦当劳的历史无关的是(   )。

A. 以世界第一的广告投入在全球范围内飞速膨胀

B. 竞争者的强劲发展势头已使麦当劳失去行业龙头的地位

C. 10%以上的美国人受雇于麦当劳或从事与之相关的职业

D. 麦当劳标志在美国享受超过所有其他商业标志的知名度

(4)下列说法中,不是麦当劳目前面临的问题的是(   )。

A. 顾客满意度低	B. 增长空间有限
C. 股东投资热情不高	D. 广告开支过于庞大

（5）从文章最后两句话来看，作者推测"美式快餐30年的兴衰"的原因之一及连带后果是（　　）。

A. 美国人特别钟情于快餐

B. 很多女性走出厨房进入职场

C. 工人日益贫困只能以快餐填饱肚子

D. 麦当劳通过玩具发放和提供娱乐场地培养了忠实的儿童消费群

训练项目

项目1　阅　读　新　闻

新闻是对新近已经发生和正在发生，或者早已发生却是新近发现的有价值的事实的及时报道。新闻有广义和狭义之分，广义的新闻包括消息、通讯、特写、分析报道、新闻评论等体裁；狭义的新闻专指消息。

请找一份质量较高的报纸，阅读并思考以下问题。

要求：

（1）新闻报道了什么事件？

（2）比较金字塔结构和倒金字塔结构的区别。

（3）体会新闻主要采用什么表达方式。

技能 点拨

1. 读新闻先从标题开始

标题是新闻的眼睛。规范的标题通常用最简单、最清楚的方式呈现，最常见的是主谓结构的单句。新闻标题能回答我们"谁怎么样""什么怎么样""哪里怎么样"等问题。

2. 重点关注最前面的内容

新闻最重量级的内容常在前面。新闻常用倒金字塔式结构，简单地说，就是按内容轻重缓急安排写作结构，把最重量级的内容放最前面，次重量级的放后面，以此类推，形成一种重心居上的结构。这种结构中的消息的各个部分，分别为标题、导语、主体、结尾（图2-1）。

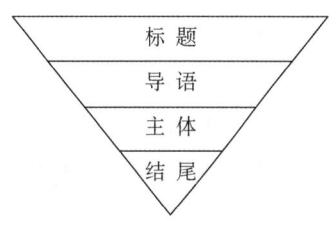

图 2-1　倒金字塔式结构

倒金字塔结构新闻的各个部分都能够相对独立，所以能够从下往上逐一删除而不破坏消息的完整性，因为最后留下的是最重要的内容。

3. 用新闻导语的六要素指导阅读

新闻导语由"5w1h"组成，即指新闻中的何人（who）、何事（what）、何时（when）、何地（where）、何因（why）、如何（how）六个要素。导语揭示新闻的要旨，通常要言不烦，为主体的扩展留有余地。

新闻主体是展开新闻内容、阐述新闻主题的关键部分，是对导语的扩展。主体的功能是对导语进行解释,使其具体化、明确化。主体进一步提供导语中涉及内容的有关细节和背景材料,并对导语中未提及而又能表现新闻主题的事实和其他要素进行补充。阅读新闻主体后,可以对照六个要素,筛选并整合出新闻的信息。

4. 阅读通讯借鉴复杂记叙文的阅读技巧

通讯和消息同属于新闻体裁,消息对事物只作概括的报道,通讯则是对事物作具体形象的反映,它能够更加淋漓尽致地写人状物,使读者能够通过多个侧面进行观察,从事物的表象追溯到事物的背景,从人物的行动深入人物的内心。

通讯一般没有固定的写作格式,比较灵活自由。消息主要运用叙述手法,而通讯不仅运用叙述手法,还夹用抒情、议论、说明,语言细致深刻,生动含蓄,具有强烈的文学色彩。

阅读通讯要注重从描写中分析形象,从抒情中体会情感,从议论中把握主旨,深刻地理解作品主题,正确评价新闻的社会功用。

【例2-2】

2024年中国体育健儿获194个世界冠军 创历年之最

新华社北京 12月26日电(记者刘阳),国家体育总局竞技体育司26日发布《2024年我国运动员取得成绩报告》。2024年中国体育健儿共在33个项目上获得194个世界冠军,数量创历年之最。

这份报告指出,2024年我国运动员顽强拼搏、奋勇争先,在巴黎奥运会上勇夺40枚金牌、27枚银牌、24枚铜牌,取得境外参加奥运会历史最好成绩,实现了运动成绩和精神文明双丰收,为祖国和人民赢得了荣誉。

根据这份报告,2024年我国运动员共在33个项目上获得194个世界冠军,数量创历年之最,分别是:短道速滑4个、速度滑冰1个、射击10个、射箭1个、小轮车1个、现代五项5个、皮划艇静水2个、举重30个、摔跤1个、拳击3个、田径2个、游泳9个、跳水25个、花样游泳10个、短池游泳3个、体操2个、艺术体操1个、乒乓球10个、羽毛球4个、网球1个、跳伞7个、航海模型3个、航空模型2个、滑翔1个、围棋1个、五子棋1个、武术套路18个、蹼泳22个、健美3个、健美操2个、技巧5个、跑酷1个、轮滑3个;其中,奥项世界冠军84个、非奥项世界冠军110个。射击、举重、游泳、跳伞、蹼泳项目15人1队22次创19项世界纪录,其中奥项7人9次创7项世界纪录、非奥项9人1队13次创12项世界纪录。

新中国成立以来,我国运动员获得世界冠军数达4 107个,创世界纪录达1 419次。改革开放以来,我国运动员获得世界冠军数达4 083个,创世界纪录达1 245次。

(资料来源:刘阳.2024年中国体育健儿获194个世界冠军 创历年之最[EB/OL].(2014-12-26)[2025-04-08]. https://sports.news.cn/20241226/35420d2ecbc94a8db8efb9ad86db682f/c.html.)

【解析】 该篇消息标题抓住了"新",时效性强,以记叙为主,简洁明了。该文使用的是倒金字塔结构。请想一想,如果按金字塔结构来写,该篇应该如何叙事?

【例2-3】

小岗村里的年轻人(青春派·青春奋进新时代)

40多年前,发轫于安徽省凤阳县小岗村的大包干,拉开了中国农村改革的序幕。

冬夜的一纸协定,如惊雷般响彻大地,18个鲜红的手印,珍藏在大包干纪念馆里。

昔日吃粮靠返销、生产靠贷款、生活靠救济的"三靠村",如今成了大包干红手印、确权颁证红簿子、集体股份合作分红利的"三红村"。凭着敢想、敢干、敢为人先的"大包干"精神,小岗人实现了从贫穷到温饱、再到富裕的转变。希望的田野上,长出了富民产业,全村走上了三产融合的新路子。

如今,新一代的小岗人接过老一辈的接力棒。他们传承了父辈们的精神,乘着乡村振兴的东风,在这片热土上继续编织新的小岗梦。

退伍军人杨伟说:"我想为村里做点什么,和小岗村共同进步。"

细雨后,乡间小路有些泥泞。

走进大棚,热浪袭来,草莓鲜红,叶子翠绿。安徽省凤阳县新时代家庭农场的负责人杨伟蹲下身,一手细心拨开果实,一手轻轻摘掉老叶。"温度上来了,叶子疯长,得抓紧掰叶。"年纪轻,个儿不高,他却和土地打了8年交道。聊起草莓来,杨伟头头是道。

2012年,25岁的杨伟即将退伍,面临抉择:在外打拼,还是回家乡发展。

"这些年,村子变化大。以前住平房,现在进小区;过去看病得去镇上,如今村里就有卫生院,学校更是从幼儿园到初中全覆盖。"杨伟掰着手指头,细数着家乡巨变。

回来能干啥,他心里没底。可凭着一股子想要小岗村发展更好的劲儿,杨伟下定决心:返乡创业!

农业是小岗的根,村里最多的就是地。何不流转土地,当一回"新农民"? 说干就干。2013年,杨伟流转了12亩地。一开始,没经验,学人家,大棚种菜。没想到,不仅产量不高,销路也没找着,两三万块钱打了水漂。

正当杨伟手足无措之际,一次外出调研给了他启发。"闷在田间自个儿琢磨可不行,听从朋友建议,我跑到了定远县'取经'。"杨伟直言,多看、多跑、多学习,特色种植还得结合小岗村的实际。

这些年,村里游客不断。杨伟流转的土地对面就是大包干纪念馆。于是,他打定主意:开个草莓园,做采摘。没技术,就请专家上门指导;没人手,就找来村民帮忙干活;至于市场,杨伟则瞄准了前来参观的游客。

"头一年,效益不错,可草莓总坏果。找了专家请教,才知是种得太密,保湿不够。"在杨伟看来,摸索着种地,自己没少走弯路,却也积累了很多经验,也是一笔宝贵的财富。

那几年,从品种到技术,从田间管理到打开销路,他由一窍不通变成了行家里手。草莓种植效益好,渐渐的,杨伟扩大了种植规模,还增加了葡萄、西瓜等新品种。

如今,农忙时节,杨伟的家庭农场里,随处可见村民拎着麻袋,掰叶疏果。"工钱80元一天,就是拔草摘叶子,挺轻松。"69岁的村民李井凤手上不停,边走边说,"村里现在活儿也多,忙完这个,下午我还要去做保洁呢。一年下来,接点零活,都能挣个小1万元。"

自己富,不算数,还得带着群众一起致富。2014年杨伟当上了小岗村团委书记后,一直琢磨着怎么带领村民致富。开展团日活动时,杨伟经常叫上青年农民和青年致富能手。"以前大家太局限,养几头猪、种几亩地,能吃饱穿暖就行。"杨伟坦言,通过交流讨论,村民们逐渐意识到,得找准定位,和小岗村一起发展,"我想为村里做点什么,和小岗村共同进步"。现在,在杨伟的带动下,小岗村的青年农民,有的种上了黄桃,有的稻田里养虾,大家不仅努力致富,还为村里的乡村旅游纷纷出力。

自主创业者吴斌说:"心里憋着一股劲儿,得像老一辈小岗人那样敢闯敢试。"

火烧旺,油下锅,撒下蒜瓣和姜末。

耳边传来滋滋声响,空气中弥漫着阵阵香味。腌好的鳜鱼早已煎熟,吴斌利落地放入锅中。调味、收汁、关火、起锅。

今年25岁的吴斌,在村里经营一家农家乐。三进小院干净整洁,前店后屋井然有序。望着如今生意火爆的小店,他不禁回忆起自己当初"拜师学艺"的经历。

吴斌的母亲王如霞,过去开了个小商铺。自家种的葡萄、黑豆,卖给来往游客。时间一长,供不应求,吴斌就开始琢磨:"这么多人,总得找地方吃饭,自家房子靠近景点,正好拿来做农家乐。"

当大厨,吴斌以前从未想过。不会做饭的他,2018年凭着一股闯劲儿,拎着行李,就去了凤阳县刘府镇朋友家学艺。

离开家人,租房在外。从一开始刷碗,到后来配菜,但凡有空,吴斌就会站在师傅身边看。"怎么煎鱼,如何炖汤,他一边做,我就把大致的步骤记在心里。晚上回去后,慢慢回忆,再一条条写在本子上。"吴斌说。

白天干活,晚上整理笔记,对吴斌来说,并不轻松。可作为新一代小岗人,他心里总是不服输,老一辈按下"大包干"的红手印,把小岗从"要饭村"变成了"富裕村","心里憋着一股劲儿,得像老一辈小岗人那样敢闯敢试。这种不怕吃苦的精神,自己得传承"。

好在,细致的他上手很快,学艺也逐渐从理论进入实操阶段。"饭馆打烊后,员工吃的饭就由我来做。放多少盐,倒多少醋,这些细节我也逐渐掌握。"吴斌笑着说,笔记越写越厚,一年后出师时,已记满整整一本。

2018年年底,吴斌的农家乐开张。一开始,生意不错,没想到,到了夏天,却成了淡季。天气热,游客少,菜买多了,容易坏。一个月下来,他赔了1万多块钱。"后来,我干脆不买菜,可时不时又来一桌客人,那阵子真是焦头烂额。"思来想去,吴斌把主意打到了小岗人身上,"为啥村民聚餐不来我这?归根结底,还是饭菜不合口味"。

创新菜品,再次进修。2019年,吴斌前往宁波学厨,花了两个多月时间,学到了新菜式。"拿凤阳豆饼来说,看似简单,却有好几种做法。以前的我只会红烧,现在还学到了炖汤、油酥两种新菜谱。"吴斌笑着说。

办农家乐已是第三个年头。结合小岗村发展的红色旅游、乡村旅游和研学游,吴斌家的生意越来越红火,也有了越来越多的本村顾客。作为店里的大厨,吴斌还要自己采买、择菜、翻炒忙个不停,一天下来经常腰酸背痛:"累是累了点,但留在老家,每年都能看到村子的新变化。美丽小岗的建设,我也想参与和见证。"

说话间,他又接到了中午的订餐电话:"两桌是吧?好嘞,包厢留好了,你只管来!"

纪念馆讲解员严淑淑:"把小岗精神传递出去,是新一代小岗人应尽的责任。"

"1978年12月的一个寒夜,小岗队18户农民签订'秘密协议',按下了鲜红的手印,连夜将生产队的土地、耕牛、农具等按人头分到各家各户,搞起了大包干。"大包干纪念馆里,90后讲解员严淑淑站在展板前,正为前来参观的游客做讲解。

严淑淑是"大包干"带头人之一严俊昌的孙女。今年24岁的她,从小就受爷爷影响。"小时候,爷爷总教育我要珍惜粮食。"严淑淑说,在爷爷的记忆中,过去的小岗村,住的是茅草房,点的是煤油灯。人们饿起肚子来,啃树皮、吃草根,日子十分艰苦。

"每当听到这些故事,我总会被触动。没有老一辈大包干人闯字当头、艰苦创业的精神,就不会有现在的小岗村。"于是,为了将大包干精神传承发扬下去,2015年,"包三代"严淑淑当上了讲解员。

从沈浩同志先进事迹陈列馆到"当年农家"景点,再到大包干纪念馆,一天下来,严淑淑要接待三四批游客。"走完一趟,得花近两个小时。有时忙起来,连喝口水的时间都没有。"严淑淑说。

而在讲解过程中,为了让内容更加生动,她不仅向爷爷请教,用讲故事的方法还原那段历史,还会经常和游客互动。严淑淑介绍,6年来,自己被问到最多的问题是:"你们小岗村现在发展咋样了?"

这一问,让她犯了难。柏油路、小洋楼,学校医院全都有。在严淑淑看来,村中生活和城里没多大区别。可怎么给游客解释清楚?

去村部,查资料,用数据说话,更加直观明了。"2020年,小岗村村民人均可支配收入是2.76万元,村集体收入达到了1 160万元;而在2003年,村民年人均收入只有2 300元。"一番对比解释,游客发出阵阵惊叹。

至于被追问"小岗村是如何发展的",严淑淑也应答如流:"小岗主要是三产融合,三步并作一步走。现在,我们不仅建了高标准农田,种出的水稻还能直接供给小岗蒸谷米公司。游客越来越多,农家乐也办了起来。"

乡村要振兴,年轻人是主力。严淑淑所在的小岗村旅游投资管理公司中,像她这样的年轻人不在少数。员工平均年龄35岁,大多是小岗村人。2019年,围绕田园观光、农事体验和乡村民俗,小岗村旅投公司办起了研学游。

在承担讲解任务的同时,严淑淑还当上了临时"班主任",带着孩子们体验农耕生活。"都是周边学校的学生,既有小学生,也有初中生。根据课程安排,我们还分成了一日游和两日游。"严淑淑说,春耕时节,她会带着孩子们种蚕豆、跳花鼓舞,"亲手种下种子,能让他们意识到食物的来之不易,以后也会更加珍惜"。

从事讲解工作6年来,每逢提到"严俊昌"这个名字,严淑淑都有一种自豪感。当游客们得知她是"18个红手印"之一的后代时,都会争着和她合影。"用这样一种形式,把小岗精神传递出去,是新一代小岗人应尽的责任。"严淑淑说。

(资料来源:本文选自2021年5月22日《人民日报》,略有改动。)

【解析】 这是一篇人物通讯。通讯是一种以叙述、描写为主要表达方式,对典型人物、有意义的事件和新鲜经验等进行具体形象的报道,及时反映现实生活新风貌的新闻体裁。本文标题点明人物通讯的主人公独特的身份,给了我们很大的阅读兴趣。

【例2-4】 下面是某校学生写的一篇新闻,请边阅读边动笔修改。

著名校友阿里巴巴首席执行官马云来我校作演讲

4月28日下午,由浙江省社联、钱江晚报主办,浙江在线联办,我校承办的06浙江人文大讲堂下沙讲堂之"文化是企业的DNA"在我校下沙校区艺术中心隆重开讲,本次演讲由著名校友、阿里巴巴董事局主席、首席执行官马云先生担任主讲,校长林正范担任主持。学校各部门领导、老师和同学代表听取了本次演讲。

在林校长激情洋溢地介绍马云先生所取得的荣誉后,马先生从林校长手中接过聘书,受聘为杭州师范大学特聘教授。在排山倒海的掌声中,马云先生开讲了。

首先,马云先生很荣幸地向大家介绍他毕业于杭州师范大学,并为此感到骄傲。接着,他和在场的领导、老师、学弟学妹们分享了他与他的团队创建网站的艰辛成长历程,提出了一个企业 CEO 需要的使命感和价值观。他进一步推出文化对于一个企业的重要性,要想成功,就必须坚持自己的梦想,不断尝试,不断进步。他强调团队的重要性,只有大家目标明确,方向一致,离成功才不会遥远。同时,作为一个成功的企业家,马云先生也对当代大学生提出了自己的要求与希望,他认为一个大学生在大学期间最重要的是培养自己的学习能力、实践能力,学习各方面的知识来提高自己的综合素养。另外,他还指出,要善待身边的每一个人,要有意识地培养自己的职业精神和职业道德,永远不要去抱怨生活,遇到问题要迎头解决。马云先生幽默诙谐的语言,声情并茂的演讲,不时博得场下阵阵掌声。

在其后的提问环节中,在场老师和同学都踊跃提问,马云先生结合自身的经历对大家提出的问题予以认真仔细的回答。最后,在场老师、同学以最热烈的掌声,欢送马云先生离场。

此次讲座不仅增加了同学的成长阅历,提高了同学的思想认识,而且给予了我们深刻的启发。在为有这么个校友感到荣幸的同时,大家也深深体会到作为一名大学生,使命感的重要性,要树立起正确的价值观,有意识地培养自己各方面的能力,做一个能被社会所接受,对社会有用的人!

(资料来源:本文选自大学语文研究网站 www.eyjx.com)

【解析】 该篇属于新闻特写。标题概括了特写截取的场面,揭示了新闻的主题,但是修饰语"著名"一词位置不当。导语不简洁,主题表达也不集中。聘任马云为教授一段可放结尾,此事虽然重要,但是不属于人文讲堂的主题,如果要写,可以单独写成另一篇新闻,标题是"阿里巴巴首席执行官马云受聘为我校特聘教授"。结尾处作者发议论欠妥当。试修改为:

阿里巴巴董事局主席、首席执行官
校友马云来我校作演讲

本校消息:4月28日下午,06 浙江人文大讲堂之下沙讲堂在我校下沙校区艺术中心隆重开讲,校友马云先生担任主讲。

马云毕业于杭州师范大学,目前是阿里巴巴董事局主席、首席执行官,他演讲的题目是"文化是企业的 DNA"。他在演讲中介绍了他与他的团队艰辛创业的历程,他把今天获得的辉煌成就归之于阿里巴巴独特的企业文化。这种文化强调团队精神的重要性,强调全体员工的敬业精神和职业道德。

在演讲中,马云先生对学弟学妹们提出了要求和希望,他认为大学生在大学期间应着重培养自己的学习能力、实践能力,提高自己的综合素养,他希望同学们要善待身边的每一个人,永远不要去抱怨生活,而是要设法解决问题。随后,他一一回答了在场老师、同学的提问。马云先生声情并茂的演讲,幽默诙谐的语言,不时博得场下阵阵掌声。

这次活动是由浙江省社联、钱江晚报主办,浙江在线联办,我校承办。校长林正范主持本次活动,并向马云颁发聘书,聘请他为我校特聘教授。

(资料来源:本文选自大学语文研究网站 www.eyjx.com)

课堂实训 2.4　信息素养训练

自媒体时代的到来,使新闻传播不再是专业媒体、新闻工作者的特权。在媒体高度发达的今天,传播媒介的变化促进了信息的多样性,每个人都可以借助不同形式的线上交往平台传达属于自己的声音。在媒介创建的"拟态现实"中,我们要善于独立思考,作出自己的分析与判断。同时,我们还要明白新闻虽然具有真实性,但是,新闻事实就像立体图形一样,它是有很多个面的,正所谓"横看成岭侧成峰"。

1. 思考:以下两则有关住房问题的新闻报道的角度有何不同?

美国大兵比卡尼克和他的妻子成了住房短缺的牺牲品

三十三岁的美国大兵柯尼斯·比卡尼克和他的妻子、三十岁的艾琳成了住房短缺的牺牲品。他们一家住在凑合着搭起来的房子里。昨天大雨倾盆,比卡尼克家旁边的一株40英尺高的树倒了。紧接着,被水泡松了的山坡塌了下来。泥土压在他们的房子上,结果他们的两个孩子——十二岁的艾利森和他三岁半的小妹妹朱迪安,被活埋在12英尺厚的废墟下面……

(资料来源:王蕾.外国优秀新闻作品评析[M].北京:中国广播电视出版社,2000:9-10.)

85%的家庭无能力购新住房

中国社科院昨天在京发布《经济蓝皮书:2011年中国经济形势分析与预测》(下称《蓝皮书》)。该书对我国今明两年的房地产形势与调控作出分析,今年全国城镇居民的房价收入比是8.76,比去年上升了0.46,相当于普通城镇居民家庭8.76年不吃不喝可买一套房……

(资料来源:焦赛赛.中西新闻报道角度存在差异的原因[EB/OL].(2011-12-28)[2025-04-08]. https://www.xwpx.com/article/2011/1228/article_17446.html.)

2. 思考:为什么很多外国人会认为中国人大部分都会武功? 在我国物质文明高度发达的今天,为什么还是会有人认为"中国人吃不起1.5元一个的茶叶蛋"?

项目 2　阅 读 公 文

职场中,我们有时需要阅读被俗称为"红头文件"的公文。公文是指国家机构和社会组织在行政管理过程中形成的具有法定效力和规范形式的公务文书,是依法行政和进行公务活动的重要工具。在公文从产生到运转的全过程中,人们要对公文进行草拟、撰写、加工、利用、保管,使其获得必要功效。

公文阅读是公文处理的一个主要环节。根据工作需要和机密程度,有些公文要明确其发送和阅读范围,通常写在发文日期之下,抄报抄送单位之上偏左的地方,并加上括号,如

"(此件发至××级)"。行政性、事务性的非机密性公文,下级机关对上级机关的行文,都不需特别规定阅读范围。

技能点拨

1. 由公文的格式获取相关信息

公文格式有固定的套路,如图 2-2 所示。

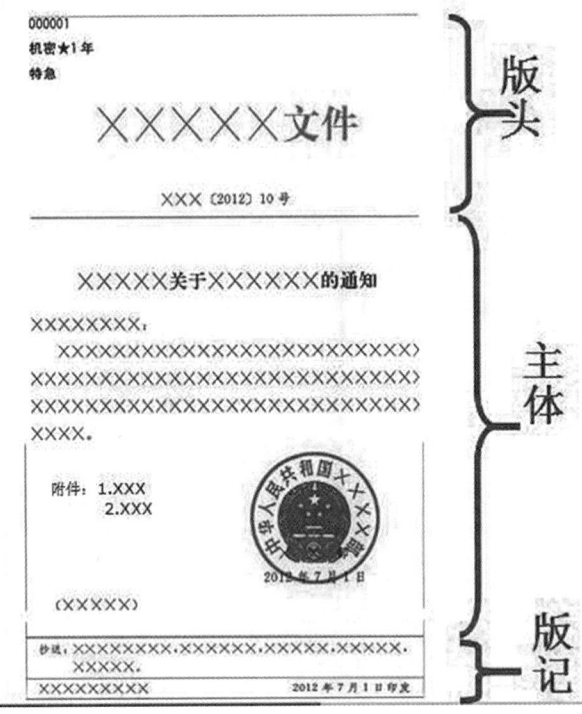

图 2-2　公文格式图示

公文的版头部分提供公文份数序号、秘密等级、保密期限、紧急程度、发文单位标识、发文字号、签发人等要素;主体部分则由标题、主送单位、正文、附件说明、成文日期、印章、附注等要素构成;版记部分提供抄送单位、印发单位和印发日期等要素。

2. 标题提示主要内容

阅读公文可以先从标题入手,快速抓住公文的主题内容。细读主体部分,对公文内容进行分析,从中提炼出该公文的主题概念。阅读公文的实质是把握公文的精神,认真地贯彻执行公文的有关规定,这就要求读者尤其是具体执行人员阅读公文时,不能凭自己的情感去理解和发挥,而应把握主旨,实事求是地理解。

3. 文种透露公文适用的范围、行文的方向

公文的种类简称文种。2012 年 4 月 16 日,《中共中央办公厅　国务院办公厅关于印发〈党政机关公文处理工作条例〉的通知》(中办发〔2012〕14 号)规定公文共 15 个文种,即决议、决定、命令(令)、公报、公告、通告、意见、通知、通报、报告、请示、批复、议案、函、纪要。这些文种视行文关系、文件去向,可分为上行文、平行文、下行文。

（1）上行文。上行文是下级机关向所属上级机关的发文，如请示、报告。

（2）平行文。平行文是平行机关或不相隶属机关之间的发文，如通知、函。

（3）下行文。下行文是上级机关对所属下级机关的发文，如命令、决定、公告、通告、通知、通报、批复等。

4. 公文流程

了解公文的流程，掌握借阅程序，如图 2-3 至图 2-5 所示。

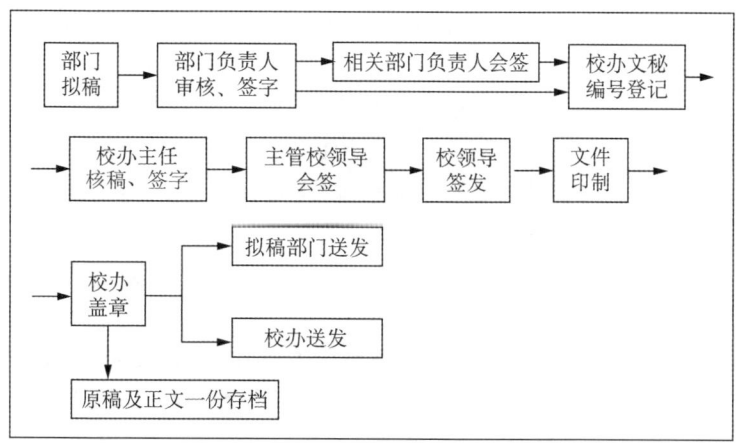

图 2-3　对外发文流程（以学校为例）

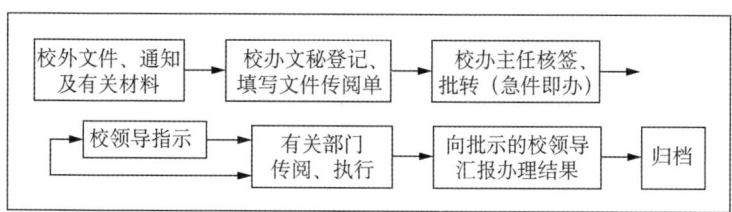

图 2-4　收文处理流程（以学校为例）

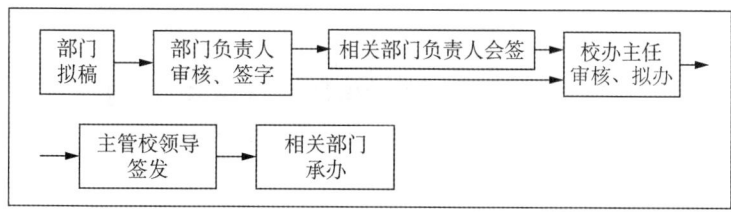

图 2-5　内部行文（报告、请示）流程（以学校为例）

有关人员因工作需要借阅文件，文件管理人员应根据文件的阅读传达范围，请示主管领导，经批准后方可借阅。借阅文件要履行签字手续，并登记借阅时间、文件字号、密级、份数，同时确定归还时间。

小贴士

15 种公文的适用范围

《中共中央办公厅 国务院办公厅关于印发〈党政机关公文处理工作条例〉的通知》(中办发〔2012〕14号)自2012年7月1日起执行,明确党政公文一体化,共15个文种。

(1) 决议,适用于会议讨论通过的重大决策事项。

(2) 决定,适用于对重要事项作出决策和部署、奖惩有关单位和人员、变更或者撤销下级机关不适当的决定事项。

(3) 命令(令),适用于公布行政法规和规章、宣布施行重大强制性措施、批准授予和晋升衔级、嘉奖有关单位和人员。

(4) 公报,适用于公布重要决定或者重大事项。

(5) 公告,适用于向国内外宣布重要事项或者法定事项。

(6) 通告,适用于在一定范围内公布应当遵守或者周知的事项。

(7) 意见,适用于对重要问题提出见解和处理办法。

(8) 通知,适用于发布、传达要求下级机关执行和有关单位周知或者执行的事项,批转、转发公文。

(9) 通报,适用于表彰先进、批评错误、传达重要精神和告知重要情况。

(10) 报告,适用于向上级机关汇报工作、反映情况,回复上级机关的询问。

(11) 请示,适用于向上级机关请求指示、批准。

(12) 批复,适用于答复下级机关请示事项。

(13) 议案,适用于各级人民政府按照法律程序向同级人民代表大会或者人民代表大会常务委员会提请审议事项。

(14) 函,适用于不相隶属机关之间商洽工作、询问和答复问题、请求批准和答复审批事项。

(15) 会议纪要,适用于记载会议主要情况和议定事项。

【例 2-5】

教育部关于在教育系统开展师德专题教育的通知

教师函〔2021〕3号

各省、自治区、直辖市教育厅(教委),新疆生产建设兵团教育局,有关部门(单位)教育司(局),部属各高等学校、部省合建各高等学校:

为全面贯彻习近平总书记关于教育的重要论述和全国教育大会精神,深入落实《中共中央 国务院关于全面深化新时代教师队伍建设改革的意见》,推进实施教育部等七部门《关于加强和改进新时代师德师风建设的意见》,面向广大教师组织开展师德专题教育,强化以党史学习教育为重点的"四史"学习教育,引导广大教师坚定理想信念、厚植爱国情怀、涵养高尚师德,以为党育人、为国育才优异成绩庆祝中国共产党百年华诞。现就开展师德专题教育有关事宜通知如下。

一、教育内容

1. 组织深入学习习近平总书记关于师德师风的重要论述。组织各级各类教师深入学习贯彻习近平总书记关于"三个牢固树立"、"四有"好老师、"四个引路人""四个相统一""六要"等重要论述精神,进一步在学懂弄通做实上下功夫,内化于心、外化于行,学做融合养成

行动自觉,增强"四个意识"、坚定"四个自信"、做到"两个维护",弘扬高尚师德,潜心立德树人,以赤诚之心、奉献之心、仁爱之心投身教育事业。

2. 强化教师"四史"学习教育。将"四史"学习作为广大教师思想政治"必修课",结合建党百年系列庆祝活动,以党史学习教育为主线,强化"四史"学习教育。组织主题党日、"三会一课"、专题组织生活会等,通过丰富多彩的活动形式生动开展党史学习教育,引导广大党员教师、领导干部学史明理、学史增信、学史崇德、学史力行,发扬党的优良传统,积极为师生排忧解难。深入开展党史、新中国史、改革开放史、社会主义发展史教育,组织广大教师认真学习党领导人民进行艰苦卓绝的革命奋斗史、理论创新史和自身建设史,学习党的光荣传统、宝贵经验和伟大成就。用好红色资源开展学习教育,向教师推荐精品学习素材(包括电视纪录片《为了和平》、电视专题片《人民的小康》《百年风华》《红船》、电视剧《跨过鸭绿江》《山海情》及《光荣与梦想》《觉醒年代》《大决战》《功勋》等"献礼中国共产党成立100周年"重点剧目),用好优质培训资源,组织开展青年教师国情教育培训和高层次人才理想信念教育培训,拓展渠道、创新形式,充分激发教师学习内生动力,做到不忘历史、不忘初心,知史爱党、知史爱国。

3. 开展师德优秀典型先进事迹宣传学习。持续选树宣传教师优秀典型。指导各地各校教师深入学习"人民教育家""时代楷模"、教书育人楷模、最美教师、优秀教师、模范教师的先进事迹,深入寻找挖掘并广泛宣传学习教育世家感人事迹。组织受表彰的教师先进典型、在乡村学校工作满30年的教师代表等深入本地本校教师中进行事迹宣讲、作师德专题报告,开展交流座谈等,面向广大教师生动讲好师德故事,用身边的榜样传递师德的力量。同时,通过组织教师观看优秀典型事迹纪录片和以优秀教师为原型创作的影视剧,如《黄大年》《李保国》《一生只为一事来》等,激励广大教师见贤思齐,引导广大教师从"被感动"到"见行动",在教育系统掀起争做"四有"好老师的热潮。

4. 引导教师学习践行新时代师德规范。组织各级各类教师强化学习《新时代高校教师职业行为十项准则》《新时代中小学教师职业行为十项准则》《新时代幼儿园教师职业行为十项准则》,结合各地各校制定的教师职业行为负面清单和教师师德失范行为处理办法等文件,组织专家学者、中小学校长、高校二级学院(系)主要负责人在教师中开展准则的宣传解读和贯彻落实,帮助广大教师全面理解和准确把握准则内容,做到全员全覆盖、应知应会、必会必做。严格督促各级各类学校将学习准则作为必修内容,全面纳入新教师入职培训和在职教师日常培训,抓实学习督导和效果测评,确保每位教师知准则、守底线。

5. 集中开展师德警示教育。各地各校定期组织教师召开师德警示教育大会,高校可结合实际由各二级学院(系)组织,以教育部网站公开曝光的违反教师职业行为十项准则典型案例为反面教材,分类介绍师德违规问题和处理结果,引导教师以案为鉴;结合师德违规问题对照新时代教师职业行为十项准则强调课堂教学、关爱学生、师生关系、学术研究、社会活动等方面的正面规范和负面清单,引导教师以案明纪;学校、学院(系)出现师德违规问题的,要在会上详细通报师德违规问题及处理结果,组织教师讨论剖析原因、对照查摆自省,做到警钟长鸣。

二、工作安排

师德专题教育贯穿2021年全年,突出明师德要求、强"四史"教育、学师德楷模、遵师德规范、守师德底线,注重融入日常、抓在经常,系统组织、分类指导。

1. 动员部署(5月)。各省级教育行政部门、部属高校、部省合建高校组建师德专题教育领导小组,认真按照通知要求开展动员部署,明确意义和学习内容,统一思想、提高认识,结合实际制定方案,做到广泛动员、积极宣传、深入人心、全员参与。

2. 督促检查(5月至11月)。教育部将结合教育督导、部党组高校巡视教师思想政治和师德师风建设工作专项检查等对各地各校师德专题教育开展情况和成效等进行督促检查。

3. 系统总结(7月、11月)。各省级教育行政部门、部属高校、部省合建高校于7月31日前,总结师德专题教育开展情况和阶段性成效,报送教育部(教师工作司);于11月30日前,将师德专题教育总结,包括总体情况、开展形式、组织班次、学时要求、工作成效、特色案例、长效机制等,报送教育部教师工作司。

三、组织领导

1. 高度重视统筹推进。提高政治站位,加强顶层设计,高度重视组织,将开展师德专题教育列入2021年工作要点,结合实际制定专题教育方案,严格按时推进。注重形式创新,明确具体要求,加强督促检查,及时总结成效,构建长效机制。详细制定"四史"学习教育推进方案,紧抓"党史学习教育"主线,指导各地各校按照"制定方案系统学、党员干部带头学、结合活动重点学、引导学生一起学"总体要求,组织广大教师开展有计划安排、有形式创新、有学时要求、有时间节点、有督促检查、有效果总结的系统化学习。突出工作重点,覆盖全体教师,力戒形式主义。

2. 教育引导协同推进。把师德专题教育与教师思想政治工作有机结合,切实提升广大教师政治素养和师德涵养。广泛组织教师特别是"75后"等中青年教师、新进教师、海外留学归国教师,在教研组、年级组、系(所)、基层党支部等范围内开展专题座谈研讨,交流体会、深化认识。同时,与学生思想政治工作深度融合,分类做好广大青少年学生和儿童的教育引导,学做融合、知行合一,立足教书育人一线践行弘扬高尚师德,为学生讲"四史"、与学生一起学"四史"、把"四史"内容作为课程思政的重要素材有机融入课堂教学。

3. 强化宣传有力推进。把牢正确的政治方向和舆论导向,通过校报校刊、广播电视、校园网络、橱窗板报、微信公众号、"学习强国"等校内外媒体平台,广泛宣传和及时报道师德专题教育开展情况和实效,充分展现新时代人民教师围绕立德树人强化师德教育,为党育人、为国育才的奋进风貌,营造庆祝建党百年华诞、建功立业谱写新篇的热烈氛围。

教育部教师工作司整理汇总了师德专题教育学习资料(电子版),包括《习近平总书记关于师德师风的重要论述摘编》《"四史"学习教育资料汇编》《师德优秀典型先进事迹》《新时代师德规范》《违反教师职业行为十项准则典型案例》等,供广大教师参考,相关资料可通过教育部门户网站和"中国教育发布"APP学习、下载。同时,在"学习强国"学习平台推荐、教育——教师栏目设置"师德师风教育"专区,整合汇聚学习资源,方便广大教师学习。各地各校可结合实际充分利用各类优质学习资源。

教育部(公章)

2021年4月29日

主题词:教育　通知

抄送:各省、自治区、直辖市教育厅(教委),新疆生产建设兵团教育局,有关部门(单位)教育司(局),部属各高等学校、部省合建各高等学校

中华人民共和国教育部　　　　　　　　　　　　　　　2021年4月29日印发

【例2-6】

教育部：开展师德专题教育　出现师德违规问题要详细通报

据教育部网站消息，教育部日前发布《教育部关于在教育系统开展师德专题教育的通知》(教师函〔2021〕3号)(以下简称《通知》)。《通知》要求，集中开展师德警示教育，学校、学院(系)出现师德违规问题的，要在会上详细通报师德违规问题及处理结果，组织教师讨论剖析原因、对照查摆自省，做到警钟长鸣。《通知》要求，强化教师"四史"学习教育；开展师德优秀典型先进事迹宣传学习；引导教师学习践行新时代师德规范。

其中，学校要集中开展师德警示教育。各地各校定期组织教师召开师德警示教育大会，高校可结合实际由各二级学院(系)组织，以教育部网站公开曝光的违反教师职业行为十项准则典型案例为反面教材，分类介绍师德违规问题和处理结果，引导教师以案为鉴；结合师德违规问题对照新时代教师职业行为十项准则强调课堂教学、关爱学生、师生关系、学术研究、社会活动等方面的正面规范和负面清单，引导教师以案明纪；学校、学院(系)出现师德违规问题的，要在会上详细通报师德违规问题及处理结果，组织教师讨论剖析原因、对照查摆自省，做到警钟长鸣。

《通知》强调，学校要高度重视统筹推进。提高政治站位，加强顶层设计，高度重视组织，将开展师德专题教育列入2021年工作要点，结合实际制定专题教育方案，严格按时推进。要突出工作重点，覆盖全体教师，力戒形式主义。

(资料来源：王嵘.教育部：开展师德专题教育 师德违规问题要详细通报[EB/OL].(2021-05-10)[2025-4-14]. https://www.peopleapp.com/column/30038106499-500003130916.)

【解析】　请阅读[例2-5]《教育部关于在教育系统开展师德专题教育的通知》这则教育部的公文，以熟悉公文的规范格式。在校阶段学生一般见不到正式的公文，通常见到的是报纸上转换成新闻形态的公文，通常以"消息"形式出现，是对文件的扼要报道，如[例2-6]所示。

【例2-7】

××电力工业局关于使用定期借记业务结算方式的通告

(发文字号略)

根据中国人民银行××分行的通知精神，从2020年12月起，原来使用××市专用委托收款方式结算电费的用电户，将统一××电子资金转账系统定期借记系统。为此，对于原使用专用委托收款结算方式缴交电费的企事业单位客户，我局将从2020年12月起改为使用定期借记方式收取电费。请有关用电户配合我局做好以下工作，以便顺利结算电费。

一、请各用电客户尽快与开户银行联系，按照中国人民银行××分行的统一要求签订《定期借记业务授权委托书》，并于2021年1月31日前将复印件送达所在区供电局。

二、部分商业银行由于系统升级更改了开户银行账号格式，请客户在签订《定期借记业务授权委托书》的同时与开户银行确认新的银行账号，并于2021年1月31日前以正式公函形式通知我局，若届时未收到客户的《定期借记业务授权委托书》及新的银行账号的，客户将无法使用定期借记方式缴交电费，我局将采取现金方式收取电费。

三、由于定期借记业务系统投运后，银行系统将不再代为传递电费票据，故我局将统一采取邮政递送、客户签收的方式派发电费票据予客户。为了确认各客户的邮递地址以及签收人姓名,请客户于2021年1月4日至1月5日前往所在区供电局领取2020年12月份的电费发票,同时填报有关资料交我局工作人员(具体格式将在各营业点派发)。

特此通告

××电力工业局
2020年12月10日

【解析】 这是一篇通告。通告用来在一定范围内向社会公布应当遵守或周知的事项。该通告的标题规范为"发文单位+发文事由+文种",这种规范方式可以让读者很快概括出该文的主要内容。正文第一部分是交代缘由,第二部分是通告的事项部分,其中,分条列项是阅读的重点。

【例2-8】 下面是某学校办公室实习生撰写的一则请示,请阅读并指出不当之处。

关于申请解决我校学生宿舍拥挤等问题的请示报告

××市人民政府、市教委:

教育问题是摆在全党全军人民面前的头等重要的问题。要提高教学质量,就必须从基础设施抓起,必须重视学生的基本学习条件和生活环境。我校今年由于住校生急剧增加,已有的学生宿舍已无法容纳,现在住校生基本上是一铺二人住宿,严重影响了学生的身心健康。为解决这一困难,我校需要再建一栋学生宿舍楼。另外,我校图书馆也尚未达标,望上级部门给予适当支持。

此致

敬礼

××职业技术学院(公章)
2021年3月6日

【解析】 这则请示公文犯了如下错误:①标题中发文机关名称不规范;②标题的事由没有明确概括出来;③标题中请示和报告混淆使用;④缺少发文字号;⑤多头主送,犯了请示的大忌;⑥违背了上行文的语言要求;⑦违背了请示一文一请示的原则;⑧请示事项不明确;⑨请示的缘由不充分;⑩结语不当。试修改如下:

××职业技术学院
关于拨给学校新宿舍楼的建筑资金的请示
××院字〔2021〕×号

××市教委:

我校近几年按照上级下达的计划招生,住宿生急剧增加,造成了学生宿舍的拥挤。2019年我校有学生××人,住宿生××人,目前学生增加到××人,住宿生增加到××人,而学生宿舍仍然只有两栋楼,仅有××个床位,给学生的生活和学习造成了很大困难。为解决这一问题,我校拟于2021年年底在校园东面的空地上建一栋××个床位的七层学生宿舍楼,现已自筹资金××万元,尚有××万元缺口。恳请市教委给予支持,拨付我校××万元学生宿舍楼的建筑资金。

以上请求,望批准为盼!

××职业技术学院(公章)

2021年3月6日

【例2-9】

国家计委关于调整化工企业自备罐车租用费标准的复函

国计发〔20××〕×号

化工部总公司:

  化工部《关于调整化工企业自备罐车租赁费额的函》(化财发〔20××〕××号)收悉。鉴于近几年酸碱等罐车购置价格和维修成本上升,并考虑与《铁路货物运价规则》中的有关规定相衔接,经研究,同意调整化工、有色企业自备罐车租用费标准。调整后的租用费标准为……

  以上标准,自20××年×月×日起执行。

  此复。

××计划委员会(公章)

20××年×月×日

  【解析】 函通常用于不相隶属机关之间商洽工作、询问和答复问题、请求批准和答复审批事项等。这则复函做到了一函一事,写明了发函的缘由、发函的事项。结束语规范,用语平和得体。

强化 训练

1. 阅读本模块后"小贴士"中的15种公文的适用范围,然后试着给下列标题填写文种。

(1) 上海市人民政府关于成功举办市世界乒乓球锦标赛的____。

(2) 金山大学关于给予××警告处分的____。

(3) 国务院办公厅关于公布《党政机关公文处理工作条例》的____。

(4) ××旅游局申请办公经费的____。

(5) ××省财政厅关于同意给××局拨款购置办公用品的____。

(6) 中华人民共和国公安部关于登机前安全检查的____。

(7) ××地区交通局关于近期重大交通事故的____。

(8) 中央军委关于授予杨利伟"航天英雄"荣誉称号的____。

(9) ××市税务局关于召开税收工作联席会议的____。

(10) ××研究所关于要求增加人员编制的____。

课堂实训 2.5

1. 请走访你所在院系,找出几则公文,读一读并思考以下问题:

(1) 请你判断公文选用的文种是否合适。

(2) 公文格式的基本要素包括哪些内容?

(3) 公文标题所概括的公文的主要内容是什么?

(4) 请你找出开启公文正文部分的过渡语。

2. 请你搜索学校官网及学校各类信息平台,交流你发现的公文及被改编成新闻的公文。

项目3　阅读市场调查报告

市场调查报告是指运用各种调查方法,对市场商品的供求现状和影响市场变化的各种要素进行深入的调查研究后,将调查收集的材料加以整理、分析研究后以书面报告的形式向组织或领导汇报的一种文书。

技能点拨

市场调查报告是调查报告中的一种,其结构一般分为标题、正文两个部分。标题用于表达该文的中心内容。正文一般包含前言(交代调查活动的一般情况,如现状、目的、对象、时间、方式等)、主体(正确如实地反映调查的经济事实与现象,列出典型数据、图表等。其阐述内容一般为调查内容、经过、问题、作者的看法,表达以叙述评论为主,常见的叙事顺序有时间顺序、空间顺序和逻辑顺序)、结尾(结论与建议,此部分应是对前言及正文主要内容的总结,应提供可供选择的方案与建议)。根据调查报告的文体格式来阅读,读者就能够着眼主体部分,抓住关键段落,注意相关数据和事实,抓住要点,准确筛选信息。

【例2-10】

<h3 style="text-align:center">新疆特色农产品上海市场调查报告</h3>
范晓宁

一、新疆特色农产品上海市场调查情况

(一)调查对象

1. 经销商调查

上海市场经销商调查样本为:5个专业批发交易市场的15家经销商(以下简称"批发市场")、5家大型连锁超市(以下简称"大型超市")、5家新疆特色农副产品专营企业(以下简称"专营企业")、5家便民超市。

2. 消费者调查

上海消费者样本共包括200名消费者,其中5个专业批发市场的100名消费者、5个大型超市的100名消费者接受调查。

(二)调查结果

1. 经销商调查结果

(1)经销商进货渠道。调查显示,经销商采购渠道主要分三种,一是与生产方联系或自行采购的直接采购,占总体渠道的32.6%;二是从本市交易市场或本市以外市场购买以及委托代理商的中间采购,占总体渠道的48.9%;三是总部采购,占总体渠道的10.2%。采用自产自销的经营单位比较少,只占总体渠道的4.1%。不同类型的经销商进货渠道各有特点:

批发市场一般是以本市交易市场进货、本市以外交易市场进货以及委托代理商新疆进货这些中间采购渠道购买,该三种渠道之和占总体渠道的54.2%;大型超市三种中间采购渠道之和占总体渠道的77.7%;专营企业进货自主性比较大,以与新疆生产方直接联系或到新疆产地采购这两种直接采购方式为主,这两种方式之和占总体渠道的50%以上;便民超市全部由集团总部统一采购配送。

(2)经销的新疆农产品种类。调查显示,在沪经销的新疆农产品主要有红枣、香梨、苹果、葡萄干、葡萄、甜瓜、核桃、枸杞、番茄酱、杏系列产品、西瓜、辣椒酱、羊肉、葡萄酒、石榴等。销售最多的是红枣、香梨、苹果,其比例均超过10%。批发市场经销比例最高的是红枣,其次是香梨、苹果、核桃。专营企业经营品种比较多,比例比较平均。便民超市经营品种相对来说少一些,集中于红枣、香梨、苹果、葡萄干和甜瓜。

(3)畅销的新疆农产品。经销商普遍反映最受欢迎的新疆农产品是香梨、苹果、葡萄和甜瓜,其中,批发市场、专营企业、便民超市认为香梨最受欢迎,大型超市认为苹果最受欢迎。除此之外,西瓜、杏系列产品、红枣、石榴、枸杞、葡萄干、核桃、巴旦木、番茄酱、辣椒酱、羊肉也都是较受欢迎的品种。

(4)市场占有情况。一是新疆特色农产品占购进总量的比重高。调查显示,经营商经销的新鲜水果中,来源于新疆市场占比最高的是香梨,市场占有率为60.3%;其次是甜瓜,市场占有率为54.4%。干货类产品中,市场占比最高的是巴旦木(市场占有率96.7%),其次是核桃(市场占有率70.6%)、枸杞(市场占有率55.8%)。肉类产品中,羊肉的市场占有率为77.5%、牛肉的市场占有率为60.0%。特色产品如冷水鱼、风干肉、风肠、薰衣草系列、番茄红素占比均为100%。这些品种市场占比高的原因是它们都属于新疆特色农产品,可替代性低,其他地方不能生产相同或相似度高的产品。二是批发市场经营的香梨、葡萄60%以上都来自新疆。批发市场的香梨、葡萄60%以上都是新疆农产品,其中香梨的市场占有率为68.0%、葡萄的市场占有率为62.0%。杏系列产品的市场占有率为100%,另外占比50%以上的还有葡萄干(市场占有率77.5%)、核桃(市场占有率62.2%)、红枣(市场占有率53.4%)。大型超市和便民超市采购渠道比较广,新疆农产品占比均不是很高,占比最高的香梨分别占到48.0%、35.3%。专营企业经营的大多是新疆农产品,其中特色产品:巴旦木(市场占有率96.7%)、红枣(市场占有率87.0%)、葡萄酒(市场占有率86.7%)、核桃(市场占有率79.0%)、甜瓜(市场占有率76.7%)、番茄酱(市场占有率76.7%)比重也较高。三是红枣、羊肉、石榴、香梨市场增长潜力较大。调查结果显示,经销商最想增加进货的品种是红枣,比例为78.3%;其次是羊肉,比例为75%。石榴和香梨增加进货的比例也达到60%以上,分别为66.7%、61.1%。此外,苹果、冷水鱼、食用菌增加进货的比例也达到50%。批发市场最想增加进货的品种是羊肉和食用菌,想增加进货的比例达到100%;红枣和香梨想增加进货的比例也达到80%以上。大型超市最想增加进货的品种有甜瓜、杏系列产品和红枣,想增加进货的比例达到100%。专营企业欲增加进货的品种比较多,100%想增加进货的是石榴。便民超市想增加进货的品种比较少,只有枸杞是100%想增加进货。

(5)经销商认为新疆农产品需改善的方面。31.3%的经销商要求降低销售成本和降低价格;25.0%的经销商认为新疆农产品需改善的问题为品种少、货源不稳定;认为知名度不够、外包装简陋、质量不高、其他方面的原因的分别占经销商总数的20.3%、14.1%、4.7%、

4.7%。批发市场和大型超市均认为急需改善的方面是降低销售成本和价格,品种少和货源不稳定。专营企业认为外包装简陋、销售成本和价格过高、知名度不够这些问题比较突出。便民超市认为销售瓶颈在于新疆农产品品种少、货源不稳定、知名度不够。

2. 消费者调查结果

(1)消费者购买新疆农产品渠道。调查显示,购买渠道主要有互联网、大型超市和批发市场,三者之和接近70%。从网络购买的比例高于批发市场和大型超市,其中网络购买的比例为36.6%,大型超市购买的比例为28.5%,批发市场购买的比例为12.2%。消费者购买农产品选择新疆专营店、便民超市的比较少,各占总量的10%左右。

(2)消费者了解新疆农产品的渠道。调查显示,消费者对新疆农产品的了解渠道主要来源于网络及媒体,占比为46.7%;接下来是亲朋好友推荐,占比为29.6%。通过交易展销会和其他渠道了解的分别为14.2%、9.5%。

(3)消费者最喜欢的新疆农产品。调查显示,消费者最喜欢香梨、苹果、红枣和葡萄干。此外,核桃、枸杞、西瓜、牛肉、羊肉、葡萄酒、乳制品、大米、杏系列产品也都是较受消费者欢迎的品种。

(4)消费者认为新疆农产品需改善的方面。消费者认为应该降低农产品成本、提高性价比的最多,占比为25.9%;消费者认为应该提高产品品质的,占比为19.6%;消费者认为应该品种多样化、树立品牌和提高知名度、建立连锁专营店、改善外部包装的占比分别为14.6%、14.4%、13.7%、11.7%。

二、存在的问题

(一)品种少、货源不稳定

纯正的新疆瓜果口感极佳,深受上海市民的喜爱,但因新疆农副产品季节性强、种植技术标准化程度低,同一品种的农产品在口感、色泽、体积等方面存在差异,如"冰糖心"苹果有的颜色偏红、有的颜色偏黄;鲜食葡萄有的口感偏甜,有的口感偏酸;红枣有的湿度较大、有的比较干燥,加之采摘时间不同带来的品质差异,上海经销商和消费者难以获得统一标准的特色农产品。产品标准化程度低造成了商超渠道抽检果品体积大小差异过大,经销商不同批次产品甜度不同,消费者无法重复购买到自己喜爱的产品等问题,阻碍了新疆特色农产品长期稳定进入上海市场。

(二)远离内地市场,产品运输成本高

苹果、香梨、葡萄等上海消费者喜爱的新疆特色农产品大多具有含水量高、保鲜要求高等特点,但新疆至今尚未形成科学高效的物流运输体系。目前的主要物流手段还是以公路运输为主,一般路上运输时间为在4至8天,一些对保鲜要求高的果品往往受此所限无法进入沿海市场。如果采取空运,则对包装材料坚固程度有较高要求,比如新疆蟠桃、小白杏这样的产品,在装卸过程中容易损伤,而且空运费用高。经销商们希望相关部门加大对冷藏汽运的扶持力度,对购置冷藏车进行补贴,使新疆农产品的品质得到保障,走向沿海城市。

(三)主流渠道门槛过高,自有渠道难有突破

上海一些农产品交易市场、大型连锁卖场、区域性连锁超市、城市高端零售场所和产品专营店等主流销售渠道销量大,但名目繁多的费用较多。以连锁卖场为例,该渠道的销售量巨大,但同时合同费用也是相当惊人的。例如,一个经销商与知名连锁超市华东区47家门

店签订的销售合同涉及 14 个产品,再加之 60 天以上的账期,经测算,经营这样一家渠道的运营费用将达 700 万元之巨,年销售额约为 2 000 万至 2 500 万元,测算后的净利润约为 100 万元。上述的计算是基于一切条件恒定的基础上作出的,若稍有问题,就极易产生亏损。另外,自有渠道的建设同样也有制约因素,例如,大城市的高房租,不菲的人力成本和其他经营成本,必然会推高终端的产品销售价格。

(四)品牌知名度低,伪劣产品以次充好

由于新疆农产品规模小、品牌杂、推介力度弱,上海市民对新疆农产品认知度不高,更不会辨认假冒产品,一些经销商趁机采取张冠李戴、以次充好的做法。例如,早在几年前市场上就有外地苹果假冒新疆苹果的现象。劣质产品和以次充好的现象频现,长期以来一直影响着新疆农产品在沿海发达省区市的销售。

(五)诚信监管有待加强

有经销商反映,部分新疆生产方存在诚信不足的情况,签订销售合同后临时违约或临时加价,规范性不够。新疆农产品特别是水果的新鲜度很重要,产品不能及时供应就很难保障产品质量,而且还会增加运输和流通成本。

三、对策建议

(一)建立农产品标准化生产加工体系

建议以市场需求为导向,全面提升农产品供给水平和质量,加快农产品标准化体系建设。加强优质、安全、绿色农产品原产地保护,支持开展标准化生产示范。鼓励和引导新疆农业大学、新疆农科院、自治区级农业产业化龙头企业依托资源禀赋,培育和研发适合不同区域的农产品品种,因地制宜推广先进适用种养技术。争取开辟绿色食品、有机食品、地理标志农产品认证或登记的绿色通道,鼓励农产品主产区制定相应农产品地方标准,开展标准化生产。在优势特色产区推广食用农产品安全控制规范和技术规程,推广应用国家农产品质量安全追溯平台,扩大特色农产品质量安全追溯覆盖面。加强质量安全监管,强化产地与上海消费市场监管信息共享、协调对接。

(二)加强物流配送中心建设

建议在上海建立新疆农副产品物流配送中心和新疆农副产品储藏保鲜库,通过政策导向和规划,引导各类资本联合投资。建立起以市场信息为基础,产品配送为主业,现代仓储为配套,多方式运输为手段,商品交易为依托的"五位一体"规模物流集散基地。加强农产品冷链设施建设,使鲜活农产品可以适时运输入库,有效延长新疆农产品销售期。为农副产品生产加工者、批发市场销售者、大型超市市场经营者提供各种支持和服务,更好地开展生鲜电商、社区团购、超市配送等业务,减少流通环节,降低流通费用和农产品损耗,有效促进商务交流和项目合作。

(三)建立统一营销体系

建议引导销售龙头企业进行整合,建立企业产业联盟,充分发挥龙头企业的带动作用,促进农产品流通链条的优化重组,形成专货、专供、专储、专店、专品一体化的产供销一条龙销售体制;引导企业树立整体意识,团结协作共同开拓市场,通过成立农产品协会等形式,做到"抱团打天下",实现聚集效应。鼓励农业产业化龙头企业大力实施产品整合战略,持续提高新疆特色农产品的品质,丰富产品种类,突出地域特色。不断丰富新疆特色农产品的销售业态,实现互利、互补、共赢的产品经营格局,真正将新疆优质农产品送至上海消费者的餐桌。

(四)加大品牌推介力度

提升新疆农产品的市场形象,需运用正确的推广策略,以行之有效的推介形式来向市场展示品牌企业和优质产品。可考虑采取专家软文推广、网红专场的形式介绍新疆农产品质优势;通过各种新媒体方式让广大消费者了解产品的种类、特色以及购买方式;多参与社会公益事业,结合产品本身的营养价值进行宣传;在城市繁华地段进行平面或流动广告载体形式的宣传,主要以农产品本身为宣传主体,强化人文特征,使新疆农业的整体形象深入人心。在产品推广上多选择独一无二的产品,比如库车小白杏、吐鲁番无核白葡萄等内地不多见的产品,以独有的地域特征和优良品质作为核心卖点。同时,通过参加上海及华东地区的各类农产品展示会、交易会,加大宣传推介力度,不断提高新疆特色农产品在华东地区的知名度及市场占有率。

(五)强化监督管理

建议进一步加大新疆农产品市场拓展及外销平台建设的扶持力度,对已在上海及华东地区设有新疆特产专卖店及运营中心的企业,在专项资金拨付时给予倾斜,专门安排资金予以扶持,增强企业的信心,提高企业的积极性。同时,积极建立新疆农产品企业上海商会,由商会对经营能力差、整体实力弱的企业进行督促整改,将有能力的、愿意大力开拓上海及华东市场的企业引入上海农产品中心批发市场、西郊国际农产品交易中心等大型农产品交易市场,做到监测管理。

(资料来源:范晓宁.新疆特色农产品上海市场调查报告[J].黑龙江粮食,2022,(12):74-76.有删减。)

【解析】 这篇市场调查报告通过对经销商与消费者的双线调查,以详细的数据系统梳理了新疆特色农产品的进货渠道、畅销品类、市场占比等核心维度,揭示出香梨、巴旦木等品类的强竞争力,以及红枣、羊肉等品类的增长潜力,为制定市场策略提供了对策建议。

课堂实训 2.6

这是上海市社区居家养老设施及服务现状市场调查报告中的一小部分。请你阅读社区养老设施知晓情况(图 2-6),试着写出你的分析和结论。

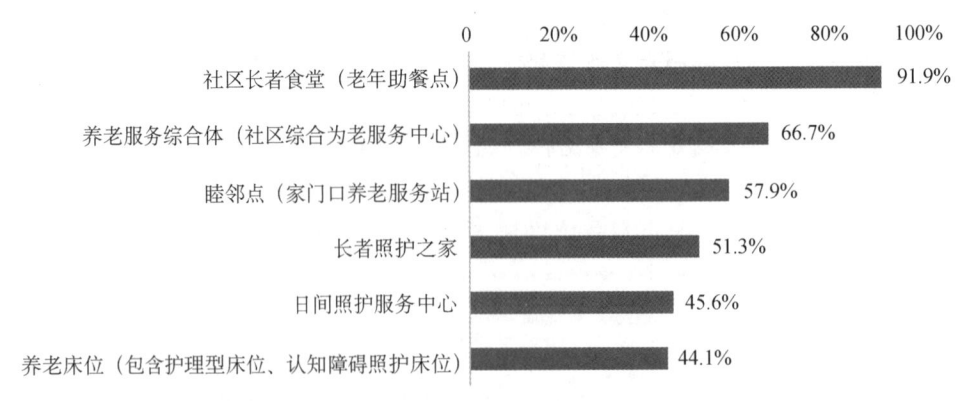

图 2-6 社区养老设施知晓情况

从调查结果统计来看,_____

根据这些数据可以看出,_____
_____

项目 4　阅 读 论 文

　　论文是一种运用概念、判断、推理的逻辑形式,通过严密的分析论证,阐述道理,揭示事物本质和规律,表明作者思想主张的议论性的文章。这里的论文仅指常见的学术论文,在未来的职场中,用来翻阅、查找资料的往往是专业论文;在求学读书期间,阅读学术论文是专业学习必需的一个重要手段。

技能 点拨

1. 根据论文特有的文体格式来阅读

论文的文体格式包括标题、署名、目录、摘要、关键词、正文和参考文献等。如果阅读目的仅为浏览,那么读者可以通过阅读目录和文内大、小标题获取全文概貌;如果阅读目的是查阅资料或搜集信息,那么读者阅读的重点应该是标题、摘要和关键词,或是正文中的结论部分;如果确定了一篇论文具有精读和借鉴价值,那么读者阅读的重点应该是正文,尤其是正文中的具有分析问题、论证观点作用的本论部分。

论文各部分格式如下。

(1) 题目。题目应简明、具体、确切,能概括论文的大概内容,有助于选定关键词,符合编制题录、索引和检索的有关原则。题目一般不要用陈述句,其主要起标示作用,陈述句容易使题目具有判断性的语义,且不够精练和醒目。少数情况(评述性、综述性和驳斥性)下可以用疑问句做题目,因为疑问句有探讨性语气,易引起读者兴趣。

(2) 作者。署名置于题名下方,团体作者的执笔人也可标注于篇首地脚位置。有时,作者姓名亦可标注于正文末尾。

(3) 目录。目录是论文中主要段落的简表(短篇论文不必列目录)。

(4) 摘要。摘要是对文章主要内容的摘录,要求短、精、完整。字数少则几十字,多则以不超过 300 字为宜。它是对论文的内容不加注释和评论的简短陈述,要求扼要地说明研究工作的目的、研究方法和最终结论等,其重点是结论。摘要是一篇具有独立性和完整性的短文,可以引用、推广、扩展。摘要一般不得简单重复题目中已有的信息,忌讳把引言中出现的内容写入摘要,不要照搬论文正文中的小标题(目录)或论文结论部分的文字,也不要诠释论文内容。摘要一般不分段,切忌以条列式进行书写。

(5) 关键词。关键词是反映论文主题概念的名词性词或词组,通常以与正文不同的字体字号编排在摘要下方。一般每篇论文可选 3～8 个关键词,多个关键词之间用分号分隔,按词条的外延(概念范围)层次从大到小排列。关键词的一般选择方法是由作者在完成论文写作后,从其题名、层次标题和正文(出现频率较高且比较关键的词)中选出来。

(6) 引言。引言又称前言、序言和导言,用在论文的开头。引言一般要概括地写出作者意图,说明选题的目的和意义,并指出论文写作的范围。引言要短小精悍、紧扣主题。

(7) 正文。正文是论文的主体,其应包括论点(提出问题)、论据(分析问题)、论证过程(解决问题)和结论。为了做到层次分明、脉络清晰,作者常常将正文部分分成几个大的段落。这些段落即所谓逻辑段,一个逻辑段可包含几个小逻辑段,一个小逻辑段可包含一个或几个自然段,使正文形成若干层次。论文的层次不宜过多,一般不超过五级。

(8) 参考文献。参考文献是将论文在研究和写作中可参考或引证的主要文献资料,列于论文的末尾,标注方式按相关规定进行。论文所列参考文献应是正式出版物,要标明序号、著作或文章的标题、作者、出版物信息,以便读者查阅。

2. 使用预测式阅读技巧

阅读论文时,读者首先从大标题着手,作内容预测。其次,读者读关键词、摘要以及文中的小标题,对内容作第二次预测,并可以尝试着阅读论文的开头和每个段落的起头句或结尾句,再对论文内容形成明确的预测。最后,读者通读全文,对照论文的内容摘要印证自己的预测并作出评价。

预测式阅读技巧训练能帮助学生迅速抓住句子的主干和主要信息,从而提高阅读速度,调动视觉感受和思维潜能。

3. 使用推论式阅读技巧

在阅读过程中,读者需要凭借上下文提供的信息,借助自己的逻辑思考能力或已有的背景知识进行推断,从而掌握深层理解阅读材料的方法,即推论式阅读技巧。推论式阅读技巧在阅读中非常重要,它可以帮助我们从文字背后,发现作者"藏而不露"的真实意图,有效理解阅读材料所传达的信息。未经过思考、归纳和总结便结束阅读,这样的阅读过于草率,是不完整的阅读,所读内容只会被读者很快遗忘。

在阅读训练中,我们应尝试根据字义、词义把握作者的意图;推论段落的意义;在阅读时遇到看不懂的字句,依据上下文推断意思;由已知部分推论作者省略的部分等。训练正确推论的能力是关键,在阅读中可以有意识地反复训练。训练方式包括找出句子的关键词语并用关键词语概括句子的内容;用一句话概括一个段落的意思,推求隐含意义,补充出省略的内容;用几句话对全文做内容摘要;对所阅读的材料进行缩写等。

【例2-11】

论企业文化与企业可持续发展的关系

湖南农业大学人文社会科学学院　蒋能杰

目　录

一、企业文化和企业可持续发展的内涵 …………………………………………	1
(一) 企业文化 …………………………………………………………………	1
(二) 可持续发展的含义 ………………………………………………………	1
(三) 企业文化建设 ……………………………………………………………	2
二、企业文化与企业可持续发展的关系 …………………………………………	2
(一) 企业文化是企业可持续发展的重要条件 ………………………………	4
(二) 企业文化是企业核心竞争力的基础 ……………………………………	5
(三) 企业文化与企业可持续发展相互依存 …………………………………	6
三、结束语 …………………………………………………………………………	6
参考文献 ……………………………………………………………………………	6

【摘要】 企业文化是企业的精神反映。优秀的企业文化是企业可持续发展的重要条件

之一。企业文化是企业核心竞争力的基础。企业核心竞争力来自管理和技术,而管理和技术靠的是企业文化。企业可持续发展和企业文化在人才争夺战中的综合案例揭示企业文化在企业可持续发展中的巨大作用。

【关键词】 企业文化;企业文化建设;核心竞争力;可持续发展

中国入世以来,企业面临相当严峻的挑战,表现在经营理念、发展方向、品牌形象、员工的价值观念等企业文化上的差距。我国企业要迎接经济全球化的挑战,在激烈的国际竞争中赢得主动,就必须在加强"硬件"建设的基础上,大力加强企业文化建设。优秀的企业文化是企业可持续发展的重要条件之一,而企业文化和企业核心竞争力是企业可持续发展的基础。

一、企业文化和企业可持续发展的内涵

(一)企业文化的含义

企业文化也称公司文化,我国有时称其为企业精神,一般是企业中长期形成的共同理想、基本价值观、作风、生活习惯和行为规范的总称,是企业在经营管理过程中创造的具有本企业特色的精神财富的总和,对企业成员有感召力和凝聚力,能把众多人的兴趣、目的、需要以及由此产生的行为统一起来,是企业长期文化建设的反映。其内容大体分为:①劳动文化(主体是劳动者);②生产文化(主体是管理人员);③经营文化(主体是决策层)。它是企业领导倡导、培植并身体力行的结果,通过各种方式灌输到全体员工的日常行为中去,在积累中逐步形成的。企业文化一旦形成,就会反过来对企业经营管理发挥巨大的影响和制约作用,即使企业管理人员更换,企业文化也会代代相传。

(二)可持续发展的含义

企业可持续发展战略是指企业在追求自我生存和永续发展的过程中,既要考虑企业经营目标的实现和提高企业市场地位,又要保持企业在已领先的竞争领域和未来扩张的经营环境中始终持续的盈利增长和能力提高,保证企业在相当长的时间内长盛不衰。

不可否认,中国企业创办和发展,带有较重的投机性,这与环境有很大关系。中国的企业以中小企业为主,整个发展从一次创业来看,是国家的政策导致的机会,它的战略是一种创造的机会。

(三)企业文化建设

为使企业科学、可持续地发展,我们必须高度重视企业文化建设,融合中华民族优秀的文化传统,培育形成具有中国特色的企业文化。我认为,新形势下企业文化建设的具体措施和途径主要有以下几个方面:

第一,企业领导者必须成为推动企业文化建设的中坚力量,应该带头学习企业文化知识,对企业文化的内涵要有深刻的认识,对建设本企业文化有独到的见解,对本企业发展有长远的战略思考。

第二,企业文化建设必须与企业管理相互融合。通过文化对管理的先导作用,实现职工与企业的共同目标,使企业不断提高品位,提升企业在市场中的竞争力。

第三,企业文化必须得到企业全员的认同。用文化理念指导个人行为,使之符合企业发展的需要。

第四,企业文化建设必须坚持长期建设和不断创新。企业文化建设不是一朝一夕的事情,它需要一批批、一代代的企业家和员工在经营企业的过程中去营造、培养和发展。

二、企业文化与企业可持续发展的关系

(一)企业文化是企业可持续发展的重要条件

中国企业普遍面临的一个基本问题是可持续发展问题。企业要可持续发展就要建设企业文化。企业文化又是一种信念、道德、心理的力量。这三种力量相互融通、促进,形成了企业文化优势,这是企业战胜困难、取得战略决策胜利的无形力量。特别是在当它力量十分雄厚的时候,能够产生较强有力的经营结果,无论是在市场上的竞争,还是为客户提供服务,或是激励职工共同奋斗,企业文化均可以成为企业的指导思想。

企业文化融于企业管理之中,具有目标的一致性。人们对于企业管理和企业文化认识的深化,既是一个历史发展过程,又以经济力量的竞争、抗衡、较量的变化为背景。从20世纪80年代末到90年代初,随着我国改革开放的深入,在引进外资、国外先进技术和管理的过程中,企业文化作为一种管理模式又被引入我国的企业中。一时间,许多企业热衷搞文艺活动、喊口号、统一服装、统一标志,有些企业还直接请广告公司做CI形象设计,认为这样就是塑造企业文化。固然这些都是塑造企业文化的一般做法,但是多数企业忽略了在这些形式下的内涵和基础,因此就给人一种误导,似乎企业文化就是企业开展的文化活动或企业形象设计。直到20世纪90年代中期,许多在当时企业文化热中涌现出来的明星企业纷纷如辰星坠落,中国的企业文化热才逐渐降温。

所以优秀的企业文化是企业可持续发展的重要条件。世界知名的优秀企业家都不约而同地有这种体会。英国福特汽车总裁认为,没有任何一种企业可以归结于某一个人,企业最重要的构成因素就是群体,健全而稳固的组织结构要比实施的经营法则重要得多。团队精神在实现企业管理中占据重要位置,也是企业文化必不可缺的主要内容。真正的团队必须具备三个要素:一是必须能够创造出共同的"产品",有共同的目标;二是全体成员为共同目标的实现而努力工作;三是团队成员之间建立或形成互相认可、互相负责、共同遵守的契约。

(二)企业文化是企业核心竞争力的基础

企业持续发展要靠其核心竞争力,核心竞争力来自管理和技术,而管理和技术靠的是企业文化。企业文化就是管理上升为文化的更高层次的管理手段。企业文化是企业的灵魂,是造就企业核心竞争力的动力之源,它不仅能够增强企业内部的向心力和凝聚力,而且是企业应对市场竞争、创建国内一流企业的内在动力,对企业整体竞争力的提升和对外扩张都发挥着重要作用。

企业文化对企业员工的价值取向和行为方式有非常强的导向和支配作用。企业文化可以在企业中形成凝聚力、激励力、约束力、导向力、纽带力、辐射力。企业如果有一个合适的企业文化,职工就会在潜移默化中接受共同的价值观念,由此可以形成持久的竞争力,对企业长期发展起着重大的作用。

毫无疑问,企业文化成为企业的核心竞争能力是企业发展的必然趋势。企业文化是企业所独有的,是企业在长期发展过程中形成的企业价值观和经营哲学,很难被竞争对手和其他企业所模仿,因此具有核心竞争力的特性。企业文化的本质就是塑造价值,追求价值的个性化。只有个性化才会给企业所拥有的各种资源和能力以导向,才会形成竞争力。有个性的文化是很难模仿的,文化个性一旦转变成产品竞争力,也就形成了独特的核心竞争力。

与此同时，企业文化所形成的经营理念和价值观是一个"内化"过程，"内化"成熟即产生一种强大的规范力，成为人们自觉遵守的行动准则，继而产生一种持久的推动力，促使人们积极地去实现既定目标。这种规范力和推动力正是核心竞争力不可缺少的一个内在动因。海尔文化是在中国传统文化底蕴的基础上，吸收了日本特色的团队意识和吃苦精神以及美国的个性舒展和创新竞争意识而成的独特的企业文化。核心竞争力对于海尔来说就是能抓住市场需求，以企业对用户的诚信度获得用户对企业的忠诚度，这也是海尔文化的真正价值所在。

因此，上述企业文化所具有的导向、凝聚、激励、规范功能，无不植根于企业文化独具个性的核心价值观，这才是企业文化的本质所在。也只有形成了独具个性的企业文化，企业才可能用长远的眼光去优化配置各种资源和能力，从而获得持久的核心竞争力。

（三）企业文化与企业可持续发展相互依存

企业文化促使企业可持续成长。世界上著名的长寿公司都有一个共同特征，就是它们都有一套坚持不懈的核心价值观。企业文化的本质体现在其核心价值观上，企业成长的可持续关键是它追求长治久安的核心价值观要被接班人确认，接班人又具有自我批判的能力，这样就能使核心价值观在适应技术与社会环境变化的前提下得以继承和延续。中国企业能否不断长大成为世界级企业，能否成为长寿公司，与企业文化建设的成败有着密切关系。如果一个企业没有好的企业文化，它就会失去持续发展的动力，最终走进失败的深渊。

三、结束语

综上所述，企业文化具有一种强大的力量。有些物质资源也许会枯竭，唯有文化生生不息。企业文化是一种无形的生产力，一种潜在的生产力，无形的资产和财富。企业文化会极大地促进企业的发展，所以只要做到企业和企业文化的互相协调，互相补充、互相促进，使两者同步运行，建设出一套优秀的企业文化，就一定会对企业的长远发展起到积极的、不可估量的作用。

【参考文献】

[1] 王方华.企业战略管理[M].上海：复旦大学出版社，2005.
[2] 刘光明.企业文化[M].北京：经济管理出版社，2002.
[3] 张德.企业文化建设[M].北京：清华大学出版社，2003.
（资料来源：本文选自大学生校内网Dxs518.com，有删改。）

【解析】 这是一篇工商企业管理专业的毕业论文。研究对象是企业文化与企业可持续发展的关系。全文逻辑性较强，结构也较为规范，各级标题层次感较强，方便检阅、记忆。

课堂实训 2.7

请在中国知网查找并阅读3篇在核心期刊发表的本专业论文，择其一列出文章提纲，并概述其主要内容及观点。

项目5 阅 读 合 同

在职业生涯中,人们不可避免地会遇到无数合同,如就业劳动合同、房屋租赁合同、购销合同、保险合同等。阅读合同一定要仔细,签字一定要慎重,《中华人民共和国民法典》合同编规定:"合同是民事主体之间设立、变更、终止民事法律关系的协议。"合同是具有法律约束力的协议。

请找一份合同,阅读并完成以下要求:
(1) 整体上认识合同的结构。
(2) 精读并归纳出合同的基本条款。

技能 点拨

1. 通读合同的构成部分

合同的基本结构包括标题、约首、正文和约尾四部分。阅读时要查看合同必备的构成部分是否完整。

(1) 标题。由标题可以读出合同的种类,如借款合同、建设工程合同、买卖合同等。

(2) 约首。约首部分主要提供签订合同当事人的名称、合同编号及签订时间、地点等。为行文方便,当事人分别用"甲方""乙方""供方""需方"等代称。当事人名称可以左右并列,也可以上下分列。

(3) 正文。正文部分一般包括引言和主体。引言点明签约缘由、依据、目的等。主体部分即合同的条款部分,一般包括《中华人民共和国民法典》中列出应具备的8项基本条款,即当事人的姓名或者名称和住所;标的;数量;质量;价款或报酬;履行期限、地点和方式;违约责任;解决争议的办法;此外,某种类型合同应包括特有的必备条款,如技术合同中的"侵权和保密条款"、建筑工程承包合同中的"防止污染条款"等,还包括当事人一方要求规定的条款或经双方协商的其他条款。

(4) 约尾。合同的约尾部分一般包括合同的有效期、条款未尽事宜的处理办法、合同的份数和保存办法、合同的附件、署名落款。

2. 精读合同的条款部分

条款部分是合同阅读的重点。阅读时,一要查看条款是否完备具体,如产品规格、计量单位、包装标准等;二要推敲表述是否准确严密,切忌语义含混;三要留意甲乙双方的权利与义务、违约责任分担;四要注意合同的生效日期。

下面对合同的基本条款进行简单解读:

(1) 当事人姓名或者名称和住所。当事人如果是一个社会组织,要写清楚单位全称、法定代表人的姓名。当事人如果是个人,只要写清楚姓名即可。为了行文的方便,先写的一方应注明为甲方,后写的为乙方,若有第三方,可称丙方。无论是法人当事人、自然人当事人或是其他组织的当事人,都应写清楚其单位所在地或家庭住所的详细地址。

(2) 标的。标的是合同双方当事人权利义务指向的共同对象,是合同的核心内容。它可以是物,也可以是货币、行为或智力结果。买卖合同的标的一般是货物和商品。借款合同的标的是货币;技术合同中科技成果转让和出版合同中著作权人的作品的标的都是智力成果;加工承揽合同中的标的则是劳务,即行为标的。标的物必须符合国家的法律法规,符合党的方针政策,必须以国家准许的市场流通种类物或特定物为限;否则,合同无效。

(3) 数量。数量是对标的具体要求和说明。数量是衡量标的,确定双方权利、义务大小的尺度。对数量的规定要具体、准确,还要说明采用哪种计量方法和计量单位,并将它们明确统一。

(4) 质量。质量是标的内在素质和外观形态的综合,它包括标的的名称、品种、规格、型号、质量指标等。

(5) 价款或者报酬(价金)。取得对方产品而支付的货币形式的代价叫价款。接收对方劳务或智力成果所支付的代价叫报酬。价款和报酬的简称叫价金。价金是以货币数量来表示的,它具体体现了合同双方的权利是平等的。价金是否合理是合同是否有效、能否顺利履行的关键。为确保合同金额的正确无误,除了用阿拉伯数字表明,还应用汉字写明。数字:零、壹、贰、叁、肆、伍、陆、柒、捌、玖。数量单位:拾、佰、仟、万、亿。金额单位:元(圆)、角、分、零、整(原则上角后不写"整")。

(6) 履行期限、地点和方式。履行期限是指完成合同规定任务的时间范围,这是当事人履行义务或接受对方履行义务的时间和空间依据,是执行合同的必要条件,且还要写出何年何月何日开始履行。

履行地点是按照合同约定或实际实施的地点。它直接关系合同的履行期限,影响着合同的履行,因此,要详细表明签约地点、履行地点(包括提货、发货、交接地点等)。

履行方式是指双方当事人在履行合同义务时,完成任务或交付标的的方式。它包括交货方式、付款方式、费用负担等。完成工作的方式也应明确规定,它是必须由当事人亲自履行,还是允许第三者代为履行。

(7) 违约责任。违约责任又称罚则,是对不按合同履行义务的当事人的制裁措施,一般是由其承担造成损失的经济责任或法律责任。所以,明确违约责任对维护合同的严肃性,保护合同双方当事人合法权益,督促当事人履行合同义务具有重要的意义。

违约责任有两种形式,即支付违约金和赔偿金。违约金是违约方当事人必须按有关规定或事先约定付给对方当事人一定数量的资金,不管是否给双方造成损失,只要违约就要承担责任,而且要无条件地支付违约金。赔偿金是指一方当事人因为违约或不履行合同义务,给对方造成经济或财产损失时,向对方支付赔偿的资金。

(8) 解决争议的方法。双方当事人对合同条款的理解有争议时,应按合同所使用的词句、合同的有关条款、合同的目的、交易习惯以及诚实信用原则,确定该条款的真实意思,解决争议。当事人也可以通过和解或调解解决争议。如当事人不愿和解,又调解不成的,可根据仲裁协议向仲裁机构申请仲裁。没有仲裁协议或仲裁协议无效的,可向人民法院提起诉讼。当事人应当履行发生法律效力的判决、仲裁裁决、调解书,拒不履行的,对方可以请求人民法院执行。

【例2-12】

电梯保养合同

合同编号:

委托方(甲方):	受托方(乙方):
单位名称:	单位名称:
单位地址:	单位地址:
法人代表:	法人代表:

联 系 人：	联 系 人：
联系电话：	联系电话：
传真：	传真：
开户银行：	开户银行：
账号：	账号：

依据《中华人民共和国民法典》的规定,对委托方电梯提供有偿保养服务工作,为明确双方的权利和义务,本着公平、诚信、互惠互利的原则,特订立本合同,以便共同遵守。

一、服务范围

受委托方委托,受托方对安装于(地点)的(数量)台电梯提供维修保养服务。其中:

1. 电梯型号;层站;规格;(数量)台。
2. 电梯型号;层站;规格;(数量)台。

二、服务期限

本合同服务期限为×年×月×日至×年×月×日,共两年。

三、服务方式和服务内容

1. 在保养合同期内,受托方按每月派维保人员对委托方电梯例行巡检保养不少于5次,具体保养时间为×年×月×日至×年×月×日。

2. 受托方严格按照维保工艺,对电梯进行调整、检查、润滑、清洁等工作,以保证电梯正常运行。

3. 在合同服务期内,电梯出现紧急故障时,受托方随叫随到,受托方接到委托方电梯故障电话通知后20分钟内,维保人员赶到现场,及时排除故障。

4. 在双方签订合同后,受托方应委托方要求对其合同内的电梯免费进行一次全面调试检修。

四、服务费用

根据服务范围和服务内容,委托方应缴付维保费:

单价4 000元/年/台;

两台两年总计16 000元,大写人民币壹万陆仟元整。

在维保合同期内,电梯如需要更换700元以下的配件,由受托方免费提供。700元以上的配件费由委托方支付。

五、付款方式

1. 委托方在本合同生效后,认为受托方试用服务期两月内优良,第一次付款为每年合同总价的50%,计4 000元整。

2. 余款在本合同服务期限内分4次支付,受托方与委托方每隔6个月办理一次结算。

六、服务质量

1. 受托方维保人员对电梯进行例行巡检保养工作和电梯故障维修工作,按照受托方《保养施工要求》进行。

2. 受托方维保人员对电梯例行巡检保养工作和电梯故障维修工作质量,应达到国家标准GB7588(已废止)的要求,并通过委托方所在地质量技术监督局年检。

3. 受托方维保人员每次对电梯例行巡检保养工作和电梯故障维修工作,必须做维修、保养记录。该记录单由委托方具体负责人签字认可后,作为合同执行记录和服务质量、结算依据。

七、受托方责任和权利

1. 帮助建立健全管理制度。通过正常维修、保养,确保电梯的正常运行。

2. 负责对需要更换的配件向委托方提出说明,在委托方同意后,受托方进行更换。受托方有义务协助委托方计划、采购、储备配件及材料。

3. 根据电梯中修、大修周期(3～5年)要求,按期提供中修、大修方案及计划,供委托方参考、决策。

4. 委托方要求受托方提供超越合同所列的服务内容时,所有支出应由委托方承担,受托方以报价单形式经委托方签署承诺后实施服务。

5. 服务期限内,因受托方保养不到位而造成的设备损失或人员伤害,其损失由受托方承担。

6. 对委托方提供的技术资料、情报有保密的义务。

7. 负责联系委托方所在地质量技术监督局进行电梯年检(年检费用由委托方承担)。

8. 如合同到期需继续履行,则优先履行并保证在原合同价位以下。

八、委托方责任和权利

1. 负责建立健全正常的管理制度。

2. 负责电梯每日巡检,并做好巡检记录。

3. 在受托方的指导下,负责每周对电梯的主要安全装置、主机油位、各部分润滑情况和电梯运行情况进行检查并做好记录,对整个设备主要部位(厅门、轿厢、机房等)进行清洁工作。

4. 负责提供电梯全套技术资料。

5. 负责审定受托方的修理方案、计划并及时予以实施,负责制订设备材料、备件储备计划。

6. 负责协助受托方的保养工作。

7. 负责将电梯机房、基站、层门的钥匙交一套专管部门或专管员管理,其他部门和人员不得持有,以明确电梯的安全管理责任。

8. 如委托方使用管理不当,或人为损坏,其责任界限由当地技术监督局鉴定确认,与之产生的费用由责任方负责。

九、本合同不承担的项目

1. 本合同所述产品的改造及附属设备(如井道壁、井道工字钢、井道灯、井道防水、井底隔离网、机房电源等)的一切翻新、修理、加装、更换、清理或维修工程。

2. 修理或更换工程中的土建工程。

3. 各种因国家或政府机关命令、要求而修改的设备,或增加新标准附件工程。

十、违约责任

1. 受托方在对电梯进行维保作业时造成电梯损坏,由受托方负责修好并支付全部的费用。

2. 由于受托方原因,电梯不能正常运行或委托方工作不满意,委托方有权单方终止合同并要求受托方对委托方由此造成的损失进行相应赔偿。终止合同需提前一个月书面通知受托方。

十一、其他约定

1. 本合同自双方代表签署盖章后生效。

2. 本合同一式四份,委托方两份,受托方两份。

甲方:(盖章)　　　　　　　　　　乙方:(盖章)

法定代表人:(盖章)　　　　　　　法定代表人:(盖章)

签订日期:　　　　　　　　　　　　签订日期:

【解析】 该委托合同按照《中华人民共和国民法典》规定,对委托人和受托人双方的权利和义务作了详细约定,主要条款是阅读的重点。

课堂实训 2.8

阅读下文,回答问题。

某矿山机械厂(甲方)与某钢铁公司(乙方)签订了合同。合同规定,由乙方提供原料,甲方为其加工烧成车50台,总价款250万元。乙方提供图纸(要求保密),并先付定金5万元。

合同规定,由乙方于2018年7月底自提货物,验收合格后就价款转账结算。

2018年7月,乙方去甲方提货。检验后,乙方以20台烧成车与图纸不符,另30台质量较差为由拒收货并要求甲方承担违约责任。甲方认为,20台烧成车实物与加工图纸不符是合理的技术误差,另30台质量较差是因为乙方供料不合格。双方为此发生了纠纷。

1. 双方争执的焦点是什么?

2. 为避免产生纠纷,双方在事前可以采取哪些预防措施?

项目6　阅读法律文书

法律文书指的是一切涉及法律内容的实用文,是司法行政机关、当事人和律师在解决法律纠纷,包括解决诉讼和非讼案件等相关问题时所使用的文书。法律文书分为规范性法律文书和非规范性法律文书两种。

技能 点拨

规范性法律文书具有普遍约束力,具体是指各种法律、行政法规、地方性法规及规章等。非规范性法律文书不具有普遍约束力,是指国家司法机关、律师及律师事务所、仲裁机关、公证机关和案件当事人依法制作的处理各类诉讼案件,以及非诉讼案件的具有法律效力或法律意义的非规范性文件的总称。非规范性法律文件只适用于特定的人和特定的事。

法律文书一般具有内容的合法性,包括制作主体法定,制作于法有据,正确适用实体法,符合法定程序;行文的规范性是指具有固定的结构和用语;语言的精确性是指因法律文书的特殊性,所以其所使用的语言具有精确和严谨的特点;使用的实效性是指所撰写的法律文书的基础来源于具有法律效力的规章制度,故其实施的可行性和实施效果的目的性较强。

常见的法律文书有以下几种类型。

(1) 民事诉讼类，其包括起诉状、反诉书、答辩状、代理词、刑事附带民事起诉书、上诉状、强制执行申请书、财产保全申请书、先予执行申请书、回避申请书、宣告失踪申请书、宣告死亡申请书、支付令申请书、再审申诉书。

(2) 婚姻家庭类，其包括婚前财产协议书、离婚协议书、抚养子女协议书、遗赠协议书、遗赠抚养协议书、收养协议书。

(3) 公司类，其包括各类公司合同、股权转让协议、法律意见书、律师工作报告、各类规章制度、公司章程、规章制度、人事管理办法、劳动管理办法、资产管理办法等。

(4) 劳动类，其包括劳动合同书、劳务合同书、劳动仲裁申诉书。

(5) 刑事诉讼类，其包括控告状、刑事自诉状、取保候审申请书、上诉书、再审申诉书。

(6) 行政类，其包括行政复议申请书、行政诉讼起诉书、行政诉讼答辩书、行政强制执行申请书、行政上诉书、行政再审申诉书。

(7) 经济类，其包括买卖合同、转让合同、借款合同、承揽合同、承包合同、运输合同、租赁合同、赠与合同、经营合同、合伙协议等。

【例2-13】

股权转让协议

转让方(甲方)：张大华　　　　　　　　身份证号：520113＊＊＊＊＊＊
受让方(乙方)：李妮　　　　　　　　　身份证号：520113＊＊＊＊＊＊

开心店铺于2019年7月在位于贵州省贵阳市白云区十字街纺织品公司门面开办，甲、乙双方以各占75％和25％股份共计投资人民币16万元，其中甲方于2019年7月投入12万元，乙方投入4万元。现在甲方愿意将经营权、店面租赁合同以及相关手续等全部有偿转让给乙方，甲方愿意受让。现甲、乙双方经友好协商一致，就转让事宜，达成如下协议：

一、店面转让的价格及转让款的支付期限和方式

1. 甲方将其所持店面的75％股份作价共计人民币13万元的价格转让给乙方。

2. 乙方支付甲方转让款的方式：

(1) 在2020年10月4日，乙方先向甲方一次性支付现金6.5万元。

(2) 余下6.5万元股份转让款乙方在2020年12月30日支付，逾期不支付的，乙方自愿赔偿甲方按总款13万元每日百分之一支付迟延履行金，且乙方若逾期不支付余款，甲方可将店面财产变卖及店内经营所得折抵余款和迟延履行金，在乙方未付清余款之前，乙方不得转让开心店铺及转移店内所有财产。

二、甲方保证开心店铺在甲方经营期间没有设定担保、质押，没有其他债务。保证股份未被查封，并免遭第三人追索，否则甲方应当承担由此引起的一切经济和法律责任，乙方在经营期间不得改变开心这个名称。

三、有关店面债权债务的处理

1. 在2020年10月4日之前的债权债务由甲、乙双方共同承担，转让之日起全部债权债务均由乙方承担。

2. 店铺现有装修、装饰、设备、材料等全部归乙方所有。

四、违约责任

1. 本协议书一经生效,双方必须自觉履行,任何一方未按协议书的规定全面履行义务,应当依照法律和本协议书的规定承担违约责任。

2. 甲方协助乙方办理变更登记,办理变更登记的手续由乙方自行负责,所需费用由乙方自行承担,甲、乙双方任何一方违约,甲、乙双方应承担13万元作为违约金赔偿给对方。

五、争议解决方式

因本协议产生的或与本协议有关的任何争议,应由各方友好协商解决,协商不成时,可按相关法律法规向所在地人民法院提起诉讼。

六、协议生效条件

本协议经甲、乙双方签字后生效。

七、本协议书一式两份,甲、乙双方各执一份,具有同等法律效力。

甲方签字:张大华　　　　　　　　　　　　乙方签字:李妮

日期:2020年10月4日　　　　　　　　　　日期:2020年10月4日

附件:甲方转让给乙方的一切设施清单(略)

【解析】 阅读此类文书时可以从股权转让协议的固定结构入手:双方当事人基本情况,包括转让方与受让方的名称、住所,法定代表人的姓名、职务、国籍等;公司简介及股权结构;转让方的告知义务;股权转让的份额,股权转让价款及支付方式;股权转让的交割期限及方式;股东身份的取得时间约定;股权转让前后公司债权债务约定;股权转让变更登记约定,实际交接手续约定;股权转让的权利义务约定;违约责任;适用法律争议解决方式;通知义务、联系方式约定;协议的变更、解除约定;协议的签署地点、时间和生效时间。

 强化训练

我国《中华人民共和国民法典》于2021年1月1日生效,其中包含许多新的政策,例如,"头顶上安全"将有法可依,完善了高空抛物坠物相关各方的民事责任,用让高空抛物者买单的方式守护头顶安全。随着社会的进步与时代的发展,我国的法律也在不断完善,你还知道哪些新法规?

小贴士

一、到图书馆查阅资料的方式

到图书馆查询资料的方式有两种:手工检索和计算机检索。手工检索主要是通过卡片目录(书名目录、分类目录、著者目录、主题目录)进行检索;计算机检索主要有题名、分类、主题词、著者四种检索途径。

我国各类型图书馆基本使用《中国图书馆分类法》(原称《中国图书馆图书分类法》)。《中国图书馆分类法》是新中国成立后编制出版的一部具有代表性的大型综合性分类法,是当今国内图书馆使用最广泛的分类法体系,其将图书分为22大类。

中图分类号查询：

A 马克思主义、列宁主义、毛泽东思想、邓小平理论

B 哲学、宗教

C 社会科学总论

D 政治、法律

E 军事

F 经济

G 文化、科学、教育、体育

H 语言、文字

I 文学

J 艺术

K 历史、地理

N 自然科学总论

O 数理科学和化学

P 天文学、地球科学

Q 生物科学

R 医药、卫生

S 农业科学

T 工业技术

U 交通运输

V 航空、航天

X 环境科学、安全科学

Z 综合性图书

二、在互联网上查找资料的搜索步骤

(1) 确定搜索意图。

(2) 选择描述这些意图的关键字或同义词。

(3) 决定采用哪种搜索功能并选定搜索引擎。

(4) 判断使用简单搜索还是高级搜索。

(5) 研究所选搜索引擎主页上的说明，可以大大提高搜索效率。

(6) 使用合适的关键字(词)或者符合搜索引擎语法的正确表达式，开始搜索。

(7) 查看搜索结果。浏览页面或网站简介，必要时进入网站看看。如果与期望的结果相差太远，就需要修正用来搜索的关键字(词)。

(8) 使用其他搜索引擎进行重新搜索。

第三模块　实用文写作技能的训练

实用文在人类信息传递、思想交流等方面发挥着重要的纽带作用。随着时代的发展,实用文写作在社会生活中的作用越来越大,使用也越来越频繁。作为一名即将走入职场的学生,我们应掌握一定的实用文写作技能,以适应将来工作、生活的需要。

案例1:

小王是一名应届毕业生,面对如此激烈的就业竞争,小王经过重重选拔,终于如愿进入一家公关咨询公司培训室工作。工作不久,公司计划为他们的培训室更换一批电脑,在招标后选定了一家电脑公司。公司主管把拟定合同的任务交给了小王。自认为文笔不错的小王在合同的拟写过程中却遇到了难题:合同的格式应该怎样、有什么需要注意的条款、用语需要注意什么等一系列问题困扰着小王。

案例2:

小林是刚入职公司半年的职员。年底将至,公司要求提交一份今年的工作总结和明年的工作计划。小林感觉自己这半年做了很多事,但是如何有规律地梳理并将大大小小的事情凝练到工作总结里,如何结合公司明年的工作目标来拟订自己的工作计划,成为摆在他面前的一道难题。

一、实用文写作的含义

写作是一种精神创造活动,它以文字为载体,通过构思、语言组织、文字表达等方式将作者的内心想法、情感、观点等以书面的形式呈现出来。写作一般分为文学写作和实用文写作。

文学写作形象地反映生活,表达作者对人生、社会的认识和感受,它是为了审美创造而进行的一种精神活动。而实用文写作是人类为了解决生活中的实际问题而运用文字表达要求和目的的一种活动。基于此,文学写作可以虚构、可以夸张,抒情是它十分重要的表达需求。而实用文写作的表达需求是反映实际情况,解决实际问题。实用文写作和文学写作最本质的区别是文学写作不能直接作用于我们的工作、生产和生活,而实用文写作因实际需要而产生,它对人类的生活和生存有直接影响。

二、实用文的写作语言

语言是人类最重要的交际工具。语言分口头语言和书面语言。口头语言以声音、副语言等为媒介传递信息,书面语言则是建立在书面语言体系上的,用文字符号作为它的书写符号体系来表情达意、传递信息。在写作活动中,写作者将思维与构思的结果表现出来。

在书面语言中,在职场中运用最多的便是实用文。实用文文体与文学文体在文学特征、写作特点、语言表述等方面不同,实用文文体是以实用为目的,与社会生活、日常生活或工作密切相关的一种应用型文章,实用文文体写作是旨在反映情况、表达想法的一种信息存储传播活动。实用文的语言整体呈现出准确、简明、庄重、平实的特点。

1. 准确

准确就是使用贴切的词语,选择恰当的句子,恰如其分地揭示客观事理,确切地反映生活,表达作者的观点和思想感情。在具体写作中,句意要通过字、词、句来准确表达,不可模棱两可,造成语义歧义即要根据具体事务、具体情况,恰当地表现出其独特的性质、神态、形态、情感等。

2. 简明

简明就是用最少的文字表达尽量多的内涵,做到"文约而事丰"。实用文写作以高效、迅速地传递信息、处理公私事务为己任,以取得社会效益和经济利益为目的,具有很强的时效性和实用性,其语言在准确的基础上,还应简洁畅达、精炼明快。言简意赅,说清事由。

3. 庄重

庄重就是在写作中对客观事物的表达要得体、谨慎、严肃。实用文的语言运用与行文关系、文种紧密结合在一起,讲究庄严持重,适度得体;反对轻佻俏皮,随性任意;刻意创造严肃的气氛,并在行文中精心维护这种气氛,这与文艺作品追求的生动活泼有所不同。

4. 平实

平实是指语言要平易、朴实、通俗易懂。用词讲究质朴无华,忌矫揉造作、装腔作势、渲染粉饰。要客观真实地反映现实,表意更注重单一、准确。用自然、朴实的语言把事物的特征揭示出来,是成熟运用语言的标志。

由于实用文写作的种类繁多,写作时,还应针对其行文目的、写作受体、所用文种以及使用场合等来确定选用什么词汇、采用何种语气、形成何种风格,以获得最佳的实用效果。

实用文具有独特的专用语言,常见的有以下8类。

(1) 开头用语,如为、为了;根据、按照、遵照、依照;鉴于、关于、由于;目前、当前;兹、兹有、兹将、兹介绍、兹派、兹聘等。

(2) 承启用语,如根据……决定、根据……特通告如下、根据……公告如下;为了……现决定、为……通报如下、现就……问题请示如下;现将……(情况)报告如下、现就……问题提出如下意见、经……批准(同意)将有关事项通知如下;拟采取如下措施;经……研究,答复如下等。

(3) 引述用语,如悉、收悉、电悉、文悉、敬悉、欣悉等。

(4) 批转用语,如批示、阅批、审批、批转、转发、印发等。

(5) 称谓用语,如我(部)、贵(局)、你(省)、本(部门)、该(处)等。

(6) 经办用语,如经、业经、兹经、未经;拟、拟办、拟定;施行、暂行、试行、可行、执行、参照执行、贯彻执行、研究执行;审定、审议、审发、审批;会议听取了、会议讨论了、会议认为、会议指出、会议强调、会议通过了、会议决定、会议希望、会议号召、会议要求、会议恳切呼吁等。

(7) 表态用语,如不同意、原则同意、同意;不可、可办、照办;批准等。

(8) 结尾用语,如当否,请批示;如无不妥,请批转各地执行;妥否,请批复;(用于请示)请研究函复;盼复;请予复函;不知尊意如何,盼函告;望协助办理,并尽快见复;(用于函)请指正、请审阅;(用于报告)此复、特此专复、特函复;(用于批复、复函)特此公告(通告、通知、通报)(用于知照性公文)等。

三、实用文的运思

实用文以实际应用为导向,有一定的规范性和格式结构。因其应用场景的多样性,其具有跨学科的属性,实用文写作要充分考虑受众对象和环境,对行文风格进行相对应的调整。例如,在撰文请示的场景中,因其是向上级汇报情况或请求指示,因此写作风格应当简洁明了,不应出现冗长、复杂的句子且态度应诚恳;又如,撰写邀请函,因其是向平行单位或者上级单位发出邀请,所以行文态度应谦卑,带有邀请的意味,从而使人更易接受。在实用文写作过程中,除了注重格式之外,写作者更应该考虑到行文对象的特殊性,这也是应用文跨学科的重要体现。只有揣摩、理解格式与心理效应的密切关系从而确定行文的风格,才能使实用文写作更贴切、更符合表达的效果。

(一) 结构的含义及体现

1. 结构的含义

"结构"一词,原为建筑学术语,是指建筑物的骨架或内部构造,后借指文章的组织机构,又称"谋篇布局"。结构是文章的内部构造,是文章内容的重要表现形式,是作者思路在文章中的具体体现。

2. 结构的体现

文章的结构布局体现在两个方面:一是内在联系,即材料和观点、部分与整体之间的条理、脉络;二是外部形式,即标题、开头、主体、结尾、段落等外在要素的安排。写作中,内容决定形式,形式又为内容服务,两者相辅相成,浑然一体。

(二) 结构的要素

结构的要素,也称结构的内容或结构的各个环节。文章的基本结构一般包括标题、开头、层次、段落、结尾、过渡、照应等。

1. 标题

标题又称题目,是文章内容或思想的高度概况部分,也是文章的有机构成部分。拟定标题一要贴切,就是标题能概括文章,文章切合主题;二要简洁,即用最少的文字,概括全文的内容,做到言简意赅;三要吸引人,就是标题要新颖别致、形象生动,在一定程度上呼应主题。

2. 开头

实用文写作"起要平直",即开头要开门见山,不要转弯抹角。实用文写作需根据不同种类选择不同的开头或格式,归纳起来实用文的开头包括以下几种:

(1) 开头表明行文目的。开头写明某项活动或举措的背景、意义,表明行文目的。文本起始处常使用"为了""为"等词语。规章制度、合同、经济报告、计划、通知等文种经常使用这种方式。

（2）开头援引行文依据。开头援引有关法律法规、上级指示精神或有关单位来文，说明行文目的。起始处常用"根据""按照"等词语。批复、函、通告等文种经常使用这种方式。

（3）开头概述基本情况。概述是实用文写作中较为常见的一种开头方式，直接写出基本情况、基本问题或工作的大致进程及结论，为正文的展开打下基础。报告类（报告、调查报告、市场调查报告、可行性分析报告等）总结等文种经常使用这种方式。

（4）实用文写作还可以用提出问题的方式作为开头，进而展开思考，并对问题进行解答。这种方式常见于调查报告、消息通信等。

（5）有的文种没有单独的开头，如转发、印发类通知。

实用文写作中，开头的写作方式是灵活多样的，不一定局限于以上某一种，也可以是两种甚至更多方式结合在一起的开头。实用文写作的开头方式使用最多的还是这种复合式的开头方式，既表明写作目的，又指出写作根据，还可以对当前情况作简要叙述等。开头的确定需根据实际行文确定。

3. 层次

层次又称意义段，它是实用文主旨的秩序体现，展示作者表达主旨的整个思想轨迹。文章层次间的结构形式有并列、总分、总分总、递进等。任何一篇实用文的各个意义段，都只能是主旨统率下的有机体。由于主旨要求不同，意义段的表现形式也不同，它们在内涵上可能是并列的，可能是总分的，也可能是递进的。当然，很多情况下是综合使用。常见的层次表现形式包括自然段形式、小标题形式、条款形式三种。在内容单纯、主旨明确、线索单一的情况下，实用文可采用一个自然段的形式写作，称为篇段合一式（是自然段形式的特殊表现形式），如命令、转发类通知、批复等文种经常使用。

4. 段落

段落也叫自然段，是构成文章的基本结构单位。其表现形式有以下三种：

（1）条款式。条款式是以数字符号标明条款项目，秩序清晰，内容一目了然。条款式结构广泛应用于法律、法规、制度、合同等文种。

（2）提行式。提行式是以提行的方式显示的段落。

（3）层次式。层次式是根据层次需求来设计的段落。例如，层层递进、总分结构等设计的段落。层次式结构广泛用于总结、计划、书信、调研报告等文中。

无论段落采用上述三种表现形式中的任何一种形式，都应保持相对的完整性，既不能在一个段落中将意思表达得不完全，也不能把一个相对完整的意思分割为若干段落。

5. 结尾

结尾是文章正文主干部分的自然延伸和归结，它是对全文的收束，起到强化主题、完成任务的目的。

从形式上看，实用文的结尾主要分为以下两种：

（1）固定结尾。这种结尾主要针对那些具有固定格式（包括法定格式和习惯格式）的实用文类型，它必须按照格式规定写作，如请示的结尾，必须传达出请求上级对具体问题或实际困难予以批复的意思。

（2）自然结尾。这种结尾主要根据主旨和内容表达的需要自然总结，有话则长，无话则短，言尽意止。例如，调研报告，在结尾的时候或对调研问题提出高度总结的解决方案，提出路径;或升华结尾,提出倡议。写作者可根据实际行文结构选择适合的自然结尾。

从内容上看,实用文结尾方式主要有以下几种:

(1) 概括总结式。在前面展开论述的基础上,结尾概括总结全文的基本观点,收篇点题,以加深读者对文章主旨的理解。概括总结式结尾常用于篇幅较长、材料较多的文章,如重要的会议报告、典型先进事迹报告、综合性经济调查等。

(2) 强调要求式。这种结尾是为引起受文者重视,便于贯彻执行,在结尾进行强调、要求。这种结尾方式多用于公文中的下行文,如批复、指示、会议纪要、通报、通告等,以向下级传达精神、布置工作、提出执行要求而结束全文,用语如"以上各点,希遵照办理""望认真执行"等。

(3) 祈望请求式。这种结尾以向上级或相关部门提出有针对性的请求而结束全文,常用于上行公文,如请示、报告,也见于联系、商洽工作的函件等,常用语包括"请批复""当否,请指示""请予接洽"等。

(4) 倡议展望式。这种结尾使用概括性的语言表达良好的祝愿或表示对今后工作的信心和努力方向,写作语言具有一定鼓动性,以唤起读者的热情,达到行文目的,常用于工作总结、会议报告、讲话稿、慰问信、倡议书等文种。

(5) 交代说明式。这种结尾方式常用来对与主题内容相关但性质不同的问题或事项作补充交代、说明,以保证行文的完整性,如公文类、制度类结尾交代施行日期、执行范围、传达对象、与该文规定不符的原有规定如何处置等。

有些实用文根据主旨和内容的表达需要,将结尾融入主体,意尽而言止,自然收束,就不必有专门的结尾。

6. 过渡

过渡是衔接文字、承上启下的一种手段,它是上下文之间的联系纽带。文章中的过渡,有利于使其成为一个有机整体,有利于主旨表达及读者的阅读理解。

实用文的过渡主要表现为词语过渡、句子过渡和段落过渡三种形式。例如,实用文可以标明使用"综上所述""有鉴于此""在此基础上"等短语,也可以使用"下面就这次调查的结果报告如下""造成这次事故的原因究竟是什么?"等句子进行过渡。在篇幅较长、意义重大且内容层次跨度较大的文章中,则常使用自然段进行过渡。

7. 照应

照应是通过前后呼应,相互关照,从而使实用文形成紧凑严密的有机体。

常见的照应有文题照应、首尾照应以及行文前后呼应等。文题照应,即文章内容照应标题,常见的以小标题或段首领句点题,段首结句应题,都属于文题照应。首尾照应即于结尾处对开头的观点作小结,或作进一步强调,使文章内部联系得到强化。行文前后呼应,即围绕主旨,在行文中多次呼应,加强主题的表达效果,加深读者印象。通过照应,既使观点得到强调,又使文章显得紧凑、连贯。

思考:

根据前面所讲授的知识点,请你选择自己现阶段感兴趣的体裁进行练习。

标题:_____

开头:_____

_____

段落设计：_____
_____
_____
_____

结尾：_____
_____
_____

四、AI 赋能实用文写作——人机协同写作

1. AI 写作的含义及其特点

AI 写作即人工智能写作，是利用人工智能技术来进行写作的一种新型写作方式。数据库是 AI 能够实现在没有人类直接参与的情况下，自动产生结构化和连贯的文本内容的重要条件。AI 写作的本质是运用算法对输入或收集的数据进行加工处理，通过机器学习模型理解和生成语言，模拟人类的写作过程。

AI 写作的流程主要包括四个阶段：数据收集与预处理、模型训练、文本生成、文本评估和调优。

（1）数据收集与预处理：收集海量的文本数据作为计算机学习的素材，如书籍、论文、数据、表格等，并将这些原始文本数据转换成计算机能够有效处理的格式，为后续的模型训练打好基础。

（2）模型训练：把预处理的数据让 AI 学习，学习的内容包括这些数据的语言模式、逻辑结构、语法规则等知识，学习的目标是让 AI 掌握文本数据中的特征和规律，从而能够生成遵守语法规则和语义规则的文本。

（3）文本生成：在完成模型训练之后，用户输入主题、关键词、指令等触发元素，AI 就会根据所学内容生成相应的文本内容。

（4）文本评估和调优：用户对 AI 生成的文本内容进行检查、修饰，提高文本的流畅性和连贯性，使其更符合要求。

AI 写作自其诞生之日起，就具有天然的优势。用户只要输入只言片语，AI 就能迅速生成文章的框架及思路等，省时高效。经过模型训练，AI 能够熟练地掌握语法规范、语义规则，它几乎能够完全避免错别字及语法错误。此外，AI 写作省时高效的特质可以使作者有更多的闲暇去专注于文章的主题、情感表达和创意发挥，这将有利于文章质量的提升。

在使用的过程中，AI 写作也暴露出了一些显然易见的缺点，例如，模板化生产使文章过于"标准"，难以满足用户个体的实际需求；难以判断 AI 生成的内容是否来源于受知识产权保护的材料或是否掺杂虚假信息；AI 无法真实地体会到人的情感，缺乏情感认同和人性光辉，AI 生成的文字缺乏"热度"；AI 缺乏历史文化底蕴，不懂新政策、新提法；过度依赖 AI 写作，会削弱创作主体的积极性；一些保密性较强的文本无法直接"投喂"给 AI 进行写作。

2. AI 实用文写作的主要模式

在人工智能时代，就实用文写作而言，人机协同写作是非常高效的选择。实用文写作的人机协同模式主要有以下几种：

（1）AI 辅助文稿创作的人机协同创作模式。AI 在写作中的作用主要体现在文稿撰写

的前期。该模式的流程具体为,作者先对 AI 发布指令,AI 根据作者的指导生成初步的文稿和标题。然后,作者根据这些初步结果进行筛选、修改和细化。此种模式主要适用于写作初期,暂时还没有写作灵感,需要"头脑风暴"、智慧启发的作者。

(2) AI 校对与优化的人机协同创作模式。AI 在写作中的作用主要体现在文稿撰写的后期。具体为文稿的校对、优化,语言的修饰,语法规范、语义规则的校准,重在文稿的准确性和流畅性的提升,减少表达错误。此种模式主要适用于有很好的观点与思路,却受限于写作水平,无法将观点与思路表述清楚的作者。

(3) 作者创意主导、AI 提供辅助的人机协同创作模式。作者主导整个创意过程,AI 主要负责提供数据分析、实际调查和灵感,此种模式主要适用于有很好的创意,却摸不准实际情况,致力于探索创意可否落地、如何落地的作者。

课堂实训 3.1　实用文人机协同写作训练

管理与商业类

企业数字化管理：

任务：用 AI 辅助工具生成一份企业数字化转型方案，内容包括目标、步骤和评估方法。

问题：如何通过 AI 提高方案的逻辑性和说服力？

_____
_____

金融服务与管理：

任务：撰写一封针对客户群体的金融服务推广邮件，使用 AI 优化邮件标题和正文。

问题：AI 如何帮助提高邮件的点击率和阅读率？

_____
_____

现代物流管理：

任务：利用 AI 生成一份物流运输计划书，内容包括路线优化和成本分析。

问题：如何让 AI 生成的内容更加贴合实际场景？

_____
_____

国际商务：

任务：借助 AI 编写一封出口贸易的商务函，内容包括价格协商和交货时间。

问题：如何利用 AI 提高函件的专业性和文化适应性？

_____
_____

工商企业管理：

任务：使用 AI 撰写一篇企业文化宣传稿，展现企业使命和核心价值观。

问题：AI 生成的内容如何突出企业独特性？

_____
_____

工程与技术类

建筑工程：

任务：编写一份工程项目进度报告，利用 AI 生成图表和数据说明。

问题：如何让 AI 输出的图表与报告内容一致？

大数据工程技术：

任务：使用 AI 生成一篇关于数据分析的重要性与应用场景的短文。

问题：如何让 AI 生成内容具备行业术语的准确性？

人工智能工程技术：

任务：撰写一篇人工智能在制造业应用的技术说明书，借助 AI 完成文案优化。

问题：如何用 AI 工具提升说明书的可读性和条理性？

物联网工程技术：

任务：利用 AI 撰写物联网设备安装与调试的操作指南。

问题：如何让 AI 生成的指南更加清晰易懂？

健康与护理类

护理（康复护理）：

任务：借助 AI 编写一份老年康复护理计划书，内容包括日常护理注意事项。

问题：AI 生成的计划书如何更符合患者的个性化需求？

智慧健康养老服务与管理：

任务：使用 AI 生成一篇智慧健康养老服务的宣传文案。

问题：如何让 AI 生成的宣传内容更具吸引力和感染力？

医用电子仪器技术：

任务：编写一篇医疗设备操作规范说明，利用 AI 优化语言表达。

问题：如何确保 AI 生成内容的科学性和准确性？

食品与生物技术类

食品质量与安全：
任务：用 AI 撰写一份食品质量控制的操作手册，内容包括注意事项和常见问题。
问题：如何让 AI 生成的手册内容更具实用性？

食品营养与健康：
任务：利用 AI 生成一篇关于科学饮食与营养搭配的科普文章。
问题：如何提高 AI 生成内容的权威性和可信度？

合成生物技术：
任务：撰写一篇合成生物技术应用前景的分析报告，使用 AI 优化专业术语表达。
问题：如何平衡 AI 生成内容的专业性与可读性？

外语类

应用英语：
任务：用 AI 撰写一封英文求职信，突出申请人的技能和优势。
问题：如何确保 AI 生成的英文内容地道且无语法错误？

商务日语：
任务：利用 AI 编写一份日语商业函电，内容包括产品介绍和商务邀约内容。
问题：如何让 AI 生成的函电符合日语商务文化规范？

应用西班牙语：
任务：借助 AI 撰写一篇西班牙语旅游宣传文案。

问题:如何提高 AI 生成内容的文化适配性?

_____
_____

艺术与设计类
视觉传达设计:
任务:利用 AI 生成一份品牌视觉设计的文案,内容结合视觉设计的色彩和风格建议。
问题:如何让 AI 生成的文案更具创意和感染力?

_____
_____

室内艺术设计:
任务:用 AI 撰写一份室内设计项目的提案书,内容包括空间布局和风格说明。
问题:AI 如何帮助提升提案书的说服力?

_____
_____

数字媒体艺术:
任务:使用 AI 生成一篇数字媒体创作的心得分享文章。
问题:如何通过 AI 工具增强内容的表达力?

_____
_____

信息与通信技术类
计算机应用技术:
任务:借助 AI 撰写一篇关于网络安全技术的科普文章。
问题:如何让 AI 生成的内容兼顾技术性和通俗性?

_____
_____

数字媒体技术:
任务:利用 AI 生成一篇关于数字媒体未来发展的分析文章。
问题:如何确保 AI 生成内容的前瞻性?

_____
_____

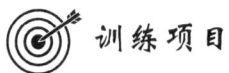

项目1　校园社团招新——撰写招聘启事

某校学生会文体部要招聘3名义务教歌员,在全校广播"每周一歌"时间教唱新歌。教歌员需要经过面试择优录取,面试的具体时间视报名情况而定。报名的时间是3月10日至15日的15:00~17:00。报名地点在学生会办公室,具体事项由学生会文体部的常强同学负责。请你据此撰写一则招聘启事。

技能点拨

1. 启事结构

启事的结构比较简单,一般分为标题、正文、落款三个部分。

(1) 标题。启事标题一般要求写明事由与文种。

(2) 正文。因启事所告启的内容不同,正文写法也不尽相同。简短的启事不分段落,直接写明公开告知的事情。篇幅较长的启事,则要分为开头、主题、结尾三个部分。开头部分一般陈述告启的原因、目的等。主体部分陈述告启的内容、要求等事项。结尾部分可以写上"此启"或"特此启事"的结束语,一般的启事往往会写一些总的要求或表示态度的话。

(3) 落款。落款要写明发布启事的单位或个人的具体名称和时间。如要联系,落款还应写明地址、邮编、电话及联系方式。

2. 启事写作要求

(1) 内容明确,条理清晰。启事的效果取决于启事表述是否具体明白,内容较多的启事可标项分条列出,使之醒目。

(2) 语言准确,简练通俗。启事的语言要求简练通俗,让人一看就明白。

【例3-1】

招 聘 启 事

上海宏达有限公司随着公司业务的不断扩大,经市人才交流服务中心批准,现诚聘销售公关人员6名,具体条件如下。

一、应聘条件:女性,年龄20~30岁,身高1.65米左右,大专以上学历,具有本市户口,相貌气质佳,口头表达能力强。

二、本公司对受聘人员试用3个月,正式聘任后工资待遇从优。

招聘方法:应聘人员持简历、照片、学历证明到山林区牡丹路363号609室报名。

时间:2021年2月21日

上午:8:30~11:30

下午：14:00～17:00
联系人：刘小姐
电话：02156786537

上海宏达有限公司
2021年2月20日

【解析】 这则招聘启事用语简洁，正文简要写明发启事的缘由，并逐项把招聘的对象、条件、招聘的方式等表述清楚。本启事采用总分式写法，内容完备，表达简练明白。

课堂实训 3.2 招聘启事

1. 修改下面这则招聘启事。

广播站招聘启事

经过一年多的筹备，学院广播站改造工程即将完成，将于近日以崭新的面貌展现在师生面前。为了配合学院各项宣传与校园文化建设，更好地服务师生，学院广播站拟招聘播音员、编辑记者若干名，欢迎符合条件的同学踊跃报名。

招聘条件：

1. 热爱学院，热爱广播站工作，责任心强，乐于奉献。
2. 播音员：音色好。
3. 编辑记者：具有较高的综合素质。

选拔程序：择优录用

报名时间：即日起至3月18日

第一轮面试、试音时间：3月19日上午9:00至下午17:00

地点：综合楼

报名电话：××××××××（勿发短信）

联系人：王老师

2. 假如你是校青年志愿者协会的负责人，你要为自己的组织招募新的成员，请你撰写一篇招聘启事。

项目 2 校园社团招新——撰写求职信(求职简历)、应聘信

某职业技术学院开学之际，学生社团纷纷开展招新活动。现校园广播站面向新生招募2名播音员，你想参加应聘，请你结合自身的优势，匹配岗位需求，写一封求职信或者自荐书。

（一）求职信

技能点拨

1. 求职信的含义

求职信是求职者为求得某一职位，向有关单位或个人简单陈述自己学历、学识、才能和经历等情况，进行自我推荐的介绍性文书。在撰写求职信之前，求职者一定要了解好岗位的职责，展示个人技能优势与岗位的匹配度，从而才能使所撰写的求职信在众多的求职信中脱颖而出。

（1）求职信一般由标题、称谓、正文、结束语、落款和附件等几个部分构成。求职信最后一般要详细说明联系地址或电话号码等内容，便于用人单位与求职人联系。附件通常是求职信的附属部分，主要是个人简历，一般分为四个部分：个人资料、教育背景、工作经验（或个人专长）和其他方面。求职信在工作经验的行文中一定注意个人工作经验与工作岗位或者应聘岗位的关联性即契合度。个人简历无固定写法，最重要的是要能充分显示自己的优势。个人简历后通常要附上有关证件和各类获奖证书复印件。

（2）求职信是求职者自我推荐的一种手段。求职者给用人单位或个人写求职信，使对方了解自己学历、学识、才能和经历等情况。求职者应突出基本材料中与用人单位最有关系的内容，以引起用人单位对求职者的强烈兴趣和充分关注。

（3）求职者要想谋职成功，在求职信中充满自信是相当重要的。尤其是在后续的面试环节中，求职者需要提前做好准备。例如，测试好自己的语言表达速度即语速，才能收放有矢地准备好面试内容。

（4）求职者必须了解用人单位、自己所求职位的相关情况和要求，并对照自己的特长、能力、经验和优势等，有针对性地突出介绍那些能引起用人单位兴趣、有助于获得职位的"亮点"，以吸引用人单位，赢得职位。

（5）求职信应以介绍自己的求职条件为重点，文中重在写专业知识能力和实训经验。求职者须定位准确，语意明确，表达出自己能做什么。冗长含糊的求职信，会使人厌烦而搁置一旁。

2. 求职信的写作思路

一封完整的求职信可以从四个方面撰写。

（1）开头。求职信的开头一定要开门见山地写明你对公司的兴趣和想应聘的职位，以及你是如何得知该职位的招聘信息的。例如，获知贵公司××年××月××日在××上招聘××的信息后，我对该岗位十分地感兴趣，希望通过这封求职信，获取一份锻炼成长的机会。

（2）推销自己。求职信的第二部分要简短地叙述自己所学的专业以及才能，特别是满足公司需要的才能。没有必要具体陈述，而要写出最主要的核心优势，使企业方快速锁定所需要的内容，同时引导对方查看你的简历以便了解更多详细内容。此外，在行文的过程中，求职者可以适当美化内容，凝练提升，但不能夸大其词。

（3）联系方式。在求职信中写清楚自己电话预约面试的可能时间范围，或表明你希望迅速得到回音，并标明与你联系的最佳方式。

（4）收尾。感谢招聘人员阅读你的求职信。

3. 求职信的注意事项

求职信中还有几点是一定要注意的。

（1）求职信的篇幅不要太长，应当简明扼要。

（2）求职信不要粘贴或附带太多文件，诸如证书、奖状等复印件，除非是招聘单位在招聘广告中特别申明要求的。同时，证书可以根据获奖的等级层次或者岗位相关度来进行排版，并请你做好证书的说明。

（3）态度要诚恳，求职信不需要任何豪言壮语，也不用使用任何华丽的词汇，应当让对方读来觉得亲切、自然、实在。

【例3-2】

求 职 信

尊敬的××公司领导：

  您好！

  我是一名毕业于广东省财经职院2021届会计电算化专业的学生。我来自汕头潮阳，家乡淳朴的民风使我养成节俭、勤奋、善良的性格。3年的学习生涯培养了我实事求是、积极向上的作风，使我树立了正确的人生观和价值观。

  在校3年，我学习刻苦，成绩优异，曾多次获得学校"三好学生""优秀学生干部"等称号。

  在校期间，我系统学习了会计专业主要课程，如"基础会计""商业会计""企业会计""成本会计"等，具备了扎实的专业基础知识。我还能够熟练地操作会计电算化系统软件模块，也熟悉手工记账，能够完整地完成一套手工记账会计实训。此外，我还掌握了有关财务的出纳实务知识，以及统计知识。

  在校期间，我一直担任班长，在协助老师管理班级的同时，不断地培养组织管理能力，我的应变能力、组织能力和沟通能力等都得到了不同程度的提高。我不仅得到了老师的赞扬、认可，也得到了同学们的好评。

  我充分利用业余时间广泛地参加社会实践活动。在校期间，我参加了学校组织的为期2个月的全校性社会实践，并被评为"优秀实习生"。这不但提高了我的专业技能，而且锻炼了我的管理和组织能力，并使我得到了所属部门领导和老师的肯定和表扬。2019年的暑假，我参加了中国移动公司组织的"大学生勤工俭学助学基金"面试，并从中脱颖而出，在"沟通100"服务厅开始了为期6个月的兼职工作，该工作使我具备了一定的社会经历。除此之外，在校期间，我还担任了学生社团演讲协会副会长、营销协会外联部部长，多次组织、参与社会实践活动，为自己积累了丰富的实践经验。

  我一直坚信"只要有恒心，铁杵也能磨成针"，所以我希望能凭借自己的一技之长拥有一份稳定的工作。如果有幸被贵公司录取，我一定认真钻研业务，以自己的专业能力和吃苦耐劳的奉献精神为公司多作贡献。衷心地希望贵公司给我面试和应聘的机会，我将以我的工作表现和工作成果来证明一切。

  最后，特别感谢您耐心地审阅了我的求职信，如需要详细资料，请与我联系。

  下页附个人简历表，敬候佳音！

此致

  敬礼

求职人：××
××年×月×日

附件：

求 职 简 历

个人情况		
姓名：××	出生年月：2000 年×月×日	照片
性别：女	籍贯：××	
身高：1××cm	政治面貌：共青团员	
户口：×××	毕业院校：××职业技术大学	
专业：金融	学历：大专	
外语水平：大学英语四级	计算机水平：一级	

自我评价：有较强的理解能力和动手实践能力；有良好的自学能力；性格开朗乐观，有亲和力；具备一定的组织和协调能力，富有团队精神和责任感，做事仔细认真，能吃苦耐劳并勇于接受挑战
联系方式：05386240×××× / 137610×××××
联系地址：汕头市普东区真北路××弄×号××室
电子邮箱：elux@yahoo.com.cn
教育背景：2018 年 9 月—2021 年 7 月　×××职业技术大学 金融系 　　　　　2015 年 9 月—2018 年 7 月　××××高中
技能特长： 专业知识掌握牢固。主修课程：国际金融理论与实务、金融学、财务金融建模、国际贸易理论与实务、国际经济学、公司金融、公共经济学、金融英语、会计学(含实验)等。有较强的计算能力、统计能力，懂财务分析，会制作财务建模。具有敏锐的洞察力和较强的分析判断能力。 熟练 office 软件操作，已通过省计算机一级等级考试 已经获得会计从业资格证
在校经历： 2018—2020 年在学校环保协会工作 2018—2020 年在经济学院学生会工作 2018—2019 学年荣获校级三等奖学金 2019—2020 学年荣获校级三等奖学金
实践情况： 2020 年江门市鹤山雅图仕印刷有限公司实习，被评为"优秀实习生" 2020 年的暑假参加中国移动公司组织的"大学生勤工俭学助学基金"面试，并脱颖而出，在"沟通 100"服务厅开始为期 6 个月的兼职工作 2020 年 4 月 16 日至 19 日作为志愿者，搬运救灾物资，贡献自己的微薄之力 2021 年 2 月至 3 月在汕头市林业局财务部毕业实习
求职意向：财务/绩效员等

【解析】 这封应聘信简洁明了，针对应聘要求，重点表述了求职者相关工作经历，突出其丰富的工作经验和能力，又恰到好处地展现了自己的工作实绩，能给聘用单位留下干练的良好印象，为应聘成功创造了极好的条件。求职者语气诚恳而充满自信，不卑不亢地表达了自己的就职愿望。

课堂实训 3.3　求职信

1. 请你根据以下材料进行修改练习。

尊敬的领导：

　　您好，感谢您对我的注意！

　　我叫陈××，是××学校的毕业生。我非常希望在您创立的公司里谋得一职，发挥我的才智，一同与有志之士开拓出美丽而有意义的人生，使有限的生命得到最大限度的展现。

　　3年期间，在师友的严格教导及个人的努力下，我具备了扎实的专业基础知识，系统地掌握了专业的有关理论；熟悉涉外工作常用礼仪；具备较好的英语听、说、写、译等能力；能熟练操作计算机办公软件。同时，我利用课余时间广泛地涉猎了大量书籍，不但充实了自己，也培养了自己多方面的技能。更重要的是，严谨的学风和端正的学习态度塑造了我朴实、稳重、创新的性格特点。

　　此外，我还积极参加各种社会活动，抓住每一次机会，锻炼自己。大学三年，我与优秀学生共事，在竞争中获益；向实际困难挑战，我在挫折中成长。祖辈们教我勤奋、尽责、善良、正直；学校培养了我实事求是、开拓进取的作风。在校时我被评为"优秀学生干部"。我热爱贵单位所从事的事业，殷切地希望能够在您的领导下，为这一光荣的事业添砖加瓦，并且在实践中不断学习、进步。

　　我没有工作经历，这是我的致命弱点——而谁没有第一次呢？谁又敢说没有工作经历的人就没有其他更出色的优点呢？相信您的目光会更独到。

　　我这样的性格最适合做什么相信您是最了解的，请给我一次机会，让我证明您的眼光！

　　此致

敬礼

　　祝事业蓬勃发展！

求职者：陈××
2020年×月×日

2. 辛军同学两个月后即将从××大学毕业。在校期间，他学习了"会计原理""商业会计""成本会计""工业会计""管理会计"和"会计法规"等专业课程，学习成绩优秀，始终在全年级中名列前茅，连续三年被评为校级三好学生。由于从小受父母的影响（父母都是会计师），他十分热爱会计工作。日前，他在某公司官网上看到其公司正在征求助理会计员的招聘启事。对照自己专业、能力和个性，辛军认为这是一次非常好的机遇和挑战，并决定应聘。辛军同学该怎样写一封应聘信，让该公司认为他是最合适的聘用人选呢？你可以动笔先写一写。

(二) 应聘信

技能点拨

应聘信是应聘者根据招聘单位发布的招聘启事、通知和其他相关信息，向对方展示自我能力和想法，推销自己，应聘某一职位的介绍性文书。就内容而言，应聘信也是一种求职信。

1. 应聘信的特点

应聘信相对求职信而言，有其特点：

（1）求职目标比较明确。求职者可通过招聘广告、通知和其他相关信息，了解用人单位的用人条件和相关要求，做到心中有数，以减少求职的盲目性。

（2）内容表达有针对性。求职者必须依照用人单位的招聘条件和相关要求，有针对性地向用人单位推介自己，表达应聘请求。

（3）传递对象比较单一。求职者依据招聘广告、通知和其他相关信息，就明确了应聘单位。因此，一般而言，求职者呈递应聘信时是有针对性地单独传递，不像求职信那样可以群发。

2. 应聘信的写作要求

应聘信的写作要求基本与求职信相同，但需注意以下几点：

（1）突出亮点，引人关注。由于招聘启事广而告之，招聘单位可收到众多应聘信。如何脱颖而出，求职者要想方设法展示自己拥有的最亮丽的一面。应聘信新颖且有条理，对自己的能力表现出自信便是吸引用人单位的最好方法。

（2）介绍经历，得其所需。用人单位在招聘人员时常会考虑求职者与本单位工作之间的联系，因此，应聘信中要有介绍自己过去从事的工作的信息。

【例3-3】

爱因斯坦的应聘信

我受了您写的《普通化学》的启示，写了一篇关于毛细作用的论文，我很冒昧地寄一份给您。同时，我很唐突地问一下，您是否要雇用一位物理学的助手。我这样冒昧地请求是因为我没有钱，而且只有这种工作才能给予我深造的机会。

【解析】 1900年，爱因斯坦以优秀的成绩从苏黎世联邦理工大学毕业。毕业后，他希望进入大学任教，这样就可以更好地研究物理学。于是爱因斯坦向德国伟大的化学家，被誉为"科学伯乐"的奥斯特瓦德求助，希望得到一个助教职位。爱因斯坦先说自己的文章是受《普通化学》的影响，不露声色地将奥斯特瓦德"吹捧"一番，之后才提出要求。这种"攻心为上"的策略在今天同样能让雇主非常受用。撰写应聘信时，这点是很重要的。但年轻的爱因斯坦犯了一个如今毕业生也常犯的错误，即没有将自己的闪光点很好地展现出来。应聘信的字里行间都透着低姿态，除了随信寄出的一篇论文，很难体现自己的过人之处。这样直白地乞求一份工作，即使是天才恐怕也会被人忽略。果然，奥斯特瓦德并没有给爱因斯坦回信，这次求职以失败告终。

【例3-4】

达·芬奇的应聘信

尊敬的大公阁下：

我是来自佛罗伦萨德的作战机械发明者达·芬奇，希望可以成为阁下的军事工程师，同时求见阁下,以便面陈机密。

一、我能建造坚固、轻便又耐用的桥梁,可用来野外行军。这种桥梁的装卸非常方便。我也能破坏敌军的桥梁。

二、我能制造出围攻城池的云梯和其他类似设备。

三、我能制造出一种易于搬运的大炮,可用来投射小石块,犹如下冰雹一般,可以给敌军造成重大混乱。

四、我能制造出装有大炮的铁甲车,可以用来冲破敌军密集的队伍,为我军的进攻开辟道路。

五、我能设计出各种地道,无论是直的还是弯的,必要时还可以设计出在河流下面挖的地道。

六、倘若您要在海上作战,我能设计出多种适宜进攻的兵船,这些兵船的防护能力很好,能够抵御敌军的炮火攻击。

此外,我还擅长其他民用设施,同时擅长绘画和雕塑。

如果有人认为上述任何一项我办不到的话,我愿意在您的花园,或您指定的其他任何地点进行试验。

向阁下问安!

达·芬奇

【解析】 1482年,30岁的达·芬奇离开故乡佛罗伦萨,来到米兰。他给当时米兰的最高统治者,米兰大公鲁多柯斯佛查写了封应聘信,希望谋得一个军事工程师的职位。米兰大公收到信后不久,就面试了达·芬奇,随后正式聘请他为军事工程师。达·芬奇这封应聘信之所以能够产生好的效果,只因他让米兰大公相信自己就是最合适的人选。

第一,达·芬奇的应聘信里面写明雇主的需要:米兰大公封地周边强敌环伺,战事一触即发。达·芬奇描述了自己在军事工程方面的技能,以此传达一个信息:我会帮助您打赢战争!可见,好好阅读并理解招聘启事是何等重要。第二,达·芬奇在信中充满了自信。整封信以6个"我能"贯穿,逐条地列举了自己在军事工程方面的才能,语气坚定。这种非我莫属的自信正好满足了米兰大公求贤若渴的心理,同时也引发了他的好奇心,要见见这位奇人。

同样是靠应聘信找工作,两位智慧巨人的结果截然不同。他们的经历都在说明一个道理:对雇主和自己有一个清晰的认识,在几百年后的今天仍然适用。

【例3-5】

应 聘 信

尊敬的人事部门领导:

您好!昨日我从《××晚报》上获悉贵杂志社聘求编辑人员。本人自认符合应聘要求,写此信应聘编辑职位。

我毕业于××大学中文系,具有多年编辑经验,并熟悉校对、改编、出版以及此类相关工作。有关简历如下:曾在销售量达5万份的《××周报》担任编辑部主任,历时2年,并曾直接参加报纸排版工作。2018年曾在《健康指南》担任编辑工作。主要工作:负责校对、改写以及长篇撰写项目。5年的工作磨砺,使我十分熟悉出版工作。通过对名人进行访问,我具备了很强的沟通能力。我熟知办公室的例行工作,目前受雇于一家广告杂志社,但此项工作为临时性工作,故希望谋求一份较稳定的工作。

我相信我的经历与宝贵的工作经验能为贵社作出积极的贡献。

随信附有我的简历。如有机会来贵社工作,我将十分感激。

联系地址:本市××路××号202室。

附:简历、身份证、毕业证书复印件各一份。

此致

敬礼

应聘人××
××年×月×日

【解析】 这封应聘信简洁明了,针对应聘要求,重点表述了应聘者相关工作经历,突出其丰富的工作经验和能力,又恰到好处地展现了自己的工作实绩,能给聘用单位留下干练的良好印象,为应聘成功创造了极好的条件。应聘信语气诚恳而充满自信,不卑不亢表达自己的就职愿望。

课堂实训 3.4 应聘信

1. 请阅读以下应聘信,说明其问题并进行修改。

应 聘 信

××公司人事部:

我看到你们公司招聘市场营销员的启事后,我衡量了自己的条件,认为我比较符合你们公司招聘要求,特此写信应聘。

第一,我是营销专业的毕业生,并已在一个企业做过两年市场营销工作,对市场比较熟悉,有一定的营销经验,如蒙录用,可以比较快地进入工作岗位,省去培训时间。第二,我虽然快31岁,但离你们不超过35岁的要求还差4岁。我身体比较健壮,爬山走路都不会落后于小青年,而且年纪大点,也就比较老练,尤其是做营销工作,年纪大也有自己的优势。第三,我有一个孩子,放在我父母亲家照顾,他们一向支持我工作,因此没有后顾之忧,也不会给公司增添麻烦。

我对工资没有过高的要求,相信只要我努力工作,今后公司发展得好,员工的待遇一定也会提高的。我只有一个要求,遇到节假日最好不要安排加班,可以让我回去看看孩子,尽几天父亲的责任。

以上情况供你们录用参考,如蒙聘用,一定努力工作,不负厚望。

应聘人××
××年×月×日

2. 请你针对自己感兴趣的某个岗位,写出自己与之匹配的 3 个优势,并说明你应该如何在众多的面试者中脱颖而出。

项目 3 参加社会实践活动——撰写计划

2018 年,第一届中国国际进口博览会(以下简称"进博会")在上海举行。能成为这一重大展会的志愿者,也是大学生们服务社会、回报社会,展现自我风采并树立良好城市形象的好机会。假如你是本学校进博会志愿者工作部的负责人,你将如何计划开展本部门的工作呢?在本次工作结束后,你又将做何种总结呢?

_____
_____
_____

技能 点拨

计划是把对未来一定时期内要做的事情(工作、生产和学习等)所进行的部署和安排以书面形式写下来。计划的三要素是目标、措施、步骤,三者缺一不可。在具体写作时,我们要从如下三个思路入手:一是情况分析(制订计划的根据);二是工作任务和要求(做什么);三是工作的方法、步骤和措施(怎样做)。

1. 工作计划的格式

(1) 计划的名称。其主要包括订立计划单位或团体的名称和计划期限两个要素,如"××学校团委 2024—2025 年工作计划"。

(2) 计划的具体要求。其具体要求一般包括工作的目的和要求、工作的项目和指标、实施的步骤和措施等,也就是为什么做、做什么、怎么做、做到什么程度。措施是指为了实现计划目标、任务而采取的工作方式、方法、手段、途径及人力、物力的安排。步骤是指开展工作的程序,即每一段时间做什么,先做什么,后做什么,每一阶段该完成什么任务等。

(3) 最后写订立计划的日期。

2. 制订工作计划的步骤

(1) 认真学习研究上级的有关指示办法。这可以为计划的撰写提供思路,特别是在纲领性的文件中,这能使计划的撰写更聚焦,更能服务于整体的工作的发展与推进。

(2) 认真分析本单位的具体情况,这是制订计划的根据和基础。

(3) 根据上级的指示精神和本单位的现实情况,确定工作方针、工作任务、工作要求,再据此确定工作的具体办法和措施,确定工作的具体步骤。环环紧扣,付诸实现。

(4) 根据工作中可能出现的偏差、缺点、障碍、困难,确定预算克服的办法和措施,以免发生问题时,工作陷于被动。

(5) 根据工作任务的需要,组织并分配力量,明确分工。

(6) 计划制订草案后,应交全体人员讨论。计划是要靠群众来完成的,只有正确反映群众的要求,才能成为大家自觉为之奋斗的目标。

(7) 在实践中进一步修订、补充和完善计划。计划一经制订出来,并经正式通过或批准,就要坚决贯彻执行。在执行过程中,往往需要继续补充、修订,使其更加完善,切合实际。

【例3-6】

××大学志愿者协会2024—2025学年第一学期工作计划

志愿者行动以团结友爱、助人为乐、见义勇为、无私奉献为宗旨。志愿者的工作是志愿贡献个人的时间、精力，在不计任何物质报酬的情况下，为改善社会、服务社会、促进社会进步而提供服务。为进一步推动志愿者工作的高质量发展，特制订以下计划。

一、常规工作

1. 部门招新

为志愿团能有坚实的基础，拟招募一批有能力的干事。本届志愿团组织策划部计划招新12人，作为部门主要干事，电气专业4人，自动化专业2人，电子专业3人，通信专业3人（其中男生7人，女生5人）。

时间：10月初，新生军训后；

负责人：欧阳××；

协助人：陈××、卢××。

2. 联谊活动

为加强部门内部人员之间的交流，加强部门的管理，拟在招新后进行一次部门的内部联谊活动。

时间：部门招新后；

负责人：陈××；

协助人：欧阳××、卢××；

3. 新生四大特长赛

为今年的演讲赛能够顺利地完成，拟借鉴去年本部门积累的经验，争取策划和组织好本次演讲赛，也争取在形式上能有所创新，并从初赛、复赛到决赛做好宣传和准备工作。

时间：10月中旬；

负责人：卢××；

协助人：欧阳××、陈××；

协助部门：外联部、宣传部、网络部、信息报道团。

4. 内部建设

召开主题会，加强团内部的管理，确立严格的考核制度。

时间：10月底；

负责人：欧阳××；

协助人：卢××、陈××。

5. 招募志愿者

为体现青年志愿团的志愿精神，拟在08级新生中招募一批志愿者，组成本部门的第二志愿者服务队，为学院和学校服务，为社会服务。

时间：10月底；

负责人：陈××；

协助人：欧阳××、卢××。

6. 志愿团成立大会

借大会的机会,联系兄弟学院的志愿团,促进了解,相互学习,并就上届的优秀志愿者进行表彰。

时间:11月初;

负责人:卢××;

协助人:欧阳××、陈××。

7. 完善档案管理

为了更方便地管理和调用志愿者,明确各班的青年志愿者服务站和青年志愿者服务小组,建立青年志愿者档案。

时间:11月份;

负责人:欧阳××;

协助人:卢××、陈××。

8. 秋运会环保宣传

积极配合学院秋季运动会工作,对卫生、安全问题进行全校性的宣传。

时间:11月份;

负责人:欧阳××;

协助人:卢××、陈××。

二、特色活动

1. 组织志愿者组成"生活服务小队",分别就心理咨询、学习辅导、生活常识、交通、理财、饮食健康、出行注意事项等,为新生服务,帮助他们更好地适应大学生活。

时间:10月初,新生军训后;

负责人:欧阳××;

协助人:陈××、卢××。

2. 每月进行"我是优秀志愿者"评比活动,把我院学生的好人好事收集起来并进行筛选,对表现优秀的志愿者及其优秀事迹进行通报表扬,并在我院的宣传栏上公布,号召全院学生向这些好人好事学习。

时间:当月月底至下月上旬;

负责人:欧阳××;

协助人:陈××、卢××。

3. 加强与市政机关的联系,加强与社会志愿者团体、协会联系,并配合他们开展工作。

负责人:陈××;

协助人:卢××。

4. 开展校内自行车的日常管理。建立和学校保卫处的结对关系,做好餐前自行车的管理工作,保证道路通畅、秩序井然。

负责人:卢××;

协助人:陈××、欧阳××。

5. 联合兄弟学院进行一次大型交流活动。

时间:12月底至1月上旬;

负责人:欧阳××;

协助人:陈××、卢××。

三、工作中应注意的事项

1. 每次活动前要有周密详细的策划,活动后及时做好总结报告。策划和总结各写两份:一份由部门存档,为将来评选"校优秀志愿团"准备材料;另一份上交给学院存档。

2. 加强与学校其他部门的联系与合作,不要仅局限于本团的工作,不要墨守成规,要保证活动质量,提高活动档次。

在新的学期里,青年志愿团将立足校内、面向社会,大力弘扬"奉献、友爱、互助、进步"的志愿者精神,按质按量完成工作计划,为创建文明校园、和谐校园而努力!

××学院团委学生会青年志愿团
2020 年 9 月 2 日

【解析】 这份工作计划分为三部分,明确了任务和要求,在措施中安排各项工作,初步拟定时间和人员。内容层次清楚,格式规范。

课堂实训 3.5　工作计划

1. 假如你是学校世博志愿者工作部负责人,你有如下任务:①招募志愿者;②培训志愿者;③组织与管理志愿者;④志愿者资料整理等。现要求你为这些工作制订一份详尽计划,你将如何进行呢?请选择其中一两项内容并制订一份详细计划。

___

___

2. 请分析下面这份计划,指出它在内容和格式上存在的问题,并对它进行修改。

上海强生汽车修配厂 2×21 年财务收支计划

2×20 年就要过去了,今年在全厂职工的努力下,本厂财务收支情况良好,各项计划得到全面完成,完成产值 11 977 万元,收入 11 416 万元,利润 2 179 万元。取得以上成绩是和广大干部职工的努力分不开的。今年我们主要抓了质量,加强了管理,降低了消耗,使产品成本比上年降低了 81%。

2×21 年的计划产值为 13 180 万元,收入为 12 600 万元,利润为 2 520 万元。

要完成以上计划,困难是很多的,我们计划仍在管理上下功夫,向管理要利润。

几项具体措施是:

(1)减少干部人数,提高办公效率。

(2)加强定额管理,提高工时利用率。

(3)切实搞好第三产业。

(4)堵塞开支中的漏洞。

各部门要结合本部门的实际工作,围绕全厂的收支计划,制订出本部门切实可行的工作计划。同时加强各部门之间的衔接,保证 2×21 年财务收支计划的完成。

项目4　参加学生组织活动——撰写总结

新的学年马上结束了,你作为某某大学某个学生组织的负责人,该如何撰写本部门的工作总结?

技能点拨

总结是对前一阶段工作或学习进行回顾、检查和分析研究,从中找出经验和教训,获得规律性的认识,以便指导今后实践的一种事务文书,它是实用文写作实践中的一种常用文体,更是职场的必用文种之一。

1. 工作总结的结构

(1) 标题。工作总结的标题有公文式标题、文章式标题和双行标题三种形式。①公文式标题,一般由单位名称、时限、内容摘要、文种构成;②文章式标题,一般是概括总结的基本内容、范围或用于提示观点,表明经验;③双行标题,又称新闻标题,由正题和副题构成。正题点明主旨,副题具体说明总结的单位名称、时限、内容和文种或只说明内容和文种。

(2) 正文。总结的正文一般可分为四个部分:情况概述;成绩和经验;存在的问题和教训;今后努力方向。因为"成绩和经验"是总结的主要部分,所以一定要写好。另外,存在的问题和教训部分也要写好。存在的问题是指在实践中感受到应当解决而暂时没有解决或没有办法解决的问题。教训是由于思想不对头、方法不得当,或一些其他原因犯了错误,造成损失而得出的反面经验。正文部分内容比较多,除了上述的四个部分外,也可根据实际情况撰写,忌流水式、杂乱式、拼凑式,可采用递进式或平行式应注意结构分明,层次清楚,可以采用小标题式、条目式和全文贯通式的形式。

(3) 结尾。结尾一般要写出今后的努力方向和开展工作的改进意见。也可考虑采用升华主题、点明工作核心的语句作为结尾。例如,某大学学生会组织在写年度总结时写道:"九万里风鹏正举。"2025 年,××大学学生会继续以改革创新为动力,以服务学生成长为宗旨,带领全校青年同学书写更精彩的青春为中国式现代化而努力新篇章。

2. 撰写总结应注意的问题

(1) 要有实事求是的态度。工作总结中,常常出现两种倾向:一种是好大喜功,只讲成绩,不谈问题;另一种是将总结写成了"检讨书",把工作说成一无是处。这两种都不是实事求是的态度。总结要如实分析、评价自己的工作,对成绩,不夸大;对问题,不轻描淡写。

(2) 总结要写得有理论价值。一方面,要抓主要矛盾,无论谈成绩或谈存在问题,都要抓住主要问题;另一方面,对主要矛盾要进行深入细致的分析。谈成绩要写清楚怎么做的、为什么这样做、效果如何、经验是什么;谈存在问题,要写清楚是什么问题、为什么会出现这种问题、其性质是什么、教训是什么。只有这样的总结才能对前一段的工作有所反思,并由感性认识上升到理性认识。

（3）总结一般采用第一人称，即要从本单位、本部门的角度来撰写。有时，总结也会在不同的场合语境下使用第三人称口吻，总结的撰写应根据实际情况使用人称。表达方式以叙述、议论为主，说明为辅，可以夹叙夹议。

3. 几种主要工作总结的写法

（1）全面工作总结的写法。全面工作总结的标题要写明单位名称、总结时限、总结的类别；正文要写清所开展的活动，成绩、问题、经验、体会及建议；结尾写明总结人姓名、总结时间。

（2）专题工作总结的写法。专题工作总结是针对某一项具体活动所做的总结，不必像全面的总结那样详细。它一般也分成三个部分：第一部分为标题；第二部分为主体，包括活动目的、活动时间、基本情况、成绩问题、经验和体会；第三部分是结尾，主要写明今后的打算、努力的方向。

【例3-7】

2020年清华大学学术委员会工作总结

一、全面参与第十八次科研工作讨论会，为学校科研工作建言献策

第十八次科研工作讨论会是2020年学校科研方面的一项重点工作，讨论会于3月13日开幕，历时7个多月，于10月9日闭幕。科研工作讨论会的召开对推动学校科研工作的改革和发展起到了重要作用，校学术委员会全体委员积极组织并参与讨论会的各类调研及研讨，为学校科研发展建言献策。

第十八次科研工作讨论会设立以校长为组长的领导小组，学术委员会主任作为领导小组组员多次参加领导小组会议，并建议讨论会通过调研讨论等措施自下而上摸清各院系的需求和诉求，找到供需矛盾平衡点，更好地解决问题。讨论会设立了顾问专家组，顾问专家组组长由学术委员会主任聂建国院士担任、成员由学术委员会委员及校内专家组成。为更好地进行有针对性的讨论，第十八次科研工作讨论会还设置了8个专题工作组，其中聂建国、李亚栋、雒建斌、欧阳明高、黄翊东、陈国青、李当岐、谢道昕、庄惟敏等担任了工作组组长，学术委员会全体委员积极参与专题组组织的各类调研和讨论，同时指导专题组形成调研报告及会议文件。

第十八次科研讨论会共举行了四次专题报告会，包括：3月13日在开幕式上特邀科技部党组书记、部长王志刚同志做了题为"发挥世界一流大学重要作用，加快建设世界科技强国"的报告；4月23日特邀国家自然科学基金委主任李静海院士来校作"抓住机遇，推进基础研究高质量发展"专题报告；5月14日特邀中国工程院党组书记、院长李晓红院士来校作"发挥工程科技在建设世界科技强国中的作用"的专题报告；以及9月14日特邀中国科学院党组副书记、副院长侯建国院士来校作"中国科学院'率先行动'计划的进展与思考"的报告。这些报告会后都组织了相关的座谈会。李亚栋、黄翊东、欧阳明高、李当岐、侯旭东、雒建斌、唐传祥等委员多次出席特邀报告会并在座谈会上发言，针对目前科研创新发展的问题进行深入的讨论，对学校如何进行学科交叉、解决关键技术和中长期布局等问题提出了有建设性的意见和建议。

二、深入讨论学校未来优先发展方向，做好科研发展与战略布局的建议工作

参与学校的科研发展与战略布局，是校学术委员会的一项重要工作。面向学校未来发

展,结合院系科研规划、各领域前沿发展趋势、国家重大战略需求和情报分析,学术委员会与科研院联合成立专家组。按照习近平总书记对科研工作要"坚持面向世界科技前沿、面向经济主战场、面向国家重大需求、面向人民生命健康,不断向科学技术广度和深度进军"的要求,围绕"航空发动机""脑科学""生医药""未来计算技术""网络空间安全技术""先进材料""芯片技术""长板技术"等未来10年学校在基础前沿和关键核心技术领域的优先发展方向,薛其坤、雒建斌、黄翊东、南策文、王志华等委员作为专家组的主要成员,组织相关领域专家进行深入的研讨和论证。后续学术委员会将根据需要,定向拓宽研讨范围,为学校面向未来发展的重点方向布局打下坚实基础。

三、为学校的学科布局和院系设置提供决策参考

对院系的设立、调整等重要事项提供咨询意见是校学术委员会的职责之一。2020年校学术委审议了设立万科公共卫生与健康学院。3月24日,校学术委员会召开现场(主楼接待厅)加视频(腾讯会议)形式的全体会议,这是因疫情而召开的首次现场加视频会议。会议审议了设立万科公共卫生与健康学院。会上,宫鹏教授代表筹备组介绍建院的相关情况,与会委员进行深入讨论。经投票表决,同意设立万科公共卫生与健康学院的提案获得通过。

四、把关学术评议,向外推荐各类项目和奖项

学术委员会广泛参与并主导各项学术评议和学术推荐工作,2020年学术委员会向外推荐的项目和奖项包括:①全国创新争先奖候选人。②北京市发明专利奖申报项目。③中国高校十大科技进展候选项目。④中国专利奖候选项目。⑤中华国际科学交流基金会杰出工程师奖。⑥中国青年女科学家和2020未来女科学家。⑦国家技术创新中心。⑧教育部-中移动申报项目。⑨工信部卫健委5G+医疗健康应用试点项目。

五、注重学风和科研诚信建设工作,依规调查处理学术投诉事件

学风和科研诚信建设是学术委员会工作的一项重要内容,要常抓不懈。尤其是清华大学,对学术不端行为更要零容忍。近年来,国家和上级有关部门高度重视学风和科研诚信工作,相继出台了重要文件,如中共中央办公厅、国务院办公厅印发的《关于进一步加强科研诚信建设的若干意见》(2018年5月30日)、科技部等20部委发布的《科研诚信案件调查处理规则(试行)》(国科发监〔2019〕323号)等,对学风和科研诚信提出了更高要求。

清华大学历来重视学风和科研诚信工作,学术委员会承担了相应的具体工作。学术委员会每年对新入职教师进行岗前培训,使他们了解和知晓有关科研诚信方面的规定。与往年一样,今年,雒建斌委员代表学术委员会给新入职教师作了报告。学术委员会还承担了对各类人才项目有关学术道德方面的审核工作,为学校推荐学术人才把关。

2020年,学术委员会按照《清华大学预防与处理学术不端行为办法》,实事求是、程序合规地调查和处理了涉嫌学术不端行为的举报。

六、完善学术委员会自身的工作制度

2015年1月公布生效的《清华大学学术委员会章程》已执行5年,根据学校的要求和实际工作的需要,2020年校学术委员会对校学术委员会章程和配套的《清华大学院系学术委员会工作规程》进行了修订。从3月的修订立项到12月完成,其中3次征求学术委全体委员的意见,并在6月的全体会议上过讨论。此次修订的主要内容有:学术委员会的任务增加了"推进学术共同体建设";补充了学术委委员"原则上不同时担任教学委员会委员、学位评

定委员会委员";对学术委员会召开全体会议规定了人数要求为三分之二以上(原版本没有做要求);委员人选由原来的"校务会议审定通过"改为"经学校党委常委会会议研究确定"。此外,此次修订还对以上两个文件文本的规范性、章节和条款的逻辑性等进行了完善。这两个文件已分别经2021年1月6日的学校党委常委会和校务会议审议通过,并在1月25日颁布实施。两个文件的修订通过对指导校学术委、院系学术委的工作,使学术委员会的工作更加规范化、制度化具有积极意义。

七、开展学术交流活动

学术交流活动是学术委员会的传统工作,2005年校学术委员会发起创办了清华论坛,它是一个高水平的学术论坛,是清华各类学术活动的"旗舰",迄今已举办95讲。2020年受新型冠状病毒感染影响,清华论坛只举办了一次,本次论坛邀请中国科学院高能物理研究所陈和生院士作了"中国散裂中子源"的演讲。展望2021年,清华论坛将紧密围绕110周年校庆主题,将邀请优秀校友中学术大师、兴业之士和治国之才来做"清华论坛"系列专题报告。

2021年3月23日

(资料来源:本文选自清华大学官方网站 http://www.tsinghua.edu.cn。)

【解析】 这是一则专项工作总结,它从七个方面总结了经验。

【例3-8】

汇聚更多资源,让创新创业惠及更多青年
××大学创业指导站2023—2024年总结

为积极响应国家创新驱动发展战略,坚持以提高人才培养质量作为创新创业教育改革的出发点和落脚点,促进职业教育高质量发展,××大学自2020年成为本科层次职业教育试点院校以来,在上级部门的指导下,依托院校创业指导站,深化建设各类融合平台,共享各种载体,与××部门形成工作合力的创业指导站,致力于形成上海特色、××独有的技能创业圈,不断探索职教本科的创新创业教育特色、话语和文化体系。学校获批上海市首批××建设单位,2023年获批创业指导站A级建设单位。教师指导学生双创项目获得省部级集体奖项5项,国家级奖项2项,省部级奖项177项。工作成效得到××等媒体平台宣传报道。

一、建好一个站,形成一体化推动的创业服务保障体系

××大学自2018年建站以来,加强顶层设计,将创新创业纳入学校"十四五"规划,组建了由校党委书记直接分管,校党委副书记朱范鑫为创业指导站站长,各学院院长、书记、相关职能部门领导为核心的工作领导小组,将创新创业教育纳入学院考核和绩效制度,实行院长负责制,明确教师创新创业教育职责,提高教师创新创业教育的意识和能力,将创新创业教育更多聚焦于人才培养与实践模式升级,紧贴行业发展,确保创新创业教育融入学校培养人才全员、全方位、全过程。为了让工作下沉,结合学院特色,在××学院、××学院和××学院试行创业指导站分站工作,根据专业成立科技创新领域双创基地、生物制药领域双创基地和银发经济领域双创基地。成立博士老师带本专科生机制,优化帮扶、强化实践,切实提高人才培养质量。面向全体、分类组建双创导师,依托××服务基地,实行驻校企业家和"马兰花"讲师帮扶制度,让拥有丰富实战经验的业界专家、"马兰花"讲师和校友企业家作为校内

大学生的导师驻校指导,为产创融合和成果转化奠定基础。

二、建好一个台,形成一站式服务的技能创业平台

围绕技能创业平台,做好课程保障,将双创活动纳入学生综合评价体系必修学分,切实激活学生主动性和积极性。挖掘和充实各类课程的创新创业教育资源,纳入学分管理,建设依次递进、有机衔接、科学合理的创新创业教育专门课程群,将学生的创新创业知识、能力、素质要求纳入专业教学质量标准。设置2个必修学分,综合素质评价体系将创新创业活动和比赛设置为学生的必修模块,让全体学生在各类课程中学习到结合专业特色的学科前沿、研究方法、创业基础、就业创业指导等方面的知识。目前学校拥有必选修课42门,在2023—2024年度累计有52 050人次参与课程学习、交流与分享。

由创业指导站牵头,教务处、学工处、团委等部门密切配合,系统化设置全校大学生创新创业活动规划。定期举办"创新创业活动成果展示",搭建全媒体的学生创业信息服务平台,着重打造"××书院大讲堂"、各学院特色的双创品牌讲座、"创业沙龙""创业路演及分享"等活动,分类、分层开展大学生创新创业训练营,让每一位有创业想法的青年学生都能有一次对外交流的机会,让每一个有创业项目的青年学生都可以得到专家点评和提升,努力营造敢为人先、敢冒风险、宽容失败的创新创业文化氛围。邀请××区人社局、创业专家志愿团等多次来校开展创业政策等讲座23场,打通创业政策的"最后一公里"。在过去的一年中共开展培训、讲座等活动45场,涉及人数近12 878人。多个项目得到××媒体平台报道。

积极探索"政校园企"内聚外引合作模式,探索"政府+企业+高校+园区"合作模式,瞄准上海"南北转型"战略的前沿产业和新兴业态,在创新创业和产教融合方面探索创新。围绕学校探索形成的本科职教的"三融合"双创教育模式,在课堂融合上深化"三课堂"创新创业教育体系,一站式推动第一课堂外的第二课堂和第三课堂,为职业教育双创模式赋能。创业指导站以项目驱动为抓手,与地方政府联合举办创业项目对接会、创业竞赛、创业论坛等活动,与区13家科创、文创园区建立合作关系,通过每年的大学生创新创业训练营研发创新开发一批创新创业项目,形成案例集、成果册,输送至金山区各孵化、科创园区,进行新苗结对培育,实现科技与产业同频共振,实现资源互通共享,共建区域创业服务平台与区人社联动,形成集聚效应。

三、打造一个圈,形成一体化人才培养平台

为进一步通过深化创业指导站载体建设,打破物理空间壁垒,辐射区域平台载体资源,形成上海特色、××独有的技能创业圈,××大学牵手××局首创"侨十五公里创业服务圈",成员单位来自上海××、××分院、银行、园区、社区、创业专家指导团、创业见习基地、就业见习基地等代表,进一步集聚资源,形成青年创新创业教育联合体和责任人。2024年,打破学校与社会的物理隔阂,联合打造"源来好创业"令人心动的创业园之××大学创业指导站篇,根据区域发展方向和学校专业优势,分主题开放学院,邀请行业、企业走进高校,与相关领域创业学生共同讨论行业发展和专业创新,进一步感悟产业发展,激发青年创新力和创造力,得到新华社文汇报媒体报道。

承担中国创业培训"马兰花"计划××区首期GYB班和SYB班。率先成立政府与高校共建的马兰花双创服务基地,推行专家、导师驻校制度,相关活动项目得到新华社、中国青年报、文汇报等报道近10次。承担××直播培训,为来自上海、江苏和浙江的近100家文旅单

位和农村合作社提供直播培训,让更多的农户从幕后走向幕前,学做"新农民",学会"新教具";与××局联合开展园区开放日、电商直播计划、"抓马"直播人才培养计划、新苗结对等活动,主动融入当地区域发展,让青年创业协同区域发展,培养区域发展紧缺创业型人才,提升社会效益;走进山东省莱西市,与乡村振兴齐鲁样板莱西市水集街道签订乡村振兴红色合伙人,将在上海探索形成的实践经验在莱西市传承,实行直播带货、青年学生挂职锻炼、产学研合作。该活动得到××头版宣传报道。

××创业指导站还立足职业发展接续培养定位,积极探索职业教育的"中高""中本"贯通制一体化人才培养体系,形成携手成长、相融共进的职教辐射机制。打造三校师资共享库,为××开展讲座、赛事培训和辅导,共同进步。学校创业指导站承担××区首届创业创新训练营,发布训练营计划,包括通识讲座、赛事培训、项目打磨等行动,同频共振,各美其美。

在接下来,××大学将继续依托创业指导站的平台,在××指导下,不断深化"一站一圈"内外循环,让学校的门越开越大,载体平台汇聚的资源越来越多,让多方协同活动的基础性帮扶活动越来越多,让创新创业教育更丰富更基础地惠及青年,坚持教育、科技、人才是中国式现代化基础性、战略性支撑的理念,通过提升创新体系的效能来撬动双创教育的深化改革,让创业更好服务就业,让创新创业提质增效为青年成长注入更强的活力。

【解析】 这是一个部门全面的工作总结,它从三个方面总结了该部门一年的工作。

课堂实训 3.6 工作总结

在专业实习即将结束的时候,请你回顾实习情况,写一篇总结。

___

___

___

项目5 参加社会实践活动——撰写述职报告

述职报告,即向主管部门或向上级机关陈述事项的上行文,是一种总结性报告。它是对于述职人在过去某一个时间段中的工作业绩和表现情况的一个综合总结,具有个人性、规律性、通俗性、艺术性、真实性、谦虚性、自述性的特点。

技能 点拨

1. 述职报告与个人总结的区别

述职报告作为综合性较强的公文,属于报告的一种,与总结和讲话稿相似,但与个人总结又有不同。两者皆为对过去某一个时间段的工作的综述,都可以作为工作总结和个人展示,都说明了工作情况,但两者又具有以下几个方面的不同:

(1) 行文的目的不同。个人总结旨在总结成绩,找出不足,以便于展望未来工作和发展;述职报告旨在通过汇报综合展示工作上的成绩,是便于主管部门评判工作成绩的有效依据之一。

(2) 行文的范畴不同。个人总结所选择的范畴不受岗位职责的范围限制,可以将做过的工作、人生的经历和感悟写入其中,它所需要阐述的是做了什么工作(不限于目前),从这些做过的工作中取得了什么成绩,个人有什么感悟,存在哪些需要进一步完善的地方等;而述职报告具有较强的时效性,指的是目前所在岗位上所做过的事情,重点展示如何立足本岗位实施方案,展示工作思路、取得的成绩,与之相匹配的是岗位的职责是否相适应。

(3) 行文的表达形式不同。述职报告大多采用"报告"的公文形式,会将表格作为辅助工具,进一步说明工作的绩效和目标,以记叙和阐述为主;个人总结所采用的是"总结"的公文形式,既注重记叙的理性分析,又会掺杂一些个人的情感和总结经验教训等。

(4) 所容纳的体量不同。个人总结可以是集体的、部门的,也可以是个人的,其行文的角度是较为广泛且全面的。凡属重大的工作业绩,出现的问题,经验教训,今后工作设想等都可以写。而述职报告却不同,它具有较强的个人性,要求重点阐述的是个人执行职守方面的有关情况,往往不与本部门、本单位的总体业绩、问题相掺杂。

总而言之,述职报告与个人总结既有联系又有区别,在行文的时候要注意区分各种细节,注意使用的场合和目的,以期取得最好效益。

2. 述职报告的特点

可以看出,述职报告是社会组织机关和部门的负责人向上级管理机关陈述自己某一阶段工作情况,进行总体的回顾,找出内在规律,以指导未来实践的履行职务情况的口头报告。述职报告具有以下几个特点:

(1) 个人性。因汇报场合和汇报人的属性,述职报告所使用的文本材料大多来自汇报人的亲身经历或者工作基础,通过汇报人对某一阶段的工作进行全面的回顾,按照相关规定在一定时间(立法会议或者上级开会期间和工作任期之后)内总结成绩和经验,找出不足与教训,从而对过去的工作作出正确的结论。因此,述职报告具有很强的个人性,在写作上更多地以叙述说明为主。叙述不是详叙,是概叙;说明要平实准确,不能旁征博引,还要据实议事,运用画龙点睛式的议论,提出主题,写明层义。讲究摆事实,讲道理;事实是主要的,议论是必要的。

(2) 规律性。述职报告要写事实,要写清楚工作所取得的成绩和过程,但它不是把已经发生过的事实简单地罗列在一起。它必须对搜集来的事实、数据、材料等进行认真的归类、整理、分析、研究。在这一过程中找出某种带有普遍性的规律,得出公正的评价,即主题和层义以及众多小观点(包括了经验和规律的思想认识)。述职报告的目的在于总结经验教训,明晰的过往工作,继承工作中好的工作经验,并弥补不足,加以创新,使未来的工作能在前期工作的基础上有所进步和提高。因此,述职报告对以后的工作具有很强的指导作用。

(3) 通俗性。因述职报告需面对会议听众,要尽可能让场下的听众和领导能够听懂并了解汇报人所做的工作和所取得的成绩,这就决定了汇报人在进行述职报告的过程中,其文本要求具有一定的通俗性,能够较好地展示出汇报人的工作情况。即使是专业性、学术性很强的内容,也要尽可能明晰准确,以与会者理解为标准。这就注定了述职报告的形式是通俗的,结构是格式化的,语言则是口语化的。

(4) 艺术性。想让述职报告更深入人心,还需要给述职报告增添一点艺术性,运用语言的艺术,将述职报告打造的既有感染力,又有高站位。写述职报告,最好从总体认识出发。

(5) 真实性。述职报告是工作业绩考核、评价、晋升的重要依据,所以汇报人在进行述职报告的过程中一定要实事求是,以真实的工作业绩来进行客观陈述,力求全面、真实、准确地展示自己在所在岗位职责的情况,以客观的态度来记叙工作上的成绩和不足。

(6) 谦虚性。因述职报告的文种属性,所以述职报告就要求汇报人在汇报的过程中,以一种被考核人的心态,谦虚接受议论和评价。要充分认识到自己的述职是在向上级汇报,用语应准确而严谨,言语应谦虚而诚恳,这也是上行文的固有属性。述职报告切忌夸夸其谈,好高骛远。

(7) 自述性。自述性就是要求汇报人自己述说自己在某一个时间段内的岗位情况和工作成绩与不足,是让组织了解、评审自己工作的过程,所以要用叙述的方式,以第一人称,向有关领导或者上级部门报告自己的工作实绩。

3. 述职报告种类的划分

1) 从内容上划分

从内容上划分,述职报告又可分为综合性述职报告和专题性述职报告。①综合性述职报告是指全面、综合地反映一个时期所做工作报告;②专题性述职报告是指报告内容是对某一方面的工作进行专题反映的报告。

2) 从时间上划分

从时间上划分,述职报告又可分为任期述职报告、年度述职报告和临时性述职报告。①任期述职报告是指从任现职以来的总体工作进行报告,一般来说,时间较长,涉及面较广,要写出一届任期的情况;②年度述职报告是一年一度的述职报告,写本年度的履职情况;③临时性述职报告是指担任某一项临时性的职务,写出其任职情况。例如,负责了一期的学生组织工作或组织了一项体育竞赛,写出其履职情况。

3) 从表达形式上划分

从表达形式上划分,述职报告又可分为口头述职报告和书面述职报告。①口头述职报告是指需要向在场或者相关职能部门述职,用口语化的语言写成的述职报告;②书面述职报告是指向上级领导机关或人事部门报告的书面述职报告。

4. 述职报告结构

述职报告具有固定的格式,其一般是由标题、称谓、正文和落款四个要素组成。

1) 标题

述职报告的标题可以分为两类:一种是单行标题,如"述职报告"或者"在……大会(会议)上的述职报告";另外一种是双行标题,正题写主题或者写述职报告类型,前者如《加快职业教育改革,在纵深中为人才培优赋能——在全国民办教育大会上的报告》,后者如《职业教育工作报告——2021年7月12日在第五届全国职业教育大会上的报告》;副题写述职场合,见上述例题。

2) 称谓

称谓是报告者对听众的称呼。称谓要根据会议性质及听众对象而定,如"各位领导、代表"此类称谓一般放在标题之下正文的开头,有时根据需要在正文中间适当穿插使用。称谓一般采用提行的写法,如一篇在公司总结大会上述职报告的称谓为"尊敬的各位领导、同行"。

3) 正文

述职报告的写法依据报告的场合和对象而定,一般来说采用总结式写法,共四个部分。

(1) 基本情况。它是指履行职责的基本情况,用平直、概括、简短、精练的文字概括地交待主要情况、时间、地点、背景、事件经过等。

（2）成绩经验。这部分的写作要注意以下三个问题：

一要以事实和材料为依据，对以往的工作实践进行回顾、分析，因此以往实践所发生的事件是写作的唯一依据。同时，此部分还应适当的结合时事政治或公司发展情况，使报告整体更融入单位整体工作中。述职报告必须把过去一段时间之内所做工作的材料全面地搜集起来，包括面上的材料与点上的材料、正面的材料与反面的材料、事件材料与数字材料以及背景资料等。事件材料必须真实可信；数字材料要准确可靠；背景材料要有辅助性，能与事实形成鲜明的对比或者烘托。

二要点面结合，重点突出。写述职报告要顾及各个方面，企求十全十美、天衣无缝，什么工作都写，会犯了大而全的错误。这样的述职报告实际上只是为了讨好各方，没有什么实践意义。还有的述职报告几十年如一年，年年相似，只是改动一些年份与数字，没有特点。每年的工作可能大同小异，但也有各自的特点。写述职报告时应认真总结出限定时期的工作特点，抓精华，找典型，以这段时期工作中突出而富有典型意义的事件来反映，抓住主要矛盾，写出这一段工作的特色，这样的述职报告才不会千篇一律，才能具有指导意义。

三要分析事实与材料，找出规律。写述职报告的目的是以后更好地工作，因此经验与教训是一篇总结的关键。要从自己掌握的事实与材料中总结出规律性的东西，这样的述职报告才有意义。因此，要把已知的材料分门别类地进行分析、比较、鉴别，把感性的事实与材料上升到理性的高度，引出让人看得见、摸得着、用得上的规律。写述职报告切忌仅是简单地罗列事实，没有分析与归纳，这样的述职报告仅仅是一篇汇报材料而已，只能作为资料收藏，对实践工作毫无指导意义。

（3）问题教训。要实实在在，要有条理，不要避重就轻。

（4）今后计划。它包括目标、措施、要求三个要素，要切实可行。这部分与总结不同，篇幅少一些，占全文 1/5 以下为宜。报告结束时要用称谓礼貌用语，如"以上述职报告妥否，请予审议。谢谢大家！"

4）落款

述职报告的落款要写明自身姓名及单位名称，最后写明报告的年、月、日。

【例 3-9】

大学生社区工作述职报告

尊敬的各位领导：

大家好！

我是来自海江社区的大学生志愿者，现在是一名社区工作者。在社区任职期间，我最大的感受就是"社区既是一个崭新的大课堂，更是一个温暖的大家庭"。一个社区虽然不大，但是社区的工作复杂琐碎，来到社区工作后，我参与了社区方方面面的工作，真正体会到社区工作的千头万绪。在此期间，我也不断提升自我能力和自我价值，逐渐对这份社区工作充满了信心和热情。现将今年的工作汇报如下。

一、转换角色，融入社区

走出校园，踏上全新的工作岗位，就要从根本上完成从"同学"到"同志"的转变。上任之初，我也经历了因对社区工作知之甚少而无从插手的茫然，但是在领导、同事的指导、关怀下,我很快就顺利完成了角色的转换,走出了自己的舒适区,以积极的心态和饱满的热情,在干好自己职责工作外,努力地协助好同事的工作。我充分利用所学知识帮助社区高质量完成相关工作,在工作之余利用自己所学的计算机专业知识教会社区工作人员如何更方便地使用电脑,不仅提高了大家的办公效率,我也在不断接触中与大家熟络起来,为自己创造了一个和谐舒适的工作环境。

二、提高思政修养,精心做事

社区工作是党联系人民群众的纽带,我们肩负责任和人民群众的厚望,为此,我始终以一名共产党员的责任感和荣誉感来严格要求自己,努力提高自身思想政治修养,时刻以"群众所需无小事"作为日常工作的指导思想,时刻牢记全心全意为人民服务的宗旨,做任何事情,都把群众的呼声当作第一信号,把群众的利益作为第一追求,把群众的满意当作第一标准,将思考带入学习中,不断提高业务知识和工作能力。

三、工作成果

(一)做好党建工作

社区党建工作一直都是我们工作的主要方面。我和社区的同志说了我关于党建工作的想法后,便开始到居民家走访、宣传,并通过开放型党组织生活开展一系列丰富的活动,宣传党的方针、政策,提高大家对党组织的认识,为党组织吸收新鲜血液。今年党支部吸收新党员两名,明年还准备至少再发展两名,有户籍群众也有流动群众,已经逐步使支部党员发展工作走向制度化、正常化。

(二)做好宣传工作

及时更新社区宣传栏,向居民宣传党和人民政府在基层的方针政策、法律法规、计划生育、流感预防、疫情防控等内容。同时,我们在社区官方的网络宣传平台积极发布相关的热点及开展的社区活动,也告诉大家如何通过网络平台办理一些咨询、查找等相对简单的业务。我们也会持续地推进今后的工作,加强社区居民对我们社区工作的参与感、归属感、认同感。

在社区工作期间,我负责撰写文字材料、整理档案、宣传政策等工作。这些工作虽然比较琐碎,却增加了实践锻炼的机会,也让我在这些忙碌中感到充实。

四、目前还存在的问题和不足

在工作了一段时间的同时,我也能看到自身还存在一些问题和不足。

一是创新能力还不够,缺少工作亮点。我不能充分发挥自己在社区工作中的作用,在工作上显得比较被动。

二是身上还存在学生气,社会历练远远不够。由于走出学校没多久,我对社会的认识还很片面,遇到事情考虑还不够全面,未来我也会继续努力,探索自己的工作价值。

以上就是我的述职报告,虽然自己还有许多不足和需要改进的地方,但在以后的工作中,我一定扬长避短,时刻牢记自己的责任和使命,以积极的态度做好社区工作,时刻牢记从人民群众中来,到人民群众中去的工作根本,把领导的关心和爱护化作奉献社区、服务居民的热情和行动。

×××

2020 年 12 月 10 日

【解析】 这篇述职报告概括了主要的工作成绩,避免了报流水账,结构完整。

项目6　参加社会实践活动——撰写调查报告

调查报告是对社会现实或是新生事物进行调查研究,根据实地调研、统计分析、多种样态调查得到的结果写成的反映客观实际、揭晓事物本质和规律的书面报告。调查研究是调查报告写作的必由之路。请你分别就下面三项活动进行实践,有序掌握写作调查报告的技能。

（1）近年来,就业市场供大于求的矛盾日趋严峻,给大学生的思想观念、心理压力、生活、学习等方面造成很大影响。请你拟定调查方案提纲,要求具体列出调查目的、范围对象、措施步骤、时间安排、调查方法及总体要求等。

_____
_____

（2）请同学设计一份问卷表,内容可选择有关思想观念、心理素质、伦理道德、偶像崇拜、兴趣爱好等热门话题。要求选题内容好,回收效率高,合理、有吸引力,发卷范围尽量大。做好回收后的统计工作并得出结论。

_____
_____

（3）请你以调查者的身份,以座谈会方式对班内、外班或新生班级进行了解交流,了解其对教学管理、学生管理、食堂管理等方面的意见,注意记录,并进行对比、归纳,拟出调查报告写作提纲。

_____
_____

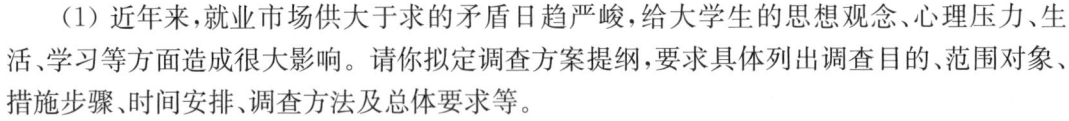

调查报告是对客观事物进行调查研究,通过对调查的数据予以分析,揭示解决问题的路径的书面报告。

调查报告与公文中的"报告"有所不同。公文中的"报告"侧重于汇报日常工作,而调查报告不限于日常工作,凡与日常工作有关的重大情况、典型事件、经验或教训等带有普遍意义的问题,都可用调查报告的形式予以反映。

1. 调查报告的类型

调查报告一般可分为介绍典型经验的调查报告、揭露问题的调查报告、反映新生事物的调查报告、社会情况的调查报告四种类型。

（1）介绍典型经验的调查报告。它指的是在调查研究在某些方面取得了突出的成绩,将其具体做法和成功方法反映出来,进行专题的调查。该项调查报告重在对调查过程和所得数据的叙述与列举,通过实证研究、跟踪调查、纵向调查,结合定性分析予以撰写。

（2）揭露问题的调查报告。它指的是针对某一存在的问题展开调查,它的主要功能是揭露、批判和探究问题产生的原因,分析问题的症结所在,并提供解决问题的思路与方法。该项调查报告同样注重结合背景分析内在原因,并结合实践过程中分析问题产生背后的逻辑,作者可以提供解决问题的实践路线,也可以是呈现客观、实际、全面的调研报告文本。

(3)反映新生事物的调查报告。它是针对社会现实中新产生的或新近有了长足发展的事物而写的调查报告。重在描述事物产生的背景、现状和其特点,分析其内在的规律,剖析事物发展的规律与前景。例如,共享单车在城市交通中作用的调查报告、人工智能在医疗诊断中应用的调查报告。

(4)反映社会情况的调查报告。它指的是针对一些社会情况所写的调查报告,此类调查报告内容主要涉及社会风气、养老赡养、城市发展、百姓意愿、衣食住行等方面。

当然,因为不同的调查报告的类型不同,但其拥有共同的调查研究属性,所以在调查报告撰写的实际过程中,各类调查报告的界限划分并非十分清楚的,相互耦合又互为渗透。

强化 训练

请你根据以上四种不同的类型分别撰写四类调查报告的选题。

_____
_____
_____

2. 调查报告结构

调查报告一般由标题、署名、正文三部分构成。

1)标题

标题的形式有单标题和双标题两种。单标题可分为公文式标题写法和常规文章标题写法,"调查对象+调查课题+文体名称"的公文式标题写法,如"全国乡村振兴示范村兰溪村的共同富裕模式的调查研究"。常规文章标题写法的标题灵活多样,例如,问题式标题"大学生究竟需要什么读物";又如,显示观点式标题"职普融通的必然趋势";再如,形象画面暗示内容式标题"'航空母舰'逐浪经济海洋"。双标题的写法则采用常规文章标题写法和公文式标题写法的组合,例如,"绿水青山就是金山银山——基于菌草行业赋能绿色发展的调查研究"。

2)署名

调查报告的署名就是写上作者的名字、单位名称,放在标题下一行居中位置,个人署名可署于文尾右下方,也可署于标题的右下方。

3)正文

调查报告的正文分为开头、主体、结尾三部分。

(1)开头。调查报告常用的开头形式有:①概括介绍式;②结论式;③议论式;④提问式。不管运用何种方式开头,开头都应该重点突出,简明精要,切入内容要旨。

(2)主体。主体是正文的核心部分。主体部分的结构形态一般分为三种:

第一种,用观点串联材料。通过几个不同方面表现基本观点的层次组成报告主体,以基本观点为中心将它们贯穿在一起。例如,在调研Z时代青年志愿者群像的时候,调查报告的主体依据更主动、更专业、更热情、更多元几个观点来逐层分析青年群像特点。

第二种,按材料的性质归类分层。课题相对来说比较单一,材料比较分散的调查报告可采用这种结构形式。作者经分析、归纳之后,根据材料的不同性质,将它们梳理成几种类型,每一种类型的材料集中在一起进行表达,形成一个层次。每个层次之前可以加个小标题或序号,也可以不加。例如,在调研某个社区的群众幸福感时,根据纵向收集到的数据、调研的采访、定性分析,分成不同的层次,由此侧面衬托出相同的观点。

第三种,按调查过程的不同阶段自然形成层次。事件单一、过程性强的调查报告,可采用这种结构形式。它实际上是以时间为线索来谋篇布局的,类似于记叙文的时间顺序写法。例如,调研某事件引起的舆论调查报告的主体结构,分成事件的起因、事件发生的第一阶段、事件发生的第二阶段等。

主体是调查报告的核心和重点,要用典型的事例和确凿的数据介绍调查事物的发生、发展、变化等过程,指出在实施计划中的成绩和问题,通过分析问题的实质,总结规律性的东西,总结获得的有益经验和深刻教训,并提出建议。

调查报告主体内容的侧重点,根据所反映问题的性质和调查报告的写作目的确定。如果是反映典型经验和新生事物的调查报告,就以写成绩、经验为主;如果是反映综合情况的调查报告,就以写实际情况为主;如果是揭示问题的调查报告,就应以披露错误、分析原因为主。

(3) 结尾。调查报告的结尾应简明扼要,或者总结全篇主要观点;或者指出存在问题,提出建议;或者对所调查的现状作归纳性说明并指出其发展远景。有的调查报告主体部分结束了,意尽言止,就不需另写结尾了。

3. 调查报告要求

总的来说,一篇完整的调查报告的内容包括标题、导语、概括介绍、数据统计、数据分析、总结/结论或是对策/建议,以及所附上的材料等。

调查报告写作要做到:①选择典型对象,有针对性地深入调查。②认真分析研究材料,找出规律,概括出合乎事理的观点。同时还应该注意以正确的立场、观点进行研究,才能认识事物原本的面貌。③用事实说话,做到观点和材料的统一。

【例 3-10】

关于大学生网上购物的调查报告

一、调查的背景和目的

随着我国社会主义市场经济的迅速发展,人们的物质文化需求日益增长,网络和电子商务的发展以及互联网的迅速普及,人们的消费方式也发生着巨大的改变。网上购物已经从一个新鲜事物变成了一种时尚。网购凭借各种优势,冲击并改变了人们的消费观。在网购的消费群体中,当代大学生充当着主力军。大学生作为对网络较为敏感和接触频率比较高的一支庞大队伍,无疑是网购市场中的重要用户群体。尽管大学生在校期间没有经济收入来源,在消费能力上受到了限制,但其消费方式及水平却在一定程度上代表了整个社会的消费方式和水平。这次大学生网上购物调查研究目的是研究大学生网上购物行为并对其进行分析,了解当代大学生对网上购物的消费态度,并正确引导大学生网上购物消费行为。

二、调查方法和对象

此次调查主要针对在校大学生。因为在校大学生受教育程度较高,他们对网络的使用驾轻就熟,对适合在网上销售的满足精神需要的产品具有更多需求,其预期收入也相对较高,因此他们主宰未来网络消费的可能性较大。我们采取调查分析法。首先用随机抽样的方法向各高校在校大学生发放电子版问卷,进行问卷调查,其次对问卷进行了统计和分析,最后得出了结论。

三、调查结果及其分析

1. 大学生网上购物潜力巨大

本次调查结果显示,有网上购物经历的大学生占90%。而没有网上购物经历的大学生只占10%。不难看出,大学生在网上购物的市场潜力是巨大的!这说明大学生能够接受网上购物这一行为,并且接受较快。

2. 大学生网购群体特征:性别特征

调查结果显示,有90%的大学生有网购经验,而其中男生网购群体略少于女生。女生比男生更勇于冒险和追求新的事物,女生的网络基础知识普遍比男生好,这可能是大学生中女生网购比率要高于男生的原因。

3. 没有尝试网购的原因

调查显示,在没有购买经历的大学生中,没有尝试网购的主要原因主要有不知道如何网上购物、习惯传统购物、商品质量难以保证、害怕网上支付不安全、网上购物程序太麻烦。

4. 大学生选择网购的原因

为节约时间、节约费用;方便、送货上门;寻找稀有产品;出于好奇、有趣;时尚、款式新颖;受身边朋友影响;可以货比三家;没有营业员压力。而比例较大的原因是节约时间、节约费用,方便、送货上门。由此可以看出,大学生选择网购的主要原因在于网购更方便,更节约成本。

5. 大学生对购物网站的选择特征

在大学生心目中,可供网上购物的首选网站共分为三大类:主要进行网上零售的B2C网站、拍卖网站以及门户网站。从调查结果来看,大学生选择的购物网站主要包括淘宝(98%)、易趣(60%)、拍拍(65%)、当当(47.5%)、卓越(62.5%)。大学生有着较清晰的品牌意识,青睐知名度高、信誉良好的网站。尤其,学生的首选网站包括拍卖网站如淘宝、易趣、卓越,网上零售网站如当当等。

6. 大学生网购行为特征

(1) 购买的商品或服务类型。从调查结果来看,大学生在网上最常购买的商品和服务包括书籍及影音类(23.5%)、衣服饰品(23.5%)、礼品(14.4%)、手机及数码产品(5.9%)、电脑及配件(5.9%)、生活与体育用品(26.5%)。可以看出,书籍及影音类、衣服饰品、生活与体育用品,所占比例最大。书刊质量风险不大,运输较为方便,而衣服饰品、生活用品的网购价格较于传统购物的商品价格低。这体现了大学生在生活、学习和文化娱乐等各方面的消费特点。但学生们对网上购买食品的接受程度显然还有待提高,其主要原因是时间不能保证。因为食品类产品对保质期要求严格,一旦时间太久或者过了保质期,不但不能食用,有时甚至会对人的健康造成危害。而制约网上购买食品发展的重要原因有人们觉得麻烦、不信任、没有想过。

(2) 购物频率与购买金额。从调查结果来看:购物频率最多的是平均每季一次(35.3%),每月的平均购物金额为50~100元(35.3%),也有28%的大学生月消费金额随所购商品价格而定。这与上述的大学生主要购买的商品和服务类型是相吻合的。

(3) 付款方式。从调查结果来看,61.2%的网购学生选择的是第三方支付(如支付宝、贝宝)。我国的电子支付状况已得到较大改善,大部分学生对网上支付的安全性比较放心。

7. 学生对网购的评价特征

(1) 网购的担心因素。调查显示,网购的担心因素包括卖家诚信、货款的支付问题、商品的递送问题、售后服务问题、网络安全问题、观念问题。没有网上购物经历的大学生对网络购物的感知风险较高。在全部被调查者中,调查者担心的因素主要有卖家诚信(如假货、质量差)(22.9%)和货款的支付问题(25.6%),其他担心因素如售后服务问题、商品的递送问题、网络安全问题分别占 20.9%、16.3%、9.3%。而有过网上购物经验的大学生,已经对其有了基本的信任,这说明大学生的初次网购体验非常重要。

(2) 未来的购买意愿。在未尝试网购的大学生中,表示今后有可能尝试网购的占 57.5%,说明他们对网购的发展有所期待,在网购条件让他们感到满意时愿意尝试。网购与传统购物相比在方便及时效性、信息的丰富性等方面具有很多优势,会吸引越来越多的大学生参与。

调查研究显示,由于网上购物与传统形式的购物有着时间与空间的差异,大部分大学生认为网上购物的可信度有 60%~80%。

四、总结

大学生网上购物前景广阔。大学生虽然受经济条件的约束,在校期间无法开展更多的网上购物活动,但其参加工作之后将会在很大程度上成为社会中的中高收入群体。所以,大学生的价值也绝不仅仅局限于他们目前的实际购买量,而在其终身价值,一旦有了固定的收入,他们参与电子商务活动的潜力是巨大的。此次问卷调查也支持这一结果,90%的被调查学生有过网上购物经历;83.7%的大学生网络购物者明确表示在未来的一年还会继续进行网络购物;10%没有尝试过网络购物的大学生也表示今后会进行网络购物。

大学生网上购物市场已经形成。我们从调研中可以看出,大学生上网已经普及,大学生每天上网的平均时间普遍为 1~5 小时,同时,在曾经有过网上购物经验的人群里 86%的购物者对其进行的网上购物是基本满意的,说明至少有 86%的人对网上购物是能够接受。以上数字告诉我们,面向大学生的网上市场已经形成,正等待商家去开发。

虽然说网上购物有很多的优势,但传统的购物形式还是不可替代的。例如,买衣服、鞋子以及自己没有用过的化妆品之类的东西,需要自己本人亲自去试了才确定要买的商品,人们一般情况下还是会选择传统购物。电子商务的快速发展给网购带来新的革命和生机,也是将来购物发展的趋势。由此可见,网上购物预期很好,将有很大的发展前景。网上购物市场的基础环境越来越稳定,淘宝、易趣、当当、卓越等购物网站已成为广大网民网上购物的场所。随着我国经济持续快速的增长,人民生活水平的提高,中国电信网络规模的壮大,电脑普及率的提高,计算机技术的发展以及政府多层次、多角度的推动,网上购物市场越来越火爆,会逐渐发展及形成人们购物的主要形式。

(资料来源:本文选自百度文库)

【解析】 这是一篇情况调查报告。全文结构完整,报告的开头部分概括叙述了调查的意义、调查的主题、开展调查的时间及使用的调查方法。

【例3-11】

绿水青山与金山银山循环发展,助力农业农村现代化

——以菌草产业发展调研为例

1. 引言

20世纪70年代,林木生长较慢,满足不了食药用菌生产迅速发展的需要,因此菌业生产

的"菌林矛盾"突出。为了解决这一难题,"菌草之父"林占熺教授自1983年起开展"以草代木"栽培食药用菌的研究,1986年获得成功,发明了菌草技术,打破了"木腐菌"与"草腐菌"的界限,为菌业可持续发展开辟了新途径。1996年11月,在中国福州召开的国际菌草业发展研讨会上,与会专家学者一致通过把可用作栽培食药用菌培养基的草本植物定义为"菌草";菌草是可以作为栽培食药用菌类养基的草本植物,其根系发达、生命力顽强、繁殖性强、生长速度快,可以为菌类的生长提供充足的营养,常见菌草有五节芒、象草、芦苇、玉米秆、比特草、芒箕等,用菌草培育菌类时,要将其切碎晾干,然后混合干燥的土壤。相比于其他的草料,它唯一的优点或许就是产量足、生长周期短。对于我们国家的畜牧以及养殖需求而言,菌草的优点其实远远没有达到满足。不过对此,国家菌草工程技术研究中心的科学家并没有选择放弃。他们坚信,在经过相关的研究以后,菌草也一定可以表现出更加强悍的性能。就这样,在之后长达二十多年的时间里面,科学家们经过一次又一次的优化实验和改进,终于将巨菌草的性能进一步提升。不仅如此,像这种原本更加适合热带、亚热带地区的植株,对"气候"也终于不再像之前一样"挑剔"。在祖国的大江南北,都可以种植这种潜力巨大的植物。

菌草是一种新型农业资源,被习近平总书记誉为中国智慧、中国方案。

2. 调研背景、目的与意义

2.1 菌草调研的背景

20世纪80年代以前,世界各国都以林木中的阔叶树为主要原料,来栽培香菇、木耳、灵芝等食(药)用菌。20世纪80年代,我国已经从国外引进了栽培技术,食用菌成为农村脱贫致富的重要产业。当时在福建省,农民大量消耗木材生产香菇、木耳等食用菌,能种菌的树都砍光了,"菌林矛盾"日益突出。然而阔叶树资源紧缺,培植周期长,且不易人工栽培。随着食用菌产业的快速发展,特别是食用菌工厂化企业的迅猛发展,"菌林矛盾"日趋突出,阔叶林资源遭到破坏,生态环境日益恶化,食用菌产业也面临原料短缺的威胁。在此背景下,福建省大力推广菌草技术,具有重要的现实意义。本文从采用者的角度,对农户和工厂化的菌草技术采用行为进行分析,探究影响菌草技术采用的因素,从而诱导采用者(农户和工厂化企业)的行为,促进对菌草技术的采用,实现以草代木,节约木材资源,解决"菌林矛盾",保护生态环境,促进食用菌产业的可持续发展。

随着绿水青山就是金山银山的重要生态文明理念的提出,我们也发现如何打通绿水青山与金山银山之间的双向转换通道成为摆在我们面前的难题。而其中有个转换良药,那便是菌草。据不完全统计,菌草产业有着10亿万元的市场,是一片广阔的市场蓝海。于是我们开启了我们的调查之旅。

2.2 调研目的与意义

菌草技术可助全球减贫和可持续发展,习近平总书记指出,菌草技术是"以草代木"发展起来的中国特有技术,实现了光、热、水三大农业资源综合高效利用,植物、动物、菌物三物循环生产,经济、社会、环境三大效益结合,有利于生态、粮食、能源安全。菌草技术也多次在国际亮相,彰显中国技术。2001年,中国首个援外菌草技术示范基地在巴布亚新几内亚建成落地,至今这一技术已推广至全球一百多个国家,合作紧扣消除贫困、促进就业、可再生资源利用和应对气候变化等发展目标,为促进当地发展和人民福祉发挥了重要作用,受到发展中国家普遍欢迎。外交部部长王毅表示，菌草技术是中国在推进减贫脱贫过程中摸索出的一项成功实践，也是中国助力全球可持续发展所作出的一项重要贡献。菌草技术国际合作已成为中国致力于与发展中国家共同发展振兴的一个缩影。

"菌草之父"林占熺教授说，菌草科学与技术研究院的成立，为菌草科学研究和技术创新提供了一个新的平台，为菌草事业的发展开辟了更加广阔的空间，将进一步为服务乡村振兴、为黄河生态安全屏障建设和高质量发展、为"使菌草技术成为造福广大发展中国家人民的'幸福草'"作出积极、重要的贡献。本次调研的目的便是通过调查研究和实践，探索菌草推进农业农村现代化的路径。

3. 调研过程

3.1 菌草的定义

1996年，来自中国、澳大利亚、美国等国的专家学者在福建福州参加首届菌草业发展国际研讨会，菌草从此有了中英文名称和定义。令我骄傲的是，直到现在，国际上菌草的英文名字都是汉语拼音"Juncao"，因为菌草技术是我国拥有完全自主知识产权的原创技术。菌草源自自然界，但目前我们在生产上应用的菌草，是经长期系统选育而得的一个新的类别。菌草有什么用？最初，它被用于食用菌、药用菌的培养基，栽培出优质食药用菌。经过多年选育、创新，其功能也从最初的"以草代木"种菇，拓展到菌草饲料、菌物肥料、菌草生物质能源开发等领域。

3.2 菌草的作用

菌草业是在传统的草业、菌业、牧业的基础上发展形成的新型生态产业。它与传统草业、菌业、牧业、生物质能源、生物质材料有相似之处，但又有其独具的特点与优势。与传统草业比较，菌草具有太阳能利用率高、综合利用价值大的优点；与传统菌业比较，以草代木栽培食药用菌，可节约大量森林资源，实现菌业可持续发展，有利于生态环境的保护；与传统的牧业比较，菌草业在草与畜之间增加了一个"菌"的生物圈，即从"草—畜"变成"草—菌—畜"，形成植物、菌物、动物三物循环，实现资源多次综合高效利用。

菌草可以作为栽培食药用菌养基的草本植物，其生命力较为顽强，根系发达，繁殖性强，生长速度较快，成本较低，可以为菌类的生长提供充足的营养，而且菌草还是生态治理的先锋植物。它根系发达、光合效率高、适应性强、耐旱、耐盐碱、耐瘠薄、抗逆性强、保水保土。其中，巨菌草高度可达7米，富含内生固氮菌，可在坡地、沙地、盐碱地快速生长，能有效改良盐碱地。福建平潭的幸福洋滩涂盐碱地，见证着盐碱地变菌草良田的奇迹。

3.3 菌草的现状

本次调研发现，30多年来，菌草科学研究不断取得新的突破，已建立起较为完善的技术体系。菌草资源是目前世界上农业资源中最为丰富并且是到目前为止尚未开发利用的可持续开发的资源。目前可用45种菌草栽培55种食药用菌，并拓展到菌草生态治理、菌物饲料、生物质能源与材料开发等领域。应用菌草技术所发展的生态菌业是循环经济的一个典型产业，通过"种植菌草（保持水土）——用草种菇——种菇后菌糠加工成菌体蛋白饲料用于养畜或加工成菌肥用于草、农作物、果树或再利用种菇——牲畜粪作为草、农作物、果树等的肥料或作为种菇的原料"的良性循环产业链，达到"植物生产——菌物生产——动物生产"的相互促进，平衡生产的良性循环，经济、社会和生态三大效益有机结合，资源多级多次利用，良性循环,实现可持续发展,有广阔的应用前景。

3.4 菌草的产业链

菌草开发把种植业、菌业、饲养业三业有机结合起来,把种植业延伸到生物质能源等产业,把菌业生产与环境保护统一起来,形成资源多次综合利用的良性循环。

在这种循环中,输入生产系统物质(菌草)在生产第一种产品后,它的剩余物(废菌料)是生产第二种产品(牲畜)的原料,再产生的剩余物(牲畜粪便)则成为生产第三种产品(粮食、菇类、沼气)的原料,直到全部用完或循环使用。

养殖饲料草。巨菌草是多年生高产优质牧草,具备叶片厚大、叶质柔软多汁、适口性好、营养丰富均衡、容易消化等特点,巨菌草较高的粗蛋白含量及适口性决定了可以加工成很好的青饲料和青贮饲料,其干物质、粗蛋白、粗脂肪等主要经济技术指标保持了较高的水平,生长四周左右的巨菌草粗蛋白含量最高,是猪、牛、羊、马、兔、鹅、鸭、鸡、鹿、大象、鱼等禽畜、水产生物的优质青饲料。贵州用菌草喂奶牛取得与喂玉米青料产奶量相当的水平。经对比试验,用巨菌草养的毛驴,三个月之后比其他饲草喂养的毛驴身高增加 25 厘米,成本降低 20%,效益增加 20%。

微酵(微生物发酵)饲料对养殖业的持续生态良性循环发展有五大改变(以养猪为例):饲料成本直降 50% 以上、同期增重 25%～30%;肉质达到国家有机标准,没有农药、化学添加剂、抗生素等残留;大小便没有腥臭味,不招蚊蝇;提高禽畜的免疫力,增加禽畜产奶量,产蛋量,有效预防各种常见疾病。用巨菌草作为牧草饲喂的动物具有长膘快,抗病性增强的等特点,可大大提高出栏率。

生物燃料乙醇。生物燃料乙醇产业将符合国家战略需求。生物燃料乙醇是可再生液体燃料和绿色、优质汽油组分。推广使用车用乙醇汽油,符合中国建设清洁低碳、安全高效的现代能源体系的要求。

生物质能源沼气及甲烷。巨菌草作为生物质能源生产沼气的技术已经成熟,种植 8～12 个月的巨菌草,用于生产沼气,每吨鲜草可产生 440 立方米沼气,沼气是一种最为广泛的生物质燃气,也是最为典型的可再生清洁能源。其中含 60% 甲烷,其副产品可产生生物质肥料。甲烷是一种气体,可用作燃料及制造氢气、碳黑、一氧化碳、乙炔、氢氰酸及甲醛等物质的原料。

利用厌氧发酵工艺将菌草转化为高效、洁净、方便的生物质能源——沼气及甲烷,对缓解我国常规能源紧张状况,促进社会经济的可持续发展和生态环境的改善都具有重要意义。

高品质的纤维板、纸浆。作为生产板材的原材料巨菌草是做高密度刨花板材的优质原料。由于成年巨菌草木质化程度高,纤维长,拉力大,用于做板材,其质量高于同类产品。生长期为 6～7 个月的巨菌草是替代秸秆的高效原料,其质量优于秸秆产品,生长期一年的巨菌草可以替代木屑,大大降低密度板及刨花板的生产成本。

菌草是生产高质量原纤维的材料。生长 4 个月以上的巨菌草鲜草,纤维含量可达 25%。一亩巨菌草第一年的纤维产量相当于 60 亩棉花,第三年相当于 100 亩棉花,4 吨巨菌草可生产一吨纤维。用它制作的衣服柔性、韧性大大优于棉纤维和其他纤维,可制成无须漂白着色的纯天然服装及纯色纸,目前市场上其他产品质量远不如从巨菌草提取的竹原纤维,每吨售价达 35 000 元;巨菌草还是制造纸浆的优质原料,菌草在生长过程中靠光合作用吸收二氧化碳而形成纤维材料,经过制浆过程后有大约50%以上的碳以纤维的形式形成了纸浆,而另外约50%的碳经过回收用于生产能源。实验结果表明,完全木质化的巨菌草原料结构质地紧密,纤维较长,湿重在4.23克,该浆强度高于杨木板浆。

2020年,菌草便应用于福建省福州市闽清市的生态修复,用种植菌草来治理水土流失,同时实现林草菌畜循环生产的模式,在经济升级的同时进行生态修复;同时还应用于甘肃省定西市的经济种植,在菌草种植过程中带动参与农户增收2600元。

3.5 菌草的行业及前景

1986年,福建农林大学发明了"以草代木"栽培食、药用菌技术,经过20多年的研究和拓展,该技术已发展形成综合性技术——菌草技术。菌草技术具有太阳能利用率高、资源利用率高、投资少、周期短、见效快等优点,现已传播到87个国家,已在我国32个省(直辖市)的386个县(市)应用。由菌草技术发展形成的产业——菌草产业,涵盖菌业、草业、畜牧业等产业,并涉及生物医药、保健食品、菌物饲料、生物肥料、水土保持、荒漠治理及生物质材料、生物质能等领域,是高产、高效、优质、安全、生态的新兴产业,发展菌草产业既能增加农民收入、脱贫致富,又能改善生态环境,使社会、经济、生态三大效益共赢。在荒坡上种植巨菌草,可增加土壤微生物群落功能多样性,在一定程度上提高土壤肥力,荒坡地种植巨菌草能产生一定的生态正效应。

菌草是一种新型农业资源,更是被习近平总书记誉为中国智慧和中国方案。据不完全统计菌草产业有着10万亿元的市场,拥有着广阔的市场蓝海。而菌草除了经济价值外,还拥有着巨大的生态价值,实现经济与生态修复双循环。菌草十年十亩周期,年产200吨,农户净利润可达6万元,我们净利润为3万元,而这样的成本均高于普通粮食作物。

菌草是一项综合技术,可集约化高产牧草和蘑菇,在消除饲料短缺、减少土地退化、缓解气变挑战等方面具有重要作用,而该项目将从示范片,到孵育基地,到农户推广模式引领带动农民开展规模化高效种植,再到全产业链条应用,实现绿水青山与金山银山的双向通道转换的理念,不断延伸菌草产业链,形成以点带面的辐射效应,逐步形成全产业链的创新和可持续发展。

3.6 菌草的困境

由于知名度低、发苗率低,目前菌草的耕作、采收、加工设备不大适应,种植加工成本较高,甚至高于木屑,且草粉难以储藏等,企业生产存在较多问题,菌草食用菌生产较难推广。目前菌草推广方式还较为单一。推广主要采用政府领导下的技术推广体系,由政府确定合作框架,自上而下进行技术推广,通过项目推广与示范辐射相结合的方式实现更大范围的辐射和推广。受多种因素制约,尤其是科研院所技术人才的欠缺,导致菌草推广存在速度慢、覆盖面小的问题,菌草产业链的延伸也面临较大困难。

3.7 菌草推进农业农村现代化的路径研究

共同富裕既是中国式现代化的重要特征,也是农业农村现代化的核心目标,经过调研发现要以推广、试验与宣传三位一体协同,让菌草走向农村,加快农业农村现代化进程。

第一步,形成示范片,进行菌草普及。学校地处金山区,为上海乡村振兴的主战场,学校为项目团队直接提供10亩地用于项目示范片种植和推广。同时通过开设讲座、宣传、讲解等手段,不断普及菌草的常规知识和应用,形成可复制的种植农户推广模式。

第二步,解决目前菌草产业存在育苗率低、因地制宜方案不够完善等问题。在示范片上积极引进菌草水肥菌一体化智能栽培系统技术,该技术的应用可直接提高发苗成功率45%。调研团队发现,在2021年,中南海峡勘察设计有限公司在福建、江苏邳州市高新区探索不同立地条件和抚育措施下菌草的生长量,形成可供遵循的规程种植方案。

第三步,打通转换渠道,进行全产业链应用。因地制宜找寻菌草的全产业链应用场景,例如,应用于草肥或制作成饲料,或者进行第一二三产业链联动产生经济价值。

4. 调研总结

本次调研发现随着社会经济的转型发展,人民对物质的需求不断发生变化。菌草业作为重要的产业,具有强大的生态服务能力,它肩负着优化环境与促进经济发展的双重使命,在实现地区社会经济可持续发展中具有不可替代的重要作用。

菌草业具有资源消耗低、经济效益高、社会生态效益好、发展前景广阔、市场潜力大、可持续等产业优势,菌草技术作为一项优势技术已经在援外过程中发挥了重要作用。也许该专利技术的自身经济效益并不显著,然而对国内、国外特别是第三世界国家而言,它不仅是生态环保的好项目,还是扶贫解困的好手段,更是创造社会效益的典范。菌草技术有助于缓解粮食短缺、食品安全和营养保健等重大难题,还可以缓解荒漠化、水土流失等世界重大生态环境问题。

习近平总书记指出"我们既要绿水青山,也要金山银山。宁要绿水青山,不要金山银山,而且绿水青山就是金山银山"。其实绿水青山与金山银山的关系,实质上就是生态环境保护与经济发展的关系。因此,必须重视培育和发展自然资源,加强自然资源和生态环境的保护和利用,增加生态价值和自然资本。

菌草业作为生态文明建设的主体,是践行"绿水青山就是金山银山"理念的主阵地。因此,必须要以"绿水青山就是金山银山"理念为指导,加快菌草业改革发展,正确处理菌草资源培育、推广和合理开发新品种,在继续实施好菌草业生态建设的同时,加速菌草发展,全面推进菌草业现代化建设,既当好绿水青山的建设者,也当好金山银山的打造者。

【参考文献】

[1] 郑金英.菌草技术采用行为及其激励机制研究:以福建为例[D].福建农林大学,2013.

[2] 林兴生.菌草产业发展的几个关键技术研究[D].福建农林大学,2013.

[3] 谢芳芳.菌草技术的援外推广模式研究[D].福建农林大学,2013.

附录

关于菌草种植推广的访谈

张强:这个菌草种植收益怎么样?

采访人员:菌草的收益是非常可观的。因为菌草资源是目前世界上农业资源中最为丰富的并且是到目前为止尚未开发利用的资源,是可持续开发的资源。菌草具有固氮、培肥、提高土壤有机质含量的作用,既是优良的牧草,又是优良的绿肥植物资源,可作为绿肥用来增加土壤有机质含量,改善土壤团粒结构,活化土壤养分,促进作物增产,也实现了光、热、水三大农业资源综合高效利用,植物、动物、菌物三物循环生产,目前菌草的市场需求在政府政策的带动下正在不断增长,从长期角度来看,农民种植菌草是相当明智的选择。

张强：我不会种植菌草怎么办？

采访人员：我们会有技术人员带领你们进行菌草的种植，购买菌草苗时，公司会做一些详细介绍说明。

张强：这个对土地有什么损害？

采访人员：研究表明，种植菌草对土地没有损害。相反，菌草具有固氮、培肥、提高土壤有机质含量的作用，既是优良的牧草，又是优良的绿肥植物资源，可作为绿肥用来增加土壤有机质含量，改善土壤团粒结构，活化了土壤养分，促进作物增产。菌草还是生态治理的先锋植物。它根系发达、光合效率高、适应性广、耐旱、耐盐碱、耐瘠薄、抗逆性强、保水保土。其中，巨菌草高度可达7米，富含内生固氮菌，可在坡地、沙地、盐碱地快速生长，能有效改良盐碱地。

走访中南海峡（福建）勘察设计有限公司　林伟

采访人员：您认为菌草种苗公司目前的困境有哪些呢？

林伟：我司觉得目前菌草技术体系推广不完善，了解的人较少，以政府主导购买为主，缺乏农业企业参与，市场销售面较小，而且菌草苗种植需要创新，应该留住科研人员，充分发挥专业人才优势。

采访人员：我们想了解一下贵公司的近年发展。

林伟：我们公司是一家以林业调查规划设计、碳汇开发、菌草种植、生态修复为综合业务的第三方服务公司，并且菌草种植和推广项目以校企合作，菌草种苗销售，全产业链拓展逐渐推进宣传、推广、农村菌草产业三位一体协同、可持续发展，并且和我司签署协议开展合作，我司将成为中福海峡（平潭）发展股份有限公司孵育基地之一。

采访人员：您认为大力发展菌草业能够给农民带来哪些益处？

林伟：菌草资源是目前世界上农业资源中最为丰富并且是到目前为止尚未开发利用的资源，是可持续开发的资源。菌草具有固氮、培肥、提高土壤有机质含量的作用，既是优良的牧草，又是优良的绿肥植物资源，可作为绿肥用来增加土壤有机质含量，改善土壤团粒结构，活化了土壤养分，促进作物增产，而且可以带动当地的生产力发展，缓解就业压力，增加农民种植收入。

采访人员：中福海峡（福建）勘察设计有限公司的发展给当地经济、生活带来了怎样的影响？

林伟：快速推动了当地生产生活的进步，人民的物质生活水平逐步提高，也促进了当地菌草类生产经营的发展，促进了当地与其他地区的交流，让菌草真正地走出去。

采访人员：您对该公司未来的发展路线有何想法？

林伟：我认为还是要深入践行"创新、协调、绿色、开放、共享"新发展理念，走可持续发展道路，现在国内市场还仍有很大的开拓空间，我们应先扩大市场菌草知名度，然后打通绿水青山和金山银山之间的双向转换通道。让菌草实现三位一体协同发展，实现菌草产业化，助力乡村振兴。

采访人员：您对菌草经济在未来市场中会有怎样的走向有什么看法？

林伟：未来菌草的价格应该由国家层面进行调控，国家会大力创新菌草推广模式。在现有政府主导模式基础上，充分发挥市场的作用，鼓励和引导农业企业积极参与，与农林院校、农科院所共同作为重要实施主体参与菌草推广。构建以企业为主体、产学研深度融合的菌草技术推广体系,培养产业创新型人才,丰富和拓展菌草推广模式,进一步延伸菌草产业链,实现菌草经济效益、生态效益、社会效益的全面提升。

【解析】

这是一篇按材料的性质归类分层的调查报告。全文通过不同材料的性质将它们归类成不同的支撑材料进而进一步佐证其意义。并附上访谈记录,这也是定性分析常用的方法。

课堂实训 3.7　调查报告

1. 请仔细阅读下面的写作提示,写一篇社会实践调查报告。

一、项目名称

请做一个关于××艺术节的调查。艺术节,即文化艺术节庆,有文化节、艺术节、旅游节、文化周等各种不同形式,是利用文化艺术节庆进行宣传展演的活动。由于艺术节在宣传文化、弘扬文化、带动经济发展方面有重要的作用,近20年来,我国各地利用"文化搭台,经济唱戏",开展了各式各样的艺术节。

二、信息的获取

(1) 在调查之前,先找出当地媒体如报纸、电台等宣传的有关材料,搜集资料,先储备相关的基本材料,再进行调查,才会有的放矢。

(2) 艺术节主要的主办者,一般是各市(区、县)党委宣传部,或是文化局、旅游局等部门。具体的工作由当地的广播电视台演出公司负责。调查者可以找到相关的部门或负责同志了解具体的策划方案。

(3) 调查者可以采访参加过艺术节的相关工作人员及市民观众,以了解情况。

三、调查的内容

(1) 艺术节的基本情况。艺术节的举办形式、举行的时间和地点、相关展览或演出活动。

(2) 艺术节的策划宗旨,即艺术节举办的目的和目标。

(3) 艺术节的具体运作:①主办方与承办方;②媒体的传播与宣传;③邀请的当地名流及领导;④安排哪些展览与演出活动;⑤企业的资助与赞助。

(4) 艺术节的实际效果:①提升当地知名度;②突出当地特色或品牌文化;③带动相关产业及提升经济。

(5) 对艺术节的评价。依据对媒体资料的搜集、市民的调查或你的评判,对艺术节进行比较客观的公正的评价。

四、注意事项

(1) 选取的艺术节应当注重可操作性,选题不要太大,尽量不要以世界博览会、中国艺术节这些大的艺术节作为调查对象。

(2) 艺术节并不全是成功的,一些过滥、过小、举行活动过频的艺术节并不成功,你也可以对其提出客观的批评意见。

(3) 调查的对象应当既有主办单位负责人、策划人、机关人员,又有普通市民、学生,这样比较客观公正。

(4) 可以就你所在学校或针对当地著名的特色文化或旅游资源,提出一些艺术节的建议与构想。

2. 请根据你所感兴趣的方向,拟一个调查报告的提纲,提纲需包括简要的调查背景、调查手段、调查过程、主体内容、结语等基本要素。

项目7 参加社会实践活动——撰写社团活动策划书

党的二十届三中全会审议通过的《中共中央关于进一步全面深化改革、推进中国式现代化的决定》(以下简称《决定》)提出,坚持以开放促改革,依托我国超大规模市场优势,在扩大国际合作中提升开放能力,建设更高水平开放型经济新体制。进博会作为我国外交对外开放的重要平台,已经连续举办了七届,持续传递开放强音,中国用行动证明了中国开放的大门只会越开越大。在上海进博会举行期间,很多在校大学生加入进博会志愿者行列。现在进博会已经结束,为了能让未能参加进博会志愿者活动的同学体验一下进博会志愿者的辛苦劳动,再一次展现大学生的精神风貌和积极的社会责任感,进一步参与进博、分享进博。校团委决定号召全院党团员参加"进博志愿一日行"活动。

假如你是校学生会主席,你受校团委委托组织这次"进博志愿一日行"活动,活动内容为在校园周边街区宣传文明乘车、出行,在周边社区宣传尊老爱幼,在滨江公园举行"进博志愿一日行"书画展等。参加对象为学生党员、团员和学生代表,共60人。你将如何策划这次活动呢?是按照自己预想的方式,不形成文书,根据实际情况随时规划,还是形成书面材料,有条理有计划地组织?

请简要地撰写策划书,并以小组讨论的形式探讨该方案的实效性。

技能 点拨

校园活动策划书作为职场必备的文种之一,不仅是活动顺利开展的有力保障,而且是体现执行者在前期策划、中期落地、后期复盘的文本材料。而活动策划的过程,是职业汉语能力跨学科的具体体现,一方面既需考虑受众对象的心理特征、行为特征,另一方面还需要根据多方的因素如活动的目的、活动的作用、活动的实效、活动的双向性等来确定最后的策划落地方式。

1. 社团活动策划书的一般写作格式

社团活动策划文书和成立社团的章程等不同。前者指的是社团已经成立,策划社团的一次活动;后者是指与社团成立相关的社团的目的、宗旨、管理制度等文书。我们这里只讲社团活动策划文书。

社团活动策划书因用途、层级、场合的不同而略有区别,但无论是哪一种形式,其结构是

相对稳定的,一般包括以下几个部分:

(1) 活动的标题。活动的标题也就是活动策划书的名称,要简洁明了,一般由单位、事由和文种三个要素构成。如为对内的活动策划可直接写为"××活动策划书"的形式,也可以在标题上加上具体部门的名称,但要注意采用双标题格式,单行标题的策划书一般不写部门名称。单位对外的活动策划一般采取双行标题的形式。

(2) 活动背景、目的与意义。活动背景、活动目的与活动意义要贯穿一致,突出该活动的核心构成或策划的独到之处。活动背景要求紧扣时代背景、社会背景与教育背景,鲜明体现在活动主题上;活动目的即活动举办要达到什么样的目标,陈述活动目的要简洁明了,要具体化;活动意义其中包括文化意义、教育意义和社会效益,及预期在活动中产生怎样的效果或影响等,书写应明确、具体、到位。这里需额外注意的是,在撰写活动背景的时候要有指向性,避免"假大空",也避免错误的背景。例如,某组织在策划校园文化跑活动,背景材料用的是读书会的内容或者是经济改革发展的内容,既不贴切又不点题。

(3) 活动的时间与地点。该项必须详细写出,非一次性举办的常规活动、项目活动必须列出时间安排表(教室申请另行安排)。活动时间与地点要考虑周密,充分考虑各种客观情况,如教室申请、场地因素、天气状况等。

(4) 活动的内容。社团须注明所开展活动的形式,如文艺演出、文体竞赛、影视欣赏、知识宣传、展览、调查、讲座等。

(5) 活动的开展。作为策划的主体部分,活动的开展表述方面要力求详尽,不要仅局限于用文字表述,也可适当加入统计图表、数据等,便于统筹。活动开展应包括活动流程安排、奖项设置、时间设定等。涉及奖项评定标准、活动规则的内容可选择以附录的形式出现。活动流程安排大致可以分为三个阶段:①活动准备阶段(包括媒体宣传、视觉设计、海报宣传、前期报名、物料盘点、开展活动各阶段的负责人、活动需求度调研等);②活动举办阶段(包括活动的邀请、活动的流程安排、人员的组织配置、场地安排情况等);③活动后续阶段(包括结果公示、活动展开情况总结、数据的复盘等)。以上每个阶段需明确注明。

(6) 活动的经费预算。经费预算要尽量符合实际花费;写出每一笔经费预算开支,以便于报销处理(报销时附正规发票)。

(7) 其他。其他包括活动的安全保障、活动中的注意事项、活动的后期工作、活动负责人及主要参与者等。

总而言之,一份完整、合格的活动策划书需包含以上各要素,但也可根据不同的活动层级适当调整其中要素。一个好的活动策划体现的是闭环的思考能力背后的逻辑关系,就像是国家新型职业"全媒体运营师"一样,先要结合用户需求制定选题,然后要通过编辑、设计等方式产出优质的内容,进而进行任务的分配,最后作出数据的复盘和分析。一个好的活动策划者既要有选题的能力即对受众群体的把握,又要有设计选题呈现的能力和提出解决方案的能力。

2. 社团活动策划书的写作要求

(1) 符合法律规定。社团活动不能与国家的法律、法规以及政策相抵触,社团必须在法律法规许可的范围内活动。

(2) 活动具有可行性。社团活动不能凭空写,一定要具有可行性,不具有可操作性的活动、事件不要写入。这里需注意的是,活动的策划过程中要注意考虑活动的真实需求性,忌自以为受众群体需要,所以在活动策划过程中需作好调研的分析。

(3) 注意文字的实用性。文书应用平实的语言写就,尽量避免掺杂形象性、复杂性和文学性的语言。

(4) 结构完整,内容具体。社团活动策划文书的基本要素要具备,相应的内容不能缺失,否则会导致活动的失败。

(5) 策划书最好制作一张封面,装订成册,向有关部门提交时应交电子版和打印版各一份。

【例 3-12】

某大学"花博会志愿者一日行"花博会志愿者社会实践方案

一、活动宗旨

为全面展示当代大学生阳光、健康的精神风貌和积极的社会责任感,表达他们对 2024 年上海花博会的美好祝愿,激发他们参与花博会、分享花博会的热情,在花博会举办期间用自己的行动加入世博志愿者行列。

二、活动主办方及参与对象

主办:共青团某学院委员会

承办:某学院学生会

参与对象:学生党员、团员代表、学生代表

三、活动时间

2024 年 5 月 20 日 7:00～9:30 及 15:30～17:30

四、活动地点

学校周边社区

五、活动形式与内容

1. 由三个学院组成 6 支师生志愿者服务小队,每队有党员、团员、学生代表参加,每组人数为 8～10 人。

2. 活动形式有维护民生路地铁站上下车文明秩序,路口劝阻不文明陋习行为(违反交通规则、乱扔垃圾等),"夕阳红"养老院尊老爱老服务,宣传我校探究型家庭事迹(及家庭成员对公共道德的认识),在滨江公园以"世博志愿一日行"的学生书画作品展、班级小报,社区内发放文明宣传小贴士。

六、经费来源及预算

1. 本活动经费由学院全额划拨。

2. 预算:每名志愿者人均花费不超过 50 元,包括乘车费、午餐、饮用水、制作宣传用品。

七、注意事项

1. 各队成员分工到位,责任明确,服从安排。

2. 活动期间注意仪表,学生着校服,言行热情、规范、有礼仪。

3. 与各活动点预先沟通好,落实联系人。

4. 对参与人员组织动员到位,收集好相关学生材料及家庭资料。

5. 关注活动过程,认真填写活动记录表,拍照片。

共青团某学院委员会
2024 年 5 月 12 日

【解析】 这是一篇比较成功的活动策划书。其先明确了活动的宗旨,有很强的教育导向性。活动的时间、地点、对象等要素说得明确具体、一目了然。活动的内容更具有很强的可操作性。经费来源和注意事项也清楚明了。这不仅有利于活动的开展,也便于上级职能部门的审批,提高工作效率。不足的地方是活动的策划还不够细致,参与者的责任不够明确。活动策划书可以考虑随附"细则"或"附件"。

【例3-13】

凤鸣枫泾——上海××大学凤画艺术作品展策划案

一、活动主题

凤鸣枫泾——某学生凤画艺术作品展

二、活动目的

凤画作为具有独特艺术魅力和深厚文化底蕴的非物质文化遗产,通过画展的形式对其进行展示,旨在让同学们了解和认识这一传统艺术形式。活动不仅能够呈现凤画的独特之处,还能激发同学们对非物质文化遗产的兴趣和尊重,从而进一步推动传统文化创新性发展和创造性转化。

三、活动主办方

校团委网络文化(易班)中心

四、活动对象

上海××大学师生

五、活动时间

2024年11月29日—2024年12月1日

六、活动地点

三桥别院

七、前期宣传

(一)做预告推送在"中侨青年"微信公众号进行线上宣传

(二)中心全体成员微信转发到朋友圈进行宣传

八、活动流程

(一)活动准备阶段

(1)"到梦"空间发布画展活动。

(2)联系学校车辆前往三桥别院。

(3)志愿者和工作人员:由组织部与中心选出。

(二)活动开展阶段

(1)画展前一天志愿者和工作人员前往三桥别院,布置画展。

(2)"到梦"空间报名同学在12月30和12月31两天分批前往三桥别院参观画展。(每批40人)

(3)自由参观展馆,到点集合。

(4)活动过程中,由组织部与中心工作人员负责,志愿者维持秩序。

（三）后续工作

(1) 参与者需提交100字观后感。

(2) 统计活动参与人数及志愿者人数，发放"第二课堂"1分选修分。

（四）活动流程表

（略）

（五）画展介绍

1. 画作类别：凤画

凤画是安徽省滁州市凤阳县地方传统美术，安徽省省级非物质文化遗产，"皖北三绝"之一。凤画属于重彩工笔画，近似国画中的花鸟画，但又不同一般的花鸟画。其主体是凤凰，所绘凤凰与我国其他地方画中所绘的凤凰有着很大的区别，具有鲜明的个性特征：凤凰造型必须是蛇头、龟背、鹰嘴、鹤腿、如意冠、九尾十八翅，聚集了百鸟之长，独特的造型使这一民间艺术更具有吉祥魅力。凤画从色彩上分为全墨色、素墨色、全彩色三类。其表现手法有两大类：一类是以单线勾勒，黑色晕染的水墨凤画；另一类是以墨线勾勒，施以重彩的五彩凤画。凤画的颜色以朱砂、藤黄、石膏、石绿等色为主，画面五彩缤纷，富有装饰性和浓厚的民间色彩，是中华最美吉祥物的集合体。

2. 画家简介：×××

画家×××于2002年出生于安徽凤阳，毕业于上海××××大学本科视觉传达专业。现为中华文化促进会会员、安徽省民间文艺家协会会员、凤阳凤画研究会会员。作者×××从艺15年来，努力学习前辈传统精华，借鉴现代名家技法，在同行中择百家之长，多年潜心钻研，不断发展创新传承。

（六）活动要求

此次活动主题为：凤仪华章——××凤画作品展。

(1) 活动人数80人。

(2) 活动以线下参观形式进行。

(3) 参与者需遵守秩序，听从安排。

(4) 活动结束后，可以根据自身情况对活动提出意见和反馈。

(5) 主办方密切关注活动开展，维持活动秩序、保障活动顺利进行。

（七）文创发放

1. 文创类型

水杯(20个)、金属书签(100个)、冰箱贴(100个)

2. 发放机制

(1) 书签：发微信朋友圈宣传此次画展，点赞数量达到20个赞获得一款。

(2) 书签、冰箱贴：放相关画展内容到抖音平台，达到20个赞获得一款。

(3) 水杯、书签、冰箱贴(任意一款)：将相关画展打卡内容发小红书，达到20个赞可以任选一款。

(4) 如果同时参与多个平台活动则以一个平台发放奖品。

3. 文创预算

九、人员安排表

（略）

十、注意事项

（1）参与者须严格遵守活动相关规定以及要求。
（2）活动主办单位对本次活动拥有最终解释权。
（3）参与者如有疑问请及时向活动主办方提出。

校团委网络文化中心
2024 年 11 月 23 日

【解析】 该篇活动策划书结构较为完善，从活动背景、宣传推广再到人员分配、后期数据统计，都有较好的安排。

课堂实训 3.8　策划书

1. 请你说明要采取什么样的途径才能了解到活动策划的受众群体的真实需求。

2. 元旦快到了，假如你是班级的文艺委员，请你策划一次班级联欢晚会，并据此写一份详细的活动策划书。

项目 8　参加社会志愿者实践活动——撰写联系信函

1. 元旦就要到了，新的一年万象更新，请给你的好朋友或者家人写一封邮件，送上新年的祝福和美好的祝愿，你会如何写？

2. 假如你是学校"春华秋实"文学社的负责人，在你的努力之下，文学社各方面的工作进展顺利，工作业绩突出，组织的活动相当成功，并对学院的精神文明和校园文化建设方面产生了重要影响。为了得到学院肯定，你向文学社的主管机构——院团委提出要求授予该文学社"院优秀社团"称号。那么你将选择何种文书来实现这一目标呢？

技能 点拨

信函是书信和函件的合称，一般是指机构之间、组织之间、个人之间交流信息、沟通感情、讨论问题、询问状况的文书。函件现在一般属于公文范畴，这里主要讲书信和电子邮件。

1. 书信

联系信函的格式和普通信件的格式大体一致，联系信函也包括信文和信封两部分。但社团联系信函的写作目的是解决公共事务,因此它在格式和语言上具有函件的某些特点,即它在行文过程中应当注意格式规范、用语符合"公共"文书的要求,既不能随意,也不能过于口语化。

1) 信文的写法

书信的信文通常由六个部分组成,即称呼、问候语、正文、致敬语、落款和附言(附件)。

(1) 称呼。称呼又叫称谓,一般写在第一行,顶格,表示尊重和礼貌。称呼之后要加冒号,表示有话要说。称呼的部分在书信中有很重要的意义,它甚至可以直接关系书信效果的好坏。因此,我们在写称呼时,一定要注意根据对方的身份而选择恰当的称谓,才不至于弄巧成拙。

(2) 问候语。问候语的位置在称呼下一行空两格处,现实中,有很多人考虑到所谓"平衡"而把它放置在下一行的末尾处,这是不正确的。问候语要根据前面的称谓来确定,通常用"你好""您好""近安"等。关系亲密者甚至可以不用,但有一点需要注意,"您"的称谓没有复数形式,只能称"您好",不能说"您们好"。还有单位与单位之间联系时,如社团与社团之间的信函联系通常不写问候语。

(3) 正文。正文是书信的主体部分,主要有三个部分:缘起语、主体语、总结语。缘起语在问候语的下一行,表明写信的原因和目的。主体语是信文的核心部分,应按照轻重、主次等逻辑关系层次分明地写成。总结语就是在信文结尾的时候,强调一下信件交代的主要事项。

(4) 致敬语。它就是通常所说的"此致敬礼"。这是书信区别于许多非联系文书和公文的主要部分。致敬语在我国内容十分庞杂、丰富,在写致敬语时应把握一个原则,就是根据"称呼"部分,也就是根据收信人的情况确定致敬语,致敬语一般表示祝愿、祝福等。书写致敬语时,它的位置容易出错,通常致敬语的位置和前面的"称呼"和"问候语"关于正文部分对称。如"颂秋安","颂"字应在总结语的下一行空两格,"秋安"两字应换行顶格书写。在平行单位联系信函中,致敬语多用"此致敬礼",隶属的社团上级给下级发信,也可以不用敬辞。

(5) 落款。落款包括署名和日期。署名是指信写完后,署写信人的姓名,一般也是根据称谓来确定。书写时,署名的位置应当在信尾的右下方。日期就是写信的具体时间,应写在署名的正下方,日期的书写应写清楚年、月、日,一般用公历形式,如用"农历"应在日期前表明。在社团联系信函中,落款写社团名称,日期只写公历。

(6) 附言(附件)。附言(附件)不是书信的必要格式,之所以会出现这个部分,通常是因为书信写完之后,写信人忘记了一些重要内容或事情而补充的部分;或者有一些文件、资料需要随信发送等。

2) 信封的写法

信封是书信得以传递的主要形式。信封通常由五个部分组成:收信人的邮编、收信人地址、收信人姓名、寄信人地址、寄信人邮编。初次通信还应当在信封上书写寄信人姓名。邮编的作用是能提高邮递工作的效率,所以一定要书写。收信人的地址按照我国的行政区划从大到小书写,如×省×市×县×乡×村。

收信人的姓名写在信封中间。关于信封的写法,我国著名语言学家王力先生主张,信封是写给邮递员看的,而不是写给收信人看的,所以在书写时不应写上对收信人的"称谓",如不能在信封上书写"李丰父亲大人收",我们这里采用这种观点。

寄信人的地址和姓名应写在信封的右下方的相应位置,地址要写得全面、详细,以防因信件寄不到而出现不必要的麻烦。社团与社团之间互通信函,可直接写社团名称。

2. 电子邮件

在职场中,越来越多的人选择使用邮件收发文,使用邮件收发文既方便沟通,也可提高办事的效率。邮件的结构和书信类似,由六个部分组成,即称呼、问候语、正文、致敬语、落款和附言(附件)。但需要注意以下几个事项。

(1) 在发送邮件时,尽可能使用公共邮箱或者相对正式的邮箱。如若是个人邮箱,也记得使用相对正式的发件人名称。

(2) 邮件的主题即该事件的核心标题,邮件主题可参考使用公文式标题的表达,如××单位关于××事项的材料。

(3) 正文撰写参考信件格式。

(4) 当使用附件时,如无特殊要求,附件尽可能使用 PDF 格式或其他不可编辑的格式,因软件的不同,可编辑版本容易出现不兼容致使文件错行的情况。

(5) 工作邮箱也可考虑采用自动回复的功能,便于对方知晓是否发送成功。例如,您好,您的邮件已收悉;又如,有紧急事项可随时与我电话联系。祝好。

【例3-14】

尊敬的院团委:

"春华秋实"文学社在院团委的领导下,在兄弟社团的帮助下,经过近十年的奋勇拼搏,现已成为我院社团中最璀璨的一颗明珠。

"春华秋实"文学社是院团委直接领导的群众性社团组织,本着"求真、务实、创新"的工作作风,努力开展以文学为主的各类活动。"春华秋实"文学社以丰富学院学生课余文化生活、提高其文化修养、树立新形象为宗旨;以发掘人才、培养新秀为目的,为广大文学爱好者提供施展自己才华的舞台。至今其已培养了一大批优秀人才,为学院和社会作出了一定的贡献。此外,由我社主办出版的《团的生活》《春华秋实》两份社团宣传刊物已为广大同学所喜爱,也为广大文学爱好者提供了一个写作交流的良好平台。这两份刊物以唯美的文字、优质的内容赢得了学院各级领导老师及学生的一致好评,并以其为阵地开展了各种丰富多彩的社会实践活动。

现"春华秋实"文学社以其近 4 年的发展历程和 2020—2021 年度丰富多彩的活动所取得的成绩向院团委及社团联合会提出优秀社团的申请,其材料大致如下。

一、社团简介

本着"求真、务实、创新"的工作作风,"春华秋实"文学社努力开展以文学为主的各类活动,以丰富学院学生课余文化生活、提高其文化修养、树立新形象为宗旨,以发掘人才、培养新秀为目的,为广大文学爱好者提供施展自己才华的舞台。

"春华秋实"文学社自建校起成立,社员从原来的十几个人发展到现在的 100 多人,报纸由原来的小版面到现在的大版面,以及该社声誉的不断提高,每一点的付出和获得无不渗透着院领导、老师无微不至的关怀和鼓励,无不体现着每一个社员辛勤的付出。

当然,以前再辉煌,那也只能代表过去,人不能总活在过去。我们要向前看,朝着太阳升起的地方阔步前进。

二、加强队伍建设，巩固社团管理

经过近10年的发展和建设，文学社至今已拥有完整的组织构架和分工体系。文学社各项工作由社长、副社长进行统筹规划和安排，下设办公室、策划部、记者部、外联部、网络部、宣传部、编辑部，各部门分工明确、相互协作。通过大家的共同努力，文学社整体运行状态良好。在今年10月份招新之后，我们还选拔了一大批新的部门负责人参与文学社的建设和管理，使文学社更加富有生气和活力。

在近10年的发展中，我们制定了《学院"春华秋实"文学社章程》等一系列规章制度，使文学社的运行有法可守、有章可循。我们坚持每周例会制度（特殊情况增加会议另行通知），每次会议由社长主持，副社长点评，办公室负责考勤和记录，每次会议所有部门干部必须全部到场，特殊情况需提前请假。

三、文学社坚持面向社会发展，积极与兄弟社团、兄弟院校同类社团和社会机构开展合作

每次举办的活动均由办公室及策划部负责拟订活动计划，并作出总结，以供备案。

四、文学社2019—2020年所举办过的主要活动

主要活动记录如下：（略）。

以上是文学社在2019—2020年所举办过的活动大致回顾。

尽管在奋斗的途中充满了困难与荆棘，也挥洒了奋斗的汗水，但是我们尝到了胜利的喜悦，所有付出的苦与累都值得。这一切又都仅仅是开始，所有的胜利与辉煌毕竟都已成为过去，未来的道路任重而道远。我们坚信，在日后的征程中，我们的队伍会越来越壮大，我们的工作也会做得越来越出色。

最后，"春华秋实"文学社全体成员对于院团委曾经给予过的支持与帮助表示衷心的感谢！而鉴于本社一直以来的表现和努力，特向院团委提出"院优秀社团"的申请，望给予批准！

此致

敬礼

院团委"春华秋实"文学社

2021年4月16日

【解析】 这封信内容要素和格式要素完全符合信函要求。所写的内容类似于公文，但它的文体选择是正确的——以联系信函的方式，而不是用"请示"等公文形式。该信函的内容明确、单一（都是围绕"报批"来行文的），是一封"实用"的联系信函。

强化训练

1. 你已经成为一名令家长骄傲的"天之骄子"。大学校园文化氛围的熏陶、军训时伴着眼泪的成长都使你越来越感激你的父母、师长了。请你在这样的心情下，给你的家长或老师写一封表达内心感激之情的书信。

2. 假如你是学院学生会的体育部长,请你给兄弟学院学生会体育部长写一封联系信函,接洽院系间的友谊竞赛事宜。

___

___

___

项目9　组织开展大型活动——撰写会议议程

现代社会需要多元化的人才,为了应对社会对人才的需求,很多刚入大学校门的同学都积极投身于校团委、学生会等各种学生组织中锻炼自己,希望自己在学业上取得成绩的同时也能具备很强的工作能力。

学校新一次的学生代表大会就要召开,作为学生会秘书处的成员,请你尝试撰写会议议程。

___

___

___

技能 点拨

在职场中,越来越多的职场新人面临着撰写会议议程或者活动议程的工作,相较于活动策划书,会议议程或活动议程需要更为清晰的活动安排。所以学会写好一份会议议程显得尤其重要。

1. 会议议程的编写

会议议程就是为使会议顺利召开所做的内容和程序工作,是会议需要遵循的程序。它包括两层含义:一是指会议的议事程序,二是指列入会议的各项议题。编排会议议程的时候,最好能遵守以下两个原则:

(1) 按照议案的轻重缓急编排会议的先后次序,这就是说越紧要的事项越应排在会议议程的前端处理,越不紧要的事项则应排在议程的后端处理。这样做的一个好处是:就算在预定的会议时间内无法将全部议案处理完毕,但至少较紧要的议案已被处理过。那些相对不紧要的议案,则可另择时间处理,或是并入下次会议中再予处理。

(2) 每一个议案应预估所需的处理时间并明白地标示出来。假如能这样做,则可让某些人只参加与他们有关的某些特定议案的讨论。

2. 会议议程的结构和写法

(1) 标题。会议议程的标题由会议全称加上"议程"二字组成。

(2) 稿本或题注。议程如需提交大会审议表决,应在标题后面或者下方居中用圆括号注明"草案"二字。议程如已获大会通过,则去掉"草案"二字,在标题下方注明该议程通过的日期、会议名称,并用圆括号括入。无需大会通过的议程可注明会议的起讫日期。

(3) 正文。议程的正文要概括地说明会议每项议题性活动的顺序,多使用无主句,用序号标注,句末一般不用标点。

(4) 落款。由会议组织机构确定的议程应当标明制定机构的名称,如"秘书处"。由会议通过的议程不用标写落款。

(5) 制定日期。已定议程要标明制定的具体日期。

【例 3-15】

第四次团员代表大会暨第八次学生代表大会议程

校团委和校学生会届期已满,为更好地搞好换届选举,进一步完善我院共青团组织建设,发挥团组织和学生会组织的作用,促进具有我校特色的"建和谐平安校园,创优良学风班"活动的开展,围绕以教学为中心,抓好团组织活动和开展好丰富多彩的学生活动。听取广大青年学生在学校建设中的意见和建议,召开我校第四次团员代表大会暨第八次学生代表大会。

一、会议时间

2024 年 5 月 22 日至 5 月 25 日

二、会议地点

学术报告厅

三、会议议程

(一) 预备会议

1. 团代会预备会议

会议时间:5 月 22 日晚上 7 时

会议地点:学术报告厅

1) 第四次团代会代表资格审查委员会名单

2) 第四次团代会主席团名单

3) 第四次团代会代表资格审查委员会关于代表资格审查的报告

4) 第三届团委书记作工作报告,审议、讨论上届团委书记工作报告

5) 审议通过《第三届团委工作章程》草案

6) 酝酿第四届团委委员候选人名单

2. 学代会预备会议

会议时间:5 月 22 日晚上 7 时

会议地点:学术报告厅

1) 第八次学代会代表资格审查委员会名单

2) 第八次学代会主席团名单

3) 第八次学代会代表资格审查委员会关于代表资格审查的报告

4) 第七届学代委员会工作报告;审议、讨论上届学生会主席工作报告

5) 第八届学代会代表提案委员会名单

6) 第八届学代会代表提案委员会关于代表提案情况统计

7) 关于审议通过第八届院学生会章程草案

8) 酝酿第八届学生会委员候选人名单

(二) 大会

会议时间:5 月 23 日

会议地点:学术报告厅

1. 第一次会议

5月23日下午2时30分

主持人：雷安娜

1) 主持人宣布会议开始

2) 全体起立、奏国歌

3) 主持人介绍参加大会的校领导、特邀嘉宾、兄弟院校代表，宣布参加会议的代表

4) 由团省委领导致辞

5) 兄弟院校代表致贺词

6) 由校党委副书记钟越同志讲话

7) 第三届团代表作工作报告（团委书记）

8) 第七届学生代表作工作报告（原学生会主席发言）

2. 第二次会议：5月25日上午9时

1) 分组讨论共青团金山大学委员会工作报告

2) 分组讨论第七届金山大学生会委员会工作报告

3) 分组讨论《金山大学团委章程》修正案（草案）

4) 分组讨论《金山大学学生会章程》修正案（草案）

5) 分组讨论《金山大学大学生社团管理条例》修正案（草案）

6) 分组酝酿代表在对大会主席团通过的，共青团委员会委员、候补委员，学生会委员、候补委员，预备人选名单进行充分酝酿预选，预选办法要严格按照大会选举办法进行

7) 召开主席团会议对以上讨论中合理意见进行整理补充到报告和修正案之中

3. 第三次会议：5月25日下午2时30分

1) 由主持人宣布大会开始，并将工作报告和章程修改意见结果予以说明

2) 大会选出两名总监票人、唱票人、写评人各两名

3) 工作人员发选票，监票人员检查投票箱

4) 当场公布选举结果

5) 公布选举产生共青团金山大学第四届团委委员名单

6) 公布选举产生金山大学第八届学生委员会委员名单

7) 由新当选的团委代表发表讲话

8) 由新当选的学生代表发表讲话

9) 致闭幕词

10) 全体起立奏《国际歌》

11) 主持人宣布"金山大学第四次团员代表大会，第八次学生代表大会成功闭幕"

四、新一届委员会召开第一次全体会议

1. 选举团委书记、副书记，委员分工

2. 选举学生会主席、副主席，委员分工

3. 研究今年两委员会工作计划

共青团金山大学委员会

2024年5月

【解析】 这篇会议议程比较完整地交代了会议的时间、地点以及会议过程中的各项议程,考虑全面,层次分明。

【例3-16】

十五公里创业服务圈

议　程

一、时间:7月21日 15:30

二、参会人员:上海市××中心、金山区××中心、上海××大学、××区各孵化园区、企业代表

三、活动流程

1. 一站为圆心

1)院校创业指导站工作汇报

2)青年创业结对项目分享

3)马兰花优秀学员成长汇报

2. 载体全覆盖

1)园区代表分享马兰花学员项目入驻孵化成果

2)创业见习基地代表分享学员带教成果

3. 点亮服务圈

1)十五公里创业服务圈视频展示

2)服务圈沙龙交流

【解析】 这篇会议议程基本要素齐全且结构清晰。时间、参会人员等核心信息前置,确保与会者能快速抓住阅读重点,明确活动安排。议程内容逻辑递进,从基础工作汇报到亮点成果展示,再到服务圈推广,体现出从点到面的系统性规划。

课堂实训3.9　会议议程

你校将召开第十届优秀志愿者表彰大会,请你撰写一份会议议程。

_____

_____

项目10　组织召开学代会活动——撰写活动邀请函与会议通知

假如你是学校学生会的秘书,学校将要召开新一届的学代会,学生会主席让你邀请学校领导参加这次学代会,并撰写会议通知让全校的师生都能知道学代会的召开,请你完成这些工作。

_____

_____

技能 点拨

邀请函是邀请他人参加某种会议、典礼、仪式、活动等所使用的一种告知性、礼仪性实

用文。

会议通知是上级对下级、组织对成员或平行单位之间部署工作、传达事情或召开会议等所使用的实用文。

1. 邀请函

邀请函格式由标题、称谓、正文、落款三部分组成。

（1）标题写上"邀请函"三个字。

（2）称谓。顶格写被邀请的对象。若是单位，需写全称；若是个人，则在姓名后加职务或者嘉宾或者先生（女士）。

（3）正文写明被邀人参加的活动内容，如纪念会、联欢会、订货会、展销会等。一要写明活动的时间和地点，二要写上"敬请拨冗出席"等。

（4）落款写上发出请柬的个人或单位名称和日期。

2. 会议通知

会议通知的写法有两种：一种是以布告形式贴出，通知有关人员，如学生、观众等，通常不用称呼；另一种是以书信的形式，发给有关人员。

会议通知的格式由标题、正文、落款三个部分组成。

（1）标题。标题有完全式和省略式两种。完全式标题包括发文机关、事由、文种；省略式标题如"关于××的通知"。通知内容简单的，只写"通知"两字，这也是省略式标题的一种。

（2）正文。有些正文内容比较简单，只需讲明为什么发布或批转这一文件、有哪些原则要求，具体内容看所附文件。有的正文写得比较多，补充强调有关要求或作出指示，布置相应的工作。要遵照执行、贯彻落实的具体内容在附件里，而不是在批转的通知中。批转通知只是一个载体。

（3）落款。落款写上发出通知的个人或单位名称及日期。

会议通知写作形式同普通书信，只要写明通知的具体内容即可。通知要求言简意赅、措辞得当、时间及时。会议通知应包括会议内容、参会人员、会议时间及地点等。

【例3-17】

邀 请 函

尊敬的××部长：

为庆祝中华人民共和国成立75周年，推进高校美育工作改革和发展，展现当代青年朝气蓬勃的青春风貌，由上海××主办，上海××大学承办的"原创礼赞新时代民办唱响新征程"2024年上海市高校大学生原创音乐大赛将于2024年10月19日18点举行。

地点：上海××大学体育馆（上海市××3888号）。

敬请拨冗出席。

上海××大学
2024年9月10日

【解析】 这篇邀请函结构完整，语意表达简洁清楚。

【例3-18】
关于召开上海××大学学代会会议的通知

各院系学生代表：
　　现将全校学生代表大会有关事项通知如下：
　　一、会议议题
　　进一步提高学代会工作效率，完善学代会自身结构。
　　二、参加人员
　　全校各院系学生代表。
　　三、会议时间
　　9月10—12日，8:30～11:30，13:30～16:00。
　　四、会议地点
　　学院礼堂。
　　五、有关事项
　　1. 请参加会议人员准备约15分钟的发言。请将发言材料打印50份，在报到时交会务组。
　　2. 请各院系学代会代表按时参加会议。
　　3. 请各院系于9月5日下午3:00前将参加会议人员名单报到校学生会。
　　联系人：××，电话：×××××××。

××大学学生会
2024年9月4日

【解析】 这则通知是发布性通知，具体写明发通知的原因，主体写通知的事项，内容采用条款式。格式完整，用语得体。

课堂实训 3.10　邀请函与通知

1. 请以个人名义拟写一份邀请函，邀请你的老师参加一次班级联欢活动。

___

___

2. 根据下面材料，拟写一份会议通知。

全国市场营销协会决定于20××年×月×日至×日在上海市召开一年一度的营销协会年会。会议内容是研究和探讨当前营销学的有关学术问题和热点问题，全国市场营销协会的会员均可参加，与会者提前半个月交来相关论文一篇。会期7天，要求提前报到。会务费自理。

___

___

项目11　组织召开学代会活动——撰写会议报告

　　会议报告是指特定的组织或个人根据会议安排向与会者所作的系统陈述、演讲或介绍。

它包括政治报告、工作报告、动员报告、总结报告、典型发言、开幕词、闭幕词等。会议报告和公文中的报告属于两种不同的文种,前者适用于会议,上级领导、平级机关、下级干部和群众都可以成为报告的对象;后者则属于法定的上行文,用于向上级机关汇报工作、反映情况、答复询问。

技能点拨

会议报告的结构和写法如下。

1. 标题

会议报告的标题有以下几种写法:主题加文种、报告机关加文种、会议名称加文种、正副标题。用正副标题时,正标题揭示主题,副标题说明报告的场合。

2. 报告日期或题注

标题下方标注报告的日期。如果标题中已经注明报告时间,就不必再标注。如果会议报告已经获得会议表决通过,可以在标题下标写题注,注明通过的日期和会议名称。

3. 称谓

会议报告的称谓要根据会议的性质和出席情况而定,如"各位代表""各位委员""各位领导""各位同志""尊敬的主席先生、女士们、先生们"等。

4. 正文

正文由开头、主体、结尾三个部分组成。

(1) 开头。会议报告的开头形式多样,以会议工作报告开头为例,其可以交代报告人所代表的机关、揭示报告的内容范围、说明报告的缘起和目的或者介绍报告的背景。主旨报告由于总是安排在会议议程的第一个,所以开头要向与会的来宾表示欢迎。无论哪一种会议报告的开头都要简明扼要、开宗明义,并能唤起听众的注意和兴趣。

(2) 主体。主体部分具体展开报告的内容,会议工作报告主体的内容一般有两项,一是全面总结汇报任期内的工作,按成绩、经验、问题的顺序安排结构;二是提出下一阶段的工作目标、任务和措施。其中,主旨报告的主题要阐明会议面临的形势、任务和本次会议的主题,提出应对形势的主张和建议,为会议确定基调。主体部分写作要紧紧围绕主题,条理清楚,内容要符合报告人的身份和报告机关的职权。

(3) 结尾。会议报告的结尾要视报告的性质和内容而定。会议工作报告的结尾一般是提出希望、发出号召,或请求审议。主旨报告、学术报告和形势报告的最后可以用"谢谢大家"一句结尾,以示亲切、礼貌。

【例 3-19】

**共青团上海××大学第一次代表大会
筹备工作报告**

各位代表:

按照《中国共产主义青年团章程》,我校共青团委员会于202×年7月经共青团上海市委批准更名为共青团上海××大学委员会。根据《中国共产主义青年团基层组织选举规则》的规定和上级有关文件精神,校团委于2024年3月向校党委和团市委呈报了《关于召开共青团上海××大学第一次代表大会的请示》,校党委和团市委分别批复。根据有关指示精神,校团委成立了共青团上海××大学第一次代表大会筹备工作委员会,开始有组织、有计划、有步骤地进行各项筹备工作,现将本次团代会筹备工作情况报告如下。

一、严格组织程序,选举第一次团代会代表

学校各级团组织根据校团委关于代表条件、产生办法、分配名额的通知,采用了民主推荐、无记名投票和差额选举等办法,选举产生了我校第一次团代会的代表185名,并成立了5个代表团。

二、充分酝酿协商,完成第一届委员会委员候选人提名

根据《中国共产主义青年团基层组织选举规则》的规定,委员候选人按照德才兼备和结构合理的原则提名。在报请校党委和团市委同意并批准后,最终确定26名委员候选人预备人选名单,提交大会选举。

三、全面回顾总结,起草大会工作报告

为使本次团代会工作报告能客观地反映近年来学校各级团组织的工作成绩和经验,梳理存在的不足和薄弱环节,明确今后一段时间的工作任务。大会筹备委员会成立文稿组,认真学习习近平总书记关于青年工作重要思想和关于教育的重要论述,开展调查研究,对报告的指导思想、主要内容和结构框架作了深入细致的研讨。在此基础上,广泛征求各级团组织、青年师生的意见,并向校党委进行专题汇报,形成共青团上海××大学委员会工作报告,提请大会审议。

四、推进各项筹备,营造良好的大会氛围

在校党委和团市委的领导下,大会筹备委员会对大会筹备工作进行了周密安排,设立了代表和组织组、宣传组、文稿组、会务组,具体负责各项筹备工作。学校相关职能部门、各学院对大会给予了多方面支持、帮助,全体大会工作人员为大会的如期召开付出了辛勤劳动,共同营造了良好的氛围。

各位代表,在校党委和团市委的领导下,经过我校各级团组织和广大团员青年的共同努力,我校第一次团代会的筹备工作已就绪,条件已具备,建议大会如期举行。

共青团上海××大学第一次代表大会
筹备工作委员会
××年××月××日

【解析】 这篇会议报告主题明确,结构完整,层次清楚,针对性强。

课堂实训3.11　会议报告

学校将举行首届"校园文化艺术节"。你作为本次活动的组织者,学校要求你将本次活动的准备情况作汇报,请拟一份工作报告。

项目12　组织召开学代会活动——撰写会议纪要

学校的学生代表大会已顺利闭幕,作为宣传人员需要整理会议内容,你应该怎么

做呢?

> 技能 点拨

1. 会议纪要的写作格式

会议纪要适用于记载、传达会议情况和议定事项。它反映的内容比较复杂,既可以是会议情况、议定事项,也可以是议而未决的事项,以起到一定的参考作用。

会议纪要由标题和正文组成。在结构格式上与其他公文不同的是:会议纪要不用主送单位和落款,成文时间多写在标题下方。会议纪要不盖公章。

(1) 标题。会议纪要的标题通常由会议名称和文种构成。有的会议纪要的标题还可写上召开会议的单位名称。有的标题由正标题和副标题构成,正标题反映会议的主要精神和内容,副标题写明会议名称和文种。

(2) 正文。会议纪要的正文由导言、主体和结尾三个部分组成。①导言。导言即会议纪要的开头部分,一般是概括会议的基本情况,包括会议的名称、目的、内容、时间、地点、规模、参加人员、主要议题和会议成果等。导言不能写得过长,要简明扼要,让人们读后对会议情况有一个总体的了解。②主体。主体是会议纪要的核心部分。它根据会议的中心议题,按主次、有重点地写出会议的情况和成果,包括对工作的评价、对问题的分析、会议议定的事项、提出的要求等。主体的写法一般有三种:一是条项式,就是把主体内容包括讨论的问题和议定的事项,按主次一条条列出来,使其条理化,一目了然。二是综合式,就是把会议的内容或议定事项,进行综合概括,分成若干个部分。这是一种比较普遍的写法,它有利于突出主要内容,分清主次,一般把主要的、重要的放在前面,而且尽量写得详细、具体一些,次要的和一般的内容放在后面,可简略一些。用于批转的会议纪要,多采用这种写法。三是摘要式,就是把与会者的具有典型性、代表性的发言要点摘录出来,按发言顺序或按内容性质先后写出。这种写法的好处是可尽量保留发言人谈话的风格,避免一般化和千篇一律,比较客观、具体。③结尾。结尾一般写对与会者的希望和要求,也有的会议纪要不写专门的结尾用语。

2. 会议纪要的写作要求

(1) 掌握会议的全部情况。写作会议纪要先要弄清楚会议的目的、任务、内容和形式,掌握会议的所有文件材料,参加会议的全过程,并认真做好记录,特别要注意阅读会议的主体文件和材料、领导同志的发言,掌握会议的主要精神。

(2) 抓住要点,突出会议主题。会议纪要虽然是会议情况和结果的反映,但不能面面俱到,照搬会议记录,而应该围绕会议主题,抓住要点,突出重点,把会议的主要情况简明扼要地反映出来,把会议议定的事项一一叙述清楚。

(3) 文字简洁明快。撰写会议纪要应根据会议内容确定写法和篇幅,要简明扼要。在语言表达上,尽可能简短、通俗,切忌长篇大论,应以叙述为主;在层次结构、段落安排上,要条理清楚,篇幅一般不宜过长。

(4) 注意与会议记录的差别。会议纪要和会议记录有密切联系,也有显著区别。会议纪要以会议记录为基础和依据,体现会议的主要内容。会议记录则是如实记录。另外,会议记录只作为机关单位内部存查使用的文书,不对外公布,会议纪要则在一定范围内公布传达,作为正式行政公文使用。

会议纪要报送上级时,会议主办单位需另拟一份报送报告,与会议纪要一并报上。

【例3-20】

上海××大学学代会
常任代表委员会会议纪要

主办:上海××大学学生会秘书处　　　　　　　　　　　　2024年5月30日印发

2024年5月17日,由上海××大学第三十一次学代会常任代表委员会(以下简称"常代会")主任王×主持的常代会第一次全体会议在樱顶学生会会议室召开。学生会秘书长、校团委副书记张×老师以及各位常代会委员参加了此次会议。

会议主要内容如下。

(1) 与会委员认真讨论了《上海××大学学生会2023—2024学年度工作重点(讨论稿)》。经过修改、完善,此次会议一致通过了该草案。

(2) 常代会主任宣布上海××大学学生会拟任部长人选名单,与会委员经过认真审核,一致通过该项任命。

(3) 学生会秘书长指出,上海××大学第三十一次学代会常代会以推进工作为主要目标。主要负责第三十一次学代会代表提案的落实,校院两级学生会学生干部培训,校院两级学生会公共关系的协调以及主席团的中期调整,以确保学生会执行机构更迭形式的合法性。秘书长同时指出,第三十一次学代会常代会未来工作的重点在维权服务和干部培训,要积极培养学生会主要学生干部和有发展潜力的学生干部,提高学生会学生干部整体素质和工作效率。最后,秘书长对与会委员寄予厚望,希望委员们积极培养创新精神,敬业精神和交际能力,在学习、生活各个方面引领全校学生,起到表率作用,争取成长为全国大学生中的优秀代表。

【解析】 这篇会议纪要的导言部分非常简要地介绍了会议的基本情况,主体部分写会议的研究确定的主要内容。全文层次分明,任务明确具体。

课堂实训3.12

请根据以下材料,以上海市创建国家卫生城市领导小组的名义拟写一份会议纪要,下发给各区(市)委、政府,成文日期:2024年3月10日。

上海市创建国家卫生城市领导小组昨天召开第八个卫生月动员会。会议提出,要通过卫生月活动,使中小马路、城乡接合部等展现出崭新的面貌,让市民切身感受到"卫生月"的效果。副市长××、××出席了会议并讲话。

会议确定3月31日为卫生月活动宣传日,全市掀起宣传高潮;4月7日为居住环境整治日;4月11日、18日、25日为单位卫生和环境卫生薄弱环节整治日。

上海市有关单位负责人在会上提出了各自参与卫生月活动的打算:普陀区政府提出,以整治住宅和环境卫生为重点,将动员、发动工作做到每家每户,努力为居民创造净化、美化、绿化环境;共青团上海市委号召全市团员、青年参与"双休日奉献2小时,为您带来环境美"

活动;上海市工商局要求各级工商部门以"规范市场秩序,整治市场环境"为主题,加强市场监督和执法力度;上海市建委提出,以直接关系市容环境污染的工地卫生为重点,层层发动,做到文明施工;上海市教委号召全市 200 万大中小学生人人动手整治校园、居室内外环境;上海市环卫局要求广大环卫职工规范作业,重点将中小道路和城乡接合部的积存垃圾清除干净;上海市巡警总队提出,对卫生状况差的中小道路或路段进行集中整治,加大执法力度,确保一方环境整洁。

会议要求各地区和系统对卫生月活动要精心组织、周密安排,落实卫生整治工作;要动员广大群众以主人翁的姿态投入环境整治活动。各地区和部门要强化监督检查,对后进单位要严肃批评,对违章者要依法处罚。卫生月后,要落实长效管理措施,尤其要完善制度,健全机制,提升管理水平。

项目 13　参加创新创业大赛活动——撰写商业计划书

在国家大力号召"大众创业、万众创新"的时代,"挑战杯"和"互联网＋"成为大学生创新创业教育的一大盛事。如果你在为大学生创新创业大赛积极备赛,那么你要问问自己是否会写商业计划书。

技能 点拨

商业计划书的撰写,看似毫无章法,但每份商业计划书的撰写具有一定的设计逻辑,是有章可循的。

从背景产生、目标客户,到解决什么需求,再到怎么解决问题,该商业计划书的创新点和"护城河"是什么、有哪些优势、如何创造价值都可以细谈。其中,价值可细分为经济价值和社会价值。大学生尚处在积极练习形成一套完整的思考问题的方式方法的闭环阶段,因而学会撰写一份较为完善的商业计划书就显得尤为珍贵。

1. 商业计划书的定义

商业计划书指的是被需求方通过阐述自己的商业计划、商业发展和财务分析等一系列因素形成的一种实用文,旨在全面向投资人展示企业目前的状况和未来的发展潜力。其中的内容包括产品服务、市场分析、目标客户、经营策略、组织架构、人力资源和融资的需求。简单来说就是要说明我们现在在哪儿、我们将去哪儿、我们如何去往那儿。

2. 好的商业项目的共性

(1) 具有可行性。具有可行性是指商业项目在产品服务、市场需求、关键技术和商业运用上具有可行性,能够持续发展。

(2) 市场需求大。市场需求大是指商业项目以用户为导向体验产品服务,该项目的市场容量大,满足市场的需求原则,可以重点从用户体验、技术性、商业体量、技术优势和区域特色等角度去挖掘和探索。

(3) 技术壁垒高。技术壁垒高是指商业项目拥有难以复制的壁垒,不容易被其他创业者所挤压、复制和超越。

（4）实践创新性足。实践创新性足是指通过对创新性和实践性分析，该商业项目所拥有的创新性、实践性、专业知识、资源整合、行业经验等均处于领先的地位，足以弥补市场的空白，具有社会价值和经济价值。

3. 项目评审要点

项目评审主要从以下六个要素展开：产品服务、商业模式、团队情况、项目成效、项目愿景和风险应对。

4. 商业计划书的来源

一份好的商业计划书一定有一个好的创业项目。大学生具有的社会优势和天然优势，可以帮助其遴选和发现项目。一般来说，项目的来源可以分为以下几种类型：

（1）自己想法的孵化。它指的是大学生结合时代背景，在政策的导向、区域经济发展需求、技术趋势和行业趋势上找到自己兴趣点，将项目与移动互联网、云计算、大数据、人工智能、下一代通信技术等新一代信息技术与经济社会各领域紧密结合，培育新产品、新服务、新业态和新模式，并逐渐形成一套属于自己的项目体系，从找到自己想做的，再到自己能做的，进一步促进制造业、农业、能源、环保等产业的转型升级。

（2）科研转化的项目。高校作为促进社会发展的重要因素之一，其承担的重要使命之一便是科学研究，这便需要产、学、研、用紧密结合。对于大学生而言，这是一种天然优势和社会优势。这就要求大学生对于科研项目有一定的了解，并能将成果进行有效转化，使之成为一套可复制、可借鉴并能够为社会服务的实体经济。我们不难以发现，在科研大量转化的今天，不断有新的经济业态和模式产生。在大数据时代，"互联网＋"新业态的形成，发挥了互联网在促进产业升级以及信息化和工业化深度融合中的作用。

（3）学校开展的校企合作项目。职业院校作为产教融合、校企合作的重点实施单位，其在产教融合和校企合作方面有着天然的优势。所以大学生在考虑创新创业或者是在撰写商业计划书的时候，可以重点考虑学校校企合作或者是产教融合的项目，从而为商业计划书的撰写打下坚实的基础。一方面，产教融合和校企合作的合作方拥有一套较为成熟的体系，经过长时间的发展，对于行业的需求、行业的定性具有较为丰厚的基础；另一方面，从该类方向出发的商业计划书在撰写上也具有较多的思路和逻辑可以遵循，所以在撰写上会具有清楚的目的性、方向性和逻辑性。

（4）学校优势学科。每个高校经过长期的发展，都会拥有自己的学科优势，无论是从师资、学生培养上还是与社会的对接上，都有其专属印记。所以大学生在进行创新创业或者是商业计划书的撰写时，都可以重点考虑学校的优势学科。

5. 商业计划书的撰写

一份完整的商业计划书包括团队架构、项目介绍、市场背景、项目分析、团队介绍、项目过程、市场营销、风险分析、财务分析、预期目标或者绩效目标等，以下只讲解其中几部分内容。

（1）团队架构。在撰写商业计划书前，要组建一支强大的核心团队。一支好的核心团队拥有以下特点：①价值观念上的一致。在撰写商业计划书或者是在准备创新创业的过程中，团队成员价值观念的一致是项目得以延续的第一要素。这就考察项目成员之间的世界观、人生观和价值观以及对于事物的评判标准、看法是否一致，只有一致，在一些问题的处理上才能求同存异。②成员能力互补性。创新创业项目就是一片土地,不同的成员所负责的版块是不同的。在商业计划书中关于团队架构则体现为不同的成员对于项目的发展起到不同的作用。例如,有些成员负责公司战略,有些成员负责项目策划,有些成员负责产品的研发,而有些成员则前期有过实践经验或者是其所研发的产品曾被企业采购过,不同的成员所产生的效用形成的溢出效应最明显。

（2）项目介绍。在商业计划书中,评委第一眼看见的是商业计划书中对于项目的概要,这部分所呈现的文字则需要不断打磨、不断精炼,以达到高度凝练的效果,可以一针见血地说清楚项目的商业模式、项目的创新性和项目的核心竞争力。它可以被简单概括为:在什么背景和趋势下我们应提供什么需求,解决什么问题,满足什么需求,通过什么获利,以什么作为核心竞争力可以支持项目的可持续发展,并可以再加上产品或者服务的照片。

（3）市场背景。一个好的项目一定是源于解决社会的需求和痛点,进而产生价值。所以在撰写商业计划书前,项目成员还需要对市场的背景进行充分的研究。当前该行业进展如何？目前所存在的痛点是什么？有多少数据？目前研究到什么地步？有什么大政策大背景予以支持？该项目是在什么大趋势下发展起来的？此类市场背景是一个好项目可以走下去的关键点。在此项中,要注意的一点是,市场需求是真的需求,还是"伪需求""伪痛点",这要充分结合市场的容量、市场的需求性和该项目的技术性问题具体分析。

（4）项目分析。在经过市场背景的调研下,我们可以针对性地解决市场的痛点和需求点。我们可以发现,一个好的创新创业的项目要有一定的创新性和实践性。因此在此部分需要进一步阐述的是该项目具体是一种什么样的模式,可以给客户或者是市场提供什么产品服务,是通过什么渠道给客户提供服务,并产生什么效益;该项目优化配置了哪些资源,有哪些竞争优势,并通过哪些手段去盈利等。

（5）市场营销。在项目阐述清楚之后,要说清楚的则是如何通过营销使你的项目走向市场。营销通常可以分为产品策略、价格策略、渠道策略、促销策略和宣传策略。在营销方面我们需要深入思考,这是一个系统性的工程,无论是缩小成本的优势,还是营销策略得当或是推广宣传铺开,都是占领市场份额的重要组成因素之一。

（6）风险分析。介绍项目在实施过程中可能遇到的风险,提出有效的风险控制和防范手段,包括技术保障、市场预测、管理统筹、财务分析和其他不可预见的风险。其中应重点予以解决的是所针对的市场中可能遇见的风险,可从市场环境、营销战略、竞争环境、优势和不足、所持有的技术是否有一定的"护城河"、所提供的服务是否可以满足市场需求等多个维度予以分析。可以参照使用SWOT分析模型,即基于内外部竞争环境和竞争条件下的态势分析,将项目本身置放于市场环境中可能存在各种优劣势、机会和威胁通过调查予以排列,相互匹配起来加以分析,从而提供解决方案。运用这种方法,可以对研究对象所处的情景进行全面、系统、准确的研究,从而根据研究结果制定相应的发展战略、计划以及对策等。

（7）财务分析。财务分析应该包括三个方面的内容。①过去三年的历史数据和未来三年的发展预测。主要提供过往商业项目所产生的现金流量表、资产负债表、利润表以及未来三年预测的财务收入情况。②投资的计划。预计所需的风险投资金额和投资额人所占据的比例等。③融资的需求。在商业落地的过程中,所需要的资金的扶持,资金需求的实践性、资金的用途等。这三个方面是属于组合排序的,大部分学生在撰写商业计划书的时候,只停留在创意计划,所以在撰写过程中要想清楚自己的财务分析情况和预期目标或者绩效目标,以达到真实操练的效果,才能确认从研发所需投入到实现盈亏平衡的预计时间和投入,并形成项目的盈利的进度表,即可以简单归纳为了解过去、评价现状、预测未来。

综上,其实我们不难看出,一个好的商业计划书旨在通过撰写过程,充分考虑并运用科学的方法予以思考、设计,通过项目团队互补合作来解决现实问题,培养运用多种思维和信息技术产生更新迭代的能力。

【例3-21】

"拙一古茶"商业计划书

第一章 项目综述

一、项目简介

(一)"拙一古茶"简介

(略)

(二)项目背景

(略)

(三)产品介绍

(略)

(四)产品原料制作过程

(略)

二、项目核心

(一)为深山创造更多就业机会

"拙一古茶"经营销售的茶叶源自云南普洱茶区最具代表性的茶山——布朗山,布朗山上有数万棵百年古茶树,甚至有千年古树,布朗古树茶是最优质的普洱茶之一。每一种茶叶都来自不同的产地,团队会把一些费用用于寻找更优秀的茶源与优秀的茶农,以吸纳当地的过剩劳动力。"拙一古茶"有前沿的视野和强烈的社会责任感,把深山就业扶贫和食品安全两项重大社会责任紧密结合在一起。

(二)运用溯源系统,打造民族品牌

茶叶行业多是小规模分散经营,消费者购买行为缺乏依据和方向。可以说,国内的茶产业是"有名茶,无名牌"。有很多茶商在网上销售以单株古树茶为代表的普洱茶,但他们无法自证质量。"拙一茶坊"建立溯源系统,给市场提供每一饼都能追溯出产古树的普洱茶,有机会成为行业质量标杆。茶香有如馥郁花香,十分难得,除了能够迎合当代人对限量版、稀缺感的追求,还能够通过溯源系统让每饼茶叶出产的古树信息都一目了然,证明自身的稀缺性。"拙一古茶"能够把原生态绿色农产品和城市中产消费需求紧密联系在一起,这是整个项目的优势所在。

(三)带动家乡经济收入增长

(略)

(四)以拓展业务为契机,带动身边大学生就业

目前,团队核心成员共5位。随着业务的扩大,该团队将优先考虑校友就业,为身边同

学提供更多的就业岗位。

三、发展计划

目前团队考虑的是以茶行的形式在茶叶市场以外的地方进行尝试性操作,打造新的品牌,以坐销和行销结合的方式进行初期的市场拓展,分阶段推进和实施品牌战略。

经营内容:主营普洱茶。

经营特点:在做茶叶销售的同时,打造普洱茶浓郁的文化氛围,把整个店面做成普洱茶产品及文化的精品体验区。

经营目标:争取用 3~5 年时间在上海及周边市场树立全新的普洱茶品牌,建立完善、规范的销售体系,以上海为中心完成销售网点的初步布点工作。

四、经营计划

(1) 进入上海市场并尽快熟悉和适应其市场操作,提炼出完善的品牌理念,并推出系列化的产品,初步树立品牌形象,并快速占领相应市场。

(2) 扩大市场占有率,巩固有效的销售通路,提升销售。

(3) 确立品牌的领导地位,开展相关的网点布点工作。

第二章 创业团队介绍

团队名称:拙一古茶

名称寓意:唯天下之至诚能胜天下之至伪,唯天下之至拙能胜天下之至巧。

团队介绍:拙一古茶是由四名来自五湖四海的在校大学生组成的,他们谨遵取长补短的道理相互弥补,相互包容,经过两年的磨合,他们有了默契的配合,极强的团队意识。两年来他们相互帮助,在失败中吸取经验,在成功中分享喜悦。他们不仅有着优质的货源,每个人身上还具备着不同的专业知识,在经营和销售上都取得了优越的成绩。

项目总监:岩些温,项目品牌的创始人,团队法人代表。(个人简介略)

财务总监:赵宁,财务管理。(个人简介略)

宣传总监:王一一,负责举办茶文化推广活动。(个人简介略)

营销总监:李思思,负责网络电子营销。(个人简介略)

产品经理:张扬,负责食品安全质量保证。(个人简介略)

股东结构:岩些温占 40%,赵宁占 20%,王一一占 15%,李思思占 15%,张扬占 10%。

团队驻地:校内茶社。(详细地址略)

实体店:上海市金山区张堰镇新华中路 115 号 拙一古茶。

联系邮箱:2932654678@qq.com。

接待中心:目前拙一古茶团队有 30 亩地和一栋别墅用于接待客户,也方便客户考察当地茶园。

公司背景:该团队 2016 年通过学校提供的场所成立了"拙一古茶"经营部,开始了布朗族特色茶叶的销售之路,并通过在校学生、校友等渠道销售茶叶,同时销售布朗族民族工艺品和云南布朗野生蜂蜜、红糖等土特产。自创业以来,团队运用布朗、拙一的独特文化符号,在销售茶的同时传播民族文化,2017 年实现利润 14 万元,不仅解决了团队成员的生活来源问题,还普及了云南文化以及普洱文化。项目也受到各方面的支持,团队准备展开更大的经营项目。

团队在经营的同时,不断从每一次行动中吸取经验,开阔了团队成员的眼界,增加了社会经验,为周围的人带来了一种积极乐观的态度。2017年9月,团队自筹资金30万元,创下门店,以30万元为本金采购茶叶、装修经营场所、认证公众号等,截至2018年9月实现净利润20多万元。

团队宗旨:拙一古茶团队通过团队在勐海县布朗山的资源,直接联系当地农户,采摘最新鲜的茶叶,采用布朗族传统的手工技艺进行烘制。结合市场营销与信息策划管理专业的专业知识进行包装和营销。运用布朗、拙一的独特文化符号,在销售茶制品的同时传播民族文化,参与精准扶贫,带动农民脱贫。

第三章 市场分析

一、宏观环境分析

（一）政治法律因素

政府大力支持精准扶贫和大学生创业:2017年,国家提出对农业精准扶贫的政策,并对大学生就业创业进行扶持,出台了鼓励高校毕业生自主创业的税收优惠、小额担保贷款、资金补贴、场地安排等一系列扶持政策。

（二）经济因素

（略）

二、同行业竞争分析

整个行业处于无序竞争和低层次竞争中,因此拙一古茶仍有机会通过建立行业标准打造茶叶名牌。本项目的目前竞争对手是其他小型茶企业。我国多数企业还处于小规模、分散经营的阶段,采用传统粗放经营模式,通过分布在各地的同乡和批发商销售。产品也主要依靠散装形式销售,茶企普遍缺乏品牌意识。茶叶行业目前多、乱、弱的特点导致了整个行业的无序竞争和低层次竞争,消费者购买行为缺乏依据和方向。可以说,国内的茶产业是"有名茶,无名牌"。

针对这些我们提倡品牌是有必要的,我们认为,品牌具有长远的生命力,能够带来更多利润的增长点。普洱茶在云南地区的竞争已经呈现白热化的状态,而目前还没有具有领导地位的品牌在市场上脱颖而出,我们相信在剧烈的纷争后,最终能够沉淀和保留下来的必然是推崇并正确执行品牌策略的企业。

三、客源分析

在前期我们的客户是线下体验客户,随着人们对健康以及氛围体验方面要求的增强,人群的购买力以及对产品的需求量都会有所提高,我们可以利用这点,迅速扩大市场。我们主要是利用产品蕴含的民族特色文化以及我们对产品所赋予的美好情感进行推广,但是由于我们还没有完全建立好产品体系,所以客户在选择方面会有局限。但随着我们的调整,针对不同目标人群扩大产品系列,相信我们产品在价格和工艺方面的优势,以及我们所进行的情景式营销和体验,客户在后期对产品的接受度会很高。

四、市场细分

（略）

第四章 运营计划

一、渠道调查

(1) 利用茶叶市场的优势,吸引行业内的消费人群,便于前期的客户开发。

（2）便于及时获取茶叶市场的相关信息，掌握市场动态。

（3）批发与零售兼营，消费相对集中。

（4）区别于茶叶市场内的某些限制因素如营业时间等，有利于特色化经营和品牌塑造。

（5）通过云南省西双版纳傣族自治州勐海县布朗山新龙村委会曼桑老有机茶园的改造工程，与时俱进地打造品牌普洱茶庄园，致力于产品研发、旅游业和民俗文化的推广。

二、运营阶段

项目的前期：全体团队成员参与营销，目前阶段，在产品开发和品牌管理的同时，重视品牌建设和民族文化传播，以及宣传茶文化，既要专注品牌的建设和完善产品追踪系统，也要适当地引入其他品牌产品，自主研发产品并申请专利。

项目的中期：市场部负责组建销售团队，发展经销商。宣传部负责拍摄产品的民族特色文化以及产品所蕴含的情感历程短片来推动品牌的塑造。

项目的后期：市场部负责与外包机构合作，打造地区绿色名片阶段。随着前期的推广知名度扩大，在加强推广的同时，我们同时引入民族特色与旅游文化项目。本项目将会重点加强市场部和宣传部以及茶园管理模式的学习。建设后期茶园旅游业引入的预备模式，实行企业联盟，让专业外包机构加入营销团队。

三、宣传

企业对接：已与宜兴的前墅古龙窑达成对接。古龙窑是烧制紫砂器皿时间最长、历史最悠久的一个龙窑，也是目前仅存的还在烧制紫砂的活窑。

第五章　风险评估与对策

（一）管理风险与对策

风险：项目初始阶段，团队内部管理机制不完善，关键岗位仍有欠缺。

对策：阅读和学习管理方面的书籍，掌握科学的管理理念和方法并将其合理运用到团队管理中，引入外部人才。

（二）市场风险与对策

风险：农产品范围宽泛，团队经营存在无定位、无市场的经营风险。

对策：先确定主营农产品，着力打造核心经营品种，在成功经营的基础上再进行稳健拓展。

（三）环境风险与对策

风险：同行竞争压力大。

对策：提高自身产品质量，研发特色产品，打造品牌，塑造其核心竞争力。

（四）财务风险与对策

风险：创业初阶段财务可能会出现资金短缺，错过茶叶销售的最佳时机。

对策：团队拥有稳定的茶源，以防因资金短缺而错过茶叶销售的最佳时机。

（五）技术风险与对策

风险：自然灾害无法预测，对茶叶的危害无法估量。

对策：我们准备了仓储以保证茶叶的质量和产量，以专业的技术处理，为团队减少损失。

第六章 财务计划

一、资金筹集及使用

（略）

二、预计投资回报

（略）

三、未来三年投资计划

（略）

第七章 未来展望

（1）与上海莞尔文化公司展开深入合作，构成电商、直播带货、线下、云南实地体验为一体的生态销售体系。

（2）与中福海峡（平潭）发展股份有限公司进行合作。

（3）保护好百年茶龄老树，做好古法普洱的推广。

（4）结合非物质文化遗产，激活非遗活力，让中华文化走向世界。

（5）依托茶叶体验园，集销售、旅游一体，为促进当地经济发展、带动就业作出自己的贡献。

【解析】"拙一古茶"商业计划曾获得团中央举办的大学生创业扶持计划。该商业计划书要素齐全，较好分析了市场的背景，并结合市场的需求进行阐述。商业计划逻辑思维强，清晰地阐述了在市场强大的需求下，创业者如何依托家族优势和身份优势，组建一支成熟的团队，通过挖掘地域特色，优化产业，进而促进民族品牌的打造，实现自我盈利和促进当地就业的可持续发展，从文化IP转向品牌IP，实现自我造血的功能，并通过大量的实践使评委看到了项目的容量和宽广的前景。

课堂实训 3.13　商业计划书

请你选择感兴趣的赛道，结合求职信等相关实用文写作的知识点，撰写一份你的商业计划书框架，其中需详细撰写你的项目来源和核心优势。

项目 14　参加新媒体运营实践活动——撰写新媒体文案

在你的阅读记忆里，有让你印象深刻的标题吗？有哪些能引起你感情共鸣的标题？请试着写一写。

技能点拨

当今是一个媒体的时代，是一个信息爆炸的时代。我们不难发现，越来越多的活动形式和信息载体都开始转向了新型传播形态。这样一个时代给人类带来了空前的文化变迁，文化的外延逐渐扩展。这种新文化形态使人们的思维模式、思想观念、语言叙述、审美取向与生存方式都发生了巨大的变化。由此,我们的写作方式也发生了变化。从博客到微博,从微信公众号到各类视频号,从小红书到抖音再到 Bilibili,尤其是 AI 写作的兴起,新媒体写作俨然成了一种专业和应用广泛的写作方式。人们也真切地体会到新媒体写作的个性化与即时性。新媒体写作更是承载着语言跨学科的属性和样态。

1. 什么是新媒体

新媒体的重点在"新"。它是在网络媒体、手机媒体、数字电视等基础上进行再发展,利用数字技术、网络技术,通过互联网、宽带局域网、无线通信网、卫星等渠道,以及电脑、手机、数字电视机等终端,向用户提供信息和娱乐服务的传播形态。而这个"新"也不是一成不变的,它只是相对而言的"新"。类比现阶段的某种形式和呈现状态,就像早期有线电视相对传统纸媒而言,有线电视为新媒体;而如今相对微信、抖音、Bilibili 而言,我们则可以将有线电视归结为传统媒体,而将微信、抖音、Bilibili、微博等媒介归结为新媒体。

2. 什么是自媒体

随着新媒体的发展,有一类没有占据媒体资源和平台,且具备媒介特长的个体,开始逐渐通过网络平台发表自己的言论和观点,输出个人的思想与价值。它们通过在这样的社会媒体中形成自己的风格,形成意见领袖(KOL),实现去中心化。他们的媒体账号有着强烈的个人风格,能够形成聚举效应,进而形成"个人品牌价值",带来巨大的经济效应,我们将其称为"自媒体"。

3. 什么是社会化媒体

以 Facebook 和 Twitter 为代表的社会化媒体在全球产生了巨大的影响力,并逐渐发展为与门户网站、搜索引擎和电子商务相匹敌的互联网基础性应用。人们通过这类平台开始交流、信息交互,出现了密集的信息交换的功能,而目前在国内最常见的便是微信公众号、视频号、微博、抖音、Bilibili 等一系列社交平台。它们制造了人们社交生活中争相讨论的一个又一个热门话题,进而吸引传统媒体争相跟进。随着时代的发展,这些平台已成为人们日常生活和信息传播的重要组成部分。

4. 什么是 AI 写作

AI 写作是一种借助人工智能技术生成人类语言的过程。从早期简单的自动化写作工具的应用,到如今使用如 ChatGPT、Claude 等能够生成高质量文章的 AI 模型,通过不断训练的语言模型和大数据分析,创作出流畅、完整,且具有一定个人性的文本内容。AI 写作的发展历程虽短,然而其发展速度却极为迅猛。因其交互性、训练性和便捷性特征,AI 也成为越来越多的新媒体人所选择的工具。例如,你想通过 AI 写一篇关于×××的文章,你可以通过明确输出内容的具体步骤,指导 AI 生成更有组织和逻辑性的内容。借助 AI 工具进行合作时,使用者可以首先在 AI 工具里输入:为我写一篇关于×××的文章。并进一步输入更好的提示词:按照下面的步骤为我写一篇关于×××的文章:步骤一,写出文章主题;步骤二,写出文章大纲;步骤三,根据大纲分步骤完成文章。你只需要在 AI 生成文本的过程中不断调整、优化、改进,即可让 AI 生成一篇较为贴合你想法的文章。这是因为 AI 模型具备层次化处理能力,通过明确步骤可以引导模型生成更有逻辑和层次的内容。

综上所述,新媒体是一个相对的概念,并非新兴或者新型媒体的统称,而是新的技术支撑体系下出现的媒体形态,其是为了不断提升信息的传播率。其实无论是社交媒体还是自媒体,都可以归纳为新媒体的子集。新媒体是一个与时俱进的大范畴,可以被视为新技术的产物,只要是与传统媒体有区别,随着时代的发展它会发挥自身更新迭代的特点,不断拓展自身的媒体的资源,进而形成新的一类的媒体平台和生态。而在其大范畴中,社交媒体或者是自媒体也只是其中的分支。但我们不得不注意到,随着新技术日新月异、高速度的发展,作为准职场人应了解并学会使用新媒体。

5. 新媒体的特点

新媒体主要有以下三个特点：

(1) 它是建立在互联网和数字技术之上的一种媒体形态,具有较强的科技性,同时它还可以服务于一定的商业模式,创造出一定的商业价值。追溯时代的发展,我们不难看出,随着互联网的发展,媒介所承载的平台也随即发生变化,从早期人们获取信息只能通过报纸、杂志等,逐渐演变成看电视、收听广播,后来再演变成通过手机阅读,而如今,随着传播成本的下降,新媒体以更低廉的传播成本、更便捷的传播方式以及更丰富的信息传播内容成为一种大众媒体,其传播的内容和形式在某种程度上甚至改变了人们的生活方式及对媒介本质的理解。只要有互联网的地方,人们就可以随时随地获取他们想要的信息,而不是单一地依靠报纸或是电视或是通过阅读无线新闻。同时,各种媒介平台的兴起,催生了无数的经济形态。例如,如今人们可以通过培育和挖掘新的社交媒体平台从而获利,可以通过广告或者浏览量获取利益,两者具有互进互补关系。

(2) 具有交互性,即交流性和互动性,传播面广,具备全覆盖性的特征。与传统媒体不同,如今的新媒体拥有更强的"个人性"和"私人化"的特点。早期人们通过新闻获取的信息密集度和信息面是有限的。现在情况发生了变化,依托于新媒体技术的发展,人们可以开始选取自己所想要获取的信息,大数据时代也开始细分不同用户的需求。媒体从早期的"主导受众型",进阶成为"受众主导型"。受众有更多的选择,可以自由阅读,信息也逐渐呈现拓展性的特点,尤其是在 AI 出现后。例如,ChatGPT 的回复可以通过用户交互优化,每次你和 ChatGPT 进行互动交流时,它都在持续改进。要是你指出它的回复不尽如人意,它便会记住这些反馈信息,争取下次不再犯同样的错误。而且,ChatGPT 还会留意到你感兴趣的话题,以此逐渐增强与你对话的流畅性以及贴心程度。

(3) 新媒体使人们能够在媒体平台上输出观点与原创性的想法,同时伴随着一定的传播行为,对于提升新闻(信息)的传播率具有强有力的助推作用,这也是后来新媒体发展历程中自媒体产生的重要因素。随着新媒体技术的不断发展及普及,从技术层面上讲,新媒体的交互性消融了媒体介质之间,地域、行政之间,甚至传播者与接受者之间的边界。在新媒体平台,人人都可以接受信息,用户可以通过信息检索获取所需的新闻,同时依托媒体平台交互性的特点发表自己的观点和看法。人人都可以充当信息发布者,新媒体打破了媒体与受众之间的壁垒,呈现给受众更多的选择及更多发表观点的权利和机会,使得信息传播者与接受者之间的关系走向平等,受众不再轻易受媒体"摆布",而是可以通过新媒体进行互动以发出更多的声音,影响信息传播者。

6. 新媒体文案的撰写

1) 标题的写作

新媒体的标题对于新媒体作品本身的价值有着至关重要的影响,尤其是图文阅读平台类的,标题作为人们对于新媒体作品的第一印象,起着先行性的作用。如何打造一些有爆点、能吸引人的标题也有一定规律可以遵循,它们大致可以分为以下几种类型:

(1) 悬念法。悬念法类似于悬疑电影一样,给人留下悬念,勾起人们的好奇心,进而引起读者的关注和思考,吸引读者阅读。这样的标题撰写法目前多为娱乐号和营销号所使用。我们就以"微信公众号新手期怎么过"标题为例:

悬念法前:微信公众号新手期过不了?只要用好微信指数,躺着也可以过。

悬念法后:微信公众号新手期过不了?要用这个,躺着也可以过。

(2) 疑问法。疑问法其实就是利用一个反问句,将文章的主旨和中心思想提取作为标题的方法,而且该主旨必须是人们想知道的和所提问的,进而根据该主旨进行阐述。以一篇讲述疑问法为什么要能吸引人的文章标题为例:

疑问法前:疑问法对文章来说很重要。

疑问法后:为什么说疑问法标题是文章的灵魂?

(3) 矛盾法。矛盾法就是要形成强烈的矛盾对比,让人觉得不可思议,进而引起人们阅读的兴趣的方法。以草根成为亿万富豪主题为例:

矛盾法前:亚马逊中国最大的对手。

矛盾法后:他刷了四年厕所,公司从只有一张沙发到估值40亿元,成为亚马逊中国最大的对手。

(4) 标签法。标签法是指在特定的时间和特定的场合给文章设立一个标签,该标签是为特定的用户所服务的,由己及人,设身处地,让读者转发、评论。例如,"今夜,我们都是武汉人"或者是"今夜,我们都是守护武汉的人",引起人们特殊的共鸣。

(5) 数字法。数字法就是通过数字直白地展示相关数据,通过短平快的方式直接刺激到读者的内心,从而想要一探究竟,获得答案。以职场文员表现为例:

数字法前:普通职场文员和优秀职场文员的区别。

数字法后:告诉你月薪8 000元和月薪80 000元职场文员的区别。

(6) 震惊法。震惊法就是给人大吃一惊的感觉,从而引起读者强烈的情感反应,进而提升文章的阅读性和读者在阅读过程中的延展性。以大数据类标题为例:

震惊法前:大数据时代来了!

震惊法后:你以为你的信息没有被泄露?大数据时代来了,所有人都没隐私了。

(7) 煽情法。煽情法就是通过标题引起用户的情感共鸣和情感体验,刺激阅读的深度情感诉求,引起读者的内心的共鸣和共情。举例如下:

煽情法前:人生的孤独。

煽情法后:为什么和很多人一起时仍然会感到孤独?

(8) 故事法。故事法就是通过短短数语讲述一个故事,该故事最好是跌宕起伏,能够强烈煽动读者的情绪,进而提升阅读体验。举例如下:

故事法前:今日她的粉丝为她送别。

故事法后:19岁拿了百合奖,25岁被前夫抛弃郁郁而终,3万名粉丝集体为她送别。

(9) 新闻法。新闻法是紧跟社会热点和时代发展的"热搜事",当人们关注到某一件新闻事件的时候,都企图获取更多不为人知的故事,或是更加全面地了解事情的发生背景和事情的全局情况。所以很多时候在大的时事热点上,我们都能看见这是一场兵家必争之地,所以有效处理、运用和转化新闻类事件,也是一种需要不断锻炼的能力。举例如下:

新闻法前:训练中的军人的照片。

新闻法后:帅!这组没有ps的军人"汗颜照",才是夏天最该刷屏的脸!

(10)总结法。总结法就是总结某个方面或者区域的要点和干货,让读者觉得通过阅读这篇文章可以快速掌握该行业或者某方面的知识点。举例如下:

总结法前:新媒体应该学习的这些东西。

总结法后:新媒体最值得学习的9个技巧。

2)正文的写作

写作者必须在内容创作上熟练掌握精确的语言表达,并富有创意地输出自己的观点,同时借助多个媒体进行同频共振。新媒体作品正文的写作技巧主要分为优化内容传播场景、在场景中讲故事、调动用户的阅读情绪三个方面。

(1)优化内容传播场景。因为信息在传播过程中涉及信息的发送者、信息的接收者和信息的载体、信息出现的场景,这是环环相扣的,媒体作品一旦脱离了特定的场景,则会显得是在自言自语。

(2)在场景中讲故事。写作者通过打动人心的故事对媒体作品进行包装,使输出的信息更易于被用户接受。

(3)调动用户的阅读情绪。在媒体作品中,写作者要善于引导用户释放阅读情绪,说出用户不敢说却想说的话,直击他们的痛点和泪点,从而与其建立情绪、情感的共鸣,使他们产生转发冲动。

 小贴士

一、一起了解视频号

对于视频号而言,标题的选取除了可以参考图文阅读新媒体类的标题技巧,还需要注意流量的分流、垂直化领域的打造的运用。因为相对于图文阅读类的新媒体,视频号所依托的流量体系更加注重分类。

1. 流量的分流

对于视频号而言,如抖音、微博或者Blilibili,它们拥有自身的系统运行机制。系统针对标题、标签或者是关键词进行分类录取,根据用户词进行推荐。系统不但会根据你发文时所选的标签判断和归类文章(视频)所固有的属性,还会根据标题内所含关键词、图片分类、内容定位,去推荐适合浏览此类文章的用户群体。如果标题涵盖关键词很少或者用词属于网络用语,不能被系统识别,就等于失败了一半。文章的关键词要让系统得知文章由哪类人群浏览,让智能推荐发挥作用。

例如,《2021年最适合户外驾驶的汽车推荐》《2021年几款防晒霜测评》,系统会根据标题进行分析和归类,前者可以分析出是汽车、旅游领域,后者可以分析出是美妆、时尚领域,同时根据系统的分类,优先推荐给对此领域较为感兴趣的用户,通过用户的浏览、点击、关注,提升媒体账号的活力。

2. 垂直化领域

某著名抖音博主分享说,在新媒体时代,拼的不再是谁的知识面更广,走到最后的往往是聚焦于某个行业的做得精而细的博主。不难看出,在如今的新媒体时代,无数的图文类文章(视频)层出不穷,如何让用户可以快速、高效地锁定其想要获取的内容,垂直化领域的新媒体账号往往更具有优势,也更容易带动账号的整体发展。因为对于知识的获取,如果在某个行业做得又精又专,就锁定了这一个群体的粉丝。举例来说,在快速吸引粉丝方面,一个既做影视分享又做美妆的博主往往不如一个专注于影视领域的博主。内容的专业性、精确度是人们快速获取知识的有效衡量标准之一。因为标题关键词关系到系统推荐量的多少,标题的创意关乎文章的点击率。只有专业精确地表述这个领域的痛点和需求点,留存下来的读者才会点击进去。相反,如果点击进去,文章(视频)呈现的是既冗长又不够精准的知识分享,那么账号就会流失大量的读者。即使读者被动地接受系统的推荐,他们也不会产生阅读欲望。这样,系统的推荐就被白白浪费了,时间久了系统会给该账号打上"低质量账号"的标签,系统减少推荐的概率会增加。所以标题取得精准与文章(视频)内容的高垂直化是相辅相成的。

就像上文所说,标题的选择是有章可循的,要一击必中,即这个点一定是集中满足某个需求的,对应了某个痛点或者痒点。新媒体的标题只要把这个点找准,然后在标题中告诉观众,文案的内容可以解决他的痛或者痒就可以了。要避免节外生枝,分散标题的攻击力。

通过有效的训练,接受训练的人可以选取一个吸引人的标题,进而提升阅读量和播放量,进一步提升新媒体的运营能力。

在如今的媒体时代,大家在选取标题的过程中,可以在标题上下功夫,但是不要太过离奇或者牛头不对马嘴,选取的标题一定要与内容有高度的相关性,也要实事求是,不能胡编乱造,夸大其词,不能成为真正所谓的"标题党",否则再好的标题,文章读之无味,也是不能吸引用户的。

3. 内容的制作

此要点题为"内容的制作"而非"正文的写作"是因为新媒体内容的最终呈现,不仅包括正文的写作这一方面,还关乎另一个非常重要的方面,即新媒体内容的运营。新媒体内容的运营与其正文的写作密不可分,它是正文写作的前提、基础。因此,这一部分将从内容的运营和正文的写作两个方面来介绍。

二、新媒体内容运营的四个核心环节

1. 选题规划

提前做好选题的规划,知道自己要做什么,并做到什么样的程度。可以做一个计划表,当然如果当天出现特殊情况或者是社会热点,也可以将原来的选题予以替换,但一定要提前做好一些选题或者是半成品的媒体作品,并结合新情况进行有效转换。

2. 内容策划

明晰该篇媒体作品的撰写目的是什么,可以通过或者借助哪些渠道予以宣传和推广。这些也是建立在你精准针对用户群体的基础上撰写的。

3. 形式创意

媒体作品的灵魂是创新和创意。媒体作品应该结合多媒体矩阵予以共同发力,所以媒体产品的设计一定要富有创意。例如,每年的5月20日都是媒体必争的一个热点话题。以微信公众号为例,当一大堆的推送都是围绕"如何爱一个人""那些爱过的人""深情告白"此类文章时,你不免感到同质化严重,缺少趣味,这时你可以结合 H5 平台,将标题改成"这是我爱你的第几天",这样的标题更符合青年人需求,他们更愿意转发。

4. 素材的整理

提前做好选题规划是要为素材整理腾出时间,所以在选题规划出来后,团队便要开始着手搜集相关的素材,从过往的数据、平时的采访、新闻到曾经的热点话题等,形成一个丰富的资源库,从而为撰写选题打下坚实的基础。

前期的准备重在平时学习和积累。我们要学会从积累的素材中进行遴选,抓住可用的素材,并结合用户群体思维或者用户群体的需求(痛点)予以呈现。总而言之,媒体作品有很多的规则,但没有唯一的规则,在做媒体作品时我们既要有严密的分析,又要关注产品和用户。

 小贴士

新媒体运营的常用工具

1. 内容排版工具

秀米编辑器:http://xiumi.us

135 编辑器:http://www.135editor.com

新榜编辑器:http://edit.newrank.cn

i 排版编辑器:http://www.ipaiban.com

96 微信编辑器:http://bj.96weixin.com

秀多多编辑器:http://xiudodo.com

2. AI 写作工具

chatGPT:https://chat.openai.com/

月之暗面:https://kimi.moonshot.cn/

智谱清言:https://chatglm.cn

讯飞听见:https://huixie.iflyrec.com/list

火山写作:https://www.writingo.net/

秘塔搜索:https://metaso.cn/

3. 图片素材库

包图网:https://ibaotu.com/

easyicon:http://www.easyicon.net

阿里巴巴矢量图标库:http://www.iconfont.cn

findicons:http://findicons.com

4. 文档写作与协作工具

一起写:http://yiqixie.com

明道:http://www.mingdao.com

5. H5 页面制作工具

Maka：http://maka.im/

易企秀：http://www.eqxiu.com/

epub360：http://www.epub360.com/

秀赞 H5：http://www.xiuzan.com

活动盒子：http://www.huodonghezi.com/

6. 数据表单收集工具

麦客：http://www.mikecrm.com

金数据：http://jinshuju.net

表单大师：http://www.jsform.com

问卷星：http://www.sojump.com

快站：http://www.kuaizhan.com

调查派：http://www.diaochapai.com

7. 在线图形设计工具

创客贴：http://chuangkit.com

图帮主：http://www.tubangzhu.com

8. GIF 图制作工具

tuyitu 动图制作：http://www.tuyitu.com

GifCam(集录制与剪辑为一体，推荐!)

9. 二维码美化

草料二维码：http://cli.im

二维工坊：http://www.2weima.com

微微二维码：http://www.wwei.cn

联图二维码：http://www.liantu.com

光影魔术手：http://www.neoimaging.cn

项目 15　完成学业论文

如果你是一位城市规划专业的毕业生，请你运用所学专业知识，参考国内外优秀的城市规划刊物和书籍，按下列要求完成一篇学业论文的基础框架。

(1) 主题明确，具有一定的学术价值。

(2) 结构合理，条理清晰。

(3) 所举案例能够充分支撑所述观点。

(4) 具有整体性，前后呼应，观点一致。

技能点拨

论文常指进行各个学术领域课题的研究和描述学术研究成果的文章。它既是探讨问题进行学术研究的一种手段,又是描述学术研究成果进行学术交流的一种工具。它包括学年论文、毕业论文、学位论文、科技论文、成果论文等。它是每个大学生毕业前的必修文种之一。

1. 把握论文选题的原则

(1) 社会需要原则。所论述的选题能够解决专业领域中迫切需要解决的问题,或者在专业领域中具有实用价值,避免空中楼阁、不切实际的选题。

(2) 可操作原则。选题切忌过大,要选择那些自己能够驾驭的,并且感兴趣的论题,加以深入研究。

(3) 创新原则。论文选题要求在前人的基础上有所突破,有独立见解,选择新角度、新方法探索问题,决不可人云亦云,堆砌材料,甚至抄袭他人成果。

(4) 专业优势原则。利用所学专业知识和专业术语进行写作,具有专业倾向性,避免尝试自己不熟悉专业和领域的论题。

2. 掌握选取、搜集和研究材料的方法

(1) 搜集材料的有效途径。作者可以在学校的图书馆电脑上登录"学术期刊网"或"中国知网"等网站,在学术文献总库中搜索关键词,从而得到大量有关的书籍和论文信息,再选取适当的资料加以下载或查询;也可以在图书馆电脑上直接搜索图书馆现有资料,选取所需资料进行查阅。

(2) 选取有用的材料。在选取论文所需材料时,作者必须明确论文的主题和研究方向,然后紧紧围绕选题,脚踏实地地搜索材料。搜索材料是一项艰巨的工作,要按照选取材料"必要、新颖、充分"的标准,采取多种方法,充分利用图书馆、资料室进行调查,尽量多取得确实有用的材料。

如果需要实地调查,搜集数据,应当尽量采取问卷调查、录音录像、拍摄图片等方式,在调查后以表格、数据报告等书面的形式进行整理,经过汇总,将数据使用到论文中,并能够支撑论文所持观点。

3. 拟定论文提纲

(1) 论文提纲一般包括题目、总论点、分论点和段旨概要。

(2) 拟写提纲的方法。拟写提纲的方法有两种:一种是标题式,以简要的文字写成标题,把该部分的内容概括出来;另一种是句子式写法,以一个能表达完整意思的句子,把该部分内容概括出来。

此外,在大提纲的框架下还可以拟定小提纲,作者可以将每个部分的论点句或者段旨句,或者小标题也写好,进一步细化提纲,为完成论文拟定清晰的思路。

4. 掌握论文写作格式及结构

论文写作格式及结构如图 3-1 所示。

> ×××××××××××
> （论文主标题：表达主要观点或论述内容，不超过 20 个字）
> ——×××××××××××××
> （论文副标题：补充说明论述内容）
>
> 【摘要】（提示论文主要观点，需要具有高度概括力，语言精炼，通常不超过 200 字）
> 【关键词】（提示论文的核心词语，一般 3 到 5 个即可，用 "；" 作为间隔）
>
> 引言：（用简略的文字概述论文课题的背景、起源、研究目的和意义）
> 本论：（全文的主体和核心。通常按照由表及里、由底层到高层的顺序，围绕中心论点层层推进，直至最终推导出结论。通常分为几个标题分别论述）
> 　一、×××××××××××××
> 　　（一）
> 　　（二）
> 　　（三）
> 　二、×××××××××××××
> 　三、×××××××××××××
> 结语：（对全文观点进行概括，从而与引言呼应，将论文主旨进行升华和总结。）
> 参考文献（或附注）：
> 　列出参考文献的出处，专著要列出书名、作者、译者、出版社、出版时间等信息；论文要列出标题、作者、期刊名、发表时间、发表期数等。引用论文或著作原话的，还需注明文献页码。引用的内容，在论文中必须用引号加以标出。

图 3-1　论文写作格式及结构

5. 熟悉论文写作过程

（1）论文的选题与提纲撰写。如有导师，学生可与导师商榷论文的开题报告是否合理有价值，便于后续撰文。在提纲撰写的过程中需大致列出论文的整体结构、各级标题和简要内容，以便理清思路和头绪。

（2）初稿写作。初稿需要完成的包括问题的提出、理论在实际中的应用、本文创新等。

（3）修改与定稿。

6. 注意论文写作的要求与注意事项

（1）主题明确，具有一定的学术价值。

（2）结构合理，条理清晰。

（3）所举案例能够充分支撑所述观点。

（4）具有整体性，前后呼应，观点一致。

【例 3-22】

城市文化创意空间的塑造
——上海城市文化发展与世博会规划的思考

【摘要】创意产业自产生至今，正日益显现出对城市发展的巨大推动作用。在中国部分发达城市产业发展规划中，创意产业逐渐被视为城市经济发展的新增长点，以实现推动城市建设、历史文化和社会经济和谐进步的目标。中国 2010 年上海世博会园区的后续利用分析研究从区域功能定位、物质空间改造和城市系统优化三个方面，力求实现"城市文化创意空间塑造"的发展目标。

【关键词】城市发展;创意产业;城市文化创意空间;世博会

一、引言

(略)

二、上海城市发展战略目标的思考

(一)国际大都市,城市竞争力

(略)

(二)区域中心城市,经济增长点

(略)

三、上海发展创意产业的背景与现状

(略)

(一)上海发展创意产业的背景

(略)

(二)上海发展创意产业的现状

(略)

四、上海城市发展与世博会园区规划的思考

(略)

(一)世博会园区后续利用的基本思考

(略)

(二)世博会园区规划与城市创意产业发展策略研究

(略)

1. 建设引领与集聚现代文化功能的上海南部城市副中心

(略)

2. 结合工业遗产保护与再利用,塑造城市创意产业的"引擎"

(略)

3. 形成技术、经济与文化艺术的互动,实现城市创造力系统优化

(略)

五、结语

(略)

【参考文献】

(略)

(资料来源:周建军,朱嵘.城市文化创意空间的塑造:上海城市文化发展与世博会规划的思考[J].规划师,2008,(01):29-32.有删改。)

【解析】 本论文具备学术论文在格式上的基本要求,主题明确,具有一定的学术价值。文章具有整体性,前后呼应,观点一致。文章紧紧围绕"城市文化创意空间的塑造"这一大的主题,从"上海城市发展战略目标的思考""上海发展创意产业的背景与现状""上海城市发展与世博会园区规划的思考"三个大方面分别进行论述,最终得出结论:依托世博会,上海应当向全世界展示由单纯的高效率城市向创造力城市的定位变化,以及面向"历史、文化和环境"的城市"价值观"的重建与创新。在整体框架上,条理清晰,结构合理,所举案例能够充分支撑所述观点。

课堂实训 3.14　学业论文

1. 请以"论大学生'脆皮'现状与对策分析"为题,写一篇论文。请你先查找相关资料,再拟定提纲。完成初稿,并修改后定稿。论文篇幅为 3 000 字左右。请你列出提纲,要求条理清晰,结构合理,主题明确,观点一致。

_____
_____
_____

2. 请结合所学专业选择一个论题,列出论文提纲。作好背景现状与数据的分析,要求条理清晰,结构合理,主题明确,观点一致。

_____
_____
_____

 小贴士

常见参考文献及著录规范

1. 专著、论文集、学位论文、研究报告

[序号]主要责任者.文献题名[文献类型标识](著作 M,论文集 C,报纸文章 N,期刊文章 J,学位论文 D,研究报告 R,标准 S,专利 P).出版地:出版者,出版年,起止页码.例如,[1]周振甫.周易注[M].北京:中华书局,1991.

2. 译著、译文

[序号]主要责任者.文献题名[文献类型标识](著作 M,论文集 C).译者.出版地:出版者,出版年.例如,[5] GILL R. Mastering English Literature[M] . London: Macmillan,1985.

3. 期刊文章

[序号]主要责任者.文献题名[J].刊名,年,卷(期):起止页码.例如,[2]何龄修.读顾城《南明史》[J].中国史研究,1998(3):167—173.

4. 报纸文章

[序号]主要责任者.文献题名 [N]. 报纸名,出版日期(版次).例如,[3]谢希德.创造学习的新思路 [N].人民日报,1998-12-25(10).

5. 论文集中的析出文献

[序号]析出文献主要责任者.析出文献题名[A].论文集主要责任者.论文集题名[C].出版地:出版单位,出版年.析出文献起止页码.例如,[4]瞿秋白.现代文明与社会主义[A].罗荣渠.从西化到现代化[C].北京:北京大学出版社,1990:121—133.

6. 电子文献

[序号]主要责任者.电子文献题名[电子文献和载体类型标识]([J/OL]网上期刊、[EB/OL]网上电子公告、[M/CD]光盘图书、[DB/OL]网上数据库、[DB/MT]磁带数据库).电子文献的出处或可获得地址,发表或更新日期/引用日期.例如,[12]王明亮.关于中国学术期刊标准化数据库系统工程的进展[EB/OL]. [1998-8-16](1998-10-1). http://www.cajcd.edu.cn/pub/wml.html.

第四模块　职场人文素养的训练

　　当今社会市场经济和职场发展的竞争,归根到底是人才质量的竞争,而人才质量不仅体现在专业知识和专业技能上,还体现在人文素养上。在职场中,我们与领导、同事共事相处怎样摆正自己的位置,怎样开发和维护好与职业合作伙伴的关系,怎样抵制住拜金主义、个人主义的诱惑与冲击……归根到底拼的是从业者的人文素养。人文素养就是做人的素养,即做人应具备的基本品质和基本态度,包括能正确处理自己与他人、个人与集体、个人与社会、个人与国家、个人与自然的关系。只会做事不会做人的从业者,其在现代社会中难以发展。可见,人文素养已经成为从业者可持续发展的一种重要动力。本模块旨在通过广泛接触文化经典、品味文化经典,引领大学生在常读常新的阅读体验中提高观察生活、感悟生活、理解生活的能力,为成就职场人生的赢家而助推一臂之力。

情景案例

　　科学技术和人文素质教育的齐头并进、共同发展已经成为当代教育改革的必然趋势和要求。近几十年来,美国的高等教育曾有 6 次大型变革,其中每次都提出要加强人文和社会科学教育。日本针对过分重视专业教育的现象,在高等教育中强调教育民主化,加强普通教育,也采取了一系列措施。韩国在高等教育中也非常重视对学生进行人文素质教育,所有的大学课程均由教养课和专业课组成,教养课中的必修课由教育部规定,占总学分的 30%,内容包括国民伦理、国文、国史、外国语、哲学、文化、自然科学入门和体育。

知识解说

　　本模块设计了"了悟经典文本中的做人之道""从先秦散文看职场修养""从文化经典中感悟匠人情怀""从文学名著中培养人文素养""古风新韵——文艺经典的吟唱""乡贤少年人生楷模——从松江英雄夏完淳事迹中获取奋斗动力""新媒体视阈下传统文化涵养职场人生""从哲理名句段中获取职场励志"八个训练项目。这些项目能让学生体会作品中高尚的情操、美好的情感、高贵的精神、优良的品质,让学生受到美的熏陶和感染,促进自身健全人格的养成。例如,南明时期上海松江少年夏完淳事迹的展示,让学生设身处地,从家乡的英雄身上获取奋斗动力;又如,经典名著《红楼梦》中《抄检大观园》章节的呈现,能够帮助学生体会小说名著中的节奏感、韵律感,为团队合作、领导决策、应对危机等情境体现的职场精神找到文化依托;再如,中国传统文化精神和文化符号阴阳五行八卦的介绍,能帮助学生树立文化自信力,赓续大国工匠的精神,在中国式现代化道路上一往无前。另一方面挖掘并整合

经典作品中与职业素养有关的内容,如职业道德、职业行为、职业作风和职业意识等,能帮助学生通过《郑伯克段于鄢》体会颍考叔与庄公所表现出来的职场处事的态度和职场说话的艺术技巧,了解职场中为人处世的方法;又通过《冯谖客孟尝君》对冯谖求职过程以及在职场中获取成功的秘诀的解读,结合现代社会,了解职场成功的要素是什么,当遭遇工作环境中诸多障碍与不如意时,如何进行职业适应和自我塑造……从而帮助学生树立良好的职业素养,使学生成为德智体美劳全面而又可持续发展的人才。

一、文化经典与人文素养

人文素养是一种内在的修养和品格,是对自我以及外部世界在生存意义和价值取向上所体现出的一种普遍而持久的关怀,具体体现在个人对自我、他人与社会的认识、态度和行为准则中,渗透在人的世界观、人生观、价值观、人格特征、审美情趣等各方面。

人文素养在一个人的成长中起着非常重要的作用。它能够启迪人的智慧、开发人的潜能、调动人的精神、激扬人的意志、规范人的行为,以及维护人的健康、控制社会稳定、协调人际关系等。

经典作品就如同人文这条大河的一条支流,流淌着高尚的思想品质、健康的道德情操、美好的情感、优良的民族精神,担当着人与自我、与他人、与社会、与环境的情感追求与寄托,体现着浓厚的人文情怀、人文视野、人文精神。

优秀传统文化是中华民族生生不息、历久弥新的根源。中国传统文化有太极阴阳、八卦五行等复杂的系统,体现了古人的思维方式和对世界的朴素看法。知古鉴今,探寻中国传统文化符号,了解古人的思维方式,在今天仍具备丰富的现实意义。

(一)了解阴阳八卦知识

阴阳八卦知识记载于《周易》中,体现了对自然、社会现象规律的总结。

1. 太极生两仪(阴阳)

阴阳是事物相对的两个状态。

阳:干燥　明亮　突出　雄性　　阴:潮湿　阴暗　凹陷　雌性

阴阳转化,阴极生阳,阳极生阴。太极图阴阳鱼缠绕,阴阳调和、生生不息,世界才能正常运转,体现了朴素的平衡观念,人类对冷热、干湿适中的生存环境的推崇。

古人占卜首先确定阴阳爻,爻即每一卦卦画,两种横线:

阳爻 ―　　阴爻 --

2. 两仪生四象,四象生八卦——用排列组合解释八卦

阴阳爻随机任取一爻(从下往上记录组合结果,写出卦画),取两次有四种结果(四象)。

古人用蓍草占卜。抓取一堆蓍草,单数记阳,双数记阴。金钱卜则掷铜钱,正面向上记阳;反面记阴。取三次,得出一个符号(卦画爻从下往上写)。按概率论,共八种(八卦)。阳上升,阴重浊,八卦代表八种不同事物:

☰乾　纯阳之气上升,天。(天行健,君子以自强不息)
☷坤　纯阴之气重浊下沉,地。(地势坤,君子以厚德载物)

☶艮　双阴爻居下,托举上阳爻,威严稳定,山。

☱ 兑　下双阳爻,上阴爻,阳气会慢涌,如地下水汽溢出重浊泥地,泽。

☲ 离　阳中含阴,外阳内阴,火。
☵ 坎　阴中含阳,外阴内阳,水。

☴ 巽　下阴爻托举,上双阳,阳气必然充足上扬,风。
☳ 震　阳爻居下,被双阴爻压制,必然蕴含霹雳震动的动力,雷。

3. 蕴含二进位制原理,启发现代计算机发明——用二进位解释八卦

八卦理论精深,但其实并不神秘,可用二进位制解释:阴爻记为数字0,阳爻记为1。三爻构成的八卦其实可以理解成二进位制的所有三位数组合:相当于十进位制从0到7这八个数字:

☷坤 0(000)　　艮☶1(001)　　坎☵2(010)　　巽☴3(011)

☰乾 7(111)　　兑☱6(110)　　离☲5(101)　　震☳4(100)

莱布尼兹因发明计算机原理二进位制,获得"计算机之父"的美称,其灵感即来自中国古老的太极阴阳八卦图。

拓展:八卦两两相叠,每卦就有了六爻,组合为六十四卦。

(二)了解五行知识

1. 五行的基本原理

古人认为构成的事物五种基本元素为金、木、水、火、土,分别对应五色[白、青(绿)、黑(玄)、红、黄]、五味(辛辣、酸、咸、苦、甜)、五官(鼻、目、耳、舌、口)、五脏(肺、肝、肾、心、脾)、五种情志(悲、怒、恐、喜、忧思)五个方位(西、东、北、南、中)、五种神物[白虎、青龙、玄武(龟蛇合体,冬眠入土,极阴之物)、朱雀、黄帝],五季(秋、春、冬、夏四季加长夏)等。五行相生相克(相邻相生:金生水,水生木,木生火,火生土,土生金。相隔的相克:金克木,木克土,土克水,水克火,火克金),成为中国古代礼仪道德、哲学、医学等诸多文化系统的思想基础。

2. 五行与空间规划应用

城市规划运用:不同方位布置不同神物。空间方位格局的命名体现五行原理。如城北的湖叫玄武湖(南京老城),青龙桥在城东方位(老济南环城河上),朱雀大街在城南(唐代长安城)。

3. 五行与医学

传统中医认为人体为有机整体,治病要统筹全局,不能简单地头痛医头、脚痛医脚。如水分别对应着五色中的黑、五脏中的肾、五官中的耳、五种情志中的恐惧、五味中的咸。故一个人听力不好可能不只是耳朵的问题,肾脏也存在问题,要统筹治疗。恐惧、噪音不止伤耳和听力,更会伤肾脏。冬季多食黑色食品可补肾,也有助于听力改善。冬季出汗少,故食盐要适量以养生,尤其是肾脏代谢功能不好的人。现代医学也证实了这些:过于恐惧会导致肾上腺激素分泌过多,导致心跳过快而猝死(通常说吓死)。另外,怒伤肝,悲伤肺,喜伤心,忧思伤脾胃。例如,《红楼梦》中林黛玉父母双亡,寄人篱下,悲伤肺;本来先天体弱,忧思伤脾胃,身体更虚弱。

木对应着季节中的春、颜色中的青绿、五官中的目、五脏中的肝、五味中的酸;所以春天

养生多食青菜养目、肝。酸味入肝,适度食用酸味食品、动物肝脏可补眼。

五行相生(相邻),土(脾)生金(肺),金生水(肾,耳)。脾胃不好会影响呼吸系统的功能,进而导致肾虚,听力衰退。五行相克(相隔),土(脾)克水(肾,耳),脾胃功能过于亢进会直接影响肾功能、听力。《红楼梦》中林黛玉秋天犯咳疾,热心的薛宝钗为她分析病情:她素日吃的人参养荣丸贾母也吃,老年人适合,但对少年来说会导致心火过热,火克金,肺受影响。要治秋天咳嗽的老毛病可从养脾胃出发,每日吃点燕窝粥,脾土一平,土(脾)生金(肺),肺功能自然好,这就是很有见地的分析。中医认为青少年不宜盲目用各种补品、保健品:青少年为"纯阳之体",处于发育过程中,新陈代谢快,只要饮食有度,营养平衡,身体就无大碍,若盲目服用各种营养素充足的成人补品会"上火",出现代谢障碍。贾母年老,服用人参补品比较适合,而她为了关心外孙女林黛玉,配人参养荣丸时顺便也给她多配了一料,但对于身体还在发育的少年林黛玉来说长期服用并不好。她年轻,若心情舒畅,养好脾胃,身体自然会恢复健康。

强化训练

1. 请你思考五行与季节的现代联系。为什么说金秋十月?古代为什么安排"秋后问斩"?

2. 为什么雪莱有《西风颂》,而中国却说"改革开放的东风"?

3. 阴阳平衡观念、五行相生相克观念在现实生活、各行各业中有哪些微妙的体现?

课外训练 4.1

建工、艺术设计等专业

参观一座古城或古代文物博物馆,找出太极阴阳、八卦五行元素,并用相关知识设计一个古风建筑、策划一次古风灯光秀展演;规划一个古风文创广告或志愿者项目,尽量体现古典元素。

健康护理专业

用阴阳五行知识分析患者病情,安抚病人情绪。请你学习例文中薛宝钗为林黛玉分析病情的恳切态度与语气,并应用于临床护理实践。为不同病情的患者设计不同的中医康养方案,并设计个性化的病房康复室,用不同的色调、五行吉祥物元素(青龙、朱雀、玄武等)布置病房,使之体现出古典韵味,使病人心情舒缓。

酒店管理、烹饪专业

中国日益宽松的过境免签政策吸引了越来越多的海外游客。酒店管理专业可根据五行与方位、颜色、神物等的对应关系,用国风元素进行酒店形象包装,以更好地传播中华居住文化。中餐博大精深,色香味俱全,讲究食疗一体。烹饪专业可针对外宾的偏好,用五行观念,根据五行与五味、五脏养生等对应关系,发掘地方菜系中的精华菜,设计出颜色对比鲜明、美味又营养全面的"五行菜肴"以及古风拼盘、面点。

无人机专业

策划一次古风韵味飞行表演,展示太极阴阳、八卦五行知识,传播传统文化。例如,队列用无人机黑白灯光排列出阴阳八卦图。又如,队列用黑白红绿黄五色灯光代表五行来演示相生相克的关系。再如,队列用无人机队列矩阵巧妙演示八卦二进位制原理:从坤到乾,从 0 到 7 的变化过程。

外语专业

英语专业学生要熟悉五行知识的英语译文,并尝试根据自己的理解巧妙表达并传播中华传统文化;日语专业学生调研中国阴阳五行等知识观念对日本文化的深刻影响,并策划一次以"日本社会中的中国传统文化符号"为主题的展览。

人工智能专业

人工智能技术日新月异,技术可以替代某些人工,但工匠精神更依赖于丰富的底蕴支撑。试用 AI 智能生成技术设计一个体现八卦五行精神的神话形象或意境,如青龙、玄武、黄帝、天宫、地府等场景。即使是人工智能等现代高新信息技术专业的学生，也应从传统文化中汲取力量；因为这些技术依赖于人工口令、程序代码等设计，其中涉及的关键词考验的是大家的文化底蕴、知识宽度、广度和深度。厚积方能薄发，真正领略古代文化典籍的精华，在全球化时代可以更好地弘扬国风文化，在与西方文化的竞争中弯道超车，助力我们在职场中无往不胜。最近大火的游戏《黑神话：悟空》就是一个鲜明的例子，汲取民族文化精华是其成功的秘诀和关键。

二、传统文化精神与职业基本素养

职业素养是在职业过程中表现出来的综合品质,大致包含职业道德、职业意识、职业行为习惯、职业技能等方面。前三项属于世界观、价值观、人生观范畴的产物,是人在学习工作生活中逐步形成、逐渐完善而获得的;而最后一项是通过学习、培训获得的。敬业精神及合作的态度是职业素养的两个重要因素。态度是职业素养的核心,负责、积极、自信、欣赏、乐于助人等态度是决定成败的关键因素。

一个合格的职业人,无论是初入职场还是在以后的职业发展中,绝不能只依靠某种技术或技能,而要具有阅读、写作、沟通、素质修养等综合素质能力。随着时代的进步,目前大学生中不懂电脑、数码产品等现代科技的"现代文盲"越来越少,然而缺乏人文素质,不知道祖国传统的文史知识,不能正确读写文史哲类文章的"传统文盲"却越来越多。现在很多学生不愿意也没有耐心看传统经典文学作品,业余时间除了对着电脑玩游戏就是盯着电视荧屏看娱乐节目,沦为不看书、不写字、不思考的"无事族"。另外,心态浮躁、功利心重等不良社会风气导致了大学生严重缺失人文精神。而人文精神对职业能力起着极为重要的支撑作用。一个全面发展的职业人必须要有坚定的信仰和正确的价值观念,健康的体魄和良好的心理素质,高尚的道德修养和较高的审美情趣,厚实的专业基础理论和高水平的职业技术能力。

在高速发展的信息社会,人们面临激烈的职场竞争,很容易变得浮躁不安。回头远望历史,中国传统文化精神在对人们的心灵安抚、素养提升、灵感激发等方面仍有丰富的借鉴意义。

透视中国传统文化精神:

1. 思想结构:儒家思想为主,儒道互补,儒释道三教合一

自西汉汉武帝"罢黜百家,独尊儒术"之后,儒家思想成为历代封建王朝的统治思想。儒家面向现实,提倡仁、礼,是正统士人的精神必需品,好比一日三餐。与儒家思想相比,释、道思想一定程度上体现超脱世俗功名和追求自然的态度。在封建社会士人面临的激烈竞争中,可以避免精神危机,好比精神疗养的药。中国土生土长的宗教道教和外来又逐步本土化的佛教(禅宗是佛教本土化定型的象征)在古代起到了重要的作用。宋代的苏轼就是一个典型的三教融合的封建士人代表。他在顺境时以儒家进取精神辅佐君王,匡济天下,大胆上书言事,不怕得罪权贵;他在逆境遭贬谪时也能乐天知命,出入于佛道思想之间,结交僧道,以排遣内心忧闷,避免出现精神危机。甚至当他被迫远离中原,被远谪到荒僻的岭南时也能写出"日啖荔枝三百颗,不辞长作岭南人"这样乐观的诗句。逆境时他也不忘积极入世,在荒僻的海南岛兴办教育,培育人才,发展生产。"问汝平生功业,黄州、惠州、儋州。"三教合一的思想修养帮助苏轼经受住逆境的淬炼,成就了这位乐观可爱的古代文人。

2. 人伦崇尚:敬天爱国,崇尚集体(家族、国家)

总体上来说,与西方推崇个人主义、自由主义相比,中国传统文化是集体主义文化,强调群体合作,重集体(家族、国家)轻个人。

中国传统社会的经济基础是农耕经济,小农生产方式必须依赖家族合作,需要稳定和平的环境,靠天吃饭,这就形成中国安土重迁、重经验不提倡冒险的民族性格,不同于西方的海洋和商业文明。

农耕依赖土地、降水、温度日照等自然系统,所以中国人热爱自然,重视生态系统的保

护,尊重自然规律,不违农时。

3. 文化精神:面向现实,人定胜天的进取精神

中国传统文化是一种进取性文化,面向现实。儒家创始人孔子的"知其不可而为之""罕言鬼神""子不语怪力乱神"体现了对现实理想的执着追求。《周易》乾卦的卦辞"天行健,君子以自强不息",奠定了后世刚健有为、人定胜天的价值取向。正是依赖于这种实干精神,农业文明时代的中国成为富强文明的东亚文化宗主国。勤劳勇敢的祖先筚路蓝缕,兴修水利,把适于耕作的季风区的土地都改造成良田。农耕文化区域从中原不断往外推进,从关外东北到岭南海岛;从河西走廊到疆西伊犁盆地;从江南越过四川盆地,一直到云贵高原的梯田奇迹,神州处处是农耕乐土。耕地南北跨越万里长城、大江大河与秦岭雄关;东西凿穿地势三级大阶梯天堑,成为人类文明的奇迹。

中国传统的现实主义、实干主义文化还体现为信仰崇拜上的现实性。中国唯一土生土长的宗教道教追求的目标"修炼成仙"意味着长生不老,能长久地留在世界上而不是脱离尘世,道教追求的"洞天福地"不过是人世间的美化。这与其他宗教的超脱性、彼岸性形成鲜明对比。中国人不神化抽象的彼岸世界,而是把身边实用性强的事物风俗纳入信仰系统,如民间灶神、门神、厕神等实用主义信仰。这些实用信仰集中体现为崇奉祖先、神化土地这两大系统。北京故宫建筑群"左祖"(祖庙太庙)"右社"(天地社稷坛)的布局就体现了中国人基于现实主义的两大信仰体系。传统中国人把国家江山称为"社稷",社为土地神,稷原指五谷神,谷子是中国农耕文化发祥地黄土高原最常见的作物,后成为粮食五谷的泛称。这体现了"耕地"和"粮食"是立国之根这一根深蒂固的传统信仰,甚至中华人民共和国成立后还有"以粮为纲"的说法。

4. 文化类型:尚德仁爱的伦理道德型文化

《周易》坤卦卦辞"地势坤,君子以厚德载物。"[①]这奠定了中国道德主义信仰的基石。儒家也强调"仁"与"礼"。从文化的追求目标来看,传统文化"仁者爱人"是一种道德本位文化,其源于农业社会的组织方式和熟人体系。与法律规则相比,中国传统社会在人伦关系的维护上更强调"礼",即道德的作用(伦理的道德化)。道德不仅是修身目标,更是维护人伦关系的工具(道德的伦理化)。从行为规范上看,儒家的仁礼信仰,重教化轻行为底线,传统社会的治理模式追求的是"无讼"的理想世界。

古人对道德的重视达到了登峰造极的地步,这体现为与道德的伦理功用对比,传统社会更强调道德本位论,即终极价值目标取向,道德就是人生本位,是追求的终极目标,而不是手段。比如,舍生取义,义是道德目标,特殊情况下,生命可用来殉道。

另外,在道与技的处理上,中国传统文化是一种"德性文化",重道轻技。相比对智慧、技术的追求,更强调对道德的追求。这不同于西方的"智性文化",相比道德,更强化对智慧、知识的追求。

5. 文化气质:贵和尚中,含蓄守礼

古代农业文化的超强稳定性,造成了中国人重视礼制、循规蹈矩、遵循传统的特点,例如,信仰崇拜上的崇奉祖先、神化土地等;又如,人格崇尚上的彬彬有礼、君子人格、以和为贵等,反对暴力与极端。

---

① 杨天才,张善文.周易[M].北京:中华书局,2011:29.

古代农业文化崇尚君子人格,君子比德于玉,玉的表面温润、内在刚强的特点象征了中国人外圆内方的人格范式。玉的光泽温润却不刺眼,好比君子坚守内心的道德原则,而行为方式上又彬彬有礼,不卑不亢,以德服人,而不会咄咄逼人地进行暴力攻击。中国人爱玉,所谓"黄金有价,玉无价",这跟西方社会偏爱光彩耀人的黄金和钻石珠宝形成鲜明对比。中国古代爱情故事的典型模式是才子佳人,才子文弱优雅,却能举重若轻,以文章定天下,这不同于西方叙事中英雄救美、以武力征服世界的模式,体现了中国人崇文轻武的倾向。

农业社会的熟人亲缘关系盘根错节,所以古代中国人做事有所顾忌,投鼠忌器;做事讲究谋略和计策,说话含蓄,提倡慎独、制怒,反对出口伤人。

6. 厚重、因循保守与创新、包容博大的矛盾统一——中国传统文化现代转型的机遇和挑战

中华文明的起源是多元一体的,中华传统文化生生不息的动力在于博大包容、创新进取。在农耕时代,中华各族人民创造了人类历史上最辉煌的农业文化。但在工商业时代,中国传统文化也面临现代挑战,如果不与时共进,很容易僵化保守。源于传统的封建等级观念至今盛行,因循保守、墨守成规等小农心态仍影响很多地区的发展。

传统亲缘社会使中国人处理人际关系时往往遵循"差序格局",处理跟外界的关系时没有统一的规则,根据与自身亲缘关系的远近灵活采取不同策略,这与现代规则法治社会相悖。比如面临冲突裁决时,很多人有顾全亲友面子、而罔顾规则底线意识的一面,大家觉得"帮亲不帮理"天经地义等。外企在进入中国市场后,对中国人"人情关系"影响办事效率的"潜规则"等也感到诧异。当然,随着改革开放的深入,地方人情网络也逐步瓦解,正常的政商关系正在建立。

另外,传统"道德伦理化"思维也使很多人以"道德绑架"的过高要求来强制他人而不是以法制规则这种底线来要求他人,这也会对社会治安治理和工商业运营秩序带来挑战。这就需要国家加强法治宣传和有效治理,以适应现代工商业社会。

在新世纪的发展历程里,中国面临重大机遇。尽管传统文化有某些弊端,但我们要相信传统文化的主流仍然是对现实有利的。因为中国传统文化包容性强,具备多元共生、历久弥新的特点。在亚洲时代到来之时,诸多家族协作的海外华人,在全球各国政商界成绩斐然,体现了传统尚德进取型文化的现实功用。当然,我们也不能故步自封,中华儿女在工商业时代更需要批判地继承传统,转变观念,在重视传统家族姻亲协作的同时,顺利完成家族企业转型,灵活采用股份制、所有权经营权分离、职业经理人制等现代企业管理制度。

7. 中国信仰系统体现出的传统思想

在解释八卦卦辞时,《周易·系辞》把纯粹由阳爻构成的乾卦解释为:"天行健,君子以自强不息",体现了进取、阳刚的精神。《周易·系辞》把纯粹阴爻构成的坤卦解释为:"地势坤,君子以厚德载物",体现了道德精神。可见,中国传统信仰的两极:道德崇尚与进取精神很早就定型了。

综上所述,道德本位与进取精神构成了中国文化的两极,而集体、礼制的组织方式与农耕思维是窥视中国文化的重要视角,中和、含蓄体现了中国文化的气质,悠长的历史凝聚成中国传统文化独尊儒家、儒道互补、儒释道三教合一的思想结构。

(资料来源:张岱年,方克立. 中国文化概论[M]. 北京:北京师范大学出版社,2004;钱穆. 中国文化史导论[M]. 北京:商务印书馆,1994。有改动。)

强化训练

1. 你怎样理解中华文明的博大精深与多元一体？在高速发展的信息化时代，传统文化过时了吗？

_____
_____
_____

2. 在本专业的学科进修学习、未来的创业发展过程中，请你结合本专业特点，谈一谈怎样把"古为今用"和"洋为中用"更好地结合起来？

_____
_____
_____

课外训练 4.2

1. 请你在假期返乡时，调查本地民风。结合中国传统文化的特点，思考在工商业时代，你家乡的本土文化和思想信仰有哪些积极和消极之处。

2. 假定你考取了公务员或选调生，你应如何引导民众调整传统思维，以更好地适应新时代的需求？

三、中国传统文化与文化自信

经过改革开放四十多年的高速发展，中国经济突飞猛进，中国迅速崛起，已经跃升为全球工业产值最大、门类最齐全的制造业大国，中国式现代化稳步推进。但与西方发达国家相比，我国很多产品还停留在"物美价廉"的阶段，品牌的文化附加值有限，利润不高，即"中国制造"的文化影响力、品牌塑造力还有很大的提升空间。这就依赖公众的"文化自信"：我们要相信，作为人类文明史上唯一延续数千年未曾中断的文明形态，中华文化源远流长又博大精深，这是我们提高国际竞争力最大的底牌。在西方大牌几乎垄断时尚业、文化产业的格局中，我们决不能妄自菲薄，不能满足于在产业链的下端做辛苦的代工，要努力跻身产业上游，以文化自信的态度做好产品的研发设计和运营，体现中国气派、中国风格。

例如，在时尚服饰设计圈，西方大牌几乎垄断全球。他们在品牌宣传上擅长"讲故事"，尤其是讲"西方洋故事"：突出品牌的历史悠久、手工制作、西方艺术大师设计、工匠精神等特征，再通过广告宣传和限量销售等囤积居奇，从而使品牌身价大涨。国内众多满足于模仿或做贴牌、代工的同行一方面应反思自己的品牌塑造力，另一方面更要有文化自信。西方大牌之所以成功不仅是依靠自身的高超的品牌运营力。从文化根源上来说，工业革命几百年来，欧美发达国家依赖其政治、经济、军事等实力，实现了文化霸权，通过全球文化扩张，完成了其在生产消费、生活方式甚至日常审美上的西方中心主义，使诸多第三世界国家自觉仰望、神化其文化和文化取向。又如，美国的可乐快餐文化、好莱坞的硬汉拯救并征服世界模式风行全球，体现了第三世界国家对随意化、个人自由主义等西方价值观的推崇；甚至白人体貌一度成为整容模板，国内很多年轻人也趋之若鹜、深受其害。大家都知道谴责"月亮是外国的圆"等崇洋媚外现象，殊不知很多人深陷其中而不自知自己奉为圭臬的审美模板其实是西方文化塑造的产物。

盲目抛弃传统文化是危险的。比文盲更可怕的是"美盲",不能领略传统文化之美,缺乏正确的审美观,心灵荒芜;崇尚白瘦幼等畸形审美,消费上盲目地崇洋媚外,把大笔的消费款扔给了会讲洋故事的"西方大牌",导致民族品牌利润流失等,都是不重视传统文化教育的结果。

作为有文化、有修养的当代大学生,我们更应该响应国家的战略决策,增强文化自信,不被西方审美文化洗脑。一方面,我们当然不能盲目排外,要学习西方大牌的品牌设计和运营力。另一方面,我们要从自身做起,理解并贯彻文化自信力。相信伴随国力的上升,中国文化影响力会一步步加强。以后,我们会有更多的国际大牌。在工业制造业方面,通过一代代科技工作者的攻坚,需要高难度核心技术的国产高铁、新能源汽车、超大游轮、国产飞机等已经崛起甚至后来居上。而服饰箱包、个人洗护等时尚品牌,本身不是什么核心高科技产品,更取决于文化品牌塑造力,所以国产品牌要崛起,除了企业端的发力,更依赖于产品受众尤其是国内年轻一代消费观念的更新、民族文化认同,相信在不久的未来,国际高端购物场所会有更多的中国品牌。近年国风文化的盛行已经表明国内市场上国风产品的成功,让民族品牌、国风产品走向世界是大势所趋,也是中华崛起的必由之路。

作为龙的传人,从事应用技术类专业的大学生应自觉发掘优秀传统文化,为本专业的民族化发展和个人的职场之路奠定民族文化之根。中国地大物博,勤劳努力的各族人民在悠久历史中创造了数不胜数、巧夺天工的手工技艺,如丝绸、刺绣、文房四宝、笔墨纸砚等的制作技艺冠绝全球,民间尚有众多未被发掘的非物质文化制作技艺,所以我们不能妄自菲薄、盲目照搬西方模式,而要结合专业,巧妙吸收传统文化的精髓。

除了消费品行业,文化产业的发展也亟须文化认同、民族自信。例如,在旅游产业中各种游乐园的策划运营中,我们可以从中国神话传说、古典名著中汲取灵感,创造自己的伏羲女娲创世文化园、后羿射日 3D VR 体验馆、月宫嫦娥文化宫、西游记花果园主题乐园、红楼梦太虚幻境大观园主题乐园、水浒梁山主题乐园、聊斋志异鬼狐文化体验园等,与来自西方发达国家的游乐品牌迪士尼、乐高、环球影城等抗衡。只有民族的才是世界的,在引进国外同行优秀项目的同时,我们更要消化吸收,立足本民族的优秀传统文化,结合时代特色进行创新,古为今用,这样才能实现传统文化产业化、旅游文化民族化。

在亚洲世纪、东方时代重新到来,中华复兴之际,我们在加强科技核心竞争力的同时,也要回头远望,从古老的中华传统文化中汲取创新灵感,才能实现弯道超车。既要"洋为中用",坚持"拿来主义";更要不忘"古为今用",切忌盲目"崇洋媚外",因为"只有民族的才是世界的"。优秀的传统文化是我们在世界竞争格局中最大的优势。我们要通过传统文化的吸收和创新,讲好"中国故事",加强文化影响力和品牌塑造力,赋予产品更高的品牌附加值,提升产业利润,实现从世界工厂到"世界智库"的华丽转身。

强化训练

1. 请你从中国文化的基本特点入手,思考为什么我国的崛起是和平崛起,而不同于西方的殖民输出?

2. 随着全球化的发展,我们学习的专业几乎都会面临国际竞争和国际合作,这既是挑战也是机遇。请你结合所学专业的国际化前景,谈一谈在未来面对的国际学科交流合作中怎样突出中国文化的特点,体现中国风格与中国气派?

_____
_____
_____

课外训练 4.3

1. 参考下面的材料,请你组织一次"抵制'白瘦幼',培养健康审美观"的主题班会。

中国传统文化贵和尚中的文化追求对自身审美能力、内涵修养具有指导意义。

中国传统文化贵和尚中,提倡中和,不偏不倚。从审美意义上来说,不极端,不急躁,不盲从,不哗众取宠;追求有内涵,有气质,有修养。当前网络媒体时代,信息汗牛充栋,社会风气浮躁,所以为抓住受众的短期注意力,大众看重外貌,"颜值就是正义"。网络上的美颜,现实中的浓妆艳抹皆源于此。修饰外貌本无可厚非。但过于盲从,疏于传统文化、自身修养的提升,被社会上短视、狭隘的审美观绑架,是当代大学生不应该出现的倾向。例如,白瘦幼审美,就体现了狭隘的审美观,不符合"贵和尚中"的传统文化精神。审美具备时代性,中国历史上的女性审美也千变万化,如唐代丰腴大气,宋代清瘦婉约,环肥燕瘦,各有千秋。女性审美与时代气象密切相关。尽管女性审美千变万化,但有一点是不变的,就是没有趋于极端,没有以一种模式要求所有女性。女性审美总体体现了中和审美,不偏不倚。所有对人体的正常审美殊途同归,即不能与健康追求背道而驰。过于肥胖和过于纤瘦都不利于健康,所以都不能列为审美的标杆。

按照中和审美,在过肥和过瘦中间,还有一个不胖不瘦的区间,即根据自身的遗传基因、身体条件和生活方式,按照自身合理的生活节奏出现的个人觉得舒服的、体态适中的区间。在这样的区间呈现出来的体型可能是微胖,也可能是略微清瘦,都是可以的,因为个体条件不一样。

总之,美丽从来不是一种固定的模式,建立在自身健康基础上,微胖或适度丰满也是美的,不能盲目用娱乐圈出镜的要求来捆绑自己。因为明星要出镜,镜头把立体的人变成屏幕前偏平的图像,有"拉伸扩大"的效果,所以明星要考虑镜头效果,对自身的体型要求会更苛刻。而我们作为面对学习压力的年轻人,身体需要大量营养,不能用苛刻、幼稚的白瘦幼审美要求自己,如果苛刻到效仿部分明星、强迫自己瘦到可以穿童装的境地,就是一种心理问题了,会伤害健康。

2. 请根据下面的提示,到博物馆或网络上搜集资料,收集古代名画中的仕女形象,寻找审美观念的变迁,理解中国传统文化多元包容的审美观念。

参考资料:女史箴图 簪花仕女图 虢国夫人游春图 步辇图 捣练图 韩熙载夜宴图 瑶台步月图 晋祠宋代侍女像

查阅专业著作:《中国历代妇女妆饰》

查询关键词:唐代妇女化妆顺序图表 历代妇女唇妆样式图

第四模块 职场人文素养的训练

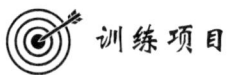 训练项目

项目1 了悟经典文本中的做人之道

优秀的作品体现了真、善、美,其能陶冶人的灵魂,启迪人的智慧,成为人们的"精神食粮"。本项目所选的"感受亲情、吟咏爱情、品味乡情、感悟人生"的经典文本,让我们感受舐犊之爱的亲情、美好纯洁的爱情、恋恋不舍的乡情,在思考生命的价值、人的尊严与平等的同时,鉴赏大师们不同的审美方式、表达方式,提升自己的审美品位,净化自己的心灵,完善我们的人格。

【例4-1】 感受亲情。

蓼 莪[①]

蓼蓼者莪[1],匪莪伊蒿[2]。
哀哀父母,生我劬劳[3]。
蓼蓼者莪,匪莪伊蔚[4]。
哀哀父母,生我劳瘁。
缾之罄矣[5],维罍之耻[6]。
鲜民之生[7],不如死之久矣。
无父何怙[8]?无母何恃?
出则衔恤[9],入则靡至。
父兮生我,母兮鞠[10]我。
拊我畜我[11],长我育我,
顾我复我[12],出入腹[13]我。
欲报之德。昊天罔极[14]!
南山烈烈[15],飘风发发[16]。
民莫不谷[17],我独何害!
南山律律[18],飘风弗弗[19]。
民莫不谷,我独不卒[20]!

【注释】
[1] 蓼(lù)蓼:长又大的样子。莪(é):一种草,即莪蒿。李时珍《本草纲目》:"莪抱根丛生,俗谓之抱娘蒿。"
[2] 匪:同"非"。伊:是。
[3] 劬(qú)劳:与下章"劳瘁"皆劳累之意。
[4] 蔚(wèi):一种草,即牡蒿。
[5] 缾:同"瓶",汲水器具。罄(qìng):尽。
[6] 罍(lěi):盛水器具。

---

① 《诗经》是我国第一部诗歌总集,收入自西周初年至春秋中叶500多年的诗歌305篇,又称《诗三百》,先秦时称为《诗》或称《诗三百》,汉代以后被尊称为《诗经》,是儒家经典之一。全书分为风、雅、颂3个部分。本篇选自《诗经·小雅》。

[7] 鲜(xiǎn):指寡、孤。民:人。
[8] 怙(hù):依靠。
[9] 衔恤:含忧。
[10] 鞠:养。
[11] 拊:通"抚"。畜:通"慉",喜爱。
[12] 顾:顾念。复:返回,指不忍离去。
[13] 腹:指怀抱。
[14] 昊(hào)天:广大的天。罔:无。极:准则。
[15] 烈烈:通"颲颲",山风大的样子。
[16] 飘风:同"飙风"。发发:读如"拨拨",风声。
[17] 谷:善。
[18] 律律:同"烈烈"。
[19] 弗弗:同"发发"。
[20] 卒:终,指养老送终。

【阅读提示】

《蓼莪》所抒发的是不能终养父母的痛极之情。子女赡养父母,孝敬父母,是中华民族的美德之一,也应该是人的道德义务,而此诗则是以充沛情感表现这一美德的最早的文学作品,对后世影响极大。此诗写作一大特色是赋、比、兴手法的交替使用,三种表现方法灵活运用,前后呼应,抒情起伏跌宕,回旋往复,传达孤子哀伤情思,可谓珠落玉盘,运转自如,艺术感染力强烈。

赋得永久的悔

季羡林①

题目是韩小蕙女士出的,所以名之曰"赋得"。但文章是我心甘情愿做的,所以不是八股。

我为什么心甘情愿做这样一篇文章呢?一言以蔽之,题目出得好,不但实获我心,而且先获我心:我早就想写这样一篇东西了。

我已经到了望九之年。在过去的七八十年中,从乡下到城里;从国内到国外;从小学、中学、大学到洋研究院;从"志于学"到超过"从心所欲不逾矩",曲曲折折,坎坎坷坷,既走过阳关大道,也走过独木小桥;既经过"山重水复疑无路",又看到"柳暗花明又一村",喜悦与忧伤并驾,失望与希望齐飞,我的经历可谓多矣。要讲后悔之事,那是俯拾皆是。要选其中最深切、最真实、最难忘的悔,也就是永久的悔,那也是唾手可得,因为它片刻也没有离开过我的心。

我这永久的悔就是:不该离开故乡,离开母亲。

我出生在鲁西北一个极端贫困的村庄里。我祖父母早亡,留下了我父亲等兄弟三个,孤苦伶仃,无依无靠。最小的叔叔送了人。我父亲和九叔背井离乡,盲流到济南去谋生。此时

---

① 季羡林(1911—2009),山东省聊城市临清人,字希逋,又字齐奘。东方学大师,著名的语言学家、教育家、翻译家、散文家。著有《季羡林散文集》《中印文化关系史论丛》《印度简史》《罗摩衍那初探》《印度古代语言论集》《中印文化关系史论文集》《原始佛教的语言问题》等。

他俩也不过十几二十岁。在举目无亲的大城市里,必然是经过千辛万苦,九叔在济南落住了脚。于是我父亲就回到了故乡,说是农民,但又无田可耕。又必然是经过千辛万苦,九叔从济南有时寄点钱回家,父亲赖以生活。不知怎么一来,竟然寻上了媳妇,她就是我的母亲。

后来我听说,我们家确实也阔过一阵。大概在清末民初,九叔在东三省用口袋里剩下的最后五角钱,买了十分之一的湖北水灾奖券,中了奖。兄弟俩商量,要"富贵而归故乡",回家扬一下眉,吐一下气。于是把钱运回家,九叔仍然留在城里,乡里的事由父亲一手张罗。他用荒唐离奇的价钱,买了砖瓦,盖了房子。又用荒唐离奇的价钱,置了一块带一口水井的田地。一时兴会淋漓,真正扬眉吐气了。可惜好景不长,我父亲又用荒唐离奇的方式,仿佛宋江一样,豁达大度,招待四方朋友。转瞬间,盖成的瓦房又拆了卖砖、卖瓦。有水井的田地也改变了主人。全家又回归到原来的情况。我就是在这个时候,在这样的情况下降生到人间来的。

母亲当然亲身经历了这个巨大的变化。可惜,当我同母亲住在一起的时候,我只有几岁,告诉我,我也不懂。所以,我们家这一次陡然上升,又陡然下降,只像是昙花一现,我到现在也不完全明白。这恐怕要成为永远的谜了。

家里日子是怎样过的,我年龄太小,说不清楚。反正吃得极坏,这个我是懂得的。按照当时的标准,吃"白的"(指麦子面)最高,其次是吃小米面或棒子面饼子("黄的"),最次是吃红高粱饼子,颜色是红的,像猪肝一样。"白的"与我们家无缘。"黄的"与我们缘分也不大。终日为伍者只有"红的"。这"红的"又苦又涩,真是难以下咽。但不吃又害饿,我真有点谈"红"色变了。

但是,小孩子也有小孩子的办法。我祖父的堂兄是一个举人,他的夫人我喊她奶奶。他们这一支是有钱有地的。虽然举人死了,但我这一位大奶奶仍然健在。家境依然很好。她的亲孙子早亡,所以把全部的钟爱都倾注到我身上来。她是整个官庄能够吃"白的"的仅有的几个人之一。她不但自己吃,而且每天都给我留出半个或者四分之一个白面馍馍来。我每天早晨一睁眼,立即跳下炕跑到大奶奶跟前,清脆甜美地喊上一声:"奶奶!"她立即笑得合不上嘴,把手缩回到肥大的袖子,从口袋里打出一小块馍馍,递给我,这是我一天中最幸福的时刻。

此外,我也偶尔能够吃一点"白的",这是我自己用劳动换来的。一到夏天麦收季节,我们家根本没有什么麦子可收。对门住的宁家大婶子和大姑——她们家也穷得够呛——就带我到本村或外村富人的地里去"拾麦子"。所谓"拾麦子"就是别家的长工割过麦子,总还会剩下那么一点点麦穗,这些都是不值得一捡的,我们这些穷人就来"拾"。因为剩下的决不会多,我们拾上半天,也不过拾半篮子。然而对我们来说,这已经是如获至宝了。一定是大婶和大姑对我特别照顾。一个四五岁、五六岁的孩子,拾上一个夏天,也能拾上十斤八斤麦粒。这些都是母亲亲手搓出来的。为了对我加以奖励,麦季过后,母亲便把麦子磨成面。蒸成馍馍;或贴成白面饼子,让我解馋。我于是就大快朵颐了。

记得有一年,我拾麦子的成绩也许是有点"超常"。到了中秋节——农民嘴里叫"八月十五"——母亲不知从哪里弄了点月饼,给我掰了一块,我就蹲在一块石头旁边,大吃起来。在当时,对我来说,月饼可真是神奇的好东西,龙肝凤髓也难以比得上的,我难得吃上一次。我当时并没有注意,母亲是否也在吃。现在回想起来,她根本一口也没有吃。不但是月饼,连

217

其他"白的",母亲从来都没有尝过,都留给我吃了。她大概是毕生就与红色的高粱饼子为伍。到了灾年,连这个也吃不上,那就只有吃野菜了。

至于肉类,吃的回忆似乎是一片空白。我老娘家隔壁是一家卖煮牛肉的作坊。给农民劳苦耕耘了一辈子的老黄牛,到了老年,耕不动了,几个农民便以极其低的价钱买来,用极其野蛮的办法杀死,把肉煮烂,然后卖掉。老牛肉难煮,实在没有办法,农民就在肉锅内小便一通,这样肉就好烂了。农民心肠好,有了这种情况,就昭告四邻:"今天的肉你们别买!"老娘家穷,虽然极其疼爱我这个外孙,也只能用土罐子,花几个制钱。装一罐子牛肉汤,聊胜于无。记得有一次,罐子里多了一块牛肚子。这就成了我的专利。我舍不得一气吃掉,就用生了锈的小铁刀,一块一块地割着吃,慢慢地吃,这一块牛肚真可以同月饼媲美了。

"白的"、月饼和牛肚难得,"黄的"怎样呢?"黄的",也同样难得。但是尽管我只有几岁,我却也想出了办法;到了春、夏、秋三个季节;庄外的草和庄稼都长起来了。我就到庄外去割草,或者到人家高粱地里去劈高粱叶。田主不但不禁止,而且还欢迎。因为叶子一劈,通风情况就能改进,高粱长得就能更好,粮食打得就能更多。草和高粱叶都是喂牛用的。我们家穷,从来没有养过牛。我二大爷家是有地的,经常养着两头大牛。我这草和高粱叶就是给它们准备的。每当我这个不到三块豆腐干高的孩子背着一大捆草或高粱叶走进二大爷的大门,我心里有所恃而不恐,把草放在牛圈里,赖着不走,总能蹭上一顿"黄的"吃。到了过年的时候,自己心里觉得,在过去的一年里,自己喂牛立了功,又有勇气到二大爷家里赖着吃黄面糕。黄面糕是用黄米面加上枣蒸成的。颜色虽黄,却位列"白的"之上,因为一年只在过年时吃一次,物以稀为贵,于是黄面糕就贵了起来。

我上面讲的全是吃的东西。为什么一讲到母亲就讲起吃的东西来了呢?原因并不复杂。第一,我作为一个孩子容易关心吃的东西。第二,所有我在上面提到的好吃的东西,几乎都与母亲无缘。除了"黄的"以外,其余她都不沾边儿。我在她身边只待到六岁,以后两次奔丧回家,待的时间也很短。现在我回忆起来,连母亲的面影都是迷离模糊的,没有一个清晰的轮廓。特别有一点,让我难解而又易解:我无论如何也回忆不起母亲的笑容来,她好像是一辈子都没有笑过。家境贫困,儿子远离,她受尽了苦难,笑容从何而来呢?有一次我回家听对面的宁大婶子告诉我说:"你娘经常说:'早知道送出去回不来,我怎么也不会放他走的!'"简短的一句话里面含有多少辛酸、多少悲伤啊!母亲不知有多少日日夜夜,眼望远方,盼望自己的儿子回来呵!然而这个儿子却始终没有归去,一直到母亲离开这个世界。

对于这个情况,我最初懵懵懂懂,理解得并不深刻。到上了高中的时候,自己大了几岁,逐渐理解了。但是自己寄人篱下,经济不能独立,空有雄心壮志,怎奈无法实现。我暗暗地下定了决心,立下了誓愿:一旦大学毕业,自己找到工作,立即迎养母亲。然而没有等到我大学毕业,母亲就离开我走了,永远永远地走了。古人说:"树欲静而风不止,子欲养而亲不待",这话正应到我身上。我不忍想象母亲临终时思念爱子的情况,一想到,我就会心肝俱裂,眼泪盈眶。当我从北平赶回济南,又从济南赶回清平奔丧的时候,看到了母亲的棺材,看到那简陋的屋子,我真想一头撞死在棺材上,随母亲于地下。我后悔,我真后悔,我千不该万不该离开了母亲。世界上无论什么名誉,什么地位,什么幸福,什么尊荣,都比不上待在母亲身边。即使她一字也不识,即使整天吃"红的"。

这就是我的"永久的悔"。

【阅读提示】

古语有云"树欲静而风不止,子欲养而亲不待"。《赋得永久的悔》写的就是这样一种"子欲养而亲不待"的遗憾与悔恨。文章以纪实的手法回忆了家庭的苦、作者幼年的生活的苦、母亲的苦。在贫苦家庭长大的孩子,往往都想着离开家乡,离开父母,在外面好好闯荡一番,待功成名就时再回来好好报答父母。然而很多时候,时间给不了子女这样的机会。当再也无法报答父母养育之恩时,剩下的只有"不该离开故乡,不该离开母亲"的悔恨。这篇文章语言平实、自然,饱含深情,写出了作者对母亲深深的怀念以及再也无法报答母亲养育之情的悔恨。

强化训练

1. 请说说《蓼莪》是如何交替运用"赋、比、兴"手法的?是怎样叙述父母对"我"的养育之恩的?

2. 对于父母,你有做过让自己感到悔恨的事情吗?如果有的话,请你试着写成一段话,在适当的时候告诉你的父亲、母亲吧。

【例 4-2】 吟咏爱情。

上 邪①

上邪[1]!我欲与君相知[2],长命[3]无绝衰。山无陵[4],江水为竭,冬雷震震[5],夏雨雪[6],天地合[7],乃敢[8]与君绝!

【注释】

[1] 上邪(yé):犹言"苍天啊"。上,指天。邪,音义同"耶",语气助词,表示感叹。
[2] 相知:相爱。
[3] 命:古与"令"字通,使。这两句是说,我愿与你相爱,让我们的爱情永不衰绝。
[4] 陵(líng):山峰。
[5] 震震:雷声。
[6] 雨雪:降雪。雨(yù),名词活用作动词,降落,下。
[7] 天地合:天与地合而为一。
[8] 乃敢:才敢。敢:能,肯。

【阅读提示】

《上邪》是一首情歌,是主人公自誓之词,海枯石烂,爱情仍然坚贞不变,是一位痴情女子

---

① 汉乐府是继《诗经》之后,古代民歌的又一次大汇集,"乐府"是古代音乐机构的名称,负责掌管郊庙朝会所用的乐曲,后来就把这个机构采集、编辑的乐歌称为"乐府"或"乐府歌辞",汉乐府是指由汉时乐府机构所采制的诗歌。本篇选自《乐府诗集·鼓吹曲辞》,郭茂倩编。篇名取自首句两字。

对爱人的热烈表白。诗中主人公连用了五种绝不可能出现的自然现象,"山无陵,江水为竭,冬雷震震,夏雨雪,天地合",暗示爱对方一直要爱到世界末日。本诗语言质朴、全无修饰,却有令人惊心动魄的力量,充分体现了汉乐府民歌感情热烈而直露的特色。

九歌·山鬼

屈原①

若有人兮山之阿[1],被薜荔兮带女萝[2]。
既含睇兮又宜笑[3],子慕予兮善窈窕[4]。
乘赤豹兮从文狸[5],辛夷车兮结桂旗[6]。
被石兰兮带杜衡[7],折芳馨兮遗[8]所思。
余处幽篁兮终不见天[9],路险难兮独后来。
表独立兮山之上[10],云容容兮而在下[11]。
杳冥冥兮羌昼晦[12],东风飘兮神灵雨[13]。
留灵修兮憺忘归[14],岁既晏兮孰华予[15]?
采三秀兮于山间[16],石磊磊兮葛蔓蔓。
怨公子[17]兮怅忘归,君思我兮不得闲。
山中人兮芳杜若[18],饮石泉兮荫松柏,
君思我兮然疑作[19]。
雷填填兮雨冥冥[20],猿啾啾兮狖夜鸣[21]。
风飒飒兮木萧萧,思公子兮徒离[22]忧。

【注释】

[1] 山之阿(ē):山隈,山的弯曲处。
[2] 被(pī):通"披"。薜荔、女萝:皆蔓生植物。
[3] 含睇:含情而视。睇(dì),微视。宜笑:笑得很美。
[4] 子:山鬼对所爱慕男子的称呼。窈窕:娴雅,美好。
[5] 赤豹:皮毛呈褐色的豹。从:跟从。文:花纹。狸:狐一类的兽。文狸:毛色有花纹的狸。
[6] 辛夷车:以辛夷木为车。结:编结。桂旗,以桂为旗。
[7] 石兰、杜衡:皆香草名。
[8] 遗(wèi):赠。
[9] 余:我。篁:竹。
[10] 表:独立突出之貌。
[11] 容容:同"溶溶",水或烟气流动之貌。
[12] 杳冥冥:又幽深又昏暗。羌:语助词。
[13] 神灵雨:神灵降下雨水。
[14] 灵修:指神女。憺(dàn):安乐。
[15] 晏:晚。华予:让我像花一样美丽。华,花。

---

① 屈原(公元前340年—公元前278年),战国时期楚国诗人、政治家。屈原是中国历史上第一位伟大的爱国诗人,中国浪漫主义文学的奠基人,被誉为"中华诗祖""辞赋之祖""诗魂"。他是"楚辞"的创立者和代表作者,开辟了"香草美人"的传统。屈原的出现,标志着中国诗歌进入了一个由集体歌唱到个人独创的新时代。其主要作品有《离骚》《九歌》《九章》《天问》等。

[16] 三秀:芝草,一年开三次花,传说服食了能延年益寿。
[17] 公子:也指神女。
[18] 杜若:香草。
[19] 然疑作:信疑交加。然,相信;作,起。
[20] 填填:雷声。
[21] 猨:同"猿"。狖(yòu):长尾猿。
[22] 离:通"罹",忧愁。

【阅读提示】

此诗是祭祀山鬼的祭歌,叙述的是一位多情的山鬼在山中与心上人幽会以及再次等待心上人而心上人未来的情绪,描绘了一个瑰丽而又离奇的神鬼形象。全诗把山鬼起伏不定的感情变化、千回百折的内心世界,刻画得非常细致、真实而动人。

当你老了

[爱尔兰] 威廉·巴特勒·叶芝① （译）飞白

当你老了,白发苍苍,睡意蒙胧,
在炉前打盹,请取下这本诗集,
慢慢吟诵,回想你过去眼神的柔和,
回想它们昔日清幽的晕影;

多少人爱你青春欢畅的时光,
爱慕你的美丽,假意或真心,
唯独有一人爱你朝圣者的灵魂,
爱你衰老了的脸上痛苦的皱纹;

垂下头来,在灼热的炉栅边,
凄然地轻轻诉说那爱情的消逝,
逝去的爱,如今已步入高山,
在密密星群里埋藏着它的赧颜。

(资料来源:本文选自《中华活页文选》,1999 年第 24 期。)

【阅读提示】

《当你老了》中诗人所爱恋的对象正值青春年少,有着靓丽的容颜和迷人的风韵。而诗人偏要穿越悠远的时光隧道,想到红颜少女的垂暮之年,想象她白发苍苍、身躯佝偻的样子。诗人这样写不只是要向她说出这个"真理",而是要通过这种方式向她表达自己的爱,向少

---

① 威廉·巴特勒·叶芝(1865—1939),爱尔兰著名的抒情诗人和剧作家。1923 年,他荣获诺贝尔文学奖,获奖的理由是"以其高度艺术化且洋溢着灵感的诗作表达了整个民族的灵魂"。1934 年,他和拉迪亚德·吉卜林共同获得古腾堡诗歌奖。《当你老了》写于 1893 年,是叶芝献给女友毛特·冈妮热烈而真挚的爱情诗篇。毛特·冈妮是爱尔兰首府都柏林的一位驻军上校的女儿,她天生丽质,才貌双全,又是一名坚定不移的民族独立运动战士。1889 年,两人邂逅,叶芝即坠入爱河。毛特·冈妮虽然欣赏叶芝但并不能产生爱情。1891 年,叶芝向毛特·冈妮求婚后被婉言拒绝,叶芝痛苦不已,但却矢志不移,他对毛特·冈妮保持着一种近乎无望而深挚的感情,写下了一系列诗篇献给毛特·冈妮,《当你老了》便是其中脍炙人口的名作。

女、向滔滔流逝的岁月剖白自己天地可鉴的真情。从这个意义上讲,打动我们的正是诗中流溢出的那股哀伤无望,却又矢志无悔的真挚情感。

周恩来①邓颖超②的两封家书

来:

　　正以你为念,接到泰隆信,知你昨夜睡眠好,不曾受日间多人谈话的影响,悬念着的心,如一释重负,而感到恬适轻松!

　　真的,自从你入院,我的心身与精神,时时是在不安悬念如重石在压一样。特别是在前一周,焦虑更冲击着我心,所以,我就不自禁地热情地去看你,愿我能及时地关切着你的病状而能助你啊!

　　现在,你一天比一天好起来,而且快出院了,我真快活!过去虽不应夸大说度日如年,但确觉得一日之冗长沉重——假若我未曾去看你的话。我希望这几天更快地度过去,企望你,欢迎你如期出院。我想你一回来,我的心身内外负荷着的一块重石可以放下,得到解放一番,我将是怎样的快乐呢!

　　明天不来看你,也不打算再来,一心一意地在欢迎你回来,我已在开始整洁我们的房子迎接你了。现仅提你注意,出院前定要详细问下王大夫,以后疗养应注意的各种事项,勿疏忽为盼!

　　白药已搽了么?是否还分一点留用?我拟明晚去看乃如兄并送药给他。情长纸短,还吻你万千!

颖妹 手草
七·七前夕

　　最好在出院前一二日试下地走动走动为宜,不知你以为如何?望问王大夫!

【阅读提示】

　　这是邓颖超1942年7月7日前夕写给周恩来的信,彼时周恩来患病住院。这封书信虽短,却饱含深情,字里行间无一不透露着对爱人的牵挂、关怀与殷切期盼。从对方入院时的忧心忡忡,到病情好转后的由衷快乐,再到满心期待爱人出院后的轻松喜悦,那种纯粹又真挚的爱情跃然纸上。此文虽无华丽的辞藻,却用质朴言语道出了情人间深厚且细腻的爱意。

超:

　　今天是八月中秋,日近黄昏,月已东升,坐在一排石窑洞中的我,正好修写家书寄远人。今年此地年成不好,夏旱秋涝,直至前天还是阴雨连绵,昨天突然放晴,今天有了好月亮看,但是人民苦了,只能望收到二成左右。河东来电,亦说是淫雨不止,不知你们那里的情形怎样?

　　山居过节,居然也吃到两块月饼,几串葡萄。对月怀人,不知滹沱河畔有无月色可览,有无人在感想?假使你正在作农村访问,那你一定是忙着和农家姑嫂姊妹谈心拉话;假使你正

---

① 周恩来(1898—1976)。伟大的马克思主义者,伟大的无产阶级革命家、政治家、军事家、外交家,党和国家主要领导人之一,中国人民解放军主要创建人之一,中华人民共和国的开国元勋,是以毛泽东同志为核心的党的第一代中央领导集体的重要成员。

② 邓颖超(1904—1992)。伟大的无产阶级革命家、政治家,著名社会活动家,坚定的马克思主义者,党和国家的卓越领导人,中国妇女运动的先驱,周恩来妻子。

在准备下乡的材料,那你或有可能与中工委一起过一个农村秋节。不管怎样,一切话题总离不开土地改革和前线胜利。九个年头了,似乎我们都是在一起过中秋的,这次分开,反显得比抗战头两年的分开大有不同。不仅因为我们都大了十岁,主要是因为我们在为人民服务上得到了更真切的安慰。你来电提议在东边多留半年,我是衷心赞成。再多在农民中锻炼半年,我想,不仅你的思想、感情、生活会起更大的变化,就连你的身体想会更结实而年轻。农民的健美,不仅外形,而且还有那纯朴的内心,这是一面。另一面,便是坚强、坚定的意志,勇敢的行为,这在被压迫的群众中,更是数见不鲜。你从他们中间自会学习很多,只要不太劳累。我想半年的熏陶,当准备刮目相看。

……

夜深月明,就此打住,留着余兴送我入梦。愿你安好。

鸾

九月二十九夜

【阅读提示】

这是周恩来1947年9月29日写给邓颖超的信。周恩来乳名"大鸾",所以这封书信的落款为"鸾"。在这封信里,周恩来借中秋佳节的所思所感,将对妻子的牵挂与思念娓娓道来。这封信虽没有热烈、激昂的文字,却处处体现着对妻子生活、成长的关心,对其在为人民服务中锻炼自我的支持。在为人民奉献的岁月里,理解期许、相互扶持、共同进步使得这份爱情更显珍贵、动人。

致橡树

舒 婷[①]

我如果爱你——
绝不像攀援的凌霄花
借你的高枝炫耀自己;
我如果爱你——
绝不学痴情的鸟儿
为绿荫重复单调的歌曲;
也不止像泉源
长年送来清凉的慰藉;
也不止像险峰,
增加你的高度,
衬托你的威仪。
甚至日光,
甚至春雨。
不,这些都还不够!

[①] 舒婷(1952—),原名龚佩瑜,福建人。朦胧诗派代表诗人之一。1969年下乡插队,1972年返城当工人,1979年开始发表诗歌作品,1980年至福建省文联工作,从事专业写作。其主要著作有诗集《双桅船》《会唱歌的鸢尾花》《始祖鸟》,散文集《心烟》等。

我必须是你近旁的一株木棉,
作为树的形象和你站在一起。
根,紧握在地下;
叶,相触在云里。
每一阵风过,
我们都互相致意,
但没有人,
听懂我们的言语。
你有你的铜枝铁干,
像刀、像剑,
也像戟;
我有我红硕的花朵,
像沉重的叹息,
又像英勇的火炬。
我们分担寒潮、风雷、霹雳;
我们共享雾霭、流岚、虹霓。
仿佛永远分离,
却又终身相依。
这才是伟大的爱情,
坚贞就在这里:
爱——
不仅爱你伟岸的身躯,
也爱你坚持的位置,
足下的土地。

【阅读提示】

《致橡树》中的橡树和木棉是我国爱情诗中一组品格崭新的象征形象。这组形象的树立,不仅否定了老旧的"青藤缠树""花叶依风"的旧的依附式婚姻,同时也超越了牺牲自我、偏重给予的互爱原则,完美地体现出富于人文精神的现代爱情品格:建立在各自独立的位置与人格前提下的真诚、高尚的互爱。诗歌采用了内心独白的抒情方式,坦诚、开朗地直抒诗人的心灵世界;同时,诗歌以整体象征的手法构造意象,使得哲理性很强的思想、意念得以在亲切可感的形象中生发、诗化。因此,这首富于理性气质的诗使人感觉不到任何说教意味,只是被其中丰美动人的形象所征服。

强化训练

1. 谈谈《上邪》和《当你老了》这两首中外爱情诗歌独特之处在哪里?有什么共同点?

2. 《周恩来邓颖超的两封家书》和《致橡树》体现的爱情观分别是什么?你是如何看待

爱情的呢？

【例4-3】 品味乡情。

北方的盐
迟子建①

盐那雪白的颜色常使我联想到雪。在北方，盐与雪正如雷与电，它们的美是裹挟在一起呈现的。

盐与雪来历不同。雪从天上来，而盐来自地下。雪的成因与低沉的云气有关，而盐的提取有两种途径，其一是多年矿物质的沉积，其二便是海水的凝结。不论它们来自天上还是人间，其形成都有一个浪漫的过程。云与海水作为雪与盐的载体，其氤氲与浩渺的气质总令人浮想联翩，谁能想到缥缈的云会幻化出那么轻盈、美丽、灿烂的雪花？谁能想到奔涌的海水会萃取出结晶的、闪着宝石一样光泽的盐粒？

是北方的寒冷引得雪花翩跹起舞，还是姿态婀娜的雪的降临赋予了北方以寒冷？反正在北方，寒冷与雪花是一对孪生姐妹，它们总是结伴而来，形影不离。尤其在北方之北方，也就是我的故乡北极村——那个夏至时可以看到白夜的地方，每年的九月底就进入冬季了，雪花会与还没有享受够暖阳的我们不期而遇。初始的雪似乎还不大敢肯定这就是它们的落脚之地，所以雪下得很斯文，有点小心翼翼的味道。一旦它们发现这片寒冷的土地使它们毫发无损，且能保持其明艳的肤色时，它们就一改矜持的姿态，沸沸扬扬地腾空而下，把大地染得一片洁白、一片苍茫。

雪来了，天气越来越冷了。这时的北方大地寸草不生，看不到一抹绿色，所有的植物都成了寒冬的战利品，被彻底地俘虏了，无声无息。我童年记忆中的北方人的餐桌上，是看不到新鲜的绿色菜蔬的。不似现在，运输的畅通和市场经济的发达，数九天气也能吃到来自南国的蔬菜。

盐在漫漫寒冬中披着它银色的铠甲在北方闪亮登场了。它其实在秋天就亮着她的白牙向北方女人微笑了。秋季是北方人腌菜的时节。家庭主妇们把还新鲜的豆角、辣椒、芹菜、黄瓜、萝卜、芥菜等等塞进形形色色的缸里，撒上一层又一层的盐，做成咸菜，以备冬季食用。北方人爱吃的、一直以来被大张旗鼓腌制的酸菜，更是缺少不了盐。盐被白花花地撒向缸里的时候，会发出簌簌的声响，好像盐在唱歌。

在秋天，山间的蘑菇也露出毛茸茸的头了，蘑菇除了晒干外，还可以用盐腌渍在坛子里存储起来，冬天时用清水漂出它的盐分，吃起来味道仍是鲜美的。所以盐在秋季是撒向北方土地的最早的雪，它融化了，融化在菜蔬最后的清香中。如果你问一个北方人，你们的灶房里什么物件最多？我猜十有八九的人都会冲口而出：咸菜缸！

的确，腌酸菜的大缸，腌萝卜和芥菜的中等型号的缸，以及腌糖蒜和韭菜花的坛子等等，

---

① 迟子建(1964—)，黑龙江人，当代中国具有广泛影响力的作家之一。其主要作品有《雾月牛栏》《白银那》《光明在低头的一瞬》《额尔古纳河右岸》等，曾荣获"鲁迅文学奖""冰心散文奖""茅盾文学奖"等文学大奖。

就像乐池上摆放着的形形色色的乐器一样,你一进灶房它们就会扑入你的视野,并且在你不小心碰撞了它们的时候,为你奏出或沉郁或清脆的乐声。

咸菜是北方人餐桌上的"正宫娘娘",在寒风呼啸的日子里占据着统治地位,因而北方人也较其他地区的人摄盐量大,形成了口重的习惯,似乎不多加盐的食物都是寡淡无味的。北方人对盐有种近乎崇拜的心理,认为它是力量的化身,所以民间流传着吃盐长力气的说法。那些靠力气而生活的伐木工及家庭主妇,对盐的青睐可想而知了。记得童年时看电影《白毛女》,看到白毛女在山洞里因为多年吃不到盐,而过早地白了少年头的时候,盐在我心目中还具有了乌发的作用,这印象一直延续至今,根深蒂固。现代膳食讲究低盐少糖,这与北方人对盐的巨大热情是背道而驰的。北方人心脑血管的发病率远远高于江南,其气候的寒冷与摄盐过量无疑是两大元凶。尽管如此,北方人对盐仍然像对老朋友一样紧紧相拥,人们并未将它当敌人一样警惕着,虽然冬季可以从副食品商场购得新鲜蔬菜,紫白红黄地点缀着餐桌,但在餐桌的一角,总会有几碟颜色黯淡的酱菜与之唱和着,有如一部歌剧在结尾时撒下的袅袅余音,它们呈现着旧时阳光的那种温暖与美好,令人回味。

在过去的岁月中,当我们吃着腌制的酱菜望着窗外的雪花、听着时光流逝的声音时,浓云会在深冬的空中翻卷,海水会在遥远的天际涌流。而当我们为着北方的冻土上所发生的那些故事无限感怀时,泪水便会悄然浮出眼眶。泪水一定来自大海,不然它为什么总是咸的?!

因为有了寒冷,有了对寒冷尽头的温暖的永恒的渴望,有了对盐那如同情人般的缠绵和依恋,我想北方人的泪水会比南方人的泪水更咸。

【阅读提示】

《北方的盐》出自同名散文集。迟子建的文学创作以黑龙江大兴安岭地区为出发点,以其突出的"原生态"特质,获得了很多读者的喜爱。这种"原生态"特质包括两个方面:一是她那基本上未被所谓"流派"、所谓"实验"、所谓"技巧"矫正修改过的写作方式,她的作品朴素动人,很"笨",很结实,很有分量;二是她饱满、深邃、自然的女性视角和叙述方式,有一种出自黑土地的朴拙、直接和率真,穿透力很强,感染力很高。阅读《北方的盐》,一股苍凉之气便扑面而来。北方,其实就是迟子建的故乡黑龙江大兴安岭地区,甚至范围更小。北方的盐跟南方的盐相比,并没有任何不同,可是和雪和大地联系在一起,便产生了完全不同的气息——仿佛尝尽千般滋味后的沧桑,既温暖又美好。

故乡的野菜

周作人[1]

我的故乡不止一个,凡我住过的地方都是故乡。故乡对于我并没有什么特别的情分,只因钓于斯游于斯[1]的关系,朝夕会面,遂成相识,正如乡村里的邻舍一样,虽然不是亲属,别

---

[1] 周作人(1885—1967),现代散文家、诗人、文学翻译家,字星杓,后改名奎绶,自号起孟、启明(又作岂明)、知堂等,笔名仲密、药堂、周遐寿等,浙江绍兴人。"五四"时期周作人任新潮社主任编辑,参加《新青年》的编辑工作,参与发起成立文学研究会,发表了《人的文学》《平民文学》《思想革命》等重要理论文章,并从事散文、新诗创作和译介外国文学作品。他的理论主张和创作实践在社会上产生了很大影响,成为新文化运动的重要代表人物之一。主要著作有散文集《自己的园地》《雨天的书》《苦茶随笔》等,诗集《过去的生命》,小说集《孤儿记》,论文集《艺术与生活》《中国新文学的源流》,论著《欧洲文学史》,文学史料集《鲁迅的故家》《鲁迅小说里的人物》《鲁迅的青年时代》,回忆录《知堂回想录》,另有多种译作。本文选自《雨天的书》。

后有时也要想念到他。我在浙东住过十几年,南京东京都住过六年,这都是我的故乡,现在住在北京,于是北京就成了我的家乡了。

  日前我的妻往西单市场买菜回来,说起有荠菜在那里卖着,我便想起浙东的事来。荠菜是浙东人春天常吃的野菜,乡间不必说,就是城里只要有后园的人家都可以随时采食,妇女小儿各拿一把剪刀一只"苗篮",蹲在地上搜寻,是一种有趣味的游戏的工作。那时小孩们唱道:"荠菜马兰头,姊姊嫁在后门头。"后来马兰头有乡人拿来进城售卖了,但荠菜还是一种野菜,须得自家去采。关于荠菜向来颇有风雅的传说,不过这似乎以吴地为主。《西湖游览志》云:"三月三日男女皆戴荠菜花。谚云:三春戴荠花,桃李羞繁华。"顾禄的《清嘉录》上亦说,"荠菜花俗呼野菜花,因谚有三月三蚂蚁上灶山之语,三日人家皆以野菜花置灶陉上,以厌虫蚁。清晨村童叫卖不绝。或妇女簪髻上以祈清目,俗号眼亮花。"但浙东人却不很理会这些事情,只是挑来做菜或炒年糕吃罢了。

  黄花麦果通称鼠曲草,系菊科植物,叶小微圆互生,表面有白毛,花黄色,簇生梢头。春天采嫩叶,捣烂去汁,和粉作糕,称黄花麦果糕。小孩们有歌赞美之云:

  黄花麦果韧结结,

  关得大门自要吃,

  半块拿弗出,一块自要吃。

  清明前后扫墓时,有些人家——大约是保存古风的人家——用黄花麦果作供,但不作饼状,做成小颗如指顶大,或细条如小指,以五六个作一攒,名曰茧果,不知是什么意思,或因蚕上山时设祭,也用这种食品,故有是称,亦未可知。自从十二三岁时外出不参与外祖家扫墓以后,不复见过茧果,近来住在北京,也不再见黄花麦果的影子了。日本称做"御形",与荠菜同为春天的七草之一,也采来做点心用,状如艾饺,名曰"草饼",春分前后多食之,在北京也有,但是吃去总是日本风味,不复是儿时的黄花麦果糕了。

  扫墓时候所常吃的还有一种野菜,俗称草紫,通称紫云英。农人在收获后,播种田内,用做肥料,是一种很被贱视的植物,但采取嫩茎瀹[2]食,味颇鲜美,似豌豆苗。花紫红色,数十亩接连不断,一片锦绣,如铺着华美的地毯,非常好看,而且花朵状若蝴蝶,又如鸡雏,尤为小孩所喜,间有白色的花,相传可以治痢。很是珍重,但不易得。日本《俳句大辞典》云:"此草与蒲公英同是习见的东西,从幼年时代便已熟识。在女人里边,不曾采过紫云英的人,恐未必有罢。"中国古来没有花环,但紫云英的花球却是小孩常玩的东西,这一层我还替那些小人们欣幸的。浙东扫墓用鼓吹,所以少年常随了乐音去看"上坟船里的姣姣";没有钱的人家虽没有鼓吹,但是船头上篷窗下总露出些紫云英和杜鹃的花束,这也就是上坟船的确实的证据了。

【注释】

  [1] 钓于斯游于斯:韩愈《送杨少尹序》中写到:"某树,吾先人之所种也;某水,某丘,吾子时所钓游也。"后因称故乡为钓游旧地。

  [2] 瀹(yuè):煮。

【阅读提示】

  《故乡的野菜》发表于1924年2月,是周作人"平和冲淡"小品文的代表作。周作人善于撷拾人所不言的小题材,信笔写来,无不成趣。《故乡的野菜》既写出了故乡的风俗,又带着清新的野趣。在这篇散文中,他不惮其烦地介绍了习见于故乡的荠菜、马兰头、黄花麦果、紫云英，它们的形状、颜色与用途，以及围绕它们而展开的浙东民俗，为读者描绘出一幅幅生动的民俗画卷。民俗风情的描绘与民谣、童谣相映成趣，成为本文最亮丽的风景线。

住多久才算是家

刘亮程[1]

我喜欢在一个地方长久地生活下去——具体点说，是在一个村庄的一间房子里。如果这间房子结实，我就不挪窝地住一辈子。一辈子进一扇门，睡一张床，在一个屋顶下御寒和纳凉。如果房子坏了，在我四十岁或五十岁的时候，房梁朽了，墙壁出现了裂缝，我会很高兴地把房子拆掉，在老地方盖一幢新房子。

我庆幸自己竟然活得比一幢房子更长久。只要在一个地方久住下去，你迟早会有这种感觉。你会发现周围的许多东西没有你耐活。树上的麻雀有一天突然掉下一只来，你不知道它是老死的还是病死的。树有一天被砍掉一棵，做了家具或当了烧柴。陪伴你多年的一头牛，在一个秋天终于老得走不动。算一算，它远没有你的年龄大，只跟你的小儿子岁数差不多，你只好动手宰掉或卖掉它。

一般情况，我都会选择前者。我舍不得也不忍心把一头使唤老的牲口再卖给别人使唤。我把牛皮钉在墙上，晾干后做成皮鞭和皮具。把骨头和肉炖在锅里，一顿一顿吃掉。这样我才会觉得舒服些，我没有完全失去一头牛，牛的某些部分还在我的生活中起着作用，我还继续使唤着它们。尽管皮具有一天也会被磨断，拧得很紧的皮鞭也会被抽散，扔到一边。这都是很正常的。

甚至有些我认为是永世不变的东西，在我活过几十年后，发现它们已几经变故，面目全非。而我，仍旧活生生的，虽有一点衰老迹象，却远不会老死。

早年我修房后面那条路的时候，曾想到这是件千秋功业，我的子子孙孙都会走在这条路上。路比什么都永恒，它平躺在大地上，折不断、刮不走，再重的东西它都能禁住。

有一年一辆大卡车开到村里，拉着一满车铁，可能是走错路了，想掉头回去。村中间的马路太窄，转不过弯。开车的师傅找到我，很客气地说要借我们家房后的路走一走，问我行不行。我说没事，你放心走吧。其实我是想考验一下我修的这段路到底有多结实。卡车开走后我发现，路上只留下浅浅的两道车辙辘印。这下我更放心了，暗想，以后即使有一卡车黄金，我也能通过这条路运到家里。

可是，在一年后的一场雨中，路却被冲断了一大截，其余的路面也泡得软软的，几乎连人都走不过去。雨停后我再修补这段路面时，已经不觉得道路永恒了，只感到自己会生存得更长久些。以前我总以为一生短暂无比，赶紧干几件长久的事业流传于世。现在倒觉得自己可以久留世间，其他一切皆如过眼烟云。

我在调教一头小牲口时，偶尔会脱口骂一句：畜生，你爷爷在我手里时多乖多卖力。骂完之后忽然意识到，又是多年过去。陪伴过我的牲口、农具已经消失了好几茬，而我还那样

---

[1] 刘亮程，1962年出生在新疆古尔班通古特沙漠边缘的一个小村庄。他著有诗集《晒晒黄沙梁的太阳》，散文集《一个人的村庄》《在新疆》《一片叶子下生活》等，小说《虚土》《凿空》《捎话》，被誉为"20世纪中国最后一位散文家"和"乡村哲学家"。他的作品，阳光充沛，令人想起高更笔下的塔西提岛，但是又没有那种原始的浪漫情调，在那里夹杂地生长着的，是一种困苦，一种危机，一种天命中的无助、快乐和幸福。他曾获得第十六届百花文学奖。

年轻有力、信心十足地干着多少年前的一件旧事。多少年前的村庄又浮现在脑海里。

如今谁还能像我一样幸福地回忆多少年前的事呢。那匹三岁的儿马，一岁半的母猪，以及路旁林带里只长了三个夏天的白杨树，它们怎么会知道几十年前发生在村里的那些事情呢。它们来得太晚了，只好遗憾地生活在村里，用那双没见过世面的稚嫩眼睛，看看眼前能够看到的，听听耳边能够听到的，却对村庄的历史一无所知，永远也不知道这堵墙是谁垒的，那条渠是谁挖的，谁最早蹚过河开了那一大片荒地，谁曾经趁着夜色把一大群马赶出村子，谁总是在天亮前提着裤子翻院墙溜回自己家里……这一切，连同完整的一大段岁月，被我珍藏了。成了我一个人的。除非我说出来，谁也别想再走进去。

当然，一个人活得久了，麻烦事也会多一些。就像人们喜欢在千年老墙万年石壁上刻字留名以求共享永生，村里的许多东西也都喜欢在我身上留印迹。它们认定我是不朽之物，咋整也整不死。我的腰上至今还留着一头母牛的半只蹄印。它把我从牛背上掀下来，朝着我的光腰杆就是一蹄子。踩上了还不赶忙挪开，直到它认为这只蹄印已经深刻在我身上了，才慢腾腾移动蹄子。我的腿上深印着好几条狗的紫黑牙印，有的是公狗咬的，有的是母狗咬的。它们和那些好在文物古迹上留名的人一样，出手隐蔽敏捷，防不胜防。我的脸上身上几乎处处有蚊虫叮咬的痕迹，有的深，有的浅。有的过不了几天便消失了，更多的伤痕永远留在身上。而留在我心中的东西就更多了。

我背负着曾经与我一同生活过的众多生命的珍贵印迹，感到自己活得深远而厚实，却一点不觉得累。有时在半夜腰疼时，想起踩过我的已离世多年的那头母牛，它的毛色和花纹。有时走路腿困时，记起咬伤我的一条黑狗的皮，还展展地铺在我的炕上，当了多年的褥子。我成了记载村庄历史的活载体，随便触到哪儿，都有一段活生生的故事。

在一个村庄活久了，就会感到时间在你身上慢了下来，而在其他事物身上飞快地流逝着。这说明，你已经跟一个地方的时光混熟了。水土、阳光和空气都熟悉了你，知道你是个老实安分的人，多活几十年也没多大害处。不像有些人、有些东西，满世界乱跑，让光阴满世界追他们。可能有时他们也偶尔躲过时间，活得年轻而滋润。光阴一旦追上他们就会狠狠报复一顿，一下从他们身上减去几十岁。事实证明，许多离开村庄去跑世界的人，最终都没有跑回来，死在外面了。他们没有赶回来的时间。

平常我也会自问：我是不是在一个地方生活得太久了。土地是不是已经烦我了。道路是否早就厌倦了我的脚印，虽然它还不至于拒绝我走路。事实上我有很多年不在路上走了，我去一个地方，照直就去了，水里草里。一个人走过一些年月后就会发现，所谓的道路不过是一种摆设，供那些在大地上瞎兜圈子的人们玩耍的游戏。它从来都偏离真正的目的。不信去问问那些永远匆匆忙忙走在路上的人，他们走到自己的归宿了吗。没有。否则他们不会没完没了地在路上转悠。而我呢，是不是过早地找到了归宿，多少年住在一间房子里，开一个门，关一扇窗，跟一个女人睡觉。是不是还有另一种活法，另一番滋味。我是否该挪挪身，面朝一生的另一些事情活一活。就像这幢房子，面南背北多少年，前墙都让太阳晒得发白脱皮了。我是不是把它掉个过儿，让一向阴潮的后墙根也晒几年太阳。

这样想着就会情不自禁在村里转一圈，果真看上一块地方，地势也高，地盘也宽敞。于是动起手来，花几个月时间盖起一院新房子。至于旧房子嘛，最好拆掉，尽管拆不到一根好檩子、一块整土块。毕竟是住了多年的旧窝，有感情，再贵卖给别人也会有种被人占有的不快感。墙最好也推倒,留下一个破墙圈,别人会把它当成天然的茅厕,或者用来喂羊圈猪,甚至会有人躲在里面干坏事。这样会损害我的名誉。

当然,旧家具会一件不剩地搬进新房子,柴火和草也一根不剩拉到新院子。大树砍掉,小树连根移过去。路无法搬走,但不能白留给别人走。在路上挖两个大坑。有些人在别人修好的路上走顺了,老想占别人的便宜,自己不愿出一点力。我不能让那些自私的人变得更加自私。

我只是把房子从村西头搬到了村南头。我想稍稍试验一下我能不能挪动。人们都说:树挪死,人挪活。树也是老树一挪就死,小树要挪到好地方会长得更旺呢。我在这块地方住了那么多年,已经是一棵老树,根根脉脉都扎在了这里,我担心挪不好把自己挪死。先试着在本村里动一下,要能行,我再往更远处挪动。

可这一挪麻烦事跟着就来了。在搬进新房子的好几年间,我收工回来经常不由自主地回到旧房子,看到一地的烂土块才恍然回过神。牲口几乎每天下午都回到已经拆掉的旧圈棚,在那里挤成一堆。我的所有的梦也都是在旧房子。有时半夜醒来,还当是门在南墙上。出去解手,还以为茅厕在西边的墙角。

不知道住多少年才能把一个新地方认成家。认定一个地方时或许人已经老了,或许到老也无法把一个新地方真正认成家。一个人心中的家,并不仅仅是一间属于自己的房子,而是长年累月在这间房子里度过的生活。尽管这房子低矮陈旧,清贫如洗,但堆满房子角角落落的那些黄金般珍贵的生活情节,只有你和你的家人共拥共享,别人是无法看到的。走进这间房子,你就会马上意识到:到家了。即使离乡多年,再次转世回来,你也不会忘记回这个家的路。

我时常看到一些老人,在晴朗的天气里,背着手,在村外的田野里转悠。他们不仅仅是看庄稼的长势,也在瞅一块墓地。他们都是些幸福的人,在一个村庄的一间房子里,生活到老,知道自己快死了,在离家不远的地方,择一块墓地。虽说是离世,也离得不远。坟头和房顶日夜相望,儿女的脚步声在周围的田地间走动,说话声、鸡鸣狗吠时时传来。这样的死没有一丝悲哀,只像是搬一次家。离开喧闹的村子,找个清静处待待。地方是自己选好的,棺木是早几年便吩咐儿女们做好的。从木料、样式到颜色,都是照自己的意愿去做的,没有一丝让你不顺心不满意。

唯一舍不得的便是这间老房子,你觉得还没住够,亲人们也这么说:你不该早早离去。其实你已经住得太久太久,连脚下的地都住老了,头顶的天都活旧了。但你一点没觉得自己有多么"不自觉"。要不是命三番五次地催你,你还会装糊涂活下去,还会住在这间房子里,还进这个门,睡这个炕。

我一直庆幸自己没有离开这个村庄,没有把时间和精力白白耗费在另一片土地上。在我年轻的时候、年壮的时候,曾有许多诱惑让我险些远走他乡,但我留住了自己。我做得最成功的一件事,是没让自己从这片天空下消失。我还住在老地方,所谓盖新房搬家,不过是一个没有付诸行动的梦想。我怎么会轻易搬家呢。我们家屋顶上面的天空,经过多少年的炊烟熏染,已经跟别处的天空大不一样。当我在远处,还看不到村庄,望不见家园的时候,便能一眼认出我们家屋顶上面的那片天空,它像一块补丁、一幅图画,不管别处的天空怎样风云变幻,它总是晴朗祥和地贴在高处,家安安稳稳坐落在下面。家园周围的这一窝子空气,多少年被我吸进呼出,也已经完全成了我自己的气息,带着我的气味和温度。我在院子里挖井时,曾潜到三米多深的地下,看见厚厚的土层下面褐黄色的沙子,水就从细沙中缓缓渗出。

而在西边的一个墙角上,我的尿水年复一年已经渗透到地壳深处,那里的一块岩石已被腐蚀得变了颜色。看看,我的生命上抵高天,下达深地。这都是我在一个地方地久天长生活的结果。我怎么会离开它呢。

【阅读提示】

每一个人的心里对家的定义是不一样的。在一个地方住多久才算是家?"一个人心中的家,并不仅仅是一间属于自己的房子,而是你长年累月在这间房子里度过的生活。尽管这房子低矮陈旧,清贫如洗,但堆满房子角角落落的那些黄金般珍贵的生活情节,只有你和你的家人共拥共享,别人是无法看到的。走进这间房子,你就会马上意识到:到家了。"这段文字就是刘亮程的解答。只有心中的家是有遗迹的,也只有心中的家是唯一让我们本身真正存在着的家。

强化训练

1.《北方的盐》开篇为什么用相当的篇幅写雪?这篇散文体现了北方人对家园的何种情怀?

2.《故乡的野菜》中为什么说"故乡对于我并没什么特别的情分"?从全文看,作者这样说的用意是什么?

3.《住多久才算是家》中"我"为"自己没有离开这个村庄"一直感到庆幸,这是为什么?文章的题目为"住多久才算是家",你认为一个地方住多久才能为家呢?请说说你的思考。

4. 人人都有自己的家乡。家乡的一草一木、山山水水、风俗人情、亲情乡情……都给我们以这样那样的影响、冲击和思考。请以"家乡的_____"为题,写一篇文章,文体不限。

【例 4-4】 感悟人生。

我为何而生

[英] 伯特兰·罗素①

有三种情感,单纯而强烈,支配着我的一生:对爱情的渴望,对知识的追求,以及对人类

---

① 伯特兰·罗素(1872—1970),20 世纪英国哲学家、数学家、逻辑学家、历史学家,无神论或者不可知论者,也是 20 世纪西方最著名、影响最大的学者和和平主义社会活动家之一,1950 年诺贝尔文学奖得主。罗素也被认为与弗雷格、维特根斯坦和怀特海一同创建了分析哲学。他与怀特海合著的《数学原理》对逻辑学、数学、集合论、语言学和分析哲学有着巨大影响。1950 年,罗素获得诺贝尔文学奖,以表彰其"多样且重要的作品,持续不断的追求人道主义理想和思想自由"。

苦难不可遏制的同情。这些感情如阵阵飓风,挟卷着我在漂泊不定的路途中东飘西荡,飞越苦闷的汪洋大海,直抵绝望的边缘。

我之所以追寻爱情,首先,爱情使人心醉神迷,如此美妙的感觉,以致使我时常为了体验几小时爱的喜悦,而宁愿献出生命中其他一切;其次,爱情可以解除孤独,身历那种可怕孤寂的人的战栗意识,会穿过世界的边缘,直望入冰冷死寂的无底深渊;最后,置身于爱的结合,我在一个神秘缩影中看到了圣贤与诗人们所预想的天堂。这正是我所追寻的,尽管它对于人类的生活或许太过美好,却是我的最终发现。

我也以同样的热情追求知识。我渴望理解人类的心灵,渴望知道星辰为何闪耀,我还试图领略毕达哥拉斯关于哪些数字在变迁之上保持着永恒的智慧。在这一方面,我取得了一点成果,但并不算多。

爱情与知识,尽其可能,引领着我通往天堂;然而怜悯总是把我带回现实。那些痛苦的呼唤在我内心深处回响。饥饿中的孩子,被压迫和折磨的人们,给子女造成重担的无助老人,以及孤独、贫穷和痛苦的整个世界,都是对人类理想生活的嘲讽。我渴望能减少这些不幸,但无能为力,这也是我的痛苦。

这就是我的一生。我发现人生是值得的;而且如果能够再有一次这样的机会,我会欣然接受。

(资料来源:伯特兰·罗素. 罗素自传(第一卷)[M]. 北京:商务译书馆,2012。译文选自 http://www.douban.com/group/topic/11133152/。)

【阅读提示】

《我为何而生》开宗明义,道出一颗赤子之心的生命自白:"对爱情的渴望,对知识的追求,对人类苦难不可遏制的同情,是支配我一生的单纯而强烈的三种感情。"大师的爱与智慧随着对"爱""知识""同情"三方面的简约展开而汩汩流出。文章结尾"人是值得的",既是罗素对自己一生的总结,更是对我们尊重生命、热爱生命的鼓励。

我的世界观[1]

[美] 阿尔伯特·爱因斯坦①

我们这些总有一死的人的命运是多么奇特呀!我们每个人在这个世界上都只作一个短暂的逗留;目的何在,却无所知,尽管有时自以为对此若有所感。但是,不必深思,只要从日常生活就可以明白:人是为别人而生存的——首先是为那样一些人,他们的喜悦和健康关系着我们自己的全部幸福;然后是为许多我们所不认识的人,他们的命运通过同情的纽带同我们密切结合在一起。我每天上百次地提醒自己:我的精神生活和物质生活都依靠着别人(包括生者和死者)的劳动,我必须尽力以同样的分量来报偿我所领受了的和至今还在领受着的东西。我强烈地向往着俭朴的生活,并且时常为发觉自己占用了同胞的过多劳动而难以忍受。我认为阶级的区分是不合理的,它最后所凭借的是以暴力为根据。我也相信,简单

---

① 阿尔伯特·爱因斯坦(1879—1955),德裔美国物理学家,思想家及哲学家,犹太人,现代物理学的开创者和奠基人。早年取得瑞士国籍,1913年重新获得德国国籍,1933年因受纳粹政权迫害,迁居美国,1940年加入美国籍,任美国普林斯顿高等研究所研究员。他为反抗纳粹,建议并参加第一颗原子弹的研制工作,在物理学的许多领域都有重大贡献,最重要的是建立了狭义相对论,并推广为广义相对论,还提出了光的量子概念等理论。他因发现光电效应定律,于1921年获诺贝尔物理学奖。其著有《相对论的意义》等。

淳朴的生活,无论在身体上还是在精神上,对每个人都是有益的。

我完全不相信人类会有那种在哲学意义上的自由[2]。每一个人的行为,不仅受着外界的强迫,而且还要适应内心的必然。叔本华[3]说:"人虽然能够做他所想做的,但不能要他所想要的。"这句话从我青年时代起,就对我是一个真正的启示;在我自己和别人生活面临困难的时候,它总是使我们得到安慰,并且永远是宽容的源泉。这种体会可以宽大为怀地减轻那种容易使人气馁的责任感,也可以防止我们过于严肃地对待自己和别人;它还导致一种特别给幽默以应有地位的人生观。

要追究一个人自己或一切生物生存的意义或目的,从客观的观点看来,我总觉得是愚蠢可笑的。可是每个人都有一定的理想,这种理想决定着他的努力和判断的方向。就在这个意义上,我从来不把安逸和享乐看做是生活目的本身——这种伦理基础,我叫它猪栏的理想。照亮我的道路,并且不断地给我新的勇气去愉快地正视生活的理想,是善、美和真。要是没有志同道合者之间的亲切感情,要不是全神贯注于客观世界——那个在艺术和科学工作领域里永远达不到的对象,那么在我看来,生活就会是空虚的。人们所努力追求的庸俗的目标——财产、虚荣、奢侈的生活——我总觉得都是可鄙的。

我对社会正义和社会责任的强烈感觉,同我显然地对别人和社会直接接触的淡漠,两者总是形成古怪的对照。我实在是一个"孤独的旅客",我未曾全心全意地属于我的国家,我的家庭,我的朋友,甚至我最接近的亲人;在所有这些关系面前,我总是感觉到有一定距离并且需要保持孤独——而这种感受正与年俱增。人们会清楚地发觉,同别人的相互了解和协调一致是有限度的,但这不足惋惜。这样的人无疑有点失去他的天真无邪和无忧无虑的心境;但另一方面,他却能够在很大程度上不为别人的意见、习惯和判断所左右,并且能够不受诱惑要去把他的内心平衡在这样一些不可靠的基础之上。

我的政治理想是民主主义。让每一个人都作为个人而受到尊重,而不让任何人成为崇拜的偶像。我自己受到了人们过分的赞扬和尊敬,这不是由于我自己的过错,也不是由于我自己的功劳,而实在是一种命运的嘲弄。其原因大概在于人们有一种愿望,想理解我以自己的微薄绵力通过不断的斗争所获得的少数几个观念,而这种愿望有很多人却未能实现。我完全明白,一个组织要实现它的目的,就必须有一个人去思考,去指挥,并且全面负担起责任来。但是被领导的人不应当受到强迫,他们必须有可能来选择自己的领袖。在我看来,强迫的专制制度很快就会腐化堕落。因为暴力所招引来的总是一些品德低劣的人,而且我相信,天才的暴君总是由无赖来继承,这是一条千古不易的规律。就是这个缘故,我总是强烈地反对今天我们在意大利和俄国所见到的那种制度。像欧洲今天所存在的情况,使得民主形势受到了怀疑,这不能归咎于民主原则本身,而是由于政府的不稳定和选举制度中与个人无关的特征。我相信美国在这方面已经找到了正确的道路。他们选出了一个任期足够长的总统,他有充分的权力来真正履行他的职责。另一方面,在德国的政治制度中,我所重视的是,它为救济患病或贫困的人作出了比较广泛的规定。在人生的丰富多彩的表演中,我觉得真正可贵的,不是政治上的国家,而是有创造性的、有感情的个人,是人格;只有个人才能创造出高尚的和卓越的东西,而群众本身在思想上总是迟钝的,在感觉上也总是迟钝的[4]。

讲到这里,我想起了群众生活中最坏的一种表现,那就是使我厌恶的军事制度。一个人能够洋洋得意地随着军乐队在四列纵队里行进,单凭这一点就足以使我对他轻视。他所以长了一个大脑,只是出于误会;单单一根脊髓就可满足他的全部需要了。文明国家的这种罪恶的渊薮,应当尽快加以消灭。由命令而产生的勇敢行为,毫无意义的暴行,以及在爱国主义名义下一切可恶的胡闹,所有这些都使我深恶痛绝[5]!在我看来,战争是多么卑鄙、下流!我宁愿被千刀万剐,也不愿参与这种可憎的勾当。尽管如此,我对人类的评价还是十分高的,我相信,要是人民的健康感情没有被那些通过学校和报纸而起作用的商业利益和政治利益蓄意败坏,那么战争这个妖魔早就该绝迹了。

我们所能有的最美好的经验是神秘的经验。它是坚守在真正艺术和真正科学发源地上的基本感情。谁要是体验不到它,谁要是不再有好奇心也不再有惊讶的感觉,他就无异于行尸走肉,他的眼睛是迷糊不清的。就是这种神秘的经验——虽然掺杂着恐怖——产生了宗教。我们认识到有某种为我们所不能洞察的东西存在,感觉到那种只能以其最原始的形式为我们感受到的最深奥的理性和最灿烂的美——正是这种认识和这种情感构成了真正的宗教感情;在这个意义上,而且也只是在这个意义上,我才是一个具有深挚的宗教感情的人。我无法想象一个会对自己的创造物加以赏罚的上帝,也无法想象它会有像在我们自己身上所体验到的那样一种意志。我不能也不愿去想象一个人在肉体死亡以后还会继续活着;让那些脆弱的灵魂,由于恐惧或者出于可笑的唯我论,去拿这种思想当宝贝吧![6]我自己只求满足于生命永恒的神秘,满足于觉察现存世界的神奇结构,窥见它的一鳞半爪,并且以诚挚的努力去领悟在自然界中显示出来的那个理性的一部分,倘若真能如此,即使只是其极小的一部分,我也就心满意足了。

【注释】

[1] 此文最初发表在1930年出版的《论坛和世纪》,当时用的标题是《我的信仰》,选自《大学活页文库》第三辑。

[2] 哲学意义上的自由:有些哲学家认为,哲学意义上的自由,与"必然"相对,组成辩证法的一对范畴。"必然"指客观事物的规律,自由指人们对必然的认识和对客观世界的改造。人们未认识客观规律时,处于盲目受它支配的地位,没有真正的自由。自由与必然是辩证的统一。

[3] 叔本华(1788—1860),德国哲学家,唯意志论者。他曾在柏林大学任教,致力于柏拉图、康德哲学的研究。他认为意志是宇宙的本质。

[4] 这里他所指的个人,是指"有创造性的、有感情的个人,是人格",不是平庸、无情的个人;所指的群众,是指"在思想上总是迟钝的,在感觉上也总是迟钝的"庸众。

[5] 以上这段议论是他对当时意大利墨索里尼、德国希特勒法西斯专制势力试图掀起战争暴力和其他种种暴行的严厉斥责。

[6] 这些话表明他有的并不是一般意义上的宗教感情,而是深刻关怀人类福祉的那种挚爱之情。

【阅读提示】

《我的世界观》开头就明白宣告:人是应当为别人而生存的,自己的精神生活与物质生活都依靠着别人的劳动,包括生者和死者,自己必须尽力报偿他们。叔本华的话启示他,人应该尽量做想做的,不能要所想要的。他相信简单淳朴的生活对每个人都有益。他从来不把安逸和享乐看作生活目的本身,他追求的是善、美和真。他坚持独立思考在很大程度上不为别人的意见、习惯和判断所左右。他的政治理想是民主主义,他深恶痛绝法西斯专制与卑鄙、下流的战争,他崇尚民主,追求自由。他坚守真正艺术和真正科学发源地上的基本感情,为人类和社会尽力,创造出高尚的和卓越的东西。科学精神与人文精神在他身上得到了真正高度的统一。本文清纯朴实,深刻尖锐,坦诚自然,明白通畅。

我有一个梦想

[美] 马丁·路德·金① （译）焦骝

一百年前，一位伟大的美国人签署了《解放黑奴宣言》，今天我们就是在他的雕像前集会。这一庄严宣言犹如灯塔的光芒，给千百万在那摧残生命的不义之火中受煎熬的黑奴带来了希望。它之到来犹如欢乐的黎明，结束了束缚黑人的漫漫长夜。

然而一百年后的今天，我们必须正视黑人还没有得到自由这一悲惨的事实。一百年后的今天，在种族隔离的镣铐和种族歧视的枷锁下，黑人的生活备受压榨。一百年后的今天，黑人仍生活在物质充裕的海洋中一个穷困的孤岛上。一百年后的今天，黑人仍然萎缩在美国社会的角落里，并且意识到自己是故土家园中的流亡者。今天我们在这里集会，就是要把这种骇人听闻的情况公之于众。

就某种意义而言，今天我们是为了要求兑现诺言而汇集到我们国家的首都来的。我们共和国的缔造者起草宪法和独立宣言的气壮山河的词句时，曾向每一个美国人许下了诺言，他们承诺给予所有的人以生存、自由和追求幸福的不可剥夺的权利。

就有色公民而论，美国显然没有实践她的诺言。美国没有履行这项神圣的义务，只是给黑人开了一张空头支票，支票上盖着"资金不足"的戳子后便退了回来。但是我们不相信正义的银行已经破产。我们不相信，在这个国家巨大的机会之库里已没有足够的储备。因此今天我们要求将支票兑现——这张支票将给予我们宝贵的自由和正义的保障。

我们来到这个圣地也是为了提醒美国，现在是非常急迫的时刻。现在决非侈谈冷静下来或服用渐进主义的镇静剂的时候。现在是实现民主诺言的时候。现在是从种族隔离的荒凉阴暗的深谷攀登种族平等的光明大道的时候。现在是向上帝所有的儿女开放机会之门的时候。现在是把我们的国家从种族不平等的流沙中拯救出来，置于兄弟情谊的磐石上的时候。

如果忽然忽视时间的迫切性和低估黑人的决心，那么，这对美国来说，将是致命伤。自由和平等的爽朗秋天如不到来，黑人义愤填膺的酷暑就不会过去。1963年并不意味着斗争的结束，而是开始。有人希望，黑人只要撒撒气就会满足，如果国家安之若素，毫无反应，这些人必会大失所望的。黑人得不到公民的权利，美国就不可能有安宁或平静。正义的光明的一天不到来，叛乱的旋风就将继续动摇这个国家的基础。

但是对于等候在正义之宫门口的心急如焚的人们，有些话我是必须说的。在争取合法地位的过程中，我们不要采取错误的做法。我们不要为了满足对自由的渴望而抱着敌对和仇恨之杯痛饮。我们斗争时必须永远举止得体，纪律严明。我们不能容许我们的具有崭新内容的抗议蜕变为暴力行动。我们要不断地升华到以精神力量对付物质力量的崇高境界中去。

现在黑人社会充满着了不起的新的战斗精神，但是我们却不能因此而不信任所有的白

---

① 马丁·路德·金(1929—1968)是美国黑人民权运动领袖，浸礼会教堂牧师，非暴力主义者。他积极参加和领导美国黑人争取平等权利的斗争，1964年获诺贝尔和平奖。他极具演说才能，并著有《阔步走向自由》《我们为何不能再等待》等作品。其思想对20世纪60年代美国黑人民权运动产生了重大影响。美国政府确定从1986年起每年一月的第三个星期一(马丁·路德·金的诞辰为1月15日)为全国纪念日。从1987年起马丁·路德·金的诞辰亦为联合国的纪念日之一。

人。因为我们的许多白人兄弟已经认识到,他们的命运与我们的命运是紧密相连的,他们今天参加游行集会就是明证。他们的自由与我们的自由是息息相关的。我们不能单独行动。

当我们行动时,我们必须保证向前进。我们不能倒退。现在有人问热心民权运动的人:"你们什么时候才能满足?"

只要黑人仍然遭受警察难以形容的野蛮迫害,我们就绝不会满足。

只要我们在外奔波而疲乏的身躯不能在公路旁的汽车旅馆和城里的旅馆找到住宿之所,我们就绝不会满足。

只要黑人的基本活动范围只是从少数民族聚居的小贫民区转移到大贫民区,我们就绝不会满足。

只要密西西比仍然有一个黑人不能参加选举,只要纽约有一个黑人认为他投票无济于事,我们就绝不会满足。

不!我们现在并不满足,我们将来也不满足,除非正义和公正犹如江海之波涛,汹涌澎湃,滚滚而来。

我并非没有注意到,参加今天集会的人中,有些受尽苦难和折磨;有些刚刚走出窄小的牢房;有些由于寻求自由,曾在居住地惨遭疯狂迫害的打击,并在警察暴行的旋风中摇摇欲坠。你们是人为痛苦的长期受难者。坚持下去吧,要坚决相信,忍受不应得的痛苦是一种赎罪。

让我们回到密西西比去,回到阿拉巴马去,回到南卡罗来纳去,回到佐治亚去,回到路易斯安那去,回到我们北方城市中的贫民区和少数民族居住区去,要心中有数,这种状况是能够也必将改变的。我们不要陷入绝望而不可自拔。

朋友们,今天我对你们说,在此时此刻,我们虽然遭受种种困难和挫折,我仍然有一个梦想。这个梦想是深深扎根于美国的梦想中的。

我梦想有一天,这个国家会站立起来,真正实现其信条的真谛:"我们认为这些真理是不言而喻的:人人生而平等。"

我梦想有一天,在佐治亚的红山上,昔日奴隶的儿子将能够和昔日奴隶主的儿子坐在一起,共叙兄弟情谊。

我梦想有一天,甚至连密西西比州这个正义匿迹、压迫成风、如同沙漠般的地方,也将变成自由和正义的绿洲。

我梦想有一天,我的四个孩子能生活在一个不是以他们的肤色,而是以他们的品格优劣来评价他们的国家里。

我今天有一个梦想。

我梦想有一天,阿拉巴马州能够有所转变,尽管该州州长现在仍然满口异议,反对联邦法令,但有朝一日,那里的黑人男孩和女孩将能与白人男孩和女孩情同骨肉,携手并进。

我今天有一个梦想。

我梦想有一天,幽谷上升,高山下降,坎坷曲折之路化为坦途,主的荣耀显露,满照天地人间。

这就是我们的希望。我怀着这种信念回到南方。有了这个信念,我们就能从绝望之峰劈出一块希望之石。有了这个信念,我们就能把这个国家刺耳的争吵声,转化为一支洋溢手足之情的优美交响曲。

有了这个信念,我们就能一起工作,一起祈祷,一起斗争,一起坐牢,一起维护自由;因为我们知道,终有一天,我们是会自由的。

在自由来临的那天,上帝的所有儿女们将以新的含义高唱:"我的祖国,美丽的自由之乡,我为您歌唱。您是父辈逝去的地方,您是最初移民的骄傲,让自由之声响彻每个山冈。"

如果美国要成为一个伟大的国家,这个梦想必须实现。让自由之声从新罕布什尔州的巍峨山峰响起来!让自由之声从纽约州的崇山峻岭响起来!让自由之声从宾夕法尼亚州阿勒格尼山的顶峰响起来!

让自由之声从科罗拉多州冰雪覆盖的落基山脉响起来!让自由之声从加利福尼亚州蜿蜒的群峰响起来!不仅如此,还要让自由之声从佐治亚州的石岭响起来!让自由之声从田纳西州的瞭望山响起来!

让自由之声从密西西比的每一座丘陵响起来!让自由之声从每一片山坡响起来。

当我们让自由之声响起来,让自由之声从每一个大小村庄、每一个州和每一个城市响起来时,我们就能够加速这一天的到来,那时,上帝的所有儿女,黑人和白人,犹太教徒和非犹太教徒,耶稣教徒和天主教徒,大家手牵手,合唱一首古老的黑人灵歌:"终于自由啦!终于自由啦!感谢全能的上帝,我们终于自由啦!"

(资料来源:钱满素.我有一个梦想:世界散文随笔精品文库[M].北京:中国社会科学出版社,1993.)

【阅读提示】

《我有一个梦想》是马丁·路德·金于1963年8月28日在华盛顿林肯纪念堂前的集会上发表的著名演讲,也是中外演讲史上文采斐然的篇章之一。为了追求理想,人们可以付出千百次的努力。坚定的信念和决心构成了演讲词的灵魂,充沛的情感是这篇演讲词的主线,黑人民族平等是这篇演讲词主要内容。时至今日,这篇演讲词所反映出的对自由和平等的追求,对人类社会而言仍然有普遍意义。文中大量运用了比喻、排比、呼告和反复等多种修辞手法,使作者的思想表达得更充分、更鲜明,有着排山倒海的气势,增强了作品的感染力和表达效果。

卖 米

飞 花[①]

天刚蒙蒙亮,母亲就把我叫起来了:"琼宝,今天是这里的场,我们担点米到场上卖了,好弄点钱给你爹买药。"

我迷迷糊糊睁开双眼,看看窗外,日头还没出来呢。我实在太困,又在床上赖了一会儿。

隔壁传来父亲的咳嗽声,母亲在厨房忙活着,饭菜的香气混合着淡淡的油烟味飘过来,慢慢驱散了我的睡意。我坐起来,穿好衣服,开始铺床。

"姐,我也跟你们一起去赶场好不好?你买冰棍给我吃!"

弟弟顶着一头睡得乱蓬蓬的头发跑到我房里来。

"毅宝,你不能去,你留在家里放水。"隔壁传来父亲的声音,夹杂着几声咳嗽。

弟弟有些不情愿地冲隔壁说:"爹,天气这么热,你自己昨天才中了暑,今天又叫我去,就

[①] 飞花,本名张培祥,1979年生于湖南醴陵一个山区农户,自小于贫寒中刻苦学习,1997年考入北京大学法学院。2001年攻读法学硕士。2003年非典期间患白血病,3个月后,年仅24岁的张培祥去世。张培祥生前曾有翻译和编写作品出版,并发表了小说和散文。

不怕我也中暑!"

"人怕热,庄稼不怕?都不去放水,地都干了,禾苗都死了,一家人喝西北风去?"父亲一动气,咳嗽得越发厉害了。

弟弟冲我吐吐舌头,扮了个鬼脸,就到父亲房里去了。

只听见父亲开始叮嘱他怎么放水,去哪个塘里引水,先放哪丘田,哪几个地方要格外留神别人来截水,等等。

吃过饭,弟弟就找着父亲常用的那把锄头出去了。我和母亲开始往谷箩里装米,装完后先称了一下,一担八十多斤,一担六十多斤。

我说:"妈,我挑重的那担吧。"

"你学生妹子,肩膀嫩,还是我来。"

母亲说着,一弯腰,把那担重的挑起来了。

我挑起那担轻的,跟着母亲出了门。

"路上小心点!咱们家的米好,别便宜卖了!"父亲披着衣服站在门口嘱咐道。

"知道了。你快回床上躺着吧。"母亲艰难地把头从扁担旁边扭过来,吩咐道,"饭菜在锅里,中午你叫毅宝热一下吃!"

赶场的地方离我家大约有四里路,我和母亲挑着米,在窄窄的田间小路上走走停停,足足走了一个钟头才到。

场上的人已经不少了,我们赶紧找了一块空地,把担子放下来,把扁担放在地上,两个人坐在扁担上,拿草帽扇着。

一大早就这么热,中午就更不得了,我不由得替弟弟担心起来。

他去放水,是要在外头晒上一整天的。

我往四周看了看,发现场上有许多人卖米,莫非他们都等着用钱?

场上的人大都眼熟,都是附近十里八里的乡亲,人家也是种田的,谁会来买米呢?

我问母亲,母亲说:"有专门的米贩子会来收米的。他们开了车到乡下来赶场,收了米,拉到城里去卖,能挣好些哩。"

我说:"凭什么都给他们挣?我们也拉到城里去卖好了!"其实自己也知道不过是气话。

果然,母亲说:"咱们这么一点米,又没车,真弄到城里去卖,挣的钱还不够路费呢!早先你爹身体好的时候,自己挑着一百来斤米进城去卖,隔几天去一趟,倒比较划算一点。"

我不由心里一紧,心疼起父亲来。

从家里到城里足足有三十多里山路呢,他挑着那么重的担子走着去,该多么辛苦!就为了多挣那几个钱,把人累成这样,多不值啊!

但又有什么办法呢?家里除了种地,也没别的收入,不卖米,拿什么钱供我和弟弟上学?

我想着这些,心里一阵阵难过起来。

看看旁边的母亲,头发有些斑白了,黑黝黝的脸上爬上了好多皱纹,脑门上密密麻麻都是汗珠,眼睛有些红肿。

"妈,你喝点水。"

我把水壶递过去,拿草帽替她扇着。

米贩子们终于开着车来了。他们四处看着卖米的人,走过去仔细看米的成色,还把手插进米里,抓上一把米细看。

"一块零五。"

米贩子开价了。

卖米的似乎嫌太低,想讨价还价。

"不还价,一口价,爱卖不卖!"

米贩子态度很强硬,毕竟,满场都是卖米的人,只有他们是买家,不趁机压价,更待何时?

母亲注意着那边的情形说:"一块零五?也太便宜了。上场还卖到一块一呢。"

正说着,有个米贩子朝我们这边走过来了。

他把手插进大米里,抓了一把出来,迎着阳光细看着。

"这米好咧!又白又匀净,又筛得干净,一点沙子也没有!"母亲堆着笑,语气里有几分自豪。

的确,我家的米比场上哪个人卖的米都要好。

那人点了点头,说:"米是好米,不过这几天城里跌价,再好的米也卖不出好价钱来。一块零五,卖不卖?"

母亲摇摇头:"这也太便宜了吧?上场还卖一块一呢。再说,你是识货的,一分钱一分货,我这米肯定好过别家的!"

那人又看了看米,犹豫了一下,说:"本来都是一口价,不许还的,看你们家米好,我加点,一块零八,怎么样?"

母亲还是摇头:"不行,我们家这米,少说也要卖到一块一。你再加点?"

那人冷笑一声,说:"今天肯定卖不出一块一的行情,我出一块零八你不卖,等会散场的时候你一块零五都卖不出去!"

"卖不出去,我们再担回家!"那人的态度激恼了母亲。

"那你就等着担回家吧。"那人冷笑着,丢下这句话走了。

我在旁边听着,心里算着:一块零八到一块一,每斤才差两分钱。

这里一共150斤米,总共也就三块钱的事情,路这么远,何必再挑回去呢?我的肩膀还在痛呢。

我轻轻对母亲说:"妈,一块零八就一块零八吧,反正也就三块钱的事。再说,还等着钱给爹买药呢。"

"那哪行?"母亲似乎有些生气了,"三块钱不是钱?再说了,也不光是几块钱的事,做生意也得讲点良心,咱们辛辛苦苦种出来的米,质量也好,哪能这么贱卖了?"

我不敢再说话。

我知道种田有多么累。

光说夏天放水,不就把爹累得病倒了?

弟弟也才十一二岁的毛孩子,还不得找着锄头去放水!

毕竟,这是一家人的生计啊!

又有几个米贩子过来了,他们也都只出一块零五。有一两个出到一块零八,也不肯再加。

母亲仍然不肯卖。

看看人渐渐少了,我有些着急了。

母亲一定也很心急吧,我想。

"妈,你去那边树下凉快一下吧!"我说。

母亲一边擦汗,一边摇头:"不行。我走开了,来人买米怎么办?你又不会还价!"

我有些惭愧。

"百无一用是书生",虽然在学校里功课好,但这些事情上就比母亲差远了。

又有好些人来买米,因为我家的米实在是好,大家都过来看,但谁也不肯出到一块一。

看看日头到头顶上了,我觉得肚子饿了,便拿出带来的饭菜和母亲一起吃起来。

母亲吃了两口就不吃了,我知道她是担心米卖不出去,心里着急。

母亲叹了口气:"还不知道卖得掉卖不掉呢。"

我趁机说:"不然就便宜点卖好了。"

母亲说:"我心里有数。"

下午人更少了,日头又毒,谁愿意在场上晒着呢。

看看母亲,衣服都粘在背上了,黝黑的脸上也透出晒红的印迹来。

"妈,我替你看着,你去溪里泡泡去。"

母亲还是摇头:"不行,我有风湿,不能在凉水里泡。你怕热,去那边树底下躲躲好了。"

"不用,我不怕晒。"

"那你去买根冰棍吃好了。"

母亲说着,从兜里掏出两毛钱零钱来。

我最喜欢吃冰棍了,尤其是那种叫"葡萄冰"的最好吃,也不贵,两毛钱一根。

但我今天突然不想吃了:"妈,我不吃,喝水就行。"

最热的时候也过去了,转眼快散场了。

卖杂货的小贩开始降价甩卖,卖菜,卖西瓜的也都吆喝着:"散场了,便宜卖了!"

我四处看看,场上已经没有几个卖米的了,大部分人已经卖完回去了。

母亲也着急起来,一着急,汗就出得越多了。

终于有个米贩子过来了:"这米卖不卖?一块零五,不讲价!"

母亲说:"你看我这米,多好!上场还卖一块一呢……"

不等母亲说完,那人就不耐烦地说:"行情不同了!想卖一块一,你就等着往回担吧!"

奇怪的是,母亲没有生气,反而堆着笑说:"那,一块零八,你要不要?"

那人从鼻子里哼了一声,说:"你这个价钱,不是开场的时候也难得卖出去,现在都散场了,谁买?做梦吧!"

母亲的脸一下子白了,动着嘴唇,但什么也没说。

一旁的我忍不住插嘴了:"不买就不买,谁稀罕?不买你就别站在这里挡道!"

"哟,大妹子,你别这么大火气。"

那人冷笑着说,"留着点气力等会把米担回去吧!"

等那人走了,我忍不住埋怨母亲:"开场的时候人家出一块零八你不卖,这会好了,人家还不愿意买了!"

母亲似乎有些惭愧,但并不肯认错:"本来嘛,一分钱一分货,米是好米,哪能贱卖了?出门的时候你爹不还叮嘱叫卖个好价钱?"

"你还说爹呢!他病在家里,指着这米换钱买药治病!人要紧还是钱要紧?"

母亲似乎没有话说了,等了一会儿,低声说:"一会儿人家出一块零五也卖了吧。"

可是再没有人来买米了,米贩子把买来的米装上车,开走了。

散场了,我和母亲晒了一天,一粒米也没卖出去。

"妈,走吧,回去吧,别愣在那儿了。"

我收拾好毛巾、水壶、饭盒,催促道。

母亲迟疑着,终于起了身。

"妈,我来挑重的。"

"你学生妹子,肩膀嫩……"

不等母亲说完,我已经把那担重的挑起来了。

母亲也没有再说什么,挑起那担轻的跟在我后面,踏上了回家的路。

肩上的担子好沉,我只觉得压着一座山似的。

突然脚下一滑,我差点摔倒。

我赶紧把剩下的力气都用到腿上,好容易站稳了,但肩上的担子还是倾斜了一下,洒了好多米出来。

"啊,怎么搞的?"母亲也放下担子走过来,嘴里说,"我叫你不要挑这么重的,你偏不听,这不是洒了。多可惜!真是败家精!"

败家精是母亲的口头禅,我和弟弟干了什么坏事她总是这么数落我们。

但今天我觉得格外委屈,也不知道为什么。

"你在这等会儿,我回家去拿个簸箕来把地上的米扫进去。浪费了多可惜!拿回去可以喂鸡呢!"母亲也不问我扭伤没有,只顾心疼洒了的米。

我知道母亲的脾气,她向来是"刀子嘴,豆腐心"的,虽然也心疼我,嘴里却非要骂我几句。

想到这些,我也不委屈了。

"妈,你回去还要来回走个六七里路呢,时候也不早了。"我说。

"那地上的米怎么办?"

我灵机一动,把头上的草帽摘下来:"装在这里面好了。"

母亲笑了:"还是你脑子活,学生妹子,机灵。"

说着,我们便蹲下身子,用手把洒落在地上的米捧起来,放在草帽里,然后把草帽顶朝下放在谷箩里,便挑着米继续往家赶。

回到家里,弟弟已经回来了,母亲便忙着做晚饭,我跟父亲报告卖米的经过。

父亲听了,也没抱怨母亲,只说:"那些米贩子也太黑了,城里都卖一块五呢,把价压这么低!这么挣庄稼人的血汗钱,太没良心了!"

我说:"爹,也没给你买药,怎么办?"

父亲说:"我本来就说不必买药的嘛,过两天就好了,花那个冤枉钱做什么!"

晚上,父亲咳嗽得更厉害了。

母亲对我说:"琼宝,明天是转步的场,咱们辛苦一点,把米挑到那边场上去卖了,好给你爹买药。"

"转步?那多远,十几里路呢!"我想到那漫长的山路,不由有些发怵。

"明天你们少担点米去。每人担50斤就够了。"父亲说。

"那明天可不要再卖不掉担回来哦!"我说,"十几里山路走个来回,还挑着担子,可不是说着玩的!"

"不会了不会了。"母亲说,"明天一块零八也好,一块零五也好,总之都卖了!"

母亲的话里有许多辛酸和无奈的意思,我听得出来,但不知道怎么安慰她。

我自己心里也很难过,有点想哭。

我想,别让母亲看见了,要哭就躲到被子里哭去吧。

可我实在太累啦,头刚刚挨到枕头就睡着了,睡得又香又甜。

(资料来源:本文选自《读者》2005年第2期。)

【阅读提示】

生活的艰辛,折射出的是人的力量。这篇曾获得北京大学首届校园原创文学大赛一等奖的作文,以纪实的口吻讲述作者和母亲担着大米去赶集的故事,字里行间,展现出为了一家人生存所历经的艰辛。正如《当代》编辑手记评价的那样:面对现实的苦难,这个年纪轻轻的作者,态度是朴实的、从容的,甚至是面带微笑的,平淡中有一种只有经典的现实主义才有的力量。越是泥泞的路,越是能够留下足迹。对于我们来说,家庭出身无法选择,人生机遇也不可预测,但是在面对困难时,是选择自怨自艾、怨天尤人,还是选择在逆境中奋起、做生命的主人,我们可以将权利掌握在自己手中。

强化训练

1.《我为何而生》告诉我们一个道理:无需华丽的辞藻,只要真实、流畅、朴素、简洁即可体现燃烧着的一直澎湃的激情。你想过"我为何而生"这个问题吗?请以此为题目写一篇演讲稿,并参与演讲。

2. 爱因斯坦身上真正体现了科学精神与人文精神的高度统一,请你说说人文精神对你有什么帮助?

3. 现今我们的社会,很多人都有"从众心理",对此你有怎样的认识,你认为爱因斯坦提出的坚持独立思考对我们当代大学生有什么启示?

4.《我有一个梦想》一连六个"我梦想有一天",总的来说想表达什么思想?

5. 也许你的家庭很富有,也许你的家庭像"琼宝家"一样经济困难,请结合自己的情况简要谈谈你读完《卖米》后的体会。

项目 2　从先秦散文看职场素养

职业素养是影响一个人职业生涯成败的关键因素之一,先秦散文中与职业素养有关的内容非常多,先贤哲人为人处世的原则和方法闪耀着中华儿女的智慧和韵味,流传至今,仍为我们所折服,尤其是深入其中的职业道德、职业技能、职业行为、职业作风和职业意识的内容,值得我们学习和借鉴,为己所用。

本项目推荐篇目《冯谖客孟尝君》《触龙说赵太后》《郑伯克段于鄢》三篇有特色的古文,从职场的角度来进行解读,古为今用,帮助大学生了解职场文化、职场道德、职场写作、职场表达等内容,树立职场意识,培养职业素养。

【例 4-5】

冯谖客孟尝君[1]

《战国策》①

齐人有冯谖者[2],贫乏不能自存。使人属孟尝君[3],愿寄食门下。孟尝君曰:"客何好?"曰:"客无好也。"曰:"客何能?"曰:"客无能也。"孟尝君笑而受之,曰:"诺。"

左右以君贱之也,食以草具[4]。居有顷,倚柱弹其剑,歌曰:"长铗归来乎,食无鱼!"左右以告。孟尝君曰:"食之,比门下之客[5]。"居有顷,复弹其铗,歌曰:"长铗归来乎,出无车!"左右皆笑之,以告。孟尝君曰:"为之驾,比门下之车客。"于是乘其车,揭其剑,过其友曰:"孟尝君客[6]我。"后有顷,复弹其剑铗,歌曰:"长铗归来乎,无以为家!"左右皆恶之,以为贪而不知足。孟尝君问:"冯公有亲乎?"对曰:"有老母。"孟尝君使人给其食用,无使乏。于是冯谖不复歌。

后孟尝君出记,问门下诸客:"谁习计会,能为文收责于薛者乎[7]?"冯谖署曰:"能。"孟尝君怪之,曰:"此谁也?"左右曰:"乃歌夫'长铗归来'者也。"孟尝君笑曰:"客果有能也,吾负之,未尝见也。"请而见之,谢曰:"文倦于事,愦[8]于忧,而性懧愚,沉于国家之事,开罪于先生。先生不羞,乃有意欲为收责于薛乎?"冯谖曰:"愿之。"于是约车治装[9],载券契[10]而行。辞曰:"责毕收,以何市[11]而反?"孟尝君曰:"视吾家所寡有者。"

驱而之薛,使吏召诸民当偿者悉来合券。券遍合,起,矫命[12]以责赐诸民,因烧其券,民称万岁。

长驱到齐,晨而求见。孟尝君怪其疾也,衣冠而见之,曰:"责毕收乎?来何疾也!"曰:"收毕矣。""以何市而反?"冯谖曰:"君云'视吾家所寡有者',臣窃计君宫中积珍宝,狗马实外

---

① 《战国策》是先秦历史散文成就最高、影响最大的著作之一。其记载了战国时期 240 多年间各诸侯国在政治、军事、外交等方面的一些重大事件,着重记录了谋臣策士游说诸侯或互相辩论时所提出的政治主张和斗争策略,是一部战国时代的史料汇编。它为国别体史书,分为 12 策,共 33 卷,作者已经不可考,流传至今的版本是经西汉刘向辑录校编成书的,书名亦为刘向所定。

廊,美人充下陈[13];君家所寡有者,以义耳,窃以为君市义。"孟尝君曰:"市义奈何?"曰:"今君有区区之薛,不拊[14]爱子其民,因而贾[15]利之。臣窃矫君命,以责赐诸民,因烧其券,民称万岁,乃臣所以为君市义也。"孟尝君不说[16],曰:"诺,先生休矣。"

后期[17]年,齐王谓孟尝君曰:"寡人[18]不敢以先王之臣为臣。"孟尝君就国于薛[19]。未至百里,民扶老携幼,迎君道中。孟尝君顾谓冯谖曰:"先生所为文市义者,乃今日见之!"

【注释】

[1]《冯谖客孟尝君》选自《战国策·齐策四》,《战国策》本来没有小标题,本篇题目是后人加的。

[2] 冯谖(xuān):人名,齐国人。

[3] 属(zhǔ):通"嘱",叮嘱,求告。孟尝君:姓田,名文,孟尝君为其号,齐威王之孙,袭其父田婴之封邑于薛,因此他又称薛公。

[4] 食(sì):给……吃。草具:指粗劣的食物。

[5] 比门下之客:照一般的门下食客那样看待。比,比照。

[6] 客:用作动词。

[7] 责(zhài):同"债"。薛:地名,孟尝君的封地。

[8] 愦(kuì):昏乱。

[9] 约车治装:预备车辆,整理行装。

[10] 券(quàn)契:指放债的凭证。券分为两半,双方各执其一,履行契约时拼而相契合,即下文所说"合券"。

[11] 市:购买。反:同"返"。

[12] 矫命:假托命令。

[13] 下陈:堂下,台阶之下。

[14] 拊:同"抚"。子:用作动词。子其民:视其民为子。

[15] 贾(gǔ)利之:用商贾的办法向百姓牟利。

[16] 说:同"悦"。

[17] 期(jī)年:满一年。期,同"期"。

[18] "寡人"句:我不敢把先王的大臣用作自己的大臣。这是齐王罢免孟尝君相位的托辞。

[19] 就国于薛:前往自己的封国薛。

【阅读提示】

《冯谖客孟尝君》主要讲述的是孟尝君的门客冯谖深谋远虑、审时度势,为孟尝君出谋划策、奔走效劳的故事。文章在艺术表现上,塑造了三类形象鲜活的不同人物,先抑后扬,层层深入,体现了构思布局上的巧妙匠心,同时人物语言个性鲜明,极具特色。

【例4-6】

触龙说赵太后[1]

《战国策》

赵太后新用事[2],秦急攻之。赵氏求救于齐。齐曰:"必以长安君为质[3],兵乃出。"太后不肯,大臣强谏。太后明谓左右:"有复言令长安君为质者,老妇必唾其面。"

左师触龙言愿见太后[4],太后盛气而揖之[5]。入而徐趋,至而自谢,曰:"老臣病足,曾不能疾走,不得见久矣,窃自恕,恐太后玉体之有所郄[6]也,故愿望见太后。"太后曰:"老妇恃辇而行。"曰:"日食饮得无衰乎?"曰:"恃鬻[7]耳。"曰:"老臣今者殊不欲食,乃自强步,日三四里,少益耆[8]食,和于身也。"曰:"老妇不能。"太后之色稍解。

左师公曰:"老臣贱息[9]舒祺,最少,不肖;而臣衰,窃爱怜之,愿令得补黑衣[10]之数,以卫王宫[11]。没死[12]以闻!"太后曰:"敬诺。年几何矣?"对曰:"十五岁矣。虽少,愿及未填沟壑[13]而托之。"太后曰:"丈夫亦爱怜其少子乎?"对曰:"甚于妇人。"太后曰:"妇人异甚。"对曰:"老臣窃以为媪之爱燕后[14]贤于长安君。"曰:"君过矣,不若长安君之甚。"左师公曰:"父母之爱子,则为之计深远。媪之送燕后也,持其踵[15]为之泣,念悲其远也,亦哀之矣。已行,非弗思也,祭祀必祝之,祝曰:'必勿使反[16]!'岂非计久长,有子孙相继为王也哉?"太后曰:"然。"

左师公曰:"今三世以前[17],至于赵之为赵[18],赵王之子孙侯者,其继有在者乎?"曰:"无有。"曰:"微[19]独赵,诸侯有在者乎?"曰:"老妇不闻也。""此其近者祸及身,远者及其子孙。岂人主之子孙则必不善哉?位尊而无功,奉厚而无劳,而挟重器多也。今媪尊长安君之位,而封之以膏腴之地,多予之重器[20],而不及今令有功于国。一旦山陵[21]崩,长安君何以自托于赵?老臣以媪为长安君计短也,故以为其爱不若燕后。"太后曰:"诺,恣君之所使之!"

于是为长安君约车百乘,质于齐,齐兵乃出。

子义[22]闻之,曰:"人主之子也,骨肉之亲也,犹不能恃无功之尊,无劳之奉,而守金玉之重也,而况人臣乎?"

【注释】

[1] 本文选自上海古籍出版社标点本《战国策·赵策四》。
[2] 赵太后:赵惠文王威后,赵孝成王之母。用事:执政,当权。
[3] 长安君:赵太后幼子的封号。质:古代诸侯国求助于别国时,每以公子抵押,即人质。
[4] 左师:春秋战国时宋、赵等国官制,有左师、右师,为掌实权的执政官。触龙言:原作"触詟"两字,据《史记·赵世家》改。
[5] 揖:辞让。
[6] 郄(xì):同"隙"。"有所郄"是身体患病的委婉说法。
[7] 鬻(yù):粥的本字。
[8] 耆(shì):通"嗜"。
[9] 贱息:对自己儿子的谦称。
[10] 黑衣:赵国侍卫所服,用以指代宫廷卫士。
[11] 宫:原作"官",据《史记·赵世家》改。
[12] 没死:冒死。臣对君的谦卑用语。
[13] 填沟壑:"死"的比喻说法。自比为贱民奴隶,野死弃尸于溪谷。
[14] 燕后:赵太后之女,远嫁燕国为后。
[15] 踵:足跟。女嫁乘车辇将行,母不忍别,在车下抱其足而泣。
[16] 反:同"返"。古代诸侯嫁女于他国为后,若非失宠被废、夫死无子或亡国失位,是不回国的。
[17] 三世以前:指赵武灵王。孝成王之父为惠文王,惠文王之父为武灵王。
[18] 赵之为赵:前"赵"指赵氏,周穆王赐造父以赵城,始有赵氏;后"赵"指赵国。公元前376年,魏、韩、赵三家灭晋分其地。赵国有今山西中部、陕西东北角、河北西南部等地。经赵武灵王至惠文王时,疆域又有所扩大。
[19] 微:非。

[20] 重器：指金玉珍宝。
[21] 山陵：喻帝王，此处指赵太后。崩：喻帝王死。
[22] 子义：赵国贤人。

【阅读提示】

《触龙说赵太后》这个故事大约发生在赵孝成王元年(公元前265年)，它说明了一个深刻的道理：国君和居高位的执政者应该让自己的子女去为国家建功立业，以取得人民的拥戴，决不能使子女安享由父母的权势而得到的尊位、财富和宝器。安富尊荣，坐享其成，不仅业无继者，就连已有的财富也将荡然无存。触龙用委婉曲折的方式劝说、启发赵太后：父母应为子女作长远打算，而不能只考虑他们眼前的安乐，不能让他们养尊处优、无功食禄。触龙的劝说最后终于打动了太后，欣然同意让长安君去齐国做人质，换来了齐国的救援。触龙抓住老年妇女溺爱幼子的心理特点，设身处地替她打算，将长安君的利益和赵国利益密切联系在一起，把利害关系说得具体生动，曲折委婉，层层深入，巧妙地达到了劝说的目的。

【例4-7】

郑伯克段于鄢[1]

《左传》①

初[2]，郑武公娶于申[3]，曰武姜[4]，生庄公及共叔段[5]。庄公寤生[6]，惊姜氏，故名曰寤生，遂恶[7]之。爱共叔段，欲立之，亟[8]请于武公，公弗许。

及庄公即位，为之请制[9]。公曰："制，岩邑[10]也，虢叔[11]死焉，佗邑唯命[12]。"请京[13]，使居之，谓之京城大叔。祭仲[14]曰："都城过百雉[15]，国之害也。先王之制，大都不过参[16]国之一；中，五之一；小，九之一。今京不度，非制也，君将不堪[17]。"公曰："姜氏欲之，焉辟[18]害？"对曰："姜氏何厌之有[19]？不如早为之所[20]，无使滋蔓。蔓，难图[21]也。蔓草犹不可除，况君之宠弟乎？"公曰："多行不义必自毙[22]，子姑待之。"

既而大叔命西鄙[23]、北鄙贰于己。公子吕[24]曰："国不堪贰，君将若之何[25]？欲与大叔，臣请事之。若弗与，则请除之，无生民心。"公曰："无庸[26]，将自及。"大叔又收贰为己邑，至于廪延[27]。子封曰："可矣。厚将得众。"公曰："不义不暱[28]，厚将崩。"

大叔完聚[29]，缮甲兵[30]，具卒乘[31]，将袭郑。夫人将启之[32]。公闻其期，曰："可矣！"命子封帅[33]车二百乘以伐京。京叛大叔段。段入于鄢。公伐诸鄢[34]。五月辛丑[35]，大叔出奔共。

遂置姜氏于城颍[36]，而誓之曰："不及黄泉[37]，无相见也。"既而悔之。颍考叔为颍谷封人[38]，闻之，有献于公。公赐之食，食舍[39]肉。公问之，对曰："小人有母，皆尝小人之食矣，未尝君之羹[40]，请以遗之。"公曰："尔有母遗[41]，繄[42]我独无？"颍考叔曰："敢问何谓也？"公语之故，且告之悔。对曰："君何患焉？若阙[43]地及泉，隧[44]而相见，其谁曰不然？"公从之。公入而赋[45]："大隧之中，其乐也融融[46]！"姜出而赋："大隧之外，其乐也泄泄[47]！"遂为母子如初。

君子[48]曰："颍考叔，纯孝也。爱其母，施[49]及庄公。《诗》曰：'孝子不匮，永锡尔类[50]。'其是之谓乎？"

---

① 《左传》是《春秋左氏传》《左氏春秋》。司马迁和班固均认为是春秋末年鲁国人左丘明所作，其用意是解释阐明孔子的《春秋》。《左传》与《春秋公羊传》《春秋穀梁传》合称"春秋三传"，列于儒家经典之中。《左传》是我国第一部完备的编年体史书，它记叙了自鲁隐公元年(公元前722年)至鲁悼公十四年(公元前453年)，约270年间的重大历史事件，将周王室、鲁国和各诸侯国在政治、军事、外交、文化诸方面活动及各种人物的言论，具体而生动地展现出来。

【注释】

[1]《左传》本无篇目,篇目是后加的。

[2] 初:当初,从前。故事开头时用语。

[3] 郑武公:春秋时诸侯国郑国(在今河南新郑)国君,姓姬,名掘突,武为谥号。申:诸侯国名,在今河南南阳,姜姓。

[4] 武姜:郑武公妻姜氏。后人追称其为武姜。

[5] 庄公:即郑庄公。共(gōng)叔段:共是国名,叔为兄弟排行居后,段是名。

[6] 寤(wù)生:逆生,倒生,即难产。

[7] 恶(wù):不喜欢。

[8] 亟(qì):屡次。

[9] 制:郑国邑名,在今河南荥阳县虎牢关。

[10] 岩邑:险要地城邑。

[11] 虢(guó)叔:东虢国国君。

[12] 唯命:"唯命是从"的省略。

[13] 京:郑国邑名,在今河南荥阳县东南。

[14] 祭(zhài)仲:郑国大夫,字足。

[15] 雉:古时建筑计量单位,长三丈,高一丈。

[16] 参:同"三"。国:国都。

[17] 堪:经受得起。

[18] 辟:同"避"。

[19] 何厌之有:有何厌。厌:满足。

[20] 所:安置,处理。

[21] 图:治。

[22] 毙:灭亡。

[23] 鄙:边邑。贰于己:同时属于庄公和自己。

[24] 公子吕:郑国大夫,字子封。

[25] 若之何:对他怎么办。

[26] 庸:同"用"。

[27] 廪(lǐn)延:郑国邑名,在今河南延津北。

[28] 暱(nì):亲近。

[29] 完:修缮。聚:聚集。

[30] 缮:修整。甲:铠甲。兵:武器。

[31] 具:备齐。卒:步兵。乘(shèng):兵车。

[32] 夫人:指武姜。启之:为他打开城门。

[33] 帅:率领。乘:一车四马为一乘。车一乘配甲士三人,步卒七十二人。

[34] 鄢:郑国邑名,在陵境内。

[35] 五月辛丑:五月二十三日,古人记日用天干和地支搭配。

[36] 城颍,地名,在现在河南省境内。

[37] 黄泉:黄土下的泉水。这里指墓穴。

[38] 颍考叔:郑国大夫。颍谷:郑国邑名,在今河南登封西南。封人:管理边界的官。

[39] 舍肉:把肉放在旁边不吃。

[40] 羹：调和五味做成的带汁的肉。
[41] 遗（wèi）：赠送。
[42] 繄（yī）：语气助词。没有实义。
[43] 阙：同"掘"，挖。
[44] 隧：地道。这里的意思是挖隧道。
[45] 赋：指作诗。
[46] 融融：快乐自得的样子。
[47] 泄泄（yì）：快乐舒畅的样子。
[48] 君子：作者自托。《左传》作者常用这种方式发表评论。
[49] 施（yì）：延及，扩展。
[50] 这两句诗出自《诗·大雅·既醉》。匮：穷尽。锡：同"赐"，给予。

【阅读提示】

《郑伯克段于鄢》记叙了郑庄公同其胞弟共叔段之间为了夺国君权位而进行的一场你死我活的斗争。春秋时期，周王室逐渐衰微，各诸侯国之间开始了互相兼并的战争，各国内部统治者之间争夺权势的斗争不断加剧。为了争夺王位，骨肉至亲成为殊死仇敌。本文反映了这一社会现实。

强化训练

1. 冯谖在求职过程中遭遇了什么挫折？他是如何处理的？

2. 请归纳作为领导者的孟尝君和作为下属的冯谖职场成功的秘诀分别是什么？并结合文章，说说具体是如何体现的？

3. 触龙在说话中是如何紧紧把握住交际目的、交际对象、语言背景、话语场景四个制约话语交际的最主要因素？请你谈谈触龙的说话艺术？

4. 结合颖考叔与庄公对话细节，请你谈谈职场处事原则是什么？说话艺术是什么？

5. 根据《郑伯克段于鄢》的写作特色，请你谈谈它对职场写作有什么启示？

项目3　从文化经典中感悟匠人情怀

人间烟火，吃穿住用。对当代大学生来说，面对满足人类基本欲望的日常事项，不能仅仅满足于口腹之欲、好看体面、漂亮耐用等，要品出文化的韵味。因此，本项目特别精选了四篇体现吃、穿、住、用文化韵味的美文，以提升职业院校实用技能专业学生的文化涵养，全面认识传统文化的魅力，开拓视野，为专业的长远发展奠定坚实的基础。

【例4-8】　吃出文化——色香味全。

四方食事

汪曾祺[①]

口　味

"口之于味，有同嗜焉。"好吃的东西大家都爱吃。宴会上有烹大虾（得是极新鲜的），大都剩不下。但是也不尽然。羊肉是很好吃的。"羊大为美"。中国人吃羊肉的历史大概和这个民族的历史同样久远。中国羊肉的吃法很多，不能列举。我以为最好吃的是手把羊肉。维吾尔、哈萨克都有手把羊肉，但似以内蒙为最好。内蒙很多盟旗都说他们那里的羊肉不膻，因为羊吃了草原上的野葱，生前已经自己把膻味解了。我以为不膻固好，膻亦无妨。我曾在达茂旗吃过"羊贝子"，即白煮全羊。整只羊放在锅里只煮四十五分钟（为了照顾远来的汉人客人，多煮了十五分钟，他们自己吃，只煮半小时），各人用刀割取自己中意的部位，蘸一点作料（原来只备一碗盐水，近年有了较多的作料）吃。羊肉带生，一刀切下去，会汪出一点血，但是鲜嫩无比。内蒙人说，羊肉越煮越老，半熟的，才易消化，也能多吃。我几次到内蒙，吃羊肉吃得非常过瘾。同行有一位女同志，不但不吃，连闻都不能闻。一走进食堂，闻到羊肉气味就想吐。她只好每顿用开水泡饭，吃咸菜，真是苦煞。全国不吃羊肉的人，不在少数。

"鱼羊为鲜"，有一位老同志是获鹿县人，是回民，他倒是吃羊肉的，但是一生不解何所谓鲜。他的爱人是南京人，动辄说"这个菜很鲜"，他说："什么叫'鲜'？我只知道什么东西吃着'香'。"要解释什么是"鲜"，是困难的。我的家乡以为最能代表鲜味的是虾子。虾子冬笋、虾子豆腐羹，都很鲜。虾子放得太多，就会"鲜得连眉毛都掉了"的。我有个小孙女，很爱吃我配料煮的龙须挂面。有一次我放了虾子，她尝了一口，说"有股什么味"，不吃。

中国不少省份的人都爱吃辣椒。云、贵、川、黔、湘、赣。延边朝鲜族也极能吃辣。人说吃辣椒爱上火。井冈山人说："辣子有补（没有营养），两头受苦。"我认识一个演员，他一天不吃辣椒，就会便秘！我认识一个干部，他每天在机关吃午饭，什么菜也不吃，只带了一小饭盒油炸辣椒来，吃辣椒下饭。顿顿如此。此人真是个吃辣椒专家，全国各地的辣椒，都设法弄了来吃。据他的品评，认为土家族的最好。有一次他带了一饭盒来，让我尝尝，真是又辣又香。然而有人是不吃辣的。我曾随剧团到重庆体验生活。四川无菜不辣，有人实在受不了。有一个演员带了几个年轻的女演员去吃汤圆，一个唱老旦的演员进门就嚷嚷："不要辣椒！"卖汤圆的白了她一眼："汤圆没有放辣椒的！"

[①] 汪曾祺（1920—1997），江苏高邮人，中国当代小说家、散文家、戏剧家，京派作家的代表人物。其代表作品有《受戒》《晚饭花集》《逝水》《晚翠文谈》等，被誉为"抒情的人道主义者，中国最后一个纯粹的文人，中国最后一个士大夫。"

北方人爱吃生葱生蒜。山东人特爱吃葱,吃煎饼、锅盔,没有葱是不行的。有一个笑话:婆媳吵嘴,儿媳妇跳了井。儿子回来,婆婆说:"可了不得啦,你媳妇跳井啦!"儿子说:"不咋!"拿了一根葱在井口逛了一下,媳妇就上来了。山东大葱的确很好吃,葱白长至半尺,是甜的。江浙人不吃生葱蒜,做鱼肉时放葱,谓之"香葱",实即北方的小葱。几根小葱,挽成一个疙瘩,叫作"葱结"。他们把大葱叫作"胡葱",即做菜时也不大用。有一个著名女演员,不吃葱,她和大家一同去体验生活,菜都得给她单做。"文化大革命"斗她的时候,这成了一条罪状。北方人吃炸酱面,必须有几瓣蒜。在长影拍片时,有一天我起晚了,早饭已经开过,我到厨房里和几位炊事员一块吃。那天吃的是炸油饼,他们吃油饼就蒜。我说,"吃油饼哪有就蒜的!"一个河南籍的炊事员说:"嘿!你试试!"果然,"另一个味儿"。我前几年回家乡,接连吃了几天鸡鸭鱼虾,吃腻了,我跟家里人说:"给我下一碗阳春面,弄一碟葱、两头蒜来。"家里人看我生吃葱蒜,大为惊骇。

有些东西,本来不吃,吃吃也就习惯了。我曾经夸口,说我什么都吃,为此挨了两次捉弄。一次在家乡。我原来不吃芫荽(香菜),以为有臭虫味。一次,我家所开的中药铺请我去吃面,——那天是药王生日,铺中管事弄了一大碗凉拌芫荽,说:"你不是什么都吃吗?"我一咬牙吃了。从此,我就吃芫荽了。后来北地,每吃涮羊肉,调料里总要撒上大量芫荽。一次在昆明。苦瓜,我原来也是不吃的,——没吃过。我们家乡有苦瓜,叫作癞葡萄,是放在瓷盘里看着玩,不吃的。有一位诗人请我下小馆子,他要了三个菜:凉拌苦瓜、炒苦瓜、苦瓜汤。他说:"你不是什么都吃吗?"从此,我就吃苦瓜了。北京人原来是不吃苦瓜的,近年也学会吃了。不过他们用凉水连"拔"三次,基本上不苦了,那还有什么意思!

有些东西,自己尽可不吃,但不要反对旁人吃。不要以为自己不吃的东西,谁吃,就是岂有此理。比如广东人吃蛇,吃龙虱;傣族人爱吃苦肠,即牛肠里没有完全消化的粪汁,蘸肉吃。这在广东人、傣族人,是没有什么奇怪的。他们爱吃,你管得着吗?不过有些东西,我也以为不吃为宜,比如炒肉芽——腐肉所生之蛆。

总之,一个人的口味要宽一点、杂一点,"南甜北咸东辣西酸",都去尝尝。对食物如此,对文化也应该这样。

切 脍

《论语·乡党》:"食不厌精,脍不厌细。"中国的切脍不知始于何时。孔子以"食""脍"对举,可见当时是相当普遍的。北魏贾思勰《齐民要术》提到切脍。唐人特重切脍,杜甫诗累见。宋代切脍之风亦盛。《东京梦华录·三月一日开金明池琼林苑》:"多垂钓之士,必于池苑所买牌子,方许捕鱼。游人得鱼,倍其价买之。临水斫脍,以荐芳樽,乃一时佳味也。"元代,关汉卿曾写过"望江楼中秋切脍"。明代切脍,也还是有的,但《金瓶梅》中未提及,很奇怪。《红楼梦》也没有提到。到了近代,很多人对切脍是怎么回事,都茫然了。

脍是什么?杜诗邵注:"鲙,即今之鱼生、肉生。"更多指鱼生,脍的繁体字是"鱠",可知。

杜甫《阌乡姜七少府设脍戏赠长歌》对切脍有较详细的描写。脍要切得极细,"脍不厌细",杜诗亦云"无声细下飞碎雪"。脍是切片还是切丝呢?段成式《酉阳杂俎·物革》云:"进士段硕常识南孝廉者,善斫脍,谷薄丝缕,轻可吹起。"看起来是片和丝都有的。切脍的鱼不能洗。杜诗云"落砧何曾白纸湿",邵注:"凡作鲙,以灰去血水,用纸以隔之",大概是隔着一层纸用灰吸去鱼的血水。《齐民要术》:"切鲙不得洗,洗则鲙湿。"加什么佐料?一般是加葱的,杜诗:"有骨已剁觜春葱。"《内则》:"鲙,春用葱,夏用芥。"葱是葱花,不会是葱段。至于下不下盐或酱油,乃至酒、酢,则无从臆测,想来总得有点咸味,不会是淡吃。

切脍今无实物可验。杭州楼外楼解放前有名菜醋鱼带把。所谓"带把",即将活草鱼的脊背上的肉剔下,切成极薄的片,浇好酱油,生吃。我以为这很近乎切脍。我在一九四七年春天曾吃过,极鲜美。这道菜听说现在已经没有了,不知是因为有碍卫生,还是厨师无此手艺了。

日本鱼生我未吃过。北京西四牌楼的朝鲜冷面馆卖过鱼生、肉生。北京乃切成一寸见方、厚约二分的鱼片,蘸极辣的作料吃。这与"谷薄丝缕"的切脍似不是一回事。

与切脍有关联的,是"生吃螃蟹活吃虾"。生螃蟹我未吃过,想来一定非常好吃。活虾我可吃得多了。前几年回乡,家乡人知道我爱吃"呛虾",于是餐餐有呛虾。我们家乡的呛虾是用酒把白虾(青虾不宜生吃)"醉"死了的。解放前杭州楼外楼呛虾,是酒醉而不待其死,活虾盛于大盘中,上覆大碗,上桌揭碗,虾蹦得满桌,客人捉而食之。用广东话说,这才真是"生猛"。听说楼外楼现在也不卖呛虾了,惜哉!

下生蟹活虾一等的,是将虾蟹之属稍加腌制。宁波的梭子蟹是用盐腌过的,醉蟹、醉泥螺、醉蚶子、醉蛏鼻,都是用高粱酒"醉"过的。但这些都还是生的。因此,都很好吃。

我以为醉蟹是天下第一美味。家乡人贻我醉蟹一小坛。有天津客人来,特地为他剥了几只。他吃了一小块,问:"是生的?"就不敢再吃。

"生的",为什么就不敢吃呢?法国人、俄罗斯人,吃牡蛎,都是生吃。我在纽约南海岸吃过鲜蚌,那绝对是生的,刚打上来的,而且什么作料都不搁,经我要求,服务员才给了一点胡椒粉。好吃么?好吃极了!

为什么"切脍"生鱼活虾好吃?曰:存其本味。

我以为"切脍"之风,可以恢复。如果觉得这不卫生,可以仿照纽约南海岸的办法:用"远红外"或什么东西处理一下,这样既不失本味,又无致病之虞。如果这样还觉得"硌应",吞不下,吞下要反出来,那完全是观念上的问题。当然,我也不主张普遍推广,可以满足少数老饕的欲望,"内部发行"。

河　豚

阅报,江阴有人食河豚中毒,经解救,幸得不死。杨花扑面,节近清明,这使我想起,正是吃河豚的时候了。苏东坡诗:

竹外桃花三两枝,春江水暖鸭先知。蒌蒿满地芦芽短,正是河豚欲上时。

梅圣俞诗:河豚当此时,贵不数鱼虾。

宋朝人是很爱吃河豚的,没有真河豚,就用了不知什么东西作出河豚的样子和味道,谓之"假河豚",聊以过瘾,《东京梦华录》等书都有记载。

江阴当长江入海处不远,产河豚最多,也最好。每年春天,鱼市上有很多河豚卖。河豚的脾气很大,用小木棍捅捅它,它就把肚子鼓起来,再捅,再鼓,终至成了一个圆球。江阴河豚品种极多。我所就读的南菁中学的生物实验室里搜集了各种河豚,浸在装了福尔马林的玻璃器内。有的很大,有的小如金钱龟。颜色也各异,有带青绿色的,有白的,还有紫红的。这样齐全的河豚标本,大概只有江阴的中学才能搜集得到。

河豚有剧毒。我在读高中一年级时,江阴乡下出了一件命案,"谋杀亲夫"。"奸夫"、"淫妇"在游街示众后,同时枪决。毒死亲丈夫的东西,即是一条煮熟的河豚。因为是"花案",那天街的两旁有很多人鹄立伫观。但是实在没有什么好看,奸夫淫妇都蠢而且丑,奸夫还是个黑脸的麻子。这样的命案,也只能出在江阴。

但是河豚很好吃,江南谚云:"拼死吃河豚",豁出命去,也要吃,可见其味美。据说整治得法,是不会中毒的。我的几个同学都曾约定请我上家里吃一次河豚,说是"保证不会出问题"。江阴正街上有一饭馆,是卖河豚的。这家饭馆有一块祖传的木板,刷印保单,内容是如果在他家铺里吃河豚中毒致死,主人可以偿命。

河豚之毒在肝脏、生殖腺和血,这些可以小心地去掉。这种办法有例可援,即"洁本《金瓶梅》"是。

我在江阴读书两年,竟未吃过河豚,至今引为憾事。

野 菜

春天了,是挖野菜的时候了。踏青挑菜,是很好的风俗。人在屋里闷了一冬天,尤其是妇女,到野地里活动活动,呼吸一点新鲜空气,看看新鲜的绿色,身心一快。

南方的野菜,有枸杞、荠菜、马兰头……北方野菜则主要的是苣荬菜。枸杞、荠菜、马兰头用开水焯过,加酱油、醋、香油凉拌。苣荬菜则是洗净,去根,蘸甜面酱生吃。或曰吃野菜可以"清火",有一定道理。野菜多半带一点苦味,凡苦味菜,皆可清火。但是更重要的是吃个新鲜。有诗人说:"这是吃春天",这话说得有点做作,但也还说得过去。

敦煌变文、《云谣集杂曲子》、打枣杆、挂枝儿、吴歌,乃至《白雪遗音》等等,是野菜。因为它新鲜。

(资料来源:汪曾祺.汪曾祺全集[M].北京:北京师范大学出版社,1998。有删减。)

【阅读提示】

汪曾祺先生作为文化大家,能把吃喝这种源于人类本能的行为写得酣畅淋漓又妙趣横生,值得我们大学生尤其是食品烹饪、文化创意类的专业学生来学习效仿。汪先生笔下的吃,立足于吃作为人类"食色性也"这一本能基础的行为,却又超越了口腹之欲,上升到文化层面,皆因作者学识渊博又走南闯北,并且观察细腻、思考深刻,且具备开放坦诚的胸怀。一般人的胃口饮食习惯在青少年时基本定型,家乡、母亲的菜肴做法培养了人们的味蕾,很难再适应外界变化。汪先生却身体力行,大胆尝试不同吃法,如生吃葱蒜、尝试芫荽(香菜)等,为其"吃文化"的诸多经典作品奠定了坚实的体验基础。且在写作过程中,他旁征博引,古今中外经典吃法信手拈来,既底蕴深厚又深入浅出,避免了深奥晦涩,令人击节叹赏。我们今天进行实用技能演练、文化创新开发,都需要这种厚积薄发的底蕴和开放大度的胸怀。从课堂技能入手,由身边衣食用诸项事情进而上升到文化思索层面进行资料搜集查阅,身怀绝技方能举重若轻,无往不胜。

【例4-9】 穿着文化——华彩霓裳。

更衣记

张爱玲[①]

如果当初世代相传的衣服没有大批卖给收旧货的,一年一度六月里晒衣裳,该是一件辉

[①] 张爱玲(1920—1995),现代女作家。原名张煐,出生于上海。其著有小说《倾城之恋》《金锁记》《半生缘》《红玫瑰与白玫瑰》等,红学著作《红楼梦魇》,电影剧本《太太万岁》《不了情》等。

煌热闹的事罢。你在竹竿与竹竿之间走过,两边拦着绫罗绸缎的墙——那是埋在地底下的古代宫室里发掘出来的甬道。你把额角贴在织金的花绣上。太阳在这边的时候,将金线晒得滚烫,然而现在已经冷了。

从前的人吃力地过了一辈子,所作所为,渐渐蒙上了灰尘;子孙晾衣裳的时候又把灰尘给抖了下来,在黄色的太阳里飞舞着。回忆这东西若是有气味的话,那就是樟脑的香,甜而稳妥,像记得分明的快乐,甜而怅惘,像忘却了的忧愁。

我们不大能够想象过去的世界,这么迂缓,安静,齐整——在满清三百年的统治下,女人竟没有什么时装可言!一代又一代的人穿着同样的衣服而不觉得厌烦。开国的时候,因为"男降女不降"[1],女子的服装还保留着显著的明代遗风。从十七世纪中叶直到十九世纪末,流行着极度宽大的衫裤,有一种四平八稳的沉着气象。领圈很低,有等于无。穿在外面的是"大袄"。在非正式的场合,宽了衣,便露出"中袄"。"中袄"里面有紧窄合身的"小袄",上床也不脱去,多半是妖媚的桃红或水红。三件袄子之上又加着"云肩背心",黑缎宽镶,盘着大云头。

削肩,细腰,平胸,薄而小的标准美女在这一层层衣衫的重压下失踪了。她的本身是不存在的,不过是一个衣架子罢了。中国人不赞成太触目的女人。历史上记载的耸人听闻的美德——譬如说,一只胳膊被陌生男子拉了一把,便将它砍掉——虽然博得普遍的赞叹,知识阶级对之总隐隐地觉得有点遗憾,因为一个女人不该吸引过度的注意;任是铁铮铮的名字,挂在千万人的嘴唇上,也在呼吸的水蒸气里生了锈。女人要想出众一点,连这样堂而皇之的途径都有人反对,何况奇装异服,自然那更是伤风败俗了。

出门时裤子上罩的裙子,其规律化更为彻底。通常都是黑色,逢着喜庆年节,太太穿红的,姨太太穿粉红。寡妇系黑裙,可是丈夫过世多年之后,如有公婆在堂,她可以穿湖色或雪青。裙上的细褶是女人的仪态最严格的试验。家教好的姑娘,莲步姗姗,百褶裙虽不至于纹丝不动,也只限于最轻微的摇颤。不惯穿裙的小家碧玉走起路来便予人以惊风骇浪的印象。更为苛刻的是新娘的红裙,裙腰垂下一条条半寸来宽的飘带,带端系着铃。行动时只许有一点隐约的叮当,像远山上宝塔上的风铃。晚至一九二〇年左右,比较潇洒自由的宽褶裙入时了,这一类的裙子方才完全废除。

穿皮子,更是禁不起一些出入,便被目为暴发户。皮衣有一定的季节,分门别类,至为详尽。十月里若是冷得出奇,穿三层皮是可以的,至于穿什么皮,那却要顾到季节而不曾顾到天气了。初冬穿"小毛",如青种羊,紫羔,珠羔;然后穿"中毛",如银鼠,灰鼠,狐脊,狐腿,甘肩,倭刀;隆冬穿"大毛",——白狐,青狐,西狐,玄狐,紫貂。"有功名"的人方能穿貂。中下等阶级的人以前比现在富裕得多,大都有一件金银嵌或羊皮袍子。

姑娘们的"昭君套"[2]为阴森的冬月添上点色彩。根据历代的图画,昭君出塞所戴的风兜是爱斯基摩式的,简单大方,好莱坞明星仿制者颇多。中国十九世纪的"昭君套"却是颠狂冶艳的,——一顶瓜皮帽,帽沿围上一圈皮,帽顶缀着极大的红绒球,脑后垂着两根粉红缎带,带端缀着一对金印,动辄相击作声。

对于细节的过分的注意,为这一时期的服装的要点。现代西方的时装,不必要的点缀品未尝不花样多端,但是都有个目的——把眼睛的蓝色发扬光大起来,补助不发达的胸部,使人看上去高些或矮些,集中注意力在腰肢上,消灭臀部过度的曲线……古中国衣衫上的点缀品却是完全无意义的,若说它是纯粹装饰性质的罢,为什么连鞋底上也满布着繁缛的图案呢?鞋的本身就很少在人前漏脸的机会,别说鞋底了。高底的边缘也充塞着密密的花纹。

袄子有"三镶三滚","五镶五滚","七镶七滚"之别[3],镶滚之外,下摆与大襟上还闪烁着水银盘的梅花,菊花,袖上另钉着名唤"阑干"的丝质花边,宽约七寸,挖空镂出福寿字样。

这里聚集了无数小小的有趣之点,这样不停地另生枝节,放恣,不讲理,在不相干的事物上浪费了精力,正是中国闲阶级一贯的态度。惟有世上最清闲的国家里最闲的人,方才能够领略到这些细节的妙处。制造一百种相仿而不犯重的图案,固然需要艺术与时间;欣赏它,也同样地烦难。

古中国的时装设计家似乎不知道,一个女人到底不是大观园。太多的堆砌使兴趣不能集中。我们的时装的历史,一言以蔽之,就是这些点缀品的逐渐减去。

当然事情不是这么简单。还有腰身大小的交替盈蚀。第一个严重的变化发生在光绪三十二三年。铁路已经不这么稀罕了,火车开始在中国人的生活里占一重要位置。诸大商港的时新款式迅速地传入内地。衣裤渐渐缩小,"阑干"与阔滚条过了时,单剩下一条极窄的。扁的是"韭菜边",圆的是"灯果边",又称"线香滚"。在政治动乱与社会不靖的时期——譬如欧洲的文艺复兴时代——时髦的衣服永远是紧匝在身上,轻捷俐落,容许剧烈的活动,在十五世纪的意大利,因为衣裤过于紧小,肘弯膝盖,筋骨接榫[4]处非得开缝不可。中国衣服在革命酝酿期间差一点就胀裂开来了。"小皇帝"登基的时候,袄子套在人身上像刀鞘。中国女人的紧身背心的功用实在奇妙——衣服再紧些,衣服底下的肉体也还不是写实派的作风,看上去不大像个女人而像一缕诗魂。长袄的直线延至膝盖为止,下面虚飘飘垂下两条窄窄的裤管,似脚非脚的金莲抱歉地轻轻踏在地上。铅笔一般瘦的裤脚妙在给人一种伶仃无告的感觉。在中国诗里,"可怜"是"可爱"的代名词。男子向有保护异性的嗜好,而在青黄不接的过渡时代,颠连困苦的生活情形更激动了这种倾向。宽袍大袖的,端凝的妇女现在发现太福相了是不行的,做个薄命的人反倒于她们有利。

那又是一个各趋极端的时代。政治与家庭制度的缺点突然被揭穿。年轻的知识阶级仇视着传统的一切,甚至于中国的一切。保守性的方面也因为惊恐的缘故而增强了压力。神经质的论争无日不进行着,在家庭里,在报纸上,在娱乐场所。连涂脂抹粉的文明戏演员,姨太太们的理想恋人,也在戏台上向他的未婚妻借题发挥,讨论时事,声泪俱下。

一向心平气和的古国从来没有如此骚动过。在那歇斯底里的气氛里,"元宝领"这东西产生了——高得与鼻尖平行的硬领,像缅甸的一层层叠至尺来高的金属项圈一般,逼迫女人们伸长了脖子。这吓人的衣服与下面的一捻柳腰完全不相称,头重脚轻,无均衡的性质正象征了那个时代。民国初建立,有一时期似乎各方面都有浮面的清明气象。大家都认真相信卢骚的理想化的人权主义。学生们热诚拥护投票制度,非孝,自由恋爱。甚至于纯粹的精神恋爱也有人实验过,但似乎不会成功。

时装上也显出空前的天真,轻快,愉悦。"喇叭管袖子"飘飘欲仙,露出一大截玉腕。短袄腰部极为紧小。上层阶级的女人出门系裙,在家里只穿一条齐膝的短裤,丝袜也只到膝为止。裤与袜的交界处偶然也大胆地暴露了膝盖。存心不良的女人往往从袄底垂下挑拨性的长而宽的淡色丝质裤带,带端飘着排穗。

民国初年的时装,大部分的灵感是得自西方的。衣领减低了不算,甚至被蠲[5](juān)免了的时候也有,领口挖成圆形,方形,鸡心形,金刚钻形。白色丝质围巾四季都能用。白丝袜脚跟上的黑绣花,像虫的行列,蠕蠕爬到腿肚子上。交际花与妓女常常有戴平光眼镜以为美的。舶来品不分皂白地被接受,可见一斑。

军阀来来去去,马蹄后飞沙走石,跟着他们自己的官员,政府,法律,跌跌绊绊赶上去的时候,也同样地千变万化。短袄的下摆忽而圆,忽而尖,忽而六角形。女人的衣服往常是和珠宝一般,没有年纪的,随时可以变卖,然而在民国的当铺里不复受欢迎了,因为过了时就一文不值。

时装的日新月异并不一定表现活泼的精神与新颖的思想。恰巧相反,它可以代表呆滞;由于其他活动范围内的失败,所有的创造力都流入衣服的区域里去。在政治混乱期间,人们没有能力改良他们的生活情形。他们只能够创造他们贴身的环境——那就是衣服。我们各人住在各人的衣服里。

一九二一年,女人穿上了长袍。发源于满洲的旗装自从旗人入关之后一直与中土的服装并行着的,各不相犯,旗下的妇女嫌她们的旗袍缺乏女性美,也想改穿较妩媚的袄裤,然而皇帝下诏,严厉禁止了。五族共和之后,全国妇女突然一致采用旗袍,倒不是为了效忠于满清,提倡复辟运动,而是因为女子蓄意要模仿男子。在中国,自古以来女人的代名词是"三绺梳头,两截穿衣"。一截穿衣与两截穿衣是很细微的区别,似乎没有什么不公平之处,可是一九二〇年的女人很容易地就多了心。她们初受西方文化的熏陶,醉心于男女平权之说,可是四周的实际情形与理想相差太远了,羞愤之下,她们排斥女性化的一切,恨不得将女人的根性斩尽杀绝。因此初兴的旗袍是严冷方正的,具有清教徒的风格。

政治上,对内对外陆续发生的不幸事件使民众灰了心。青年人的理想总有支持不了的一天。时装开始紧缩。喇叭管袖子收小了。一九三〇年,袖长及肘,衣领又高了起来。往年的元宝领的优点在它的适宜的角度,斜斜地切过两腮,不是瓜子脸也变了瓜子脸,这一次的高领却是圆筒式的,紧抵着下颔,肌肉尚未松弛的姑娘们也生了双下巴。这种衣领根本不可恕。可是它象征了十年前那种理智化的淫逸的空气——直挺挺的衣领远远隔开了女神似的头与下面的丰柔肉身。这儿有讽刺,有绝望后的狂笑。

当时欧美流行着的双排钮扣的军人式的外套正和中国人凄厉的心情一拍即合。然而恪守中庸之道的中国女人在那雄赳赳的大衣底下穿着拂地的丝绒长袍,袍叉开到大腿上,露出同样质料的长裤子,裤脚上闪着银色花边。衣服的主人翁也是这样的奇异的配搭,表面上无不激烈地唱高调。骨子里还是唯物主义者。

近年来最重要的变化是衣袖的废除。(那似乎是极其艰难危险的工作,小心翼翼地,费了二十年的工夫方才完全剪去。)同时衣领矮了,袍身短了,装饰性质的镶滚也免了,改用盘花钮扣来代替,不久连钮扣也被捐弃了,改用撳(qìn)钮[6]。总之,这笔账完全是减法——所有的点缀品,无论有用没用,一概剔去。剩下的只有一件紧身背心,露出颈项、两臂与小腿。

现在要紧的是人,旗袍的作用不外乎烘云托月忠实地将人体轮廓曲曲勾出。革命前的装束却反之,人属次要,单只注意诗意的线条,于是女人的体格公式化,不脱衣服,不知道她与她有什么不同。

我们的时装不是一种有计划有组织的实业,不比在巴黎,几个规模宏大的时装公司如Lelong's Schiaparelli's,垄断一切,影响及整个白种人的世界。我们的裁缝却是没主张的。

公众的幻想往往不谋而合,产生一种不可思议的洪流。裁缝只有追随的份儿。因为这缘故,中国的时装更可以作民意的代表。

究竟谁是时装的首创者,很难证明,因为中国人素不尊重版权,而且作者也不甚介意,既然抄袭是最隆重的赞美。最近入时的半长不短的袖子,又称"四分之三袖",上海人便说是香港发起的,而香港人又说是上海传来的,互相推诿,不敢负责。一双袖子翩翩归来,预兆形式主义的复兴。最新的发展是向传统的一方面走,细节虽不能恢复,轮廓却可尽量引用,用得活泛,一样能够适应现代环境的需要。旗袍的大襟采取围裙式,就是个好例子,很有点"三日入厨下"的风情,耐人寻味。

男装的近代史较为平淡。只有一个极短的时期,民国四年至八九年,男人的衣服也讲究花哨,滚上多道的如意头,而且男女的衣料可以通用,然而生当其时的人都认为那是天下大乱的怪现状之一。目前中国人的西装,固然是谨严而黯淡,遵守西洋绅士的成规,即使中装也长年地在灰色、咖啡色、深青里面打滚,质地与图案也极单调。男子的生活比女子自由得多,然而单凭这一件不自由,我就不愿意做一个男子。

衣服似乎是不足挂齿的小事。刘备说过这样的话:"兄弟如手足,妻子如衣服。"可是如果女人能够做到"丈夫如衣服"的地步,就很不容易。有个西方作家(是萧伯纳么?)曾经抱怨过,多数女人选择丈夫远不及选择帽子一般的聚精会神,慎重考虑。再没有心肝的女子说起她"去年那件织锦缎夹袍"的时候,也是一往情深的。

直到十八世纪为止,中外的男子尚有穿红着绿的权利。男子服色的限制是现代文明的特征。不论这在心理上有没有不健康的影响,至少这是不必要的压抑。文明社会的集团生活里,必要的压抑有许多种,似乎小节上应当放纵些,作为补偿。有这么一种议论,说男性如果对于衣着感到兴趣些,也许他们会安分一点,不至于千方百计争取社会的注意与赞美,为了造就一己的声望,不惜祸国殃民。若说只消将男人打扮得花红柳绿的,天下就太平了,那当然是笑话。大红蟒衣里面戴着绣花肚兜的官员,照样会淆乱朝纲。但是预言家威尔斯的合理化的乌托邦里面的男女公民一律穿着最鲜艳的薄膜质的衣裤、斗篷,这倒也值得做我们参考的资料。

因为习惯上的关系,男子打扮得略略不中程式,的确看着不顺眼,中装加大衣,就是一个例子,不如另加上一件棉袍或皮袍来得妥当,便臃肿些也不妨。有一次我在电车上看见一个年轻人,也许是学生,也许是店伙,用米色绿方格的兔子呢制了太紧的袍,脚上穿着女式红绿条纹短袜,嘴里衔着别致的描花假象牙烟斗,烟斗里并没有烟。他吮了一会,拿下来把它一截截拆开了,又装上去,再送到嘴里吮,面上颇有得色。乍看觉得可笑,然而为什么不呢,如果他喜欢?

秋凉的薄暮,小菜场上收了摊子,满地的鱼腥和青白色的芦粟[7]的皮与渣。一个小孩骑了自行车冲过来,卖弄本领,大叫一声,放松了扶手,摇摆着,轻佻地掠过。在这一刹那,满街的人都充满了不可理喻的景仰之心。人生最可爱的当儿便在那一撒手吧?

(资料来源:张爱玲.张爱玲全集[M].北京:北京十月文艺出版社,2019。有删减。)

【注释】

[1] 男降女不降,清朝皇族入关后要求男子剃头梳辫子,服饰学满人,女子仍旧沿用原来的服饰发髻。

[2] 昭君套,古代妇人的头上饰物,用条状貂皮围于髻下额上,如帽套。相传其为昭君出塞时所戴,故

称昭君套。它是一种用动物皮毛做的女式帽子,但没有顶,要露出发髻,正确的名称应是帽套。它在明代称为卧兔儿。

[3] 镶滚,一种缝纫方法,裁缝把布条或带子镶围在衣服等的边缘。在衣服边缘加一道边,女服加宽边叫镶,加窄边叫滚。

[4] 接榫(sǔn),是指把榫头和榫眼接起来,就像长条板凳的板子和腿接口那样,也用以比喻前后衔接。

[5] 蠲(juān)免,除去;免除。

[6] 揿(qìn)钮,揿,按下,揿钮俗称摁(èn)扣,是以两个金属薄片作凹凸状嵌合的一种扣子。其可用细线钉藏在衣服内衬或夹层,做到基本隐形。

[7] 芦粟,高粱的一个变种,学名叫糖高粱,也称甜芦粟、芦穄、芦黍、芦稷、甜秫秸、甜秆、稻梢子、甜高粱和高粱甘蔗。芦粟的茎秆汁液甘甜,可食用。

【阅读提示】

1942年,张爱玲在英文杂志《20世纪》月刊上发表散文 *Chinese Life and Fashions*,后重新用中文写作《更衣记》,刊于1943年2月的《古今》杂志,1945年收入散文集《流言》中。文章结构鲜明,由晒衣服的场景引到服装的回忆。文章主体部分写女装,从清代写到了民国以来的演变,最后又补充了男装的近代史。从内容上看,作者要主要从三个层面透视服装的变迁:

(1) 服装——历史的幽灵:服装中体会到的历史感。

(2) 服装——社会文化的符号:服装所体现出的文化氛围和社会心理,细分为清代、清朝末年、民国初年、20世纪20年代、20世纪30年代、20世纪40年代六个时期,笔调细腻。

(3) 服装——女人生活的一面镜子:服装透露出封建男权社会下的女性的生存境遇与内心世界。

本文语言华美,构思新奇独到:作者对近代服装变迁史的叙述和分析,显示出厚重的历史感和深厚的文化意蕴。古典的民族文化精神和西方现代意识的渗透,使文章具备了双重美学品格。文章艺术感觉敏锐,且想象力丰富,比喻精妙独特。

【例4-10】 居住文化——诗意栖居。

中国园林建筑艺术所表现的美学思想

宗白华[①]

一、飞动之美

前面讲《考工记》的时候,已经讲到古代工匠喜欢把生气勃勃的动物形象用到艺术上去。这比起希腊来,就很不同。希腊建筑上的雕刻,多半用植物叶子构成花纹图案。中国古代雕刻却用龙、虎、鸟、蛇这一类生动的动物形象,至于植物花纹,要到唐代以后才逐渐兴盛起来。

在汉代,不但舞蹈、杂技等艺术十分发达,就是绘画、雕刻,也无一不呈现一种飞舞的状态。图案画常常用云彩、雷纹和翻腾的龙构成,雕刻也常常是雄壮的动物,还要加上两个能飞的翅膀。充分反映了汉民族在当时的前进的活力。

这种飞动之美,也成为中国古代建筑艺术的一个重要特点。

《文选》中有一些描写当时建筑的文章,描写当时城市宫殿建筑的华丽,看来似乎只是夸

[①] 宗白华(1897—1986),江苏常熟人。著名哲学家、美学大师、诗人,南京大学哲学系代表人物。

张,只是幻想。其实不然。我们现在从地下坟墓中发掘出来实物材料,那些颜色华美的古代建筑的点缀品,说明《文选》中的那些描写,是有现实根据的,离开现实并不是那么远的。

现在我们看《文选》中一篇王文考作的《鲁灵光殿赋》。这篇赋告诉我们,这座宫殿内部的装饰,不但有碧绿的莲蓬和水草等装饰,尤其有许多飞动的动物形象:有飞腾的龙,有愤怒的奔兽,有红颜色的鸟雀,有张着翅膀的凤凰,有转来转去的蛇,有伸着颈子的白鹿,有伏在那里的小兔子,有抓着橡[1]在互相追逐的猿猴,还有一个黑颜色的熊,背着一个东西,蹲在那里,吐着舌头。不但有动物,还有人:一群胡人,带着愁苦的样子,眼神憔悴,面对面跪在屋架的某一个危险的地方。上面则有神仙、玉女,"忽瞟眇以响象,若鬼神之仿佛"[2]。在作了这样的描写之后,作者总结道:"图画天地,品类群生,杂物奇怪,山神海灵,写载其状,托之丹青,千变万化,事各胶形,随色象类,曲得其情。"[3]这简直可以说是谢赫六法[4]的先声了。

不但建筑内部的装饰,就是整个建筑形象,也着重表现一种动态,中国建筑特有的"飞檐",就是起这种作用。根据《诗经》的记载,周宣王的建筑已经像一只野鸡伸翅在飞(《斯干》)[5],可见中国的建筑很早就趋向于飞动之美了。

二、空间的美感之一

建筑和园林的艺术处理,是处理空间的艺术。老子就曾说:"凿户牖以为室,当其无,有室之用。"[6]室之用是由于室中之空间。而"无"在老子又即是"道",即是生命的节奏。

中国的园林是很发达的。北京故宫三大殿的旁边,就有三海,郊外还有圆明园、颐和园等等,这是皇帝的园林。民间的老式房子,也总有天井、院子,这也可以算作一种小小的园林。例如,郑板桥这样描写一个院落:

"十笏茅斋[7],一方天井,修竹数竿,石笋数尺,其地无多,其费亦无多也。而风中雨中有声,日中月中有影,诗中酒中有情,闲中闷中有伴,非唯我爱竹石,即竹石亦爱我也。彼千金万金造园亭,或游宦四方[8],终其身不能归享。而吾辈欲游名山大川,又一时不得即往[9],何如一室小景,有情有味,历久弥新乎?对此画,构此境,何难敛之则退藏于密,亦复放之可弥六合也。"[10](《板桥题画竹石》)

我们可以看到,这个小天井,给了郑板桥这位画家多少丰富的感受!空间随着心中意境可敛可放,是流动变化的,是虚灵的。

宋代的郭熙论山水画,说"山水有可行者,有可望者,有可游者,有可居者。"(《林泉高致》)可行、可望、可游、可居,这也是园林艺术的基本思想。园林中也有建筑,要能够居人,使人获得休息,但它不只是为了居人,它还必须可游,可行,可望。"望"最重要。一切美术都是"望",都是欣赏。不但"游"可以发生"望"的作用(颐和园的长廊不但领导我们"游",而且领导我们"望"),就是"住",也同样要"望"。窗子并不单为了透空气,也是为了能够望出去,望到一个新的境界,使我们获得美的感受。

窗子在园林建筑艺术中起着很重要的作用。有了窗子,内外就发生交流。窗外的竹子或青山,经过窗子的框框望去,就是一幅画。颐和园乐寿堂差不多四边都是窗子,周围粉墙列着许多小窗,面向湖景,每个窗子都等于一幅小画(李渔所谓"尺幅窗,无心画")。而且同一个窗子,从不同的角度看出去,景色都不相同。这样,画的境界就无限地增多了。

明代人有一小诗,可以帮助我们了解窗子的美感作用。

一琴几上闲[11],数竹窗外碧。

帘户寂无人，春风自吹入。

这个小房间和外部是隔离的，但经过窗子又和外边联系起来了。没有人出现，突出了这个小房间的空间美。这首诗好比是一张静物画，可以当作塞尚(Cyzanne)画的几个苹果的静物画来欣赏。

不但走廊、窗子，而且一切楼、台、亭、阁，都是为了"望"，都是为了得到和丰富对于空间的美的感受。

颐和园有个匾额，叫"山色湖光共一楼"。这是说，这个楼把一个大空间的景致都吸收进来了。左思《三都赋》："八极可围于寸眸，万物可齐于一朝。"[12]苏轼诗："赖有高楼能聚远，一时收拾与闲人。"就是这个意思。颐和园还有个亭子叫"画中游"。"画中游"，并不是说这亭子本身就是画，而是说，这亭子外面的大空间好像一幅大画，你进了这亭子，也就进入到这幅大画之中。所以明人计成在《园冶》中说："轩楹高爽，窗户邻虚，纳千顷之汪洋，收四时之烂漫。"[13]

这里表现着美感的民族特点。古希腊人对于庙宇四围的自然风景似乎还没有发现。他们多半把建筑本身孤立起来欣赏。古代中国人就不同。他们总要通过建筑物，通过门窗，接触外面的大自然（我们讲《离卦》的美学时曾经谈到过这一点）。"窗含西岭千秋雪，门泊东吴万里船"（杜甫）。诗人从一个小房间通到千秋之雪、万里之船，也就是从一门一窗体会到无限的空间、时间。这样的诗句多得很。像"凿翠开户牖"[14]（杜甫），"山川俯绣户，日月近雕梁"[15]（杜甫），"檐飞宛溪水，窗落敬亭云"[16]（李白），"山翠万重当槛出，水光千里抱城来"[17]（许浑），都是小中见大，从小空间进到大空间，丰富了美的感受。外国的教堂无论多么雄伟，也总是有局限的。但我们看天坛的那个祭天的台，这个台面对着的不是屋顶，而是一片虚空的天穹，也就是以整个宇宙作为自己的庙宇。这是和西方很不相同的。

三、空间的美感之二

为了丰富对于空间的美感，在园林建筑中就采用种种手法来布置空间，组织空间，创造空间，例如借景、分景、隔景，等等。其中，借景又有远借、邻借、仰借、俯借、镜借等。总之，为了丰富对景。（见计成《园冶》）

玉泉山的塔，好像是颐和园的一部分，这是"借景"。苏州留园的冠云楼可以远借虎丘山景，拙政园在靠墙处堆一假山，上建"两宜亭"，把隔墙的景色尽收眼底，突破围墙的局限，这也是"借景"。颐和园的长廊，把一片风景隔成两个，一边是近于自然的广大湖山，一边是近于人工的楼台亭阁，游人可以两边眺望，丰富了美的印象，这是"分景"。《红楼梦》小说里大观园运用园门、假山、墙垣(yuán)等等，造成园中的曲折多变，境界层层深入，像音乐中不同的音符一样，使游人产生不同的情调，这也是"分景"。颐和园中的谐趣园，自成院落，另辟一个空间，另是一种趣味。这种大园林中的小园林，叫作"隔景"。对着窗子挂一面大镜，把窗外大空间的景致照入镜中，成为一幅发光的"油画"。"隔窗云雾生衣上，卷幔山泉入镜中"（王维诗句）。"帆影都从窗隙过，溪光合向镜中看"（叶令仪诗句）。这就是所谓"镜借"了。"镜借"是凭镜借景，使景映镜中，化实为虚（苏州怡园的面壁亭处境偏仄，乃悬一大镜，把对面假山和螺髻亭收入境内，扩大了境界）。园中凿池映景，亦此意。

无论是借景、对景，还是隔景、分景，都是通过布置空间、组织空间、创造空间、扩大空间的种种手法，丰富美的感受，创造了艺术意境。中国园林艺术在这方面有特殊的表现，它是理解中华民族的美感特点的一项重要的领域。概括说来,当如沈复所说的:"大中见小,小中见大,虚中有实,实中有虚,或藏或露,或浅或深,不仅在周回曲折四字也。"(《浮生六记》)这也是中国一般艺术的特征。

(本文选自《美学散步》,上海人民出版社1981年版。有删减。)

【注释】

[1] 椽:chuán,放在檩上架着屋顶的木条。
[2] 忽瞟眇以响象,若鬼神之仿佛:迷离恍惚,就像真的一样。
[3] 图画天地,品类群生,杂物奇怪,山神海灵,写载其状,托之丹青,千变万化,事各胶形,随色象类,曲得其情:描绘天地和万物,动植物奇特怪异,山海像是有神灵居于其间。绘图绘色,都展现在画面中,千变万化,各不相同,抓住它们不同的特征去描摹它们的形貌,曲折尽意,都能准确描绘出它们的情态。
[4] 谢赫六法:南朝齐梁时期谢赫的著作《画品》中提出的赏析、掌握中国画的六个基本原则,分别是:气韵生动、骨法用笔、应物象形、随类赋彩、经营位置、传移摹写。
[5] 《斯干》:《诗经·小雅·斯干》有诗句"如鸟斯革,如翚斯飞"形容建筑的飞檐造型如大鸟振翅翱翔,色彩斑斓远看如锦鸡飞腾。
[6] 凿户牖以为室,当其无,有室之用:开凿门窗建造房屋,有了门窗四壁内的空虚部分,才有房屋居住的作用。
[7] 十笏茅斋:只有十个笏板大小(形容极小而精致)的茅草屋。
[8] 游宦四方:在全国各地做官、漂泊。
[9] 即往:马上前往。
[10] 何难敛之则退藏于密,亦复放之可弥六合也:收纳起来可以藏在隐密的方寸之间没什么难的,放开来又可以遍满天地四方。
[11] 一琴几上闲:一张琴闲放在案几上。
[12] 八极可围于寸眸,万物可齐于一朝:八方极远的地方都可以收于眼中,万物都可以完备地展现在一天之中。
[13] 轩楹高爽,窗户邻虚,纳千顷之汪洋,收四时之烂漫:房屋宽敞明亮,窗户与外界虚空相邻,可以将无边无际的汪洋和四季的美景都收入眼中。
[14] 凿翠开户牖:凿开翠岩作为窗户。
[15] 山川俯绣户,日月近雕梁:山河俯身映入华丽的门户,日月好像离雕饰精美的梁檩非常近。
[16] 檐飞宛溪水,窗落敬亭云:宛溪的水好像就从屋檐边流过,敬亭山上的云就落在窗边。
[17] 山翠万重当槛出,水光千里抱城来:山上万重翠色都奔涌到栏杆前,河流从千里之外而来,环绕着整个城市。

【阅读提示】

真善美是身为万物之灵的人类追求的永恒目标,其中,传统艺术所追求的美更是体现了终极的价值取向。中国传统文化包含诸多建筑技艺,它们大多超越了实用技术层面,力图达到人类"诗意的栖居"的文化审美层面,即艺术美这一高妙的层次。美学家宗白华先生学识深厚,高屋建瓴地把中国建筑中颇为独特的一个门类——园林建筑的哲学艺术美总结出来。这也给我们职业技术大学的学生以很好的启发,即我们要真正热爱自己学习的专业手艺,把这种技能的追求达到"道""艺"的境界,而不是仅追求单纯的"技"这种较低的层次,就像《庄子·庖丁解牛》中庖丁所言:"臣之所好者,道也,进乎技矣。"

【例 4-11】 文房日用——笔墨纸砚。

墨韵万变　纸寿千年：文房四宝里的历史流变

王　童

历代文人墨客对文房四宝多有赞叹，有的甚至爱之成癖，如米芾爱砚，甚至抱砚入眠；苏轼爱墨，藏墨、饮墨，留下"麻衣如再著，墨水真可饮"诗句；李煜爱纸，重金遍寻造澄心堂纸的高手；苏轼亦爱诸葛笔，得笔忘流放之苦。

文房四宝之名，起源于南北朝时期。历史上，"文房四宝"所指之物随历史发展而有所变化。在南唐时，"文房四宝"特指安徽宣城诸葛笔、安徽徽州李廷圭墨、安徽徽州澄心堂纸、安徽徽州婺源龙尾砚。自宋朝以来"文房四宝"则特指宣笔（安徽宣城所产的笔）、徽墨（安徽黄山市、宣城市所产的墨）、宣纸（安徽宣城泾县所产的纸）、歙砚（安徽徽州歙县所产的砚）、洮砚（甘肃卓尼县所产的砚）、端砚（广东肇庆古称端州所产的砚）。

走进安徽博物院常设展览"安徽文房四宝"，从笔、墨、纸、砚到文房雅器，浅窥时代演进与历史故事，领略古人的匠心独运与情思雅趣。

01　毫尖神韵，宣笔纵横

"治世之功，莫尚于笔。"（〔晋〕成公绥《弃故笔赋》）自古以来笔就是中国文化的重要象征，上自朝廷御批、金殿阅卷，下至书生写字、画匠描摹。笔，可序自然之情。中国历代文人通过毛笔挥洒奇思、宣泄情怀，为后人留下无尽的翰墨丹青。书圣王羲之行云流水写就"天下第一行书"《兰亭集序》，草圣怀素笔走龙蛇写下超妙入神的《苦笋帖》，颜真卿极度悲愤下创作出感人肺腑的《祭侄文稿》。

中国的书写用笔起源很早，相关考古证明早在夏商时期就已经有原始的笔。到春秋战国时期，各国都已经制作和使用书写用笔。那时笔的名称繁多，吴国叫"不律"，燕国叫"弗"，楚国叫"幸"，秦国叫"笔"。秦始皇一统天下后，开始统一命名为"笔"。

毛笔的使用可追溯到新石器时代，现今考古发现的最早的毛笔属于战国时期，出土于湖南省长沙市一座战国晚期的木椁墓中，由兔毛制成。从秦至晋，毛笔形制不断成熟，制作工艺日趋精致。

一管好笔的诞生，将引得举国关注，并有幸成为"贡笔"，特供至皇家御用。宣州盛产的笔，在唐代一举成为贡笔，并命名为"宣笔"，宣州也成为全国的制笔中心。唐代诗人耿湋（wéi）写有一首《咏宣州笔》诗："寒竹惭虚受，纤毫任几重；影端缘守直，心劲懒藏锋。落纸惊风起，摇空见露浓；丹青与文事，舍此复何从。"

北宋时期，宣笔制作名工辈出，守正创新。制笔名家诸葛高制作的三副笔、散卓笔等质量上乘，为世人倚重。到了南宋时期，因政治中心的南迁和长年征战使得宣笔式微，笔工流离失所，部分笔工依附徽州墨庄仍继续制笔、传承宣笔技艺。

安徽最出名的毛笔当属诸葛家族制作的笔，是安徽宣笔的代表品牌。明人娄坚《学古绪言》卷二十中写道："宋时笔工称宣城诸葛，然苏、黄之论似微不同。"诸葛笔早在唐代便已是声名显赫，在宋代更是独步海内，诗人梅尧臣、政治家欧阳修、文学家苏轼、文学家黄庭坚等文人名士都极度推崇诸葛笔。但苏轼与黄庭坚二人对诸葛笔的见解颇有分歧。

苏轼十分崇尚诸葛笔，认为诸葛笔仍能沿袭唐制，毫健心圆。他也常常赞叹诸葛笔制作的奇妙，并认为只有善书法者方能领悟到诸葛笔的奥妙之处。以至于当苏轼流放岭南后回都城，偶然在叔静(孙鼛，字叔静，钱塘人)家用到诸葛笔，喜不自胜，不仅称赞诸葛笔含蓄内敛，"乃尔蕴藉耶"，还认为这是流放归来的大喜事："今日于叔静家饮官法酒，烹团茶，烧衙香，用诸葛笔，皆北归喜事。"(《书赠孙叔静》)

相比于苏轼的极尽赞美，黄庭坚认为，如果用诸葛笔写小字，那确实十分精妙，但是，如果用来写大字，那就不尽如人意了。一句"试提笔去纸数寸书，诸葛笔败矣"，充分说明了，在黄庭坚心里，古法制作的诸葛笔，也不过尔尔。

苏轼与黄庭坚在诸葛笔上的不同见解，也是缘自执笔方式的迥异。黄庭坚在《跋东坡论笔》中说："东坡平生喜用宣城诸葛家笔，以为诸葛之下者，犹胜它处工者。平生书字，每得诸葛笔，则宛转可意……然东坡不善双钩悬腕，故书家亦不伏此论。"

执笔方式的不同不仅是因为各书法家的个人风格迥异，同时也与家具的演变相联系。唐代以前的坐具一般是低矮的席、榻，人们席地跪坐，执笔者与纸的距离较远，必须得悬腕、肘书写，以手指运动为主，这时期的笔杆细长，笔锋劲弹尖利。东晋时期大书法家王羲之擅长悬腕，据说唐代有人慕名求诸葛氏制作的笔，诸葛氏只得说："似此特常笔与之尔。前两枝(吴本'前'下有'之'字)非右军不能用也。"在五代时期，有人为了学晋二王(王羲之、王献之)楷法，为获得宣城诸葛笔一枝，酬以十金。

中唐开始，高型家具开始流行，垂足直立书写成为常态，书写姿势变为伏案而书。书写依靠手腕发力，肘腕倚于案，手指执笔，笔杆开始变短且加粗，笔锋加长。

宣笔有许多品种，或以用材，或以形制而名，诸如紫毫、散卓、鼠毫、鸡距等。鸡距笔因其笔头形状像鸡爪后突出的距而得名，唐代诗人白居易曾作《鸡距笔赋》称赞道："不名鸡距，无以表入木之功。"鸡距笔以兔毛为毫，采用缠纸法，用麻纸裹住柱根，笔锋短小犀利，笔毫回弹自然。宋代诗人黄庭坚写有《谢送宣城笔》，感叹鸡距笔难得，"一束喜从公处得，千金求买市中无"。

日本高僧空海随遣唐使来唐，两年后带走了一批唐朝的毛笔及制作技术。据空海献给日本皇帝的《狸毛笔表》称：狸毛笔四管……昨日进止，且教笔生坂井名清川造得奉进。空海于海西所听见如此，其中大小、长短、强柔、齐尖者，随字势粗细，总取舍而已。简毛之法，缠纸之要，深墨藏用，并家传授。讫空海自家试看新作者，不减唐家。

鸡距笔历史悠久，早在魏晋至隋唐时期，书法大家们多使用笔锋粗短而硬劲的毛笔，其中较著名的有鸡距笔。有专家分析，晋人王珣《伯远帖》可能是用鸡距笔写成的。书中折笔处往往提起再下的动作，很贴合鸡距笔的运笔特征。从隋智永的《真草千文》的墨迹分析，楷书部分有些捺画以及钩画顿笔处有贼毫冒出；草书部分墨少行笔时常常出现笔画开叉的现象，这些也是由于短锋缠纸硬毫形制特点所造成的。

到晚唐时期，书法大家柳公权点评鸡距笔："出锋太短，伤于劲硬。"一下点出了鸡距笔的缺点，书法大家们使用的毛笔开始慢慢由鸡距笔向散卓笔转变。据北宋文学家黄庭坚在《山谷笔说》中说："宣城诸葛高系散卓笔，大概笔长寸半，藏一寸于管中。"

02 落纸如漆，徽墨流芳

明朝科学家宋应星在《天工开物》里记载："凡墨烧烟凝质而为之。"墨是古人书写必不可少的用品，一般分为"松烟墨"和"油烟墨"两种。在中国书法中，墨与笔相得益彰，有言"墨法之少,全从笔出"。清代包世臣在《艺舟双楫》中也说:"书法字法,本寸笔,成于墨,则墨法尤书芝一大关键已。"在中国绘画中,根据墨与水的不同比例,衍生出"墨分五色",即焦、浓、重、淡、清。

书写用墨最早可追溯到新石器时代的天然墨,人工墨的出现不晚于秦代。到了唐末,制墨名家李超、李廷圭父子南迁至歙州(今安徽歙县)采松制墨,徽墨开始闻名四海。徽墨自五代发端,两宋崛起,至明清达到顶峰。徽墨色泽黑润,经久不褪,纸笔不胶,香味浓郁,有落纸如漆的美誉。

古人有云:"有佳墨者,犹如名将之有良马也。"古代使用的墨与现代的墨汁不一样,是需要加水研磨的墨锭。经过匠人们千杵万揉的捶打,良墨如漆,经久不衰。墨中至宝当属徽墨,谈起徽墨,一般认为其开创者、奠基人是五代十国时南唐制墨名家李廷圭。

李廷圭原籍河北易水(今河北保定),李廷圭的父亲李超是制墨名工,为了躲避唐末战乱,举家南迁至歙州(今安徽歙县)居住。因歙州多古松,李家重操旧业,以造墨为生。李廷圭制作的墨坚如玉,且有犀纹,丰肌腻理,光泽如漆,具有拈来轻、磨来清、嗅来馨、坚如玉、研无声、一点如漆、万载存真的特点。

李廷圭原姓"奚",因为他与其父亲李超制作的墨宝得到南唐后主李煜的赏识,召奚廷圭担任墨务官,并赐国姓"李"。宋宣和三年(1121年),改歙州为徽州,李氏制作的墨及其他各大家之墨,统一定称为徽墨。李廷圭墨与澄心堂纸、龙尾砚、诸葛笔并称文房四宝。宋宣和年间,曾出现过"黄金易得,李墨难求"的局面。

明清徽墨有三大流派,以地理位置划分,分别是歙县派、休宁派、婺源派,其中歙县派代表人物程君房、方于鲁二人为抢占市场,相互竞争,在良性竞争中推动徽墨品质的提升,促进了徽州制墨业的进一步发展。

方于鲁(生卒年不详),初名大滶,以字行,改字建元,原籍歙县(今安徽歙县),徙居新都(今属四川),明朝万历时墨工。初投谒于程君房门下,后自立门户。自创墨样,编撰《方氏墨谱》。程君房(生卒年不详),活跃于万历年间,名大约,字幼博,别字君房,号筱野,新安(今安徽新安县)人。精于制墨,其墨光洁细腻,款式花纹变化多端,深得文人士大夫喜爱,著有《程氏墨苑》。

徽州墨业历代不乏能工巧匠,在竞争中,墨品的设计充满着文趣,且根据不同客户群体,分为精品墨、贡墨、文人定制墨、礼品墨等,品类繁多。墨的形状也多变,其上雕刻精细、描金施彩,逐渐由实用文具演变为具有观赏和收藏价值的艺术品。

在明代中晚期,开始出现按一定主题设计制作的"集锦墨",其又名"遥函墨",它们的形状、名称、图案各具特色,有的如画卷,有的似古钱,有的像琴,有的类钟,有的做成亭台楼阁等。集锦墨主要分为两类,一是所有墨锭形状相同,图案纹饰不同;二是墨块形制,图案纹饰迥然不同。清代制墨名家胡天柱(1742—1808)创立"胡开文"墨业品牌,集各家之长,名品数不胜数,比如"黄山图""御园图"系列,都属于集锦墨。

03　光洁如玉,宣纸千秋

早在西汉时期,古人已经懂得了造纸的基本方法。东汉时,宦官蔡伦总结前人经验,改进造纸工艺,用树皮、麻头、破布、旧渔网等植物纤维为原料造纸。中国造纸经历千年,集大成者便是自唐代兴起的宣纸,产自安徽宣城郡(今安徽宣州泾县)。据载,唐天宝年间,在全国各地运到京城长安的进贡之物中,宣城郡船中有纸、笔等贡品。

唐代大臣、画家张彦远的《历代名画记》中写道:"好事家宜置宣纸百幅。"唐开元年间宣城郡造的纸因为品质出众而成为贡品,宣纸闻名天下。宋元时期,宣纸的制作技艺趋于成熟,漕溪汪氏和小岭曹氏已有技艺谱系传承。明代年间,宣纸原料配方趋于稳定,品种花色日愈增多。到了清代,编书修志之风盛行,再加上徽商繁盛,带动了宣纸的广泛传播,宣纸的制造业居于全国造纸业之首。

宣纸的生产地安徽泾县,地处中纬度南沿,四季分明,气候适宜,境内草本植物约计1 000种,独有的草本原料造就该地生产制作的纸的独特魅力,当宣纸与墨相遇,施之于笔墨,有着"墨韵万变"特点。宣纸有着一千多年的悠久历史,因其具备耐老化、不变色、少虫蛀、寿命长等特质,享有"纸寿千年"的美誉。

宣纸的特点是韧而能润、光而不滑。明清时期,宣纸已成为中国书画用纸的首选。清代中后期以后,除了常用的生、熟宣外,生宣成为各种高级加工纸的首选素材。经过浸染、涂刷、洒溅、砑花等多种工艺复合而成的加工宣纸,蜡笺光滑细腻,虎皮浑然天成,色宣鲜亮动人。

04　玉德金声,歙砚永泽

北宋官员苏易简的《文房四谱》有记载:"四宝砚为首,笔墨兼纸,皆可随时收索,可与终身俱者,惟砚而已。"砚的历史最早可以追溯到新石器时代,汉代以前称为"研"。砚的种类繁多,有石砚、泥砚、瓷器砚、铜砚、漆砂砚等。

安徽自古砚石品类丰富,有黄山歙砚、淮南紫金砚、宣城宣砚等,其中尤以歙砚最具盛名。歙砚又名龙尾砚,因产自安徽歙州而得名。歙砚石质细腻、发墨益毫、滑不拒墨、储水不涸,叩之似金属声,所以有"玉德金声"的美誉。

歙砚的起源至今仍有争议,一般认为其兴于唐宋。形状上以箕形为主,前高后低、前窄后宽,背部的尾端上有两个柱足,造型简单,实用性强。中唐以后,歙砚砚式逐渐丰富,砚石选用逐步规范。歙石石色青莹、坚润如玉;玉石的品类繁多、秀美异常。

南唐时期,专门设有砚务官督采歙砚事宜,歙砚成为贡品。南唐后主李煜更是将龙尾旧坑砚与李廷珪墨、澄心堂纸三者并称为"天下冠"。宋时,歙砚进入大发展阶段,砚石开采达到顶峰。抄手砚(砚底部镂空,手可以伸入,便于移动)代替箕形砚成为主要砚式,文人品砚、藏砚之风盛行,出现了研究歙砚的专著。

明代盛行玩砚之风,歙砚的艺术性逐渐超越实用性。歙砚砚雕技艺不断发展,题款刻铭逐渐成风。清代歙砚开采仍持续低迷,但雕刻技艺在这一时期发展至顶峰。歙砚雕刻受到徽州三雕(木雕、石雕、砖雕)影响,题材涉猎广泛、设计工艺精湛。清代歙砚抄手砚逐渐减少,平底和四边留沿、中间凹下为附池的样式成为主流,且在附池内提铭、雕刻书画图案成为风尚。

05　文房雅赏,沉淀性情

古人的书斋生活是文人的心灵存放处。早在汉代,文学家张衡就曾称赞自己的书房可"弹五弦之妙指,咏周孔之图书,挥翰墨以奋藻,陈三皇之轨模"。明代戏曲作家高濂(1573—1620)曾说过:"时乎坐陈钟鼎,几列琴书,拓帖松窗之下,图展兰室之中,帘栊香霭,栏槛花妍。虽咽水餐云,亦足以忘饥永日,冰玉吾斋,一洗人间氛垢矣。清心乐志,孰过于此?"

唐代诗人刘禹锡的"陋室"曾是无数名士的桃花源。文房(书房)虽方寸斗室,却别有洞天。文人们把玩、赏用清供陈设,沉淀性情,提升修养,感悟自然奥妙,领会人生精义。所谓文房清供,既是笔耕丹青的必备用具,也是文人雅士们燕闲生活的寄情雅玩,其指文房中的陈设品,主要包括各式家具、古琴、古碑法帖、字画、雕塑、玉器、青铜彝器、古器物或仿古器、奇石异木等诸多物件。所有器件都不外乎文、趣、雅、奇、妙,形制或大或小,精巧别致,清雅脱俗。

古代文人在书斋读书时,常有焚香静读的习性。焚香操古琴,焚香夜读书。高濂在《遵生八笺》中有言:"斋室中烧香,不可一日无者。"明崇祯岁贡生毛元淳《寻乐编》中也曾说道:"早晨焚香一炷,清烟飘翻,顿令尘心散去,灵心熏开,书斋中不可无此意味。"焚香的香料有讲究,承载香料的香具也别出心裁,是文房赏玩器物之一。

唐朝诗人李贺有诗言:"晓奁妆秀靥,夜帐减香筒。"香筒又称香笼,是直式线香的香具,也可以直接将特制的香料或是香花放入其中。香筒用料丰富,黄杨木最常见,也有用紫檀、竹子制作的。

除了焚香,书房里还萦绕自然花香、果香。香橼盘,盛放水果的小型果盘。一般放在书斋中,多放置香橼或佛手在其中。香味宜人,满室清芬。

在古代的文房书斋中,除笔、墨、纸、砚这四种主要文具外,还有一些与之配套的其他器具。明代文学家、戏曲家屠隆在《文具雅编》中记述了四十多种文房用品,通常较为常见的有笔筒、笔掭、笔洗、墨床、压尺、镇纸、臂搁等。

笔掭又称笔砚,书写绘画时用来蘸墨吮毫、调整笔锋,流行于明代,有瓷、玉、金属等品种,造型多为浅碟式。

文房清供于唐宋时期兴起,至明清时期达到顶峰,成为实用的艺术佳品。与现代的书房不同,古人的书房里放置着可供小憩的床。床的选材与设计都十分讲究。

罗汉床尺寸较小,仅可供一人日间起居或小憩,陈设于室内、室外皆可。

书房里的家具也是格外讲究,木材大多为黄花梨。黄花梨木色泽黄润、材质细密、纹理柔美、香气沁人而备受明清匠人宠爱。再加上明朝时期对外交流互通,相关记载表明,郑和下西洋带回来的木材是当时最大的一宗进口商品,其中优质硬木"花梨木"甚受欢迎。

(资料来源:王童.墨韵万变,纸寿千年:文房四宝里的历史流变[EB/OL].(2024-06-20)[2025-04-14]. https://finance.ifeng.com/c/8aYsbHjKeTW.)

【阅读提示】

中国传统日用品制作的技艺文化源远流长,文房四宝承担着传播文明的重任,其技艺尤为引人瞩目,以古徽州为中心的文房四宝技艺是其中最耀眼的明珠。本文简要介绍安徽博物院常设展览"安徽文房四宝",从笔、墨、纸、砚一直到文房清供雅器,从中可以体会到古代技艺的精髓:从物质层面的精美绝伦到精神信仰的高雅投射,领略到古人的匠心独运与情思雅趣。

强化训练

1. 阅读文化小说,如"糖醋现实主义"作家陆文夫的《美食家》等苏州韵味小说,冯骥才"津味小说"《神鞭》《三寸金莲》《阴阳八卦》《炮打双灯》等,请你体会地方文化对作家的影响,并分析比较其文化视角与教材所举例文的异同。

2. "画是无声曲,曲是有声画。"艺术原理是相通的。科学技术和艺术也不是壁垒森严的,很多科学家也是文艺爱好者,并且艺术爱好激发了科学研究的灵感。艺术美感的加强使很多专业技术具备高层次的特征,请结合专业特点谈谈你的体会,结合文化美文"灵感在身边,融会贯通,不拘一格"的文化思路,从日常生活细节中找到本专业在看似枯燥的专业知识之外的趣味性所在。

3. 请你根据本专业特点,为学校路边的自助奶茶店、周末的校园歌曲大赛、定期的公益义卖活动、热门步行街上的趣味小店等设计本专业特色符号、赋予专业美感。养老护理专业可从居住康养环境设计到设施用品的传统文化底蕴进行探寻(结合传统文化强调的仁爱之心,传统中医的食疗一体、心理养生等思维)。

课外实训 4.4

食品药品、烹饪专业

根据汪曾祺先生饮食文化美文提供的信息,设计一次中国传统菜系的地域特点的主题展览。思考食品烹饪专业如何做到古为今用(古代菜肴讲究色香味俱全,造型体现了传统文化之美等)。

服饰设计、视觉艺术设计专业

根据张爱玲《更衣记》,复原出从晚清到民国不同时期的女性服装图样,策划一次以旗袍的历史变迁为主题的服装展览、走秀等活动。

文创、建筑设计专业

参考宗白华先生的美文,去学校期刊阅览室或在中国知网上查询并阅读本专业的相关论文,或者向各专业课老师求教,寻找本专业技能中的传统文化美感因素,如建筑设计的民族风格(上海外滩建筑群中国银行大厦在西洋风盛行的一众楼群里特立独行,古韵悠然即是生动的一例);文创设计专业的地域民族特色(最近红遍全球的《黑神话:悟空》大量采用山西古寺庙等丰富的地面文物实景,就是传播传统文化的好例子)。

数字媒体艺术等专业

根据《墨韵万变　纸寿千年：文房四宝里的历史流变》一文的提示，查阅古代文房四宝发展历程的资料，或丝绸、瓷器、刺绣等的制作技艺的发展历史资料，选取其中一个专题，制作一部数字宣传短片，来传输古代制作技艺。或请你以所学专业为基础，吸取以上技艺的精髓，把古典元素融入一部广告产品的文案中。

无人机专业

航拍苏州古典园林，画出园林的动线布局，结合宗白华的文章，体会其曲折幽深的妙处。

项目4　从文学名著中培养人文素养

文学是人学,反映的是超越时空地域的、人类共通的喜怒哀乐,古典名著更是时光凝成的精品。优秀的文学作品就像一幅古画、一首名曲,有流动的气韵,有鲜明的节奏感和韵律感。实用技能专业的人员也要有人文素养,专业操作不应是冷冰冰的、丧失人文关怀精神的。比如,流水线的环境流程设计要考虑人体的工学舒适度;动画和视觉艺术设计要创意新颖,画面要令人赏心悦目;食品制作要色香味俱全,满足人的味觉、嗅觉、视觉的多重需要;护理专业要让护理人员和病人间的交流互动更温馨,手法操作更舒适。要成为技术娴熟的技师,首先要做自信博学、乐观向上的现代青年,能够欣赏文学名著并融会贯通到专业技能中。

【例4-12】　艺术相通:体会小说的音乐韵律美与画面结构美。

抄检大观园

曹雪芹[①]

一语未了,人报:"太太来了。"凤姐听了诧异,不知为何事亲来,与平儿等忙迎出来。只见王夫人气色更变,只带一个贴己的小丫头走来,一语不发,走至里间坐下。凤姐忙奉茶,因陪笑问道:"太太今日高兴,到这里逛逛。"王夫人喝命:"平儿出去!"平儿见了这般,着慌不知怎么样了,忙应了一声,带着众小丫头一齐出去,在房门外站住,越性将房门掩了,自己坐在台矶上,所有的人,一个不许进去。

凤姐也着了慌,不知有何等事。只见王夫人含着泪,从袖内掷出一个香袋子来,说:"你瞧!"凤姐忙拾起一看,见是十锦春意香袋[1],也吓了一跳,忙问:"太太从哪里得来?"王夫人见问,越发泪如雨下,颤声说道:"我从哪里得来!我天天坐在井里,拿你当个细心人,所以我才偷个空儿。谁知你也和我一样。这样的东西,大天白日明摆在园里山石上,被老太太的丫头拾着,不亏你婆婆遇见,早已送到老太太跟前去了。我且问你,这个东西如何遗在那里来?"

凤姐听得,也更了颜色[2],忙问:"太太怎知是我的?"王夫人又哭又叹,说道:"你反问我!你想,一家子除了你们小夫小妻,余者老婆子们,要这个何用!再女孩子们是从哪里得来?自然是那琏儿不长进下流种子那里弄来。你们又和气,当作一件顽意儿,年轻人儿女闺房私意是有的,你还和我赖!幸而园内上下人还不解事,尚未捡得。倘或丫头们捡着,你姊妹看见,这还了得。不然,有那小丫头们捡着,出去说是园内捡着的,外人知道,这性命脸面要也不要?"

凤姐听说,又急又愧,登时紫涨了面皮,便依炕沿双膝跪下,也含泪诉道:"太太说得固然有理,我也不敢辨我并无这样的东西。但其中还要求太太细详其理:那香袋是外头雇工仿着内工[3]绣的,带这穗子一概是市卖货[4]。我便年轻不尊重些,也不要这劳什子,自然都是好的,此其一。二者这东西也不是常带着的,我纵有,也只好在家里,焉肯带在身上各处去?况且又在园里去,个个姊妹我们都肯拉拉扯扯,倘或露出来,不但在姊妹前,就是奴才看见,我

[①] 曹雪芹(约1715—1763),名霑,字梦阮,号雪芹,又号芹溪、芹圃,清代伟大的小说家,古典名著《红楼梦》的作者,祖籍辽宁铁岭,生于江宁(今南京),出身清代内务府正白旗包衣世家。

有什么意思？我就年轻不尊重，亦不能糊涂至此。三则论主子内我是年轻媳妇，算起奴才来，比我更年轻的又不止一个人了。况且他们也常进园，晚间各人家去，焉知不是她们身上的？四则除我常在园里之外，还有那边太太常带过几个小姨娘来，如嫣红、翠云等人，皆系年轻侍妾，他们更该有这个了。还有那边珍大嫂子，他也不算甚老，他也常带过佩凤等人来，又焉知不是他们的？五则园内丫头太多，保得住个个都是正经的不成？也有年纪大些的知道了人事，或者一时半刻人查问不到偷着出去，或借着因由同二门上小幺儿们打牙犯嘴，外头得了来的，也未可知。如今不但我没此事，就连平儿，我也可以下保的。太太请细想。"

王夫人听了这一席话大近情理，因叹道："你起来。我也知道你是大家小姐出身，焉得轻薄至此，不过我气急了，拿了话激你。但如今却怎么处？你婆婆才打发人封了这个给我瞧，说是前日从傻大姐手里得的，把我气了个死。"凤姐道："太太快别生气。若被众人觉察了，保不定老太太不知道。且平心静气暗暗访察，才得确实；纵然访不着，外人也不能知道。这叫作'胳膊折在袖内'。如今惟有趁着赌钱的因由革了许多的人这空儿，把周瑞媳妇旺儿媳妇等四五个贴近不能走话[5]的人安插在园里，以查赌为由。再如今他们的丫头也太多了，保不住人大心大，生事作耗，等闹出事来，反悔之不及。如今若无故裁革，不但姑娘们委屈烦恼，就连太太和我也过不去。不如趁此机会，以后凡年纪大些的，或有些咬牙难缠的，拿个错儿撵出去配了人。一则保得住没有别的事，二则也可省些用度。太太想我这话如何？"

王夫人叹道："你说的何尝不是，但从公细想来，你这几个姊妹也甚可怜了。也不用远比，只说如今你林妹妹的母亲，未出阁时，是何等的娇生惯养，是何等的金尊玉贵，那才像个千金小姐的体统。如今这几个姊妹，不过比人家的丫头略强些罢了。通共每人只有两三个丫头像个人样，馀者纵有四五个小丫头子，竟是庙里的小鬼。如今还要裁革了去，不但于我心不忍，只怕老太太未必就依。虽然艰难，难不至此。我虽没受过大荣华富贵，比你们是强的。如今我宁可省些，别委屈了他们。以后要省俭先从我来倒使的。如今且叫人传了周瑞家的等人进来，就吩咐她们快快暗地访拿这事要紧。"

凤姐听了，即唤平儿进来吩咐出去。一时，周瑞家的与吴兴家的、郑华家的、来旺家的、来喜家的现在五家陪房进来，馀者皆在南方，各有执事。王夫人正嫌人少不能勘察，忽见邢夫人的陪房王善保家的走来，方才正是他送香囊来的。王夫人向来看视邢夫人之得力心腹人等原无二意，今见他来打听此事，十分关切，便向他说："你去回了太太，也进园内照管照管，不比别人又强些。"这王善保家的正因素日进园去那些丫鬟们不大趋奉[6]她，她心里大不自在，要寻他们的故事又寻不着，恰好生出这事来，以为得了把柄。又听王夫人委托，正撞在心坎上，说："这个容易。不是奴才多话，论理这事该早严紧的。太太也不大往园里去，这些女孩子们一个个倒像受了封诰似的，他们就成了千金小姐了。闹下天来，谁敢哼一声儿。不然，就调唆姑娘的丫头们，说欺负了姑娘们了，谁还耽得起。"

王夫人道："这也有的常情，跟姑娘的丫头原比别的娇贵些。你们该劝他们。连主子们的姑娘不教导尚且不堪，何况他们。"王善保家的道："别的都还罢了。太太不知道，一个宝玉屋里的晴雯，那丫头仗着他生得模样儿比别人标致些，又生了一张巧嘴，天天打扮的像个西施的样子，在人跟前能说惯道，掐尖要强。一句话不投机，她就立起两个骚眼睛来骂人，妖妖趫趫[7]，大不成个体统。"

王夫人听了这话，猛然触动往事，便问凤姐道："上次我们跟了老太太进园逛去，有一个水蛇腰、削肩膀、眉眼又有些像你林妹妹的,正在那里骂小丫头。我的心里很看不上那个轻狂样子,因同老太太走,我不曾说得。后来要问是谁,又偏忘了。今日对了坎儿,这丫头想必就是他了。"凤姐道:"若论这些丫头们,共总比起来,都没晴雯生得好。论举止言语,他原有些轻薄。方才太太说的倒很像他,我也忘了那日的事,不敢乱说。"

王善保家的便道:"不用这样,此刻不难叫了她来太太瞧瞧。"王夫人道:"宝玉房里常见我的只有袭人、麝月,这两个笨笨的倒好。若有这个,她自不敢来见我的。我一生最嫌这样的人,况且又出来这个事。好好的宝玉,倘或叫这蹄子勾引坏了,那还了得。"因叫自己的丫头来,吩咐他到园里去,"只说我说有话问他们,留下袭人、麝月服侍宝玉不必来,有一个晴雯最伶俐,叫她即刻快来。你不许和他说什么。"

小丫头子答应了,走入怡红院,正值晴雯身上不自在,睡中觉才起来,正发闷,听如此说,只得随了他来。素日这些丫鬟皆知王夫人最嫌趫妆艳饰语薄言轻者,故晴雯不敢出头。今因连日不自在,并没十分妆饰,自为无碍。及到了凤姐房中,王夫人一见她钗䤛[8]鬓松,衫垂带褪,有春睡捧心之遗风[9],而且形容面貌恰是上月的那人,不觉勾起方才的火来。王夫人原是天真烂漫之人,喜怒出于心臆,不比那些饰词掩意之人,今既真怒攻心,又勾起往事,便冷笑道:"好个美人!真像个病西施了。你天天作这轻狂样儿给谁看?你干的事,打量我不知道呢!我且放着你,自然明儿揭你的皮!宝玉今日可好些?"

晴雯一听如此说,心内大异,便知有人暗算了他。虽然着恼,只不敢作声。他本是个聪敏过顶的人,见问宝玉可好些,他便不肯以实话对,只说:"我不大到宝玉房里去,又不常和宝玉在一处,好歹我不能知道,只问袭人、麝月两个。"王夫人道:"这就该打嘴!你难道是死人,要你们作什么!"

晴雯道:"我原是跟老太太的人。因老太太说园里空大人少,宝玉害怕,所以拨了我去外间屋里上夜,不过看屋子。我原回过我笨,不能服侍。老太太骂了我,说'又不叫你管他的事,要伶俐的作什么。'我听了这话才去的。不过十天半个月之内,宝玉闷了大家顽一会子就散。至于宝玉饮食起坐,上一层有老奶奶老妈妈们,下一层又有袭人、麝月、秋纹几个人。我闲着还要作老太太屋里的针线,所以宝玉的事竟不曾留心。太太既怪,从此后我留心就是了。"

王夫人信以为实了,忙说:"阿弥陀佛!你不近宝玉是我的造化,竟不劳你费心。既是老太太给宝玉的,我明儿回了老太太,再撵你。"因向王善保家的道:"你们进去,好生防他几日,不许他在宝玉房里睡觉。等我回过老太太,再处治他。"喝声:"去!站在这里,我看不上这浪样儿!谁许你这样花红柳绿的妆扮!"晴雯只得出来,这气非同小可,一出门便拿手帕子握着脸,一头走,一头哭,直哭到园门内去。

这里王夫人向凤姐等自怨道:"这几年我越发精神短了,照顾不到。这样妖精似的东西竟没看见。只怕这样的还有,明日倒得查查。"凤姐见王夫人盛怒之际,又因王善保家的是邢夫人的耳目,常调唆着邢夫人生事,纵有千百样言词,此刻也不敢说,只低头答应着。王善保家的道:"太太且请养息身体要紧,这些小事只交与奴才。如今要查这个主儿也极容易,等到晚上园门关了的时节,内外不通风,我们竟给他们个猛不防,带着人到各处丫头们房里搜寻。想来谁有这个,断不单只有这个,自然还有别的东西。那时翻出别的来,自然这个也是他的。"王夫人道:"这话倒是。若不如此,断不能清的清,白的白。"因问凤姐如何。凤姐只得答应说："太太说得是,就行罢了。"王夫人道："这主意很是,不然一年也查不出来。"于是大家商议已定。

至晚饭后,待贾母安寝了,宝钗等入园时,王善保家的便请了凤姐一并入园,喝命将角门皆上锁,便从上夜的婆子处抄检起,不过抄检出些多馀攒下蜡烛灯油等物。王善保家的道："这也是赃,不许动,等明儿回过太太再动。"

于是先就到怡红院中,喝命关门。当下宝玉正因晴雯不自在,忽见这一干人来,不知为何直扑了丫头们的房内去,因迎出凤姐来,问是何故。凤姐道："丢了一件要紧的东西,因大家混赖,恐怕有丫头们偷了,所以大家都查一查去疑。"一面说,一面坐下吃茶。

王善保家的等搜了一回,又细问这几个箱子是谁的,都叫本人来亲自打开。袭人因见晴雯这样,知道必有异事,又见这番抄检,只得自己先出来打开了箱子并匣子,任其搜检一番,不过是平常动用之物。随放下又搜别人的,挨次都一一搜过。

到了晴雯的箱子,因问:"是谁的,怎不开了让搜?"袭人等方欲代晴雯开时,只见晴雯挽着头发闯进来,豁啷一声将箱子掀开,两手捉着底子朝天,往地下尽情一倒,将所有之物尽都倒出。王善保家的也觉没趣,看了一看,也无甚私弊之物。回了凤姐,要往别处去。

凤姐儿道:"你们可细细的查,若这一番查不出来,难回话的。"众人都道:"都细翻看了,没有什么差错东西。虽有几样男人物件,都是小孩子的东西,想是宝玉的旧物件,没甚关系的。"凤姐听了,笑道:"既如此咱们就走,再瞧别处去。"

说着,一径出来,因向王善保家的道:"我有一句话,不知是不是。要抄检只抄检咱们家的人,薛大姑娘屋里,断乎检抄不得的。"王善保家的笑道:"这个自然。岂有抄起亲戚家来的。"凤姐点头道:"我也这样说呢。"一头说,一头到了潇湘馆内。

黛玉已睡了,忽报这些人来,也不知为甚事。才要起来,只见凤姐已走进来,忙按住他不许起来,只说:"睡罢,我们就走。"这边且说些闲话。那个王善保家的带了众人到丫鬟房中,也一一开箱倒笼抄检了一番。因从紫鹃房中抄出两副宝玉常换下来的寄名符儿,一副束带上的披带,两个荷包并扇套,套内有扇子。打开看时皆是宝玉往年往日手内曾拿过的。王善保家的自为得意,遂忙请凤姐过来验视,又说:"这些东西从哪里来的?"凤姐笑道:"宝玉和他们从小儿在一处混了几年,这自然是宝玉的旧东西。这也不算什么罕事,撂下再往别处去是正经。"紫鹃笑道:"直到如今,我们两下里的东西也算不清。要问这一个,连我也忘了是哪年月日有的了。"王善保家的听凤姐如此说,也只得罢了。

又到探春院内,谁知早有人报与探春了。探春也就猜着必有原故,所以引出这等丑态来,遂命众丫鬟秉烛开门而待。

一时众人来了。探春故问何事。凤姐笑道:"因丢了一件东西,连日访察不出人来,恐怕旁人赖这些女孩子们,所以越性大家搜一搜,使人去疑,倒是洗净他们的好法子。"探春冷笑道:"我们的丫头,自然都是些贼,我就是头一个窝主。既如此,先来搜我的箱柜,她们所有偷了来的都交给我藏着呢。"说着,便命丫头们把箱柜一齐打开,将镜奁、妆盒、衾袱、衣包若大若小之物一齐打开,请凤姐去抄阅。凤姐陪笑道:"我不过是奉太太的命来,妹妹别错怪我。何必生气。"因命丫鬟们快快关上。

平儿、丰儿等忙着替待书等关的关,收的收。探春道:"我的东西倒许你们搜阅;要想搜我的丫头,这却不能。我原比众人歹毒,凡丫头所有的东西我都知道,都在我这里间收着,一针一线他们也没的收藏,要搜所以只来搜我。你们不依,只管去回太太,只说我违背了太太,该怎么处治,我去自领。你们别忙,自然连你们抄的日子有呢!你们今日早起不曾议论甄家,自己家里好好的抄家,果然今日真抄了。咱们也渐渐的来了。可知这样大族人家,若从外头杀来,一时是杀不死的,这是古人曾说的'百足之虫,死而不僵',必须先从家里自杀自灭起来,才能一败涂地!"说着,不觉流下泪来。凤姐只看着众媳妇们。

  周瑞家的便道:"既是女孩子的东西全在这里,奶奶且请到别处去罢,也让姑娘好安寝。"凤姐便起身告辞。探春道:"可细细的搜明白了?若明日再来,我就不依了。"凤姐笑道:"既然丫头们的东西都在这里,就不必搜了。"探春冷笑道:"你果然倒乖。连我的包袱都打开了,还说没翻。明日敢说我护着丫头们,不许你们翻了。你趁早说明,若还要翻,不妨再翻一遍。"凤姐知道探春素日与众不同的,只得陪笑道:"我已经连你的东西都搜查明白了。"探春又问众人:"你们也都搜明白了不曾?"周瑞家的等都陪笑说:"都翻明白了。"

  那王善保家的本是个心内没成算的人,素日虽闻探春的名,他自为众人没眼力没胆量罢了,哪里一个姑娘家就这样起来;况且又是庶出,他敢怎么。他自恃是邢夫人陪房,连王夫人尚另眼相看,何况别个。今见探春如此,他只当是探春认真单恼凤姐,与他们无干。他便要趁势作脸献好,因越众向前拉起探春的衣襟,故意一掀,嘻嘻笑道:"连姑娘身上我都翻了,果然没有什么。"凤姐见她这样,忙说:"妈妈走罢,别疯疯颠颠的。"一语未了,只听"拍"的一声,王善保家的脸上早着了探春一掌。

  探春登时大怒,指着王善保家的问道:"你是什么东西,敢来拉扯我的衣裳!我不过看着太太的面上,你又有年纪,叫你一声妈妈,你就狗仗人势,天天作耗,专管生事。如今越性了不得了。你打谅我是同你们姑娘那样好性儿,由着你们欺负他,就错了主意!你搜检东西我不恼,你不该拿我取笑。"说着,便亲自解衣卸裙,拉着凤姐细细的翻。又说:"省得叫奴才来翻我身上。"

  凤姐平儿等忙与探春束裙整袂,口内喝着王善保家的说:"妈妈吃两口酒就疯疯颠颠起来。前儿把太太也冲撞了。快出去,不要提起了。"又劝探春休得生气。探春冷笑道:"我但凡有气性,早一头碰死了!不然岂许奴才来我身上翻贼赃了。明儿一早,我先回过老太太、太太,然后过去给大娘陪礼,该怎么,我就领。"

  那王善保家的讨了个没意思,在窗外只说:"罢了,罢了,这也是头一遭挨打。我明儿回了太太,仍回老娘家去罢。这个老命还要他做什么!"探春喝命丫鬟道:"你们没听他说的这话,还等我和她对嘴去不成。"侍书等听说,便出去说道:"你果然回老娘家去,倒是我们的造化了。只怕舍不得去。"凤姐笑道:"好丫头,真是有其主必有其仆。"探春冷笑道:"我们作贼的人,嘴里都有三言两语的。这还算笨的,背地里就只不会调唆主子。"平儿忙也陪笑解劝,一面又拉了侍书进来。周瑞家的等人劝了一番。凤姐直待服侍探春睡下,方带着人往对过暖香坞来。

  彼时李纨犹病在床上,她与惜春是紧邻,又与探春相近,故顺路先到这两处。因李纨才吃了药睡着,不好惊动,只到丫鬟们房中一一的搜了一遍,也没有什么东西,遂到惜春房中来。

  因惜春年少,尚未识事,吓得不知当有什么事故,凤姐也少不得安慰他。谁知竟在入画箱中寻出一大包金银锞子[10]来,约共三四十个,又有一副玉带板子并一包男人的靴袜等物。

入画也黄了脸。

因问是哪里来的,入画只得跪下哭诉真情,说:"这是珍大爷赏我哥哥的。因我们老子娘都在南方,如今只跟着叔叔过日子。我叔叔婶子只要吃酒赌钱,我哥哥怕交给他们又花了,所以每常得了,悄悄的烦了老妈妈带进来叫我收着的。"惜春胆小,见了这个也害怕,说:"我竟不知道。这还了得!二嫂子,你要打他,好歹带他出去打罢,我听不惯的。"凤姐笑道:"这话若果真呢,也倒可恕,只是不该私自传送进来。这个可以传递,什么不可以传递。这倒是传递人的不是了。若这话不真,倘是偷来的,你可就别想活了。"入画跪着哭道:"我不敢扯谎。奶奶只管明日问我们奶奶和大爷去,若说不是赏的,就拿我和我哥哥一同打死无怨。"

凤姐道:"这个自然要问的,只是真赏的也有不是。谁许你私自传送东西的!你且说是谁作接应,我便饶你。下次万万不可。"惜春道:"嫂子别饶他这次方可。这里人多,若不拿一个人作法,那些大的听见了,又不知怎样呢。嫂子若饶他,我也不依。"凤姐道:"素日我看他还好。谁没一个错,只这一次。二次犯下,二罪俱罚。但不知传递是谁。"惜春道:"若说传递,再无别个,必是后门上的张妈。他常肯和这些丫头们鬼鬼祟祟的,这些丫头们也都肯照顾他。"凤姐听说,便命人记下,将东西且交给周瑞家的暂拿着,等明日对明再议。于是别了惜春,方往迎春房内来。

迎春已经睡着了,丫鬟们也才要睡,众人叩门半日才开。凤姐吩咐:"不必惊动小姐。"遂往丫鬟们房里来。因司棋是王善保的外孙女儿,凤姐倒要看看王家的可藏私不藏,遂留神看他搜检。先从别人箱子搜起,皆无别物。及到了司棋箱子中搜了一回,王善保家的说:"也没有什么东西。"

才要盖箱时,周瑞家的道:"且住,这是什么?"说着,便伸手掣出一双男子的锦带袜并一双缎鞋来。又有一个小包袱,打开看时,里面有一个同心如意[1]并一个字帖儿。一总递与凤姐。凤姐因当家理事,每每看开帖并账目,也颇识得几个字了。便看那帖子是大红双喜笺帖,上面写道:

上月你来家后,父母已觉察你我之意。但姑娘未出阁,尚不能完你我之心愿。若园内可以相见,你可托张妈给一信息。若得在园内一见,倒比来家得说话。千万,千万。再所赐香袋二个,今已查收外,特寄香珠一串,略表我心。千万收好。表弟潘又安拜具。

凤姐看罢,不怒而反乐,别人并不识字。王善保家的素日并不知道他姑表姊弟有这一节风流故事,见了这鞋袜,心内已是有些毛病,又见有一红帖,凤姐又看着笑,他便说道:"必是他们胡写的帐目,不成字,所以奶奶见笑。"凤姐笑道:"正是这个帐竟算不过来。你是司棋的老娘,她的表弟也该姓王,怎么又姓潘呢?"王善保家的见问得奇怪,只得勉强告道:"司棋的姑妈给了潘家,所以他姑表兄弟姓潘。上次逃走了的潘又安就是她表弟。"凤姐笑道:"这就是了。"因说:"我念给你听听。"说着,从头念了一遍,大家都唬了一跳。

这王善保家的一心只要拿人的错儿,不想反拿住了他外孙女儿,又气又臊。周瑞家的四人又都问着他:"你老可听见了?明明白白,再没的话说了。如今据你老人家,该怎么样?"这王家的只恨没地缝儿钻进去。凤姐只瞅着他嘻嘻地笑,向周瑞家的笑道:"这倒也好。不用你们做老娘的操一点儿心,他鸦雀不闻地给你们弄了一个好女婿来,大家倒省心。"周瑞家的也笑着凑趣儿。

王善保家的气无处泄,便自己回手打着自己的脸,骂道:"老不死的娼妇,怎么造下孽了!

说嘴打嘴,现世现报在人眼里。"众人见这般,俱笑个不住,又半劝半讽的。凤姐见司棋低头不语,也并无畏惧惭愧之意,倒觉可异。料此时夜深,且不必盘问,只怕他夜间自愧去寻拙志[12],遂唤两个婆子监守起他来。带了人,拿了赃证回来,且自安歇,等待明日料理。

(资料来源:曹雪芹.红楼梦[M].北京:人民文学出版社,2022,《红楼梦》研究所校注。有删减。)

【注释】

[1] 十锦春意香袋:用彩色丝线绣的男女交合图案的香袋,古代情趣用品。大观园是贾府未婚小姐集中居住的场所,贾府为世家大族,重礼教脸面,因此大观园中发现此物为大忌。

[2] 更了颜色:变了脸色。

[3] 内工:宫中掌丝织的女官及所属女工,技艺高超精致。

[4] 市卖货:市场上卖的大路货,与高定相对。

[5] 走话:走漏消息。

[6] 趋奉:奉承讨好。

[7] 妖妖趫(qiáo)趫:妖冶轻佻的样子。

[8] 钗䤭(duǒ):发髻上的钗饰下垂,将要脱落的样子。

[9] 春睡捧心之遗风:春睡:本比喻杨贵妃的醉态。捧心:西施蹙眉捧心之美。这里是讽刺女子娇慵病弱。

[10] 锞(kè)子:旧时作货币用的小金锭或银锭。

[11] 同心如意:刻有两个心形交搭图案的如意,一般用于男女相恋时表达情意。

[12] 寻拙志:寻短见,自杀。

【阅读提示】

《红楼梦》是中国最伟大的长篇小说,它以宝黛爱情悲剧为主线,以贾府和四大家族的盛衰为背景,预示了封建社会必然衰亡的趋势,堪称中国封建社会的百科全书,传统文学和文化发展的顶峰。本节选自《红楼梦》第七十四回《惑奸谗抄检大观园,矢孤介杜绝宁国府》,上承第七十三回《痴丫头误拾绣春囊,懦小姐不问累金凤》,下启第七十五回《开夜宴异兆发悲音,赏中秋新词得佳谶》,是《红楼梦》的重要事件,也是贾府由盛转衰的重要节点。园内发现香囊,王夫人令凤姐和王善保家的一起抄检。在怡红院,晴雯愤怒地倒出所有东西,并无私弊之物。在探春住处,探春不但顶撞凤姐,还打了王善保家的耳光。在惜春处,从丫鬟入画的箱子里搜出了男人的靴袜、玉板腰带等物。在迎春住处,搜到司棋私通证据。

抄检大观园是《红楼梦》的高潮之一。它是贾府内种种矛盾激化的结果,全书气氛急转直下。绣春囊事件是导火线,引发"抄检大观园"及后续的一系列事件:

抄检大观园后,晴雯被撵出后含冤病逝;司棋被赶出大观园,出去之前,请迎春帮她求情,迎春不敢,后司琪执意要嫁给潘又安,其母不从,司琪反抗撞墙死,潘又安从容携带双棺吊唁后亦殉情而死(据高鹗续书)。迎春被她的父亲贾赦匆匆忙忙嫁给"子系中山狼"孙绍祖,一年多就被虐待而死(论者多认为因其房中大丫鬟司琪的私情而连累小姐,迎春也名声受辱,无法再嫁门当户对的大族);探春一直等着邢夫人或者王夫人怪罪,但什么都没有发生,后来探春替郡主和亲,远嫁外国(87版电视剧《红楼梦》情节,编剧据顾问团红学界意见改掉高鹗续书探春正常出嫁的情节);惜春坚持撵走入画,贾府被抄家之后,惜春出家为尼;林黛玉在贾府被抄家之前病死;薛宝钗没被抄检,但第二天为避嫌,就匆匆忙忙找个借口搬出大观园。王夫人亲自去宝玉住的怡红院整顿风纪,四儿也被逐,芳官、蕊官等戏子出家。

大观园风流云散。

贾府的诸多矛盾在宝玉挨打时已经展现,此次抄检大观园是又一次高潮,展示了更深层次的妯娌、婆媳、主仆在理家、风化等事件上的深层矛盾。

贾母房里的傻大姐大观园内误拾绣春囊,上绣有"两个妖精打架"的催情画像,应是丫鬟司琪与表哥潘又安偷情遗漏的(前文有两人假山石洞里偷情被鸳鸯撞破的情节)。不巧被贾母的大儿媳、贾赦夫人邢夫人碰见,涉及风化,她偷偷封好给弟媳贾政夫人王夫人看,此举其实是个下马威。贾母偏爱小儿子和儿媳,王夫人实际上掌握了管家大权。虽然实际执行管家事务的王熙凤为长房贾赦的亲儿媳,她却亲近王夫人,大事都请示王夫人(参看刘姥姥进荣国府等情节),因王夫人本是王熙凤的亲姑妈,两人都出自金陵贵族王家。而她的亲婆婆邢夫人为续弦,出身寒微,见识短浅,王熙凤骨子里看不起婆婆,所以婆媳面和心不和,邢夫人一直不平。这次邢夫人以风化事件公开质疑王夫人、王熙凤的管家才能,所以王夫人非常生气,下令抄检大观园,一方面是大张旗鼓做给邢夫人看,另一方面也是整顿大观园秩序,防止她唯一的儿子、指定的接班人贾宝玉"学坏"。无辜的晴雯被逐,应是出于王夫人潜意识对黛玉的厌恶。黛玉刚进贾府时,王夫人对黛玉尚算体贴,特意提醒其少沾惹调皮的宝玉,但宝黛二人青梅竹马,其爱情在贾府已经是公开的秘密。贾母初期大致支持宝黛之间的感情,而王夫人看重同样出自四大家族薛家、自己的亲妹妹薛姨妈的女儿薛宝钗。这样王夫人与贾母在宝玉婚姻上有了分歧,王夫人投鼠忌器,不便直接干涉,迫害无辜的"病美人"晴雯是潜意识中针对黛玉的下马威,因"晴为黛影",两人长相相似。贾母偏爱灵巧率真的晴雯,实际上已制定其为宝玉未来的美妾;但王夫人偏爱心机深厚的袭人,拉袭人反水成为自己的心腹(晴雯、袭人都是老太太派去服侍宝玉的)。王夫人趁贾母年老体衰、精力不济,迫害晴雯扶持自己的势力,体现了她迫不及待攫取管家权、做荣国府真正女主人的野心。

可见,此次抄检大观园表面上看是主人针对自由恋爱(或疑似"不正经")的女仆进行的迫害,实际上是统治阶级家长维护家族利益、阻碍贵族子女自由恋爱的事件,这也暴露了封建几代家长间围绕管家权的复杂微妙的争斗。更精彩的是,利用主人的内斗,下层各级管家婆、仆妇等势力也蠢蠢欲动、趁机争斗,以亲缘结成的各派势力的消长也发生变化,在下文情节中这些微妙的变化有生动的展示。

本文从人物性格特点出发,通过人物的活动推动情节的发展,而人物性格又在情节发展中得到了充分表现。分为两大部分:

第一大部分为抄检的前因,上回已做铺垫,王夫人的恼羞成怒、固执古板,王善保家的狐假虎威、谗言害人、蠢蠢欲动跃然纸上。晴雯"风流灵巧招人怨",虽在绣春囊事件中完全无辜,也无勾引宝玉等事,却成为抄检事件中最大的受害者之一,这与其性格爽利、目中无人有关。自身的才貌超群,宝玉的纵容,以及贾母素日的宠爱、重用,使她相信自己前途无忧。她没有意识到随着老一代权力核心贾母的日益年迈,王夫人对自己命运的主导作用日益加强。面对王夫人的诘难,她一改往日胸无城府、口无遮拦的一面,试图撇清与宝玉的各种瓜葛、联系(实际上两人关系亲近又清白),但因王夫人的偏见,王夫人对病美人黛玉的怨恨投射于她身上,她的命运已岌岌可危。

第二大部分为抄检大观园过程。可细分为以下几个小部分:

抄检宝黛住处为第一部分。宝玉住处突出晴雯的形象。晴雯前面已受谗言,这次当面顶撞王善保家的,已经为后文她被逐、惨死做铺垫。

黛玉住处搜出宝玉幼时衣物用品,通过紫鹃之口,突出了黛玉与宝玉素日交往不避嫌疑之处,已为后文封建家长厌弃黛玉、力促"金玉良缘"做好铺垫。耐人寻味的是,同为住在园中的亲戚,众人心领神会,不去搜检皇商家庭出身的宝钗住处,而家世凋零的黛玉处却任人搜检,其中人情世故昭然若揭(也有学者认为抄检可以去嫌疑,宝钗一家久居贾府,意指"金玉良缘",为王熙凤、李纨、探春等人厌弃,所以故意不检难去嫌疑。后文宝钗尴尬搬出大观园。)。

探春、惜春、迎春住处每处自成一部分。李纨处则一笔带过。

探春阻碍搜检,以小姐身份教训王善保家的,大快人心,构成一个小高潮。其言行突出其泼辣精明处,是姐妹"三春"中最不好惹的。此段还通过探春之口,揭出封建贵族家庭尔虞我诈、垂死挣扎的一面。探春关于家族行将就木的远见、后文她悲惨远嫁的命运在此已埋下伏笔。她虽泼辣却不与下人婆子拌嘴,不失其小姐身份,丫鬟侍书的见机而作、口齿伶俐是主人性格的补充,也突出了探春平日的教育陶冶对丫鬟性格的影响。

惜春处突出入画的遭遇。入画虽有小过,但与绣春囊完全无关,却受到诘难。更令人发指的是,与姐姐探春护佑丫鬟不同,惜春不但不为无辜的入画辩解,还落井下石,要求带走入画。明写入画遭遇,突出的却是主人惜春的冷心冷面。她本为宁国府贾珍之妹,父母早逝,从小无人疼惜,形成她孤单高傲的性格,与黛玉孤傲中有善良处、能体贴下人不同,她的孤傲更多的是明哲保身、冷酷无情。

迎春处是全文高潮,一向温顺不语的"二木头"却有一个泼辣无惧、敢作敢当的丫鬟司棋,主仆构成鲜明的对比。司棋敢做敢当,并无畏惧愧疚之处,勇于追求自由爱情,是真正的封建社会的叛逆者,却不能主宰自己的命运,令人叹息。她的从容无畏为后文她撞墙身亡、以生命来控诉礼教压迫埋下伏笔。其外祖母、主持搜检的王善保家的本想公报私仇,借搜检排斥异己,却查到自己头上,其自我解嘲令人喷饭。

整个搜检过程忙而不乱,作者笔调从容不迫,精心营造。一方面,搜检过程具备花团锦簇、虚实结合的"画面美"。平时着墨多的宝玉、黛玉、宝钗这次搜检几乎不出场,而迎春、探春、惜春"三春"姐妹性格的真正集中展示就是在这一搜检过程中。搜检过程中,每一住处主仆形象、性格构成或对比或映衬,突出小姐形象的,仆人虚写或略写(如探春住处),突出仆人形象的,小姐则略写或虚写(如迎春、黛玉住处)。另一方面,搜检过程还具备起伏有致的音乐美、韵律美,旋律感极强。从上夜婆子处查起,构成铺垫;宝玉处晴雯的反抗是第一个小高潮。至黛玉住处潇湘馆是平缓过渡;探春怒斥构成又一个高潮。惜春处搜查小有收获却与绣春囊无关,可视为一个过渡,却蓄势待发,情节步步紧逼,至迎春处构成一个大高潮,查出绣春囊真相。而最积极的王善保家的搬石头砸自己脚,自打自脸,令人啼笑皆非。抄检事件戛然而止,又余韵悠然,为后文众芳零落、大观园理想世界的毁灭做了充分的铺垫。作者的生花妙笔令人叹为观止。

这次抄检是王夫人做给邢夫人看的,凤姐及其心腹周瑞家的心领神会,所以在抄检中出工不出力,看王善保家的笑话,人情世故昭然若揭。

古今评论:

脂砚斋:写阿凤心灰意懒,且避祸从时,迥又是一个人矣。

王蒙《抄检大观园》评说:对待"抄检大观园",看之重、言之痛、怒之深、虑之远、慷慨陈词、声泪俱下的是探春。

任少东《抄检大观园》初探：王夫人与凤姐和王夫人与黛玉两组矛盾，才是导致抄检大观园爆发的根本原因和推动事件发展的主要动力。而王夫人与凤姐的矛盾又受王夫人与黛玉矛盾及凤姐对木石姻缘态度的制约，因而王夫人与黛玉的矛盾虽则是深藏不露的，他却是起决定作用的，也是最根本、最深刻的。透过纷纭迷离的现象，我们可以把握住：抄检大观园事件的性质，从根本上说，是封建正统派对封建叛逆的一场严重的斗争，是封建卫道者镇压、围剿宝黛叛逆思想和行为，扼杀宝黛爱情的前奏……王夫人这种反常的表现充分说明之所以深恨晴雯，还有另外的原因。"醉翁之意不在酒"，这个原因不是别的，就在黛玉身上。

强化训练

1. 王夫人应对"绣春囊"事件的危机公关是否合理？如果你是营销、公关等专业的学生，穿越到大观园时代扮演王夫人或王熙凤的角色，面对绣春囊事件，你如何用专业知识做好危机公关？

2. 本章文字精粹绝伦，把一个惊心动魄的事件写得有条不紊，既结构鲜明又韵律生动，起承转合脉络清晰。这些审美意识对你的专业学习有什么启发？

3. 请你分析本文体现出的传统文化美感，并结合专业特点设计一个体现这种美感的创新项目。

课外实训 4.5

参考下面提供的资料,结合自己所学的专业办一次《红楼梦》主题文化展,要体现出鲜明的行业特点。

《红楼梦》是一部文化小说,被称为封建社会的百科全书。书中除了精彩的情节,生动的人物形象,还涉及服饰、饮食、诗词、酒令、戏曲、园林、医学、节庆礼俗等丰富的文化风貌,在中国式现代化蓬勃发展的今天,仍具有丰富的审美和现实意义。比如,视觉艺术设计、养老护理、土木建筑、食品药品、酒店烹饪等专业的国风创业中可以从中汲取灵感符号,游戏设计的古风情境也可借鉴书中的古典园林大观园的意境。

酒店烹饪、食品药品、视觉艺术、数字媒体等专业

《红楼梦》有哪些你感兴趣的居室陈设、美食、服饰、节日礼俗?请你结合专业特点,尝试用现代工艺复原。

参考提示:饮食有茄鲞、糖蒸酥酪、豆腐皮包子、酸笋鸡皮汤、小莲蓬荷叶羹;节庆礼俗有春节、元宵节、花朝节、清明节、端午节、中秋节等节庆活动。

经济管理、市场营销、广告媒体等专业

《红楼梦》详细描写了贾府的财政收入和支出细节。这个显赫一时的大家族为什么会衰落呢?如果把贾府比作一个家族企业,宁国府、荣国府相当于两个分部。具体到荣国府,请你用现代企业管理知识来解释,贾母、王夫人、王熙凤三代女主人在家族治理上的角色应如何定位?你认为她们称职吗?你认为书中谁最有远见、最有管理才能?

如果你穿越到荣国府,请运用专业知识,列出家族不同阶段的月度、季度、年度收支状况;为改善亏空状况,请你为家族制定一份可行的财务计划;请你为这个百年望族设计一个品牌 LOGO,进行市场化运作,以改善经济状况。

参考提示:贾母:董事长;王夫人:名誉董事、总经理;王熙凤:首席执行官。

无人机专业、建工专业

以《红楼梦》大观园为原型的仿古园林有多处,如北京大观园,上海青浦大观园等。请你设计一个航拍计划,画出这类仿古园林的布局图,并与原著作对比,找出异同点,思考设计师这样布局的原因。请你尝试以大观园为原型,做一次园林主题的建筑规划设计。

外语专业

请你选取《红楼梦》的几个片段翻译成外语,并与经典版译文作比较,找出自身的差距,并思考跨文化传播中,名著的翻译要注意的问题。

人工智能专业

每个人都有自己心目中的大观园、林妹妹、宝哥哥,请你试用专业人工智能生成技术还原你心目中《红楼梦》的人物和场景、意境,书中精彩的描写会给我们提供灵感和关键词。

物流管理专业

针对大观园里惜春的丫鬟入画等人的私自传递物品行为,请你为大观园设计一个行之有效的物流管理制度。

项目5 古风新韵——文艺经典的吟唱

诗文自己唱,名剧自己演。古风新韵,经典没有消亡,古韵就在眼前。脍炙人口的古风好歌,从远古走来的浪漫精神,滋养着今天的你我。大学生要具备基本的吟唱功底、朗诵技巧,将来面临职场演讲、年终述职、团建聚会等场合时可以应对自如,充分展现个人魅力。古风名歌可分几种:

【例4-13】 第一类:经典古典诗文原文直接谱曲,成为雅俗共赏的现代歌曲。

鹊桥仙·纤云弄巧
秦观

纤云弄巧,飞星传恨,银汉迢迢暗度。
金风玉露一相逢,便胜却人间无数。
柔情似水,佳期如梦,忍顾鹊桥归路。
两情若是久长时,又岂在朝朝暮暮。

苏越谱曲的名作《月满西楼》袭用宋词名篇《一剪梅·红藕香残玉簟秋》:

一剪梅·红藕香残玉簟秋
李清照

红藕香残玉簟秋,轻解罗裳,独上兰舟。云中谁寄锦书来,雁字回时,月满西楼。
花自飘零水自流,一种相思,两处闲愁。此情无计可消除,才下眉头,却上心头。

文学名著改编的经典影视剧的主题曲、插曲也多采用此种方式。如《三国演义》片头曲《滚滚长江东逝水》直接袭用明代词人名作《临江仙·滚滚长江东逝水》:

《临江仙·滚滚长江东逝水》
杨慎

滚滚长江东逝水,浪花淘尽英雄。是非成败转头空。
青山依旧在,几度夕阳红。
白发渔樵江渚上,惯看秋月春风。一壶浊酒喜相逢。
古今多少事,都付笑谈中。

《三国演义》片尾曲《历史的天空》则灵活化用古风。文学、文化巨著《红楼梦》原文里就夹杂着优美的诗词曲赋,所以诸多影视、戏曲改编本多袭用来自原著的诗文《枉凝眉》《葬花吟》《红豆曲》《秋窗风雨夕》等。代表作有王立平作曲的87版电视剧《红楼梦》歌曲。

【例4-14】 第二类:灵活引用或化用古典诗词意境、意象的现代歌曲。
如以下两首琼瑶作词的流行歌曲:

当
琼瑶

当山峰没有棱角的时候,
当河水不再流。
当时间停住日夜不分,

当天地万物化为虚有。
我还是不能和你分手,
不能和你分手。
你的温柔是我今生最大的守候。
当太阳不再上升的时候,
当地球不再转动。
当春夏秋冬不再变化,
当花草树木全部凋残。
我还是不能和你分散。
你的笑容是我今生最大的眷恋。
让我们红尘作伴活得潇潇洒洒,
策马奔腾共享人世繁华,
对酒当歌唱出心中喜悦,
轰轰烈烈把握青春年华。

此首歌曲的歌词很明显借鉴了汉乐府诗歌《上邪》(见本模块[例4-2])。

梅花三弄
琼瑶

红尘自有痴情者,莫笑痴情太痴狂。
若非一番寒彻骨,那得梅花扑鼻香。
问世间情为何物,直教人生死相许。
看人间多少故事,最销魂梅花三弄。
……

此歌词很明显借鉴了古人词作《摸鱼儿·雁丘词》:

摸鱼儿·雁丘词
元好问

问世间,情是何物,直教生死相许?天南地北双飞客,老翅几回寒暑。
欢乐趣,离别苦,就中更有痴儿女。
君应有语:渺万里层云,千山暮雪,只影向谁去?
横汾路,寂寞当年箫鼓,荒烟依旧平楚。
招魂楚些何嗟及,山鬼暗啼风雨。
天也妒,未信与,莺儿燕子俱黄土。
千秋万古,为留待骚人,狂歌痛饮,来访雁丘处。

20世纪90年代风行一时的流行歌曲《涛声依旧》:

涛声依旧
陈小奇

带走一盏渔火,让它温暖我的双眼。

留下一段真情,让它停泊在枫桥边。
无助的我,已经疏远那份情感。
许多年以后才发觉,又回到你面前。
流连的钟声,还在敲打我的无眠。
尘封的日子,始终不会是一片云烟。
久违的你,一定保存着那张笑脸。
许多年以后能不能,接受彼此的改变。
月落乌啼,总是千年的风霜。
涛声依旧,不见当初的夜晚。
今天的你我,怎样重复昨天的故事。
这一张旧船票,能否登上你的客船。

当时知名的音乐制作人陈小奇的创作灵感来自唐诗名作《枫桥夜泊》:

枫桥夜泊
张继

月落乌啼霜满天,江枫渔火对愁眠。
姑苏城外寒山寺,夜半钟声到客船。

陈小奇创作的另一首古风名作为:

白云深处
陈小奇

坐在路口对着夕阳西下,白云深处没有你的家。
你说你喜欢这枫林景色,其实这霜叶也不是当年的二月花。
半路下车只是一丝牵挂,走走停停总是过去的她。
长长的石径回想你的相思,回头的时候已经是梦失天涯。
等车的你走不出你收藏的那幅画,卷起那片秋色,才能找到你的春和夏。
等车的你为什么还参不破这一刹那,别为一首老歌把你的心唱哑。

陈小奇的成功离不开深厚的古典文学修养。此歌词很明显借用了另外一首唐诗名作的意象:

山 行
杜牧

远上寒山石径斜,白云生处有人家。
停车坐爱枫林晚,霜叶红于二月花。

曾经盛行一时、表达直白的流行歌曲《死了都要爱》《该死的温柔》《老鼠爱大米》等歌词非常直白、有趣,契合现代人直率的表达方式,但流行歌曲如果能化用古典诗词意境,则更为含蓄蕴藉,耐人品味。如《青花瓷》《东风破》等流行歌曲的歌词:

青花瓷

方文山

素胚勾勒出青花笔锋浓转淡,
瓶身描绘的牡丹一如你初妆,
冉冉檀香透过窗心事我了然,
宣纸上走笔至此搁一半。
釉色渲染仕女图韵味被私藏,
而你嫣然的一笑如含苞待放。
你的美一缕飘散,
去到我去不了的地方。
色白花青的锦鲤跃然于碗底,
临摹宋体落款时却惦记着你,
你隐藏在窑烧里千年的秘密,
极细腻犹如绣花针落地。
帘外芭蕉惹骤雨门环惹铜绿。
而我路过那江南小镇惹了你,
在泼墨山水画里,
你从墨色深处被隐去。
天青色等烟雨而我在等你,
炊烟袅袅升起隔江千万里。
在瓶底书汉隶仿前朝的飘逸,
就当我为遇见你伏笔。
天青色等烟雨而我在等你,
月色被打捞起晕开了结局,
如传世的青花瓷自顾自美丽,
你眼带笑意。

东风破

方文山

一盏离愁孤单伫立在窗口,
我在门后假装你人还没走。
旧地如重游月圆更寂寞,
夜半清醒的烛火不忍苛责我。
一壶漂泊浪迹天涯难入喉,
你走之后酒暖回忆思念瘦。
水向东流,时间怎么偷。
花开就一次成熟我却错过。
谁在用琵琶弹奏一曲东风破。

岁月在墙上剥落看见小时候,
犹记得那年我们都还很年幼,
而如今琴声幽幽我的等候你没听过。
谁在用琵琶弹奏一曲东风破,
枫叶将故事染色结局我看透。
篱笆外的古道我牵着你走过,
荒烟蔓草的年头就连分手都很沉默。

作为新流行歌坛"三古三新"(古辞赋、古文化、古旋律、新唱法、新编曲、新概念)中国风的开山之作,《东风破》歌词颇有韵味,体现了浓厚的古典意蕴,例如,"一盏离愁我在门后假装你还没走"等很明显沿用了唐诗名作《题都城南庄》:

题都城南庄
崔护

去年今日此门中,人面桃花相映红。
人面不知何处去,桃花依旧笑春风。

"思念瘦""水向东流"很明显借用了以下词作:

醉花阴·薄雾浓云愁永昼
李清照

薄雾浓云愁永昼,瑞脑消金兽。
佳节又重阳,玉枕纱厨,半夜凉初透。
东篱把酒黄昏后,有暗香盈袖。
莫道不销魂,帘卷西风,人比黄花瘦。

虞美人·春花秋月何时了
李煜

春花秋月何时了,往事知多少。小楼昨夜又东风,故国不堪回首月明中。
雕栏玉砌应犹在,只是朱颜改。问君能有几多愁?恰似一江春水向东流。

【例4-15】 第三类:富含古韵风格的现当代诗歌名作谱曲,进行现代传播。

例如,余光中《乡愁》《乡愁四韵》;席慕蓉《出塞曲》《父亲的草原母亲的河》等。兹举例如下:

乡愁四韵
余光中

给我一瓢长江水呀长江水,
那酒一样的长江水。
那醉酒的滋味是乡愁的滋味,
给我一瓢长江水啊长江水。
给我一张海棠红呀海棠红,

那血一样的海棠红。
那沸血的烧痛是乡愁的烧痛,
给我一张海棠红呀海棠红。
给我一片雪花白呀雪花白,
那信一样的雪花白。
那家信的等待是乡愁的等待,
给我一片雪花白呀雪花白。
给我一朵腊梅香呀腊梅香,
那母亲一样的腊梅香。
那母亲的芬芳是乡土的芬芳,
给我一片腊梅香呀腊梅香。

出塞曲
席慕蓉

请为我唱一首出塞曲,用那遗忘了的古老言语。
请用美丽的颤音轻轻呼唤,我心中的大好河山。
那只有长城外才有的清香,
谁说出塞子歌的调子都太悲凉。
如果你不爱听那是因为歌中没有你的渴望。
而我们总是要一唱再唱,
想着草原千里闪着金光。
想着风沙呼啸过大漠,
想着黄河岸啊,阴山旁。
英雄骑马壮,骑马归故乡。

【例4-16】 第四类:戏剧名段、京韵戏歌。
革命领袖的诗词、古风歌词也可借用或模仿京剧曲调谱曲,如毛泽东《卜算子·咏梅》《红灯记·都有一颗红亮的心》,现代歌曲《北京的桥》《前门情思大碗茶》《重整山河待后生》,京剧《大唐贵妃》主题曲《梨花颂》,京韵新歌《新贵妃醉酒》等。

卜算子·咏梅
毛泽东

风雨送春归,飞雪迎春到。已是悬崖百丈冰,犹有花枝俏。
俏也不争春,只把春来报。待到山花烂漫时,她在丛中笑。

北京的桥
阎肃

北京的桥啊千姿百态,北京的桥啊瑰丽多彩。
金鳌玉蝀望北海,十七孔桥连玉带。

高梁桥龙王那个把呀把水卖,金水桥皇上挂呀金牌。
芦沟桥的狮子呀最奇呀怪,
你就数哇数哇数哇,怎么就数不过来。
北京的桥啊春风常在,北京的桥啊又添风采。
过街天桥龙出海,地下通道穿长街。
三元桥蝴蝶那个飞呀飞天外,安贞桥明珠绕呀花台。
立交桥是修得特别呀快,
你就数哇数哇数哇怎么就数不过来。
(桥啊桥啊美丽的桥,桥啊可爱的桥)给北京增添了多少欢乐多少爱。
这一座座金桥啊都连着四海,通向未来。
都连着四海,通向未来。

大型京剧新作《大唐贵妃》主题曲《梨花颂》的歌词参考白居易创作的《长恨歌》,京韵新歌《新贵妃醉酒》也曾盛行一时:

梨花颂
翁思再

梨花开春带雨,
梨花落春入泥。
此生只为一人去,
道他君王情也痴情也痴。
天生丽质难自弃,
长恨一曲千古迷。

新贵妃醉酒
胡力

那一年的雪花飘落梅花开枝头,
那一年的华清池旁留下太多愁。
不要说谁是谁非,也不要说感情错与对,
只想梦里与你一起再醉一回。
爱恨就在一瞬间,
举杯对月情似天。
爱恨两茫茫,
问君何时恋。
菊花台倒影明月,
谁知吾爱心中寒。
醉在君王怀,
梦回大唐爱。

课外实训 4.6

（1）随着我国综合国力的提升，时尚圈刮起一阵国风潮。弘扬国风，从现在做起，为将来的国风创业浪潮奠定坚实的基础。请你联合有共同兴趣爱好的同学，策划一次古风经典吟唱会。

参考资料：

古典诗词配曲式：

《在水一方》为《蒹葭》配曲《但愿人长久》为《水调歌头·但愿人长久》配曲；《知否知否》为《如梦令·知否知否》配曲《月满西楼》为《一剪梅·月满西楼》配曲；《历史的天空》为《三国演义·滚滚长江东逝水》配曲；《枉凝眉》《葬花吟》《红豆曲》为《红楼梦》配曲

化用诗词，古风新韵式：

《涛声依旧》《白云深处》《当》《梅花三弄》《青花瓷》《东风破》《刀剑如梦》《精忠报国》

现代诗歌名作谱曲类：

戴望舒《雨巷》、余光中《乡愁》《乡愁四韵》、席慕蓉《出塞曲》《父亲的草原母亲的河》

京韵戏歌类：

毛泽东《卜算子·咏梅》《红灯记·都有一颗红亮的心》《北京的桥》《前门情思大碗茶》《重整山河待后生》《梨花颂》《新贵妃醉酒》

（2）很多同学热爱表演，欣赏并排演过多部戏剧作品。除了热门流行的先锋主义戏剧外，传统戏剧名作经过时间的沉淀，历久弥香。同学们可参考北京人民艺术剧院等经典院团的演出资料，学习老戏骨精益求精的艺术追求，策划一次大型国风戏剧展演活动，为自己将来的文化素养、专业精神奠定基础。

参考资料：话剧、歌剧、戏曲名段排练推荐

《雷雨》第二幕，《日出》第二幕，《屈原》第五幕，《白毛女》第一、二幕，《西厢记·长亭送别》（黄梅戏）

项目6 乡贤少年 人生楷模——从松江英雄夏完淳事迹中获取奋斗动力

近四百年前的明清之际，有一位年方十六的少年，虽年少却志向远大，外敌侵扰之际毅然投笔从戎，英勇抗敌，兵败后不屈就义，以身殉国。这位少年英雄就是夏完淳，按今天的成年标准他尚未成年，却过早承担起拯救苍生家国的重任，用生命谱写了不朽的诗篇。他以短短的十六年的生命，实现了中国传统士大夫最高的道德理想——舍生取义。

【例4-17】 少年英雄的家国情怀。

狱中上母书

夏完淳

不孝完淳今日死矣！以身殉父，不得以身报母矣！

痛自严君见背[1]，两易春秋[2]。冤酷[3]日深，艰辛万尽。本图复见天日[4]，以报大仇，恤死荣生[5]，告成黄土[6]；奈天不佑我，钟虐先朝[7]，一旅才兴，便成齑粉[8]。去年之举[9]，淳已自分[10]必死，谁知不死，死于今日也。斤斤[11]延此二年之命，菽水之养[12]无一日焉。致慈君托迹于空门[13]，生母寄生[14]于别姓。一门漂泊，生不得相依，死不得相问。淳今日又溢然[15]先从九京[16]。不孝之罪,上通于天。呜呼! 双慈在堂,下有妹女[17]。门祚[18]衰薄,终鲜兄弟。淳一死不足惜,哀哀八口,何以为生? 虽然,已矣,淳之身,父之所遗;淳之身,君之所用。为父为君,死亦何负于双慈! 但慈君推干就湿[19],教礼习诗,十五年如一日,嫡母慈惠,千古所难[20]。大恩未酬,令人痛绝!

慈君托之义融女兄[21],生母托之昭南女弟[22]。淳死之后,新妇[23]遗腹得雄[24],便以为家门之幸。如其不然,万勿置后[25]! 会稽大望[26],至今而零极[27]矣! 节义文章,如我父子者几人哉? 立一不肖后如西铭先生[28],为人所诟笑[29],何如不立之为愈[30]耶? 呜呼! 大造茫茫,总归无后[31]。有一日中兴再造,则庙食千秋,岂止麦饭豚蹄,不为馁鬼而已哉[32]! 若有妄言立后者,淳且与先文忠[33]在冥冥诛殛顽嚚[34],决不肯舍! 兵戈天地,淳死后,乱且未有定期,双慈善保玉体,无以淳为念。二十年后,淳且与先文忠为北塞之举矣[35]。勿悲勿悲! 相托之言,慎勿相负!

武功甥[36]将来大器[37],家事尽以委之。寒食盂兰[38],一杯清酒,一盏寒灯,不至作若敖之鬼[39],则吾愿毕矣。新妇结褵[40]二年,贤孝素著[41],武功甥好为我善待之,亦武功渭阳情[42]也。

语无伦次,将死言善[43]。痛哉痛哉! 人生孰无死,贵得死所耳。父得为忠臣,子得为孝子,含笑归太虚[44],了我分内事。大道本无生[45],视身若敝屣[46],但为气所激[47],缘悟天人理[48]。恶梦十七年,报仇在来世。神游天地间,可以无愧矣。

【注释】

[1] 严君:父亲。见背:(亲人)去世。
[2] 易:更换。夏完淳父亲夏允彝,与陈子龙等人于明亡后起兵抗清,顺治二年(1645年)兵败自沉而死,距作者被捕写这封信正好是两年时间。
[3] 冤酷:冤仇惨痛。
[4] 复见天日:指恢复明朝。
[5] 恤死:恤本义是赈济,恤死这里指朝廷对死者赠官赐谥或赠葬赐祭等。荣生:朝廷对死者遗族封荫。整句的意思是:使死去的人(指其父)得到抚恤,使活着的人(指其母)得到荣封。
[6] 告成黄土:祭祀时把复国成功的事告诉祖先。
[7] 钟:聚集。虐:灾难。先朝:这里指明朝。
[8] 一旅才兴:指吴易的抗清军队刚刚崛起。夏完淳参加了吴易的军队,担任参谋。齑粉:碎末,比喻粉身碎骨,这里指军队溃散败亡。
[9] 去年之举:指顺治三年(1646年)作者与陈子龙等人起兵抗清,结果事未成而败,作者只身流亡。
[10] 自分:自己料定、自己预测。
[11] 斤斤:即仅仅。
[12] 菽水之养:代指对父母的供养。语出《礼记·檀弓下》:"啜菽饮水尽其欢,斯之谓孝。"
[13] 慈君:慈母,指作者的嫡母盛氏。托迹:藏身。空门:佛门。
[14] 生母:指作者的生身之母陆氏,是夏允彝的妾。寄生:寄居。
[15] 溘然:忽然、一下子。
[16] 九京:即九原、地下。
[17] 妹女:姐妹。
[18] 门祚:家运。

[19] 推干就湿:把干燥的地方让给孩子,自己睡在湿的地方,形容父母抚育子女之劳苦。
[20] 嫡母慈惠,千古所难:盛氏以嫡母的身份而能如此慈爱,自古及今很少有人能做到。
[21] 义融女兄:作者之姐夏淑吉,号义融。
[22] 昭南女弟:作者之妹夏惠吉,字昭南。
[23] 新妇:作者之妻钱秦篆。
[24] 雄:男孩。
[25] 置后:过继别人家的男孩作为作者的继承人。
[26] 会稽:作者的家乡松江属于会稽郡。大望:大族。
[27] 零极:零落到极点。
[28] 西铭先生:即张溥(《五人墓碑记》的作者),死后没有男性继承人,由钱谦益等代为确立继承人。钱谦益后来投降了清朝,人们认为这有损张溥的名节。
[29] 诟笑:诟骂耻笑。
[30] 愈:好。
[31] 大造:造物者,即天地。"大造茫茫,总归无后"的意思是:如果上天不明,让明朝灭亡了,那么即使自己有后,也会被杀,终归无后。
[32] 中兴再造:指明朝恢复。庙食:有功于国的人,死后国家会为之立庙祭祀。麦饭豚蹄:指简单的祭品。馁(něi)鬼:挨饿的鬼。"有一日中兴再造,则庙食千秋,岂止麦饭豚蹄,不为馁鬼而已哉!"的意思是:将来如果明朝恢复,自己为抗清复明而死,即使无后,也将万古千秋地受人祭祀,何止像普通人那样只享受简单的祭品,不做饿死鬼罢了呢?
[33] 文忠:作者的父亲夏允彝死后,谥号为文忠。
[34] 冥冥:阴间。诛殛(jí):诛杀。顽嚚(wán yín):愚顽而多言不正的人。
[35] 二十年后,淳且与先文忠为北塞之举矣:如果死后再度为人,那么二十年后,我夏完淳还要与父亲起兵反清,把清兵赶出北方边界。
[36] 武功甥:作者姐姐夏淑吉的儿子即作者的外甥侯檠,字武功。
[37] 大器:大材。
[38] 寒食:这里指清明节,人们上坟祭祖的节日。盂兰:旧俗的农历七月十五日燃灯祭祀,超度鬼魂,称盂兰盆会,人们也在这一天祭祀祖先。
[39] 若敖之鬼:没有后嗣按时祭祀的饿鬼。春秋时楚国公族若敖氏的一个族人令尹子文,看到族人越椒行为不正,可能会给整个家族带来灾难,临死前,对族人说:"鬼犹求食,若敖氏之鬼,不其馁而。"后来,若敖氏因为越椒叛楚而灭了全族。
[40] 结缡(lí):代指成婚。
[41] 素著:一向很显著。
[42] 渭阳情:指甥舅之间的情谊。《诗经·秦风·渭阳》有"我送舅氏,曰至渭阳"句,后世遂用渭阳比喻甥舅之间的深厚感情。
[43] 将死言善:语出《论语·泰伯》:"人之将死,其言也善"。
[44] 归太虚:回到天上。
[45] 大道本无生:依照道家的说法,人本来是从无而生,死后又归于无。
[46] 敝屣(xǐ):破草鞋。
[47] 气:正义之气。激:激发。
[48] 缘悟天人理:因此明白了天意与人事的关系。

别云间[1]

夏完淳

三年羁旅客,今日又南冠。[2]
无限山河泪,谁言天地宽。
已知泉路近,欲别故乡难。
毅魄归来日,灵旗空际看。[3]

(资料来源:白坚.夏完淳集笺校[M].上海:上海古籍出版社,1991。有删减。)

【注释】

[1]云间为作者故乡松江府别称。

[2]羁:囚犯被押。南冠:囚徒代称。南冠出自《左传·成公九年》,因南方楚国人钟仪被俘后仍然戴着楚国的帽子,晋侯问:南冠者何人?后楚囚、南冠代指囚犯。夏完淳作为江南义军被北方清兵俘虏,南冠的用典很贴切。

[3]灵旗:反清的义旗。

【阅读提示】

夏完淳(1631—1647),别名复,字存古,松江府华亭县(今上海松江区)人。其父亲夏允彝是明末几社的领袖。明亡后,夏完淳自14岁起就随父及老师陈子龙从事抗清活动。父亲殉国后,又辅佐吴易在太湖起义,并捐出家产为军饷。顺治四年(1647年)夏被捕,押往南京,赋诗《别云间》。狱中因不能奉养母亲抱愧,写下《狱中上母书》给嫡母盛氏。九月就义。作品有《南冠草》《续幸存录》等。

明末,清兵在征服江南的过程中进行了一系列大屠杀:

顺治二年(1645年),扬州十日,超过八十万人被杀;嘉定三屠,十万人被杀;昆山之屠,数万人被杀;嘉兴之屠,五十万人被杀;江阴八十一日,超过十七万人被杀。

顺治三年(1646年),金华之屠,五万人被杀。

夏完淳虽年少却早熟,在国家多难之际坚定地投入卫国战争中,捐出家财并直接参与前线抗战。但忠孝自古不能两全,因此他对母亲及其他家人抱愧。平时斗争艰苦,狱中方有时间倾诉自己作为独子,无力护佑家庭的惭愧之情。

文章第一段,说明与母诀别的原因,慷慨赴难的决心。

文章第二段,感谢两位母亲的养育之恩,表达不能奉养的愧疚。

文章第三段,细致安排战乱中母亲、妻子等家人的生活,还强调如果孕中妻子若没有生男孩,以后就不要过继继承人。夏家是松江世族,古人看重家族传承,不孝有三,无后为大。但夏完淳观点颇为前卫:继承人若不肖,反而会让家族蒙羞,还不如不立。并且他很细致地想到:若反清大业失败,立了继承人也会被杀,还是无后,白费力;如果成功,国家自会祭祀他这样的先烈。但是作者担心没有继承人会使家中传统女性"未亡人"失去精神寄托,于是郑重恳求两位母亲保重身体。

文章第四段,安排身后事。夏完淳因欣赏外甥侯檠,把家事都托付给他,还牵挂贤良的妻子,嘱托外甥善待她。

文章第五段,文末慷慨赋诗,抒发报国壮志和出师未捷身先死的千古遗憾。

> **强化训练**

1. 《狱中上母书》文与"二十年后,淳且与先文忠为北塞之举矣"意思相同的句子还有哪些?夏完淳诗歌《别云间》中,相同意思的句子是哪句?

_____

_____

2. 像夏完淳一样,明末很多抗清人士倾家荡产,甚至捐躯赴难,但抗清事业最终失败,家属也因此受连累,孤苦无依。这样的做法值得吗?

参考提示:中国传统文化重视道德,崇高的道德追求超越现实功利,是生命的意义所在。为国捐躯、舍生取义是中国人的最高道德追求,正是因为这种精神,在多灾多难的近现代,中国人前仆后继,最后成功抵抗了外来侵略,实现了民族独立,迎来了新中国的诞生。

_____

_____

课外实训 4.7

1. 请你策划一次瞻仰夏完淳墓、宣传夏完淳爱国主义事迹的主题团会活动。
2. 请你搜集夏完淳资料,写一篇关于夏氏父子墓的解说词。

参考资料:夏氏父子墓在松江区小昆山镇荡湾村北,现已被列为上海市文物保护单位。1961年,陈毅亲笔题写碑文"夏允彝夏完淳父子之墓"。

项目7 新媒体视阈下传统文化涵养职场人生

随着互联网信息技术、移动通信技术的快速发展,新媒体的出现丰富了传统文化的传播载体。当今,新媒体已经成为现代文化系统中非常重要的组成部分,同时在传统文化传播中也有着特殊的地位和影响。例如,一部讲述中国传统美食文化的纪录片集《舌尖上的中国》一经央视播出,即刻受到观众热捧,刮起晒地方美食之风。中华优秀传统文化经由新时代媒体协调融合,呈现出独特的文化魅力。

【例 4-18】

90后网红李子柒:火遍全球的中国文化

李子柒以美食短视频为传播载体,通过美景、美食、人物、民俗等视觉文化符号,方言、背景音乐等听觉文化符号,在受众面前构建了一个充满"东方生活美学""东方韵味"的文化景观。它主要表现为以下几个方面。

(1) 舌尖中国的文化盛宴。饮食在中国传统文化中,内涵依旧丰富而饱满。《汉书》说"民以食为天",《礼记》说"饮食男女,人之大欲存焉"。食物是李子柒视频的主要角色,食物的制作流程,为李子柒的每一则短视频都搭建了不同但完整的故事发展线。李子柒短视频中的饮食符号成了传播中国传统文化的重要物质载体。例如,她制作的年夜饭佳肴"竹报平安":将黄瓜雕刻成竹子的形状,用海苔和饭团做成大熊猫,再用黄瓜皮拼接成竹子,用食物画出了一幅栩栩如生的自然风景。其中,竹子在中华传统文化中象征着一种自强不息、高风亮节的精神状态和人生价值,传达了一种精神价值,借此表达对高洁、坚贞、正直的人生精神价值观的欣赏和追寻。

(2) 田园牧歌的生活之境。李子柒的短视频呈现了两层含义的自然景象奇观:一种是原生态的纯自然风景奇观,另一种是以"人"为主体所构建的田园生活奇观。在这两种奇观共同作用下,李子柒的短视频整体呈现出一幅田园牧歌的生活之境。李子柒将镜头对准了乡村田野的自然景观,如日山云水、花草果木、大雪纷飞、蜂蝶纷飞等,表达了对自然风光的热爱和田园牧歌生活的追崇。传统生活四艺"点茶、插花、焚香、挂画",以及登高远游、吟诗作对、对酒当歌等雅致生活活动,均在李子柒的短视频中有所呈现,借以表达对自由洒脱、雅致生活的向往,并借此传播和谐、自然的生活方式和态度。

(3) 绝世独立的汉风佳人。李子柒的标签除"美食"外,还有"古风",主要体现在李子柒所着的汉服、旗袍、麻布服饰等古风服饰上,以及"不以物喜,不以己悲"的态度上,无不尽显干净利落、淳朴自然、超脱淡定之美。短视频中的李子柒是善做家务的持家好手。从砍柴做饭到纺布制衣,从养花种菜到做木工当绣娘,仿佛但凡是生活中家庭里用得到的,就没有她不会做的,凸显了女性精神人格的独立。

(4) 民间智慧的文化集成。李子柒短视频对非物质文化遗产的传承意图非常明显。例如,时令节气和传统节日的有意体现,夏天荷花开,制做荷花宴;秋天桂花开,做桂花糕;中秋节做月饼;端午包粽子;重阳节吃重阳糕。李子柒顺应中国传统节日的习惯和时令节气的规律,强化了人们心中对传统文化的认知和对中国民俗智慧的认同,体现了中国传统文化的内涵美。

【解析】 2015 年,李子柒开始拍摄美食短视频。2017 年,正式组建团队,并创立李子柒个人品牌。2018 年,她的原创短视频在海外运营后相继获得了 YouTube 平台白银和烁金创作者奖牌。2019 年 8 月,李子柒不仅成为成都非遗推广大使,还获得了超级红人节最具人气博主奖、年度最具商业价值红人奖;2019 年 12 月 14 日,她获得《中国新闻周刊》"年度文化传播人物奖"。

央视新闻点评李子柒的视频,没有一个字夸中国好,但她讲好了中国文化,讲好了中国故事。她只是默默地在那里干着农活,偶尔跟奶奶说几句四川方言,但全世界各地的人,却开始了解"有趣好看"的中国传统文化,并纷纷夸赞中国人的勤奋、聪慧,进而开始喜欢中国人,喜欢这个国家。不得不说,李子柒是个奇迹,一颗平常心作出了国际文化传播的奇迹。

澎湃新闻点评:李子柒的走红俨然成为一种"文化现象",她的视频具备恰当的国际传播渠道和视觉呈现方式。在互联网时代,文化交流与传播有了更丰富的载体和渠道,李子柒及其团队积极运用国际上具有影响力的传播平台,发布的短视频生动直观、新颖易懂。李子柒在视频中很少说话,这使视频突破了语言的局限性,让观看者专注于每集 10 分钟左右的视频内容,从而更具跨文化传播力。

 小贴士

推荐大学生读的一百本书

一、历史

1. 《国史大纲》:指陈吾国家民族生命精神之所寄,在民族危亡时期,用以唤醒国魂、御敌救国的佳作。中国人应对本民族的历史抱有温情与敬意。一部饱含温情与敬意的国民应读历史书。

2. 《隋唐制度渊源略论稿 唐代政治史述论稿》：史学大师陈寅恪代表作，中古史研究的传世杰作。
3. 《史记》（白话本）：史家之绝唱，无韵之离骚。中国史记研究会会长张大可白话翻译，带你读懂《史记》。
4. 《地中海与菲利普二世时代的地中海世界》：历史学领域里程碑式巨著，布罗代尔最负国际声誉的著作，奠定了他作为年鉴学派旗手和第二代领袖的地位。
5. 《十五至十八世纪的物质文明、经济和资本主义》：一部百科全书式的经典巨著，历时二十年结选撰而成。书写15世纪至18世纪的资本主义发达史，从特定角度描述了世界物质文明和经济发展的历史。

二、哲学

6. 《哲学起步》：邓晓芒新作，带你领略思想魅力，一窥哲学堂奥。
7. 《中国哲学史》：冯友兰先生代表作，第一部完整的、具有现代意义的中国哲学史著述，它采用西方哲学的形式，阐释中国哲学思想之实，使中国传统哲学成为现代学科。
8. 《西方哲学史》：哲学家梯利代表作，西方哲学史经典作品。
9. 《理想国》：柏拉图代表作，西方哲学家公认的"哲学大全"。怀特海曾说，"全部西方哲学传统都是对柏拉图的一系列注脚"。
10. 《纯粹理性批判》：康德全部哲学著述中意义最为特殊和重大的巨著。

三、政治

11. 《中国政治思想史》：萧公权先生代表作，六十余年来，中外学子读之，引之，莫不奉为经典巨著。
12. 《中国官僚政治研究》：我国第一部用马克思主义科学方法系统地剖析传统官僚政治的著作。
13. 《利维坦》：霍布斯代表作，与亚里士多德《政治学》相媲美。
14. 《社会契约论》："人生来是自由的，但却无处不身戴枷锁。"启蒙思想家卢梭代表作，震撼世界的法国大革命的号角。
15. 《常识》：作者潘恩是美国的国家名字的命名者，他也因《常识》一书被视为美国开国元勋之一。

四、经济学

16. 《微观经济学十讲》：王则柯教授讲经济学原理，深入浅出，带你掌握微观经济学的主要概念、重要理论和常用方法。
17. 《经济学说与方法论史》：经济学大师熊彼特晚年著作，带你系统了解经济学说史。
18. 《经济学》（第19版）：全球范围内被广泛采用的经济学教科书。"在对提升经济理论科学分析水平的贡献上，萨缪尔森超过了当代任何一位经济学家。"——瑞典皇家科学院1970年诺贝尔经济学奖颁奖词。
19. 《国富论》：亚当·斯密在《国富论》中第一次将市场比作"看不见的手"。几百年来，"看不见的手"已经成为市场的代名词。
20. 《就业、利息和货币通论》：凯恩斯代表作，著名经济学家高鸿业翻译。

五、法学

21. 《中国法律与中国社会》：瞿同祖先生代表作，其既是一部法制史，也是一部社会史，是研究中国法律和中国社会的必读参考书。

22. 《历代刑法考》:中国近代法史学的奠基著作。自问世100年来,其被公认为了解中华法系的必读书。
23. 《论法的精神》:法国启蒙思想家孟德斯鸠关于法律和政治思想的传世之作,《论法的精神》的汉译历史迄今已逾百年,影响深远。
24. 《法哲学原理》:黑格尔代表作,著名学者贺麟撰写评述。
25. 《法学方法论》:德国法学家拉伦茨代表作,20世纪法学理论经典。

六、社会学

26. 《乡土中国 生育制度 乡土重建》:作者费孝通是中国社会学和人类学的奠基人之一。一本书带你走进中国社会深层结构。
27. 《第四种国家的出路》:"发展都市以救济农村",以人口密度和职业分派为标准,将世界上的各个国家分为四种类型。
28. 《中国乡约制度》:杨开道先生代表作,研究乡村组织和自治习俗的杰作,2017年商务印书馆人文社科十大好书之一。
29. 《菊与刀》:其被认为史上描写日本文化的第一书,现代日本学的鼻祖,了解日本的必读经典。"领袖必读的100本名著之一"(美国《领袖周刊》)。
30. 《金枝》:现代人类学的奠基之作,一部阐述巫术和宗教起源的权威经典。

七、自然

31. 《十字水自然笔记》:在一处行走,在一处观察,在一处记录,一期一会,在地关怀。
32. 《草木缘情——中国古典文学中的植物世界》(第二版):不了解中国古典文学中的植物,可能无法了解古典文学的美。它被评为2015年"中国好书"。
33. 《发现之旅——历史上最伟大的十次自然探险》:跟随历史上最伟大的十次自然探险,感悟震撼心灵的万物之美;穿越300年历史的时间隧道,感受美的自然奇观。
34. 《山楂树传奇——远古以来的食物、药品和精神食粮》:从政治、文化和博物学的角度深入阐释山楂树的内涵,将个人、历史与自然密切缝合在一起。
35. 《中国鸟类图鉴》:全球观鸟人必备的日常参考资料,收录专业照片3 100余张,中国最早倡导、指导观鸟活动的专业学者赵欣如,带你用一本书看懂中国本土1 384种鸟类。

八、科学

36. 《科学究竟是什么?》:论述当代科学哲学的代表作,全球流行的科学哲学教科书。了解20世纪最有影响的科学哲学大家如波普尔、库恩等,带你走进科学哲学的殿堂。
37. 《科学中的革命》:科学革命的概念史研究经典,讲述四个世纪以来的近现代科学革命。
38. 《从封闭世界到无限宇宙》:这场革命改变了我们的思维框架和模式,近代科学和哲学既是其根源又是其成果。
39. 《十七世纪英格兰的科学、技术与社会》:科学社会学的奠基之作。近代科学除了是一种独特的进化中的知识体系,同时也是一种带有独特规范框架的"社会体制"。
40. 《晨曦集》:了解一代科学巨擘杨振宁的治学心迹与家国情怀,代表杨振宁先生近期思想的重要著作。"物理学的巨大成就仅仅是杨先生的一半,另外一半是他的中国情怀,两者互为表里,关系密不可分。"

九、文化

41. 《中国文化史导论》(修订本):继《国史大纲》后,钱穆先生首部系统阐述他对中国文化看法的著作,也是他一生中重要的学术代表作。书中就通史中有关文化史一端作导论。故此书当与《国史大纲》合读,方能获得著者写作之大意所在。

42. 《东西文化及其哲学》:梁漱溟先生代表作,被视为现代新儒学的开山之作。

43. 《文化与人生》:贺麟先生代表作,从各个方面,从不同的问题去表达出作者所体察到的新人生观和新文化应取的途径。在发挥自己的文化见解和人生见解时,作者尽量同情理解并发扬中国固有文化的优点,并介绍西洋文化的意义、西洋人的近代精神和新人生观。

44. 《中国的文化与中国的兵》:雷海宗代表作,全书分为上、下两编。

45. 《久旷大仪:汉代儒学政制研究》:回到儒学政制的起点,还原中华政制的内核;致力于探讨汉代儒生重建礼制体系为经国大典,以取代秦制律令体系,复兴周礼的历史进程。

十、文学

46. 《诗的八堂课》:中国人的世界是舌尖上的世界,中国人的诗也是舌尖上的诗,中国人与生俱来地能够品味诗的味道。荣获商务印书馆2017年人文社科好书、2017年中国好书等多项荣誉。

47. 《红楼梦》:中国古典小说的最高峰,中国封建社会的百科全书;中国文学史上最伟大而又最复杂的作品。

48. 《中国小说史略》:鲁迅先生代表作,中国文学研究现代进程中具有开启先河之功的重要著作。

49. 《莎翁戏剧经典》:莎士比亚是英国16世纪文艺复兴时期的伟大作家和诗人,也是世界文坛上的巨擘。"莎翁戏剧经典"丛书重点选出莎士比亚的12部经典作品,在裘克安主编的"莎士比亚注释"丛书的基础上进行了改编修订,并加入了精美的插图。

50. 《波德莱尔作品集》:收录波德莱尔代表性作品,著名翻译家郭宏安权威翻译。

十一、认识大学

51. 《浪迹十年之联大琐记》:追索一个学者的求学轨迹。陈达(1892—1975),著名社会学家,长期担任清华大学社会学系系主任,抗战时期任西南联合大学历史社会学系系主任和清华大学国情普查研究所所长。

52. 《往事偶记》:从清华到西南联大,陈岱孙一直都是主事者。"他以一个学者的眼光,记录下了其所亲历的大时代。"本书作者陈岱孙(1900—1997),著名经济学家、教育家,被誉为"中国经济学一代宗师"。

53. 《国家精英:名牌大学与群体精神》:布尔迪厄代表作,探讨了法国精英阶层的社会再生产过程。

54. 《我的大学》:2017年国家科学技术进步奖获得者、78级大学生蔡天新教授的大学回忆,学习、生活、诗歌、远游,把我们带回那个热情飞扬的岁月,带我们憧憬自己的大学生活。

55. 《大学的革新》:本书作者围绕大学的核心使命——培养人才,阐述影响当前高等教育改革与发展的理念、质量、治理等重要课题。

十二、人格

56. 《中华民族的人格》:我们这个民族从不缺少顶天立地的豪杰,他们或重然诺,讲信义,或临危不苟,忠肝义胆,甚或杀身成仁,舍生取义。

57. 《中国人的心灵——三千年理智与情感》：深入中华民族三千年来内在心灵与思想，展示中华民族三千年的理智与情感，寻找那些在文学中避难的心灵，去无限接近古人的真实情怀，去感受古代文学的大美大善、大哀大痛、大喜大悲。
58. 《孟子》：生，亦我所欲也；义，亦我所欲也。二者不可得兼，舍生而取义者也。孟子继承并发展了孔子的思想，与孔子并称"孔孟"。后世追封孟子为"亚圣公"，尊称其为"亚圣"。
59. 《庄子今注今译》：著名学者陈鼓应今注今译，庄子经典译本最新修订版。
60. 《道德情操论》：不读《国富论》不知道应该怎样才叫"利己"，读了《道德情操论》才知道"利他"才是问心无愧的"利己"。世界思想史上的经典之作，市场经济良性运行不可或缺的"圣经"。

十三、爱情

61. 《红楼梦的儿女真情》：本书是献给天下有情人的一本爱情宝典，与有缘人一起读红楼、知宝黛、感真情。
62. 《爱情小说史》：世界第一部关于爱情小说的世界通史。倘徉于经典爱情作品的世界里，八十余部世界著名爱情小说，一幅波澜壮阔的爱情文学壁画，步入一个个浪漫的故事。
63. 《爱欲的统治》：从"性"的视角观察人类社会和情感的发展。按照柏拉图的说法，这个无所不能的"爱欲的暴君占据着我们的灵魂，控制着我们的一切行动"。
64. 《寄不出的情书》《收不到的情书》：每个人的心中都有一封寄不出的情书，都有一封收不到的情书。这是感动全日本的186封永远无法寄出的情书，每封信表现出当事者真切的情感，有些是单纯的人性，有些则隐含着故事，宛如人生万花筒一般缤纷。
65. 《新爱洛绮丝》：阿尔卑斯山麓一小城中两个情人的书简，一个18世纪贵族姑娘和她的家庭教师的恋爱故事。

十四、饮食

66. 《吃货辞典》：饮食，是一切文明的基础。本书是吃货必备的寻宝书。
67. 《华夏饮食文化》：走进中国饮食文化，探求古人生活的趣味。
68. 《时蔬小话》：唯时蔬与爱不可辜负！一餐蔬菜博物学的盛宴。
69. 《厨室探险——揭示烹饪的科学秘密》：探讨美食背后的科学原理，看科学准则如何应用于各种类型食物的烹饪，并为烹饪方法提供科学解释。
70. 《漫画北京传统小吃》：探访各色北京小吃店铺日常，通过漫画讲述16种北京传统小吃的前世今生。艾窝窝、糖葫芦、驴打滚、烧麦、豆汁儿、白水羊头……

十五、职场

71. 《议事规则》：如何提出议事事项，如何听取和发表意见，如何提出动议和如何表决？美国最广受承认的议事规范；如有未尽事宜，以罗伯特议事规则为准。
72. 《时间管理——高效率人士的成功利器》：如何才能将时间集中在最为关键的工作上？帮助你最大限度的利用时间，最终达成目标。
73. 《101个职场必胜诀窍》：本书给职场老手和新人提供了如何攀登职业生涯之梯的简单诀窍，揭示了成功的不成文的和无言的规则。
74. 《职业伦理与公民道德》：揭示职业伦理在现代社会发展中所起的奠基性作用。
75. 《独立思考：日常生活中的批判性思维》：国内第一本"批判性思维"全彩杂志书，如何在实际生活中使用批判性思维技能？独立思考，不盲从。

十六、汉语工具书

76. 《新华字典》(第11版):新中国第一部现代汉语字典,伴随国人成长,品牌代代相传。世界上"最受欢迎的字典"和"最畅销的书"(定期修订)。

77. 《现代汉语词典》(第7版):由国务院下达指示编写,以推广普通话、促进现代汉语规范化为宗旨的工具书,我国第一部规范型现代汉语词典。本书荣获国家图书奖、国家辞书奖、中国出版政府奖等奖项。中国人的常备词典。

78. 《古汉语常用字字典》(第5版):学习古汉语的必备工具书,荣获首届中国辞书奖一等奖,迄今发行量超过千万册。

79. 《古代汉语词典》(第2版):语文教师、中学生、文字工作者案头必备。学习古代汉语和阅读古籍使用的中型语文工具书,荣获国家辞书奖。

80. 《辞源 第三版》(U盘版):中国现代史上第一部大型语文性工具书,阅读古籍必备,古典文史研究工作者常备。

十七、学好英语

81. 《如何学好英语》:畅销近40年的名刊,集合中外顶尖的86位名家。

82. 《柯林斯COBUILD英语语法大全》(第3版):自出版以来近20次连续重印,依据不断更新、收词达45亿的柯林斯语料库,根据过去20年来的语言资料大数据成果。一部实用的现代英语语法工具书,只为每一个对如何运用英语感兴趣的人。

83. 《柯林斯COBUILD英语用法大全》(第3版):中高级英语学习者及英语教师理想的参考书。只会背单词可不行,掌握用法才是关键。

84. 《牛津高阶英汉双解词典》(第9版):中国人学习英语的常备词典。全球销量最大的英语词典,两个百年品牌的强强联合,两个辞书王国的倾情巨献。

85. 《牛津3 000词学习手册》(全三册):英语中最常用、使用范围最广、英语使用者最熟悉的3 000个单词。学好牛津3 000词,掌握一般英语文本中达85%的单词,为英语学习打下坚实的基础。

十八、读书

86. 《如何阅读一本书》:一部永不褪色的阅读指导经典,行销75年,经修订历久弥新。

87. 《古今名人读书法》:不仅是读书法方法,更是一部中国人阅读的历史,一部国学指导教材。

88. 《滴青蓝》:如何一窥文学的门道?如何欣赏文学的热闹?如何从文学的门道中看出更多的热闹?著名文学家王鼎钧带你走进文学的门道,品味文学的热闹。

89. 《经典三读》:一位"高龄少男",为爱"撒着欢儿"写作的"隔壁老王",带你读孔子、老庄、李商隐和《红楼梦》。

90. 《风雨故人来:钱理群谈读书》:收录钱理群先生20余篇谈读书的文章,讲述知名学者的读书之道。

十九、大师文集

91. 《大卫·李嘉图全集》:大卫·李嘉图是英国著名的政治经济学家,西方古典经济学的代表人物之一。他在价值、地租、贸易、工资、利润等领域都很有建树,在比较优势理论和等价定理问题上更是作出了突出的理论贡献。

92. 《卢梭全集》:目前国内出版界和学界有关卢梭著作规模最大、品种最全的一次结集出版。全集的翻译工作由我国卢梭问题研究专家、资深译者李平沤先生担纲主持。

93. 《费希特文集》:本文集包括费希特在其哲学体系形成、建立和演变时期公开发表过的重要著作。文集共分为五卷。
94. 《托克维尔文集》:本文章收录了法国著名政治家、社会学家和历史学家托克维尔享誉世界的三部经典著作。
95. 《海德格尔文集》:本文章收录海德格尔的代表性著作 30 卷,其中前 16 卷为海德格尔生前出版的全部著作,其余 14 卷为海德格尔的重要讲座稿和手稿。可以说,本套文集基本呈现了海德格尔哲学的总体面貌。

二十、中外智慧

96. 《世界名人传记丛书》:人类中最优秀的人物和你们同在,丛书所选人物均为各时代、各国家、各民族的名流巨擘,他们的业绩和思想深刻影响了世界历史进程,甚至塑造了世界格局和人类文明。本书所选传记或运笔于人物生平事迹,或着墨于智识求索,均为内容翔实、见识独到之作。
97. 《涵芬书坊》:由大家小品构成的开放性书系,文体包罗万象,作者无一不是各个领域的大家。与大师们进行思想交流。
98. 《中国文库》:屹立在精神山脉上的长城,中国读者必读必备的经典性、工具性名著。
99. 《中华现代学术名著丛书》:第一流中国知识人的 200 部名著,国内规模宏大、体系完整的大型现代学术原创经典。该丛书全面整理中华现代学术成就,深入探寻现代中国百年学脉,展现传统文化的新变,追溯现代文化的根基。
100. 《汉译世界学术名著丛书》:"迄今为止人类已经达到过的精神世界。"百余年来,凡在世界学术史上有反响、有定评,在某一学科称得上是里程碑式的作品均通过汉译名著传入我们的知识谱系,一个时代、一个民族、一种思潮的代表者的作品,也都通过汉译名著丰富了我们的精神世界。

(资料来源:选自商务印书馆整理的"值得大学生读的一百本书",2019 年 1 月 25 日发布)。

项目 8　从哲理句段中获取职场励志

名言、经典句段或广为传唱的歌词中往往蕴含着深邃的哲理,闪耀着理性的光辉,凝结着人生智慧,为我们的学习、生活和工作提供宝贵的借鉴和有益的指导,本项目推荐一些关于治学、处世的经典励志哲理名言,希望大家理解和领悟其中的意义,愿这些隽永的句子能带给你精神的鼓舞,心灵的慰藉。

名人名言

1. 少壮不努力,老大徒悲伤。—— 汉乐府古辞《长歌行》
2. 业精于勤,荒于嬉。—— 韩愈《进学解》
3. 一寸光阴一寸金,寸金难买寸光阴。——《增广贤文》
4. 天行健,君子以自强不息。——《周易·乾·象》
5. 岁寒,然后知松柏之后凋也。——《论语·子罕》

6. 青,取之于蓝,而青于蓝;冰,水为之,而寒于水。——《荀子·劝学》
7. 丈夫志四海,万里犹比邻。—— 曹植《赠白马王彪》
8. 天将降大任于斯人也,必先苦其心志,劳其筋骨,饿其体肤,空乏其身,行拂乱其所为。——《孟子·告子下》
9. 锲而舍之,朽木不折;锲而不舍,金石可镂。——《荀子·劝学》
10. 路漫漫其修远兮,吾将上下而求索。—— 屈原《离骚》
11. 夫尺有所短,寸有所长;物有所不足,智有所不明。—— 屈原《卜居》
12. 忧劳可以兴国,逸豫可以亡身。——《新五代史·伶官传序》
13. 古之立大事者,不惟有超世之才,亦必有坚忍不拔之志。—— 苏轼《晁错论》
14. 日日行,不怕千万里;常常做,不怕千万事。——《格言联璧·处事》
15. 积土而为山,积水而为海。——《荀子·儒效》
16. 人非圣贤,孰能无过。——《训俗遗规》
17. 不为外撼,不以物移,而后可以任天下之大事。——吕坤《呻吟语·应务》
18. 傲不可长,欲不可纵,乐不可极,志不可满。—— 魏徵
19. 不傲才以骄人,不以宠而作威。—— 诸葛亮
20. 人生像攀登一座山,而找寻出路,却是一种学习的过程,我们应当在这过程中,学习稳定、冷静,学习如何从慌乱中找到生机。——席慕蓉
21. 做人也要像蜡烛一样,在有限的一生中有一分热,发一分光,给人以光明,给人以温暖。—— 萧楚女
22. 所谓天才,只不过是把别人喝咖啡的工夫都用在工作上了。——鲁迅
23. 一分钟一秒钟自满,在这一分一秒间就停止了自己吸收的生命和排泄的生命。只有接受批评才能排泄精神的一切渣滓。只有吸收他人的意见才能添加精神上新的滋养品。——徐特立
24. 在劳力上劳心,是一切发明之母。事事在劳力上劳心,便可得事物之真理。—— 陶行知
25. 骄傲自满是我们的一座可怕的陷阱;而且,这个陷阱是我们自己亲手挖掘的。——老舍
26. 如果你年轻时就没有学会思考,那么就永远学不会思考。——[美]爱迪生
27. 人要是惧怕痛苦,惧怕种种疾病,惧怕不测的事情,惧怕生命的危险和死亡,他就什么也不能忍受了。——[法]卢梭
28. 人的一生,总是难免有浮沉。不会永远如旭日东升,也不会永远痛苦潦倒。反复地一浮一沉,对于一个人来说,正是磨炼。因此,浮在上面的,不必骄傲;沉在底下的,更用不着悲观。必须以率直、谦虚的态度,乐观进取,向前迈进。——[日]松下幸之助
29. 懒惰像生锈一样,比操劳更能消耗身体;经常用的钥匙,总是亮闪闪的。——[美]富兰克林
30. 患难可以试验一个人的品格,非常的境遇方才可以显出非常的气节;风平浪静的海面,所有的船只都可以并驱竞胜。命运的铁拳击中要害的时候,只有大勇大智的人才能够处之泰然……——[英]莎士比亚
31. 失去财产的人损失很大,失去朋友的人损失更大,失去勇气的人则损失了一切。——[西班牙]塞万提斯

32. 不要将过去看成是寂寞的,因为这是再也不会回头的。应想办法改善现在,因为那就是你,毫不畏惧地鼓起勇气向着未来前进。——[美]朗费罗
33. 悲观的人虽生犹死,乐观的人永生不老。——[英]拜伦
34. 乐观是一首激昂优美的进行曲,时刻鼓舞着你向事业的大路勇猛前进。——[法]大仲马
35. 顽强的毅力可以征服世界上任何一座高峰!——[美]狄更斯
36. 生活就像海洋,只有意志坚强的人,才能到达彼岸。——[德]马克思
37. 我们不得不饮食、睡眠、游玩、恋爱,也就是说,我们不得不接触生活中最甜蜜的事情,不过我们必须不屈服于这些事物。——[法]居里夫人
38. 涓滴之水终可磨损大石,不是由于它力量大,而是由于昼夜不舍的滴坠。只有勤奋不懈的努力才能够获得那些技巧。——[德]贝多芬
39. 人类学会走路,也得学会摔跤,而且只有经过摔跤他才能学会走路。——[德]马克思
40. 成功并不能用一个人达到什么地位来衡量,而是依据他在迈向成功的过程中,到底克服了多少困难和障碍。——[美]布克·华盛顿
41. 理想是指路明灯。没有理想,就没有坚定的方向,而没有方向,就没有生活。——[俄]列夫·托尔斯泰
42. 别因为落入了一把牛毛就把一锅奶油泼掉,别因为犯了一点错误就把一生的事业扔掉。—— 蒙古谚语
43. 在天才和勤奋两者之间,我毫不迟疑地选择勤奋,她是几乎世界上一切成就的催产婆。——[美]爱因斯坦
44. 要使人成为真正有教养的人,必须具备三个品质:渊博的知识、思维的习惯和高尚的情操。知识不多就是愚昧;不习惯于思维,就是粗鲁或蠢笨;没有高尚的情操,就是卑俗。——[俄]车尔尼雪夫斯基
45. 读书和学习是在别人思想和知识的帮助下,建立起自己的思想和知识。——[俄]普希金
46. 每个人都知道,把语言化为行动,比把行动化为语言困难得多。——[苏联]高尔基
47. 壮志与毅力是事业的双翼。—— 德国谚语
48. 喷泉的高度不会超过它的源头;一个人的事业也是这样,他的成就绝不会超过自己的信念。——[美]林肯
49. 信仰,是人们所必需的。什么也不信的人不会有幸福。——[法]雨果
50. 一个不注意小事情的人,永远不会成就大事业。——[美]卡耐基

 小贴士

电影经典台词

1. 你们一直抱怨这个地方,但是你们却没有勇气走出这里。——《飞越疯人院》
2. 人是很贪婪,但是也很勇敢,面对浩瀚的宇宙,没有心里的爱和勇敢,我们就真的太渺小了。——《星际穿越》
3. 如果没有你,如此的良辰美景,让我去向何人诉说?——《天使爱美丽》
4. 第一下掌声可能要等很久,只要你尽了力,一定会有人欣赏。——《英雄本色》

5. 星星之所以美丽,是因为它的某一颗上有一朵看不见的花。沙漠之所以美丽,是因为它的某一个地方藏着一口井。——《小王子》
6. 当太阳照耀海面的时候,我就想到你。当春天出现昏暗的月光,我就想到你。——《假如爱有天意》
7. 世界上有太多孤独的人,害怕先踏出第一步。——《绿皮书》
8. 在你想要放弃的那一刻,想想为什么当初坚持走到这里。——《美国丽人》
9. 我不能等你一年零一个月了,也不能等你到二十五岁了,但是我会等你一辈子。——《山楂树之恋》
10. 如果你不出去走走,就会以为眼前的就是全世界。——《天堂电影院》
11. 人生就像是一块拼图,认识一个人越久越深,这幅图就越完整。但它始终无法看到全部,因为每一个人都是一个谜,没必要一定看透,却总也看不完。——《南城旧事》
12. 骄傲多半不外乎我们对我们自己的估价,虚荣却牵涉到我们希望别人对我们的看法。——《傲慢与偏见》
13. 生命的意义远不止是生存,真正的技巧在于学会永远靠自己生活。——《加勒比海盗》
14. 太多理所当然的幸福让我们麻木,进而使我们错误地认为它已经消失了,但其实幸福一直都在。——《素媛》
15. 我觉得生命是一份礼物,我不想浪费它,你不会知道下一手牌会是什么,要学会接受生活。——《泰坦尼克号》
16. 人,得自个儿成全自个儿。要想人前显贵,必得人后受罪!——《霸王别姬》
17. 如果你有梦想的话,就要去捍卫它!那些一事无成的人才会告诉你,你也成不了大器。——《当幸福来敲门》
18. 当你最认为困难的时候,其实就是你最接近成功的时候。——《当幸福来敲门》
19. 人生就像一盒巧克力,你永远不知道会尝到哪种滋味。——《阿甘正传》
20. 我不觉得人的心智成熟是越来越宽容涵盖,什么都可以接受。相反,我觉得那应该是一个逐渐剔除的过程,知道自己最重要的是什么,知道不重要的东西是什么。而后,做一个简单的人。——《阿甘正传》
21. 十年太长,什么都有可能改变;一辈子太短,一件事都有可能做不完:回忆永远站在背后,你无法抛弃,只能拥抱。——《摆渡人》
22. 我有一杯酒,敬给这一场大梦,相见时不远万里,分别时各奔东西。——《摆渡人》
23. 日子就像喝茶一样,只会苦一阵子,不会苦一辈子。——《嫌疑人X的献身》
24. 事情总是这样的,只有当你真正感受到对死亡的恐惧,你才会学到要珍惜生命。——《这个杀手不太冷》
25. 有些爱,也许从未说出口,才愈加显得珍贵。——《这个杀手不太冷》
26. 撒谎是人之本性,在大多数时间里我们甚至都不能对自己诚实。那是因为人们太脆弱了,所以才撒谎,甚至是对自己撒谎。——《罗生门》
27. 人生就是不断地放下,但最遗憾的是,我们来不及好好告别!——《少年派的奇幻漂流》

28. 如果我们在人生中体验的每一次转变都让我们在生活中走得更远,那么,我们就真正的体验到了生活想让我们体验的东西。——《少年派的奇幻漂流》
29. 不管何时何地,做你想做的事永远都不嫌晚。——《美国往事》
30. 孤独并不可怕,可怕的是恐惧孤独。——《美国往事》
31. 你要一直不停地往前走,不然你不会知道生活还会给你什么。——《美国往事》
32. 想要在这个世界上留下自己活过的证据,因为好不容易生而为人。——《被嫌弃的松子的一生》
33. 如果你打算要办一件事,而你又想知道此事是否妥当,那就想象一下那件事堂而皇之地印在报纸上,全世界的人都看得到。——《消失的爱人》
34. 最好的计划就是没有计划。因为一旦定了计划,人生就绝对不会按照计划来。所以做人就得没有计划,没有计划也就不会出差错。——《寄生虫》
35. 七宗罪:傲慢、妒忌、暴怒、懒惰、贪婪、贪食、色欲。——《七宗罪》
36. 过去就让它过去,明天还要开始啊。——《无间道》
37. 总有些人,悄悄地来,默默地等,如灯照亮了我们的行程,温暖了我们的人生。——《可可西里的美丽传说》
38. 身体可以被禁锢,但自由的信念会永远传递。——《飞越疯人院》
39. 不管你做什么,都要做到极致,工作就工作,笑就笑,吃饭的时候要像是最后一餐那样去享受。——《绿皮书》
40. 世界上本没有路,有了腿便有了路。——《让子弹飞》
41. 什么叫做"可惜"啊,要心中有个"惜"字儿,才知道可惜。——《饮食男女》
42. 我宁愿和你共度凡人短暂的一生,也不愿一个人看尽这世界的沧海桑田。——《指环王》
43. 人间最高贵的是善良,是对生命的致敬。——《我不是药神》
44. 没有什么比时间更具有说服力了,因为时间无需通知我们就可以改变一切。——《活着》
45. 一个人也能创造奇迹——《钢铁侠》
46. 旅途中你一定要小心谨慎,比你强的人都曾迷失过方向。——《奇异博士》
47. 无论明天发生什么,你必须要答应我一件事。别忘了你是谁,不要做一个好士兵,而要做一个好人。——《美国队长》
48. 我们都知道,团结让我们强大,分裂令我们弱小。——《黑豹》
49. 别让你的过去决定你的未来。——《蚁人》
50. 能力越大,责任越大。——《蜘蛛侠》

参 考 文 献

[1] 王慧芳.职场沟通与工作效率[M].北京:高等教育出版社,2017.
[2] 张蕾.团队协作中的职场沟通[M].北京:北京大学出版社,2018.
[3] 李志强.组织文化与职场沟通[M].北京:清华大学出版社,2016.
[4] 李天田.沟通的方法[M].杭州:浙江人民出版社,2021.
[5] 王荣生,陈隆生.实用文教学教什么[M].上海:华东师范大学出版社,2014.
[6] 李薇.财经应用文写作[M].北京:高等教育出版社,2019.
[7] 张岱年,方克立.中国文化概论[M].北京:北京师范大学出版社,2004.
[8] 钱穆.中国文化史导论[M].北京:商务印书馆,1994.
[9] 宗白华.美学散步[M].上海:上海人民出版社,2015.
[10] 上海市松江县地方史志编纂委员会.松江县志[M].上海:上海古籍出版社,2012.
[11] 葛兆光.中国思想史[M].上海:复旦大学出版社,2000.
[12] 周振甫.周易译注[M].北京:中华书局,1991.
[13] 南怀瑾.禅宗与道家[M].上海:复旦大学出版社,1991.
[14] 余英时.士与中国文化[M].上海:上海人民出版社,1987.
[15] 费孝通.乡土中国[M].北京:北京出版社,2009.
[16] 张爱玲.张爱玲全集[M].北京:十月文艺出版社,2019.

附录1　PSC(普通话水平测试)简介

一、PSC是什么

PSC是普通话水平测试的简称。PSC是一项国家级测试,是贯彻《中华人民共和国宪法》第十九条第五款"国家推广全国通用的普通话"这一政策的具体措施。它是对应试人运用普通话的规范程度的口语考试,不是口才的评定,而是对应试人掌握和运用普通话所达到的规范程度的测查和评定,是应试人的汉语标准语测试。

二、PSC考什么

PSC试卷由四个测试项构成,总分为100分。

(一) 读单音节字词100个(限时3分30秒,占10分)

这一部分的目的是考查应试人普通话声母、韵母和声调的发音。

例题:

读单节字词100个:

歪	右	城	丢	夏	内	吨	孔	挂	趁
装	杂	春	私	草	催	软	日	胸	运
盆	胖	而	车	学	左	页	猜	穷	朵
鱼	慌	按	再	亏	拟	均	捐	坑	目
颇	品	谋	封	归	粉	桨	腹	联	滴
翁	卵	本	狂	遮	夸	虹	窜	置	居
石	胞	秧	笙	铐	雁	宁	梨	哑	鹤
蛹	响	蟹	脑	武	舌	轴	宵	判	膛
应	团	刺	略	膜	胃	泉	丁	耐	辣
碑	药	鳃	邢	妻	踹	秦	她	润	砣

(二) 读双音节词语100个音节(限时2分30秒,占20分)

这一部分除了考查应试人声、韵、调的发音,还要考查上声变调、儿化韵和轻声的读音。

例题:

读多音节词语100个音节:

首都	方针	电台	家庭	明年	玻璃	女儿	
咳嗽	法律	干活儿	喜欢	登记	群众	资格	
帮助	能源	漂亮	积极	尽管	聊天儿	替代	
妄想	殴打	散文	宣告	执照	迟疑	冰棍儿	
培训	敏锐	挖掘	迥然	沙瓤	寸阴	怀旧	

快慰	掐算	撇嘴	疮口	词序	滑动	赠阅
牛虻	半导体	族人	费用	墨水儿	恩爱	蒙古包

(三) 短文朗读(限时4分钟,占30分)

从《普通话水平测试大纲》第五部分朗读材料(1~60号)中任选,读前400字。这一部分的目的是考查应试人使用普通话朗读书面材料的能力,重点考查语音、语流音变、语调等。

例题:

朗读短文(400个音节,共30分,限时4分钟)作品6号:

我常想读书人是世间幸福人,因为他除了拥有现实的世界之外,还拥有另一个更为浩瀚也更为丰富的世界。现实的世界是人人都有的,而后一个世界却为读书人所独有。由此我想,那些失去或不能阅读的人是多么的不幸,他们的丧失是不可补偿的。世间有诸多的不平等,财富的不平等,权力的不平等,而阅读能力的拥有或丧失却体现为精神的不平等。

一个人的一生,只能经历自己拥有的那一份欣悦,那一份苦难,也许再加上他亲自闻知的那一些关于自身以外的经历和经验。然而,人们通过阅读,却能进入不同时空的诸多他人的世界。这样,具有阅读能力的人,无形间获得了超越有限生命的无限可能性。阅读不仅使他多识了草木虫鱼之名,而且可以上溯远古下及未来,饱览存在的与非存在的奇风异俗。

更为重要的是,读书加惠于人们的不仅是知识的增广,而且还在于精神的感化与陶冶。人们从读书学做人,从那些往哲先贤以及当代才俊的著述中学得他们的人格。人们从《论语》中学得智慧的思考,从《史记》中学得严肃的历史精神,从《正气歌》中学得人格的刚烈,从马克思学得人世的激情,从鲁迅学得批判精神,从托尔斯泰学得道德的执着。歌德的诗句刻写着睿智的人生,拜伦的诗句呼唤着奋斗的热情。一个读书人,一个有机会拥有超乎个人生命体验的幸运人。

(节选自谢冕《读书人是幸福人》)

(四) 说话(3分钟,占40分)

这一部分的话题从《普通话水平测试用话题》中选取。应试人从给定的两个话题中选定1个话题,连续说一段话。这一部分的目的是考查应试人在无文字凭借的情况下说普通话所达到的规范程度。

例题:

命题说话(下列话题任选一个,共40分,限时3分钟):

1. 我的愿望
2. 我最喜欢的动物(或植物)

三、PSC 的等级

应试人在运用普通话口语进行表达过程中所表现的语音、词汇、语法规范程度,是评定其所达到的水平等级的重要依据。国家语言文字工作委员会颁布的《普通话水平测试等级标准》是划分普通话水平等级的全国统一标准。普通话水平等级分为三级六等,三级即一、二、三级,每个级别再分出甲、乙两个等次;一级甲等为最高,三级乙等为最低。应试人的普通话水平根据在测试中所获得的分值确定。

PSC等级标准如下。

一级甲等:朗读和自由交谈时,语音标准,语汇、语法正确无误,语调自然,表达流畅。测试总失分率在3%以内。

一级乙等:朗读和自由交谈时,语音标准,语汇、语法正确无误,语调自然,表达流畅。偶有字音、字调失误。测试总失分率在8%以内。

二级甲等:朗读和自由交谈时,声韵调发音基本标准,语调自然,表达流畅。少数难点音(平翘舌音、前后鼻尾音、边鼻音等)有时出现失误。语汇、语法极少有误。测试总失分率在13%以内。

二级乙等:朗读和自由交谈时,个别调子不准,声韵母发音有不到位现象。难点音较多(平翘舌音、前后鼻尾音、边鼻音、fu－hu、z-zh-j、送气不送气、i－ü不分、保留浊塞音、浊塞擦音、丢介音、复韵母单音化等),失误较多。方言语调不明显,有使用方言词、方言语法的情况。测试总失分率在20%以内。

三级甲等:朗读和自由交谈时,声韵母发音失误较多,难点音超出常见范围,声调调值多不准。方言语调明显。语汇、语法有失误。测试总失分率在30%以内。

三级乙等:朗读和自由交谈时,声韵调发音失误多,方音特征突出。方言语调明显。语汇、语法失误较多。外地人听其谈话有听不懂的情况。测试总失分率在40%以内。

四、普通话等级要求

根据国家及有关部委的要求,现阶段有关从业人员的普通话水平达标要求如下。

中小学及幼儿园、校外教育单位的教师,普通话水平不低于二级,其中语文教师不低于二级甲等,普通话语音教师不低于一级;高等学校的教师,普通话水平不低于三级甲等,其中现代汉语教师不低于二级甲等,普通话语音教师不低于一级;对外汉语教学教师,普通话水平不低于二级甲等。

报考中小学、幼儿园教师资格的人员,普通话水平不低于二级。

师范类专业以及各级职业学校的与口语表达密切相关专业的学生,普通话水平不低于二级。

国家公务员,普通话水平不低于三级甲等。

国家级和省级广播电台、电视台的播音员、节目主持人,普通话水平应达到一级甲等,其他广播电台、电视台的播音员、节目主持人的普通话达标要求按国家广播电视总局的规定执行。

话剧、电影、电视剧、广播剧等表演、配音演员,播音、主持专业和影视表演专业的教师、学生,普通话水平不低于一级。

公共服务行业的特定岗位人员(如广播员、解说员、话务员等),普通话水平不低于二级甲等。

五、PSC证书

应试者经过测试,可获得《国家普通话水平测试等级证书》。《国家普通话水平测试等级证书》由国家语言文字工作委员会统一制作。证书内将记录应试者的测试成绩和相应的等级。

PSC 朗读题

PSC 说话题

附录2　HZC(汉字应用水平测试)简介

一、HZC 是什么

HZC是汉字应用水平测试的简称,是由中华人民共和国教育部、国家语言文字工作委员会组织实施的一项语言类标准化水平测试。它通过标准化的施测、阅卷、评分、转换原始分数等程序,判断应试人使用汉字所达到的水平。

根据《中华人民共和国国家通用语言文字法》的规定,在一切使用国家通用文字的场合,规范汉字的使用应当符合国家颁布的有关规范和标准。作为规范汉字的使用者,公民应当具有国家通用语言文字的规范意识,应当正确使用规范汉字。汉字应用水平测试正是贯彻执行这些规定的重要举措。通过测试,明确相关人群汉字应用水平的等级要求,从而使我们的社会用字环境得到进一步改善,促进我国国民提高国家通用语言文字的规范意识和应用水平。

二、HZC 适用范围有哪些

汉字应用水平测试大纲规定了具有中等以上受教育程度人群使用汉字应当达到的水平。它适用于各级政府部门、新闻出版单位、各级各类学校和教育机构、其他事业单位和企业单位等录用人员和核定在职人员资格,以及各级各类学校考核学生汉字应用水平。

HZC采用标准化的测量手段向应试人提供明确的反馈信息,使他们了解自己掌握和应用汉字的实际水平。HZC是标准化的水平测试,测试结果一般反映两个方面的信息:一方面是对应试人已经具备的知识和能力特征的描述,如在使用环境中能够掌握和使用的汉字的大致数量,掌握和使用汉字形、音、义的基本表现,在阅读和书面表达中所具有的汉字基础,等等;另一方面是应试人在整个受测群体中的相对位置,如导出分数、水平等级所反映的不同应试人之间的差异性等。

对用人单位或教育机构而言,通常把测试成绩用于某种岗位的入职要求,用来录用工作人员或核定在职人员资格;或者用于考核受教育者是否具备完成某种教育的能力,受教育后是否达到预期的程度。

三、HZC 考什么

HZC衡量的是考生在以我国法定的国家通用文字——规范汉字为媒介的阅读、书写等活动中,掌握和使用汉字的数量,以及对汉字的字形、读音、意义及用法掌握和使用的准确程度等。

作为一项标准化的水平测试,这项测试不针对任何特定的教学大纲和教科书,其考查范围和内容的依据是:国家颁布的有关规范汉字的字形、读音等标准,权威工具书中汉字的普通话读音和现代汉语义项,中等以上受教育程度人群识字情况考查数据及汉语大规模平衡语料库真实文本中汉字的字频和覆盖率等数据。这项测试是一种有限的汉字和无限的使用环境相结合的客观性测试,测试结果是客观的和稳定的,对应试人在现实语言生活中应用汉字的实际水平具有良好的鉴别作用。

因此,用作考查内容的汉字是有一定限度的,冷僻字、罕用字等都没有进入考查范围,因为这项测试并不是识字量多少的竞赛;同时,这项测试旨在全面衡量应试人掌握汉字形、音、义等情况,因此它也不局限于错别字问题,而是通过书写、辨别等方式考查应试人使用汉字的综合能力。

四、HZC 等级标准

《汉字应用水平等级及测试大纲》对应试人汉字应用水平的判定是从两个方面进行的:一是掌握和使用汉字的数量,以及从字形、字音和字义三个方面表现出来的掌握和使用汉字的正确或准确程度;二是在阅读和书写中所表现出来的汉字应用水平,以及能够胜任的工作类型。这种水平等级共有三级,由高至低依次为一级、二级和三级。

HZC 针对较常用的 4 000 个汉字(见《汉字应用水平测试字表》)设定了 80% 答对率的入级标准,这是一个硬性指标,无论三个水平等级中的哪一级,都要先满足这个要求,否则将被判定为不入等级。

1. 一级水平

具备一级水平的人,应具有高等教育程度以上较高的汉字应用水平,具体表现在以下方面:

(1) 能够在使用环境中掌握和使用的汉字在 4 500～5 500 个。

(2) 能够正确地掌握和使用汉字的规范字形,辨析并纠正各种类型的写字、用字错误,如常见错误、不常见错误,简繁混用、误用异体字或不符合《简化字总表》规定的简化字,包括《第二次汉字简化方案(草案)》的简化字和社会上流行的各种简体字;由于音同、音近、形近、意近而造成的写字、用字错误,等等。

(3) 能够正确掌握和使用汉字的普通话读音,并正确使用其中的多音字,极少出现误读情况。

(4) 能够准确熟练地掌握和使用汉字的常用意义、基本用法和一些特殊用法,极少出现由于字义把握不准确而产生的理解或使用错误。

(5) 偶有汉字形、音、义方面的错误,但只是零星失误,不具有系统性特征。

(6) 在日常生活和工作中,能够阅读以规范汉字为媒介的现代文献资料,能够用规范汉字进行书面表达,流利顺畅,没有文字障碍。

(7) 能够胜任对汉字应用能力有很高要求的工作或以使用汉字为主要任务的各种类型的工作,承担的工作任务范围极广,从一般的事务性工作到书刊的编辑、校对等。

(8) 在测试中,对占标准试卷容量 70% 的测试字表甲表的测试内容,作答正确率在 80%(含)以上,HZC 试卷的分数在 600 分(含)以上。

2. 二级水平

具备二级水平的人,应具有相当于高等教育程度的汉字应用水平,具体表现在以下方面：

(1) 能够在使用环境中掌握并使用的汉字在 4 000～4 500 个。

(2) 能够比较正确地掌握和使用汉字的规范字形，辨析并纠正绝大多数的写字、用字错误。

(3) 能够比较正确地掌握和使用汉字的普通话读音，并正确使用其中绝大多数多音字，较少出现误读情况。

(4) 能够比较准确熟练地掌握和使用汉字的常用意义、基本用法和个别特殊用法，较少出现由于字义把握不准确而产生的理解或使用错误。

(5) 间或出现汉字形、音、义方面的错误，但集中在使用频率很低或很容易发生错误的汉字。

(6) 在日常生活和工作中，能够阅读以规范汉字为媒介的现代文献资料，能够用规范汉字进行书面表达，比较流利顺畅，少有文字障碍。

(7) 能够胜任对汉字应用能力有较高要求的工作或以使用汉字为主要任务的部分工作，承担的工作任务范围较广，如高等院校毕业生及中小学教师、文秘、公务人员等。

(8) 在测试中，对占标准试卷容量70%的测试字表甲表的测试内容，作答正确率在80%(含)以上，HZC试卷的分数在 500 分(含)～600 分(不含)。

3. 三级水平

具备三级水平的人，应具有相当于高中或同等教育程度的汉字应用水平，具体表现在以下方面：

(1) 能够在使用环境中掌握并使用的汉字在 3 500～4 000 个。

(2) 能够基本正确地掌握和使用汉字的规范字形，辨析并纠正大部分的写字、用字错误。

(3) 能够基本正确地掌握和使用汉字的普通话读音，并正确使用其中大部分多音字。

(4) 能够基本准确熟练地掌握和使用汉字的常用意义和基本用法。

(5) 有时出现汉字形、音、义方面的错误，但集中在使用频率较低或较容易发生错误的汉字。

(6) 在日常生活和工作中，能够阅读以规范汉字为媒介的现代文献资料，能够用规范汉字进行书面表达，虽有文字障碍，但基本流利顺畅。

(7) 能够胜任对汉字应用能力有基本要求的工作或涉及汉字应用的部分工作，承担的工作任务范围有限，如一般性的管理或事务性工作等。

(8) 在测试中，对占标准试卷容量70%的测试字表甲表的测试内容，作答正确率在80%(含)以上，试卷的 HZC 分数在 200 分(含)～500 分(不含)。

五、HZC 的方式、题量及时间

采用闭卷笔答方式，不允许自带工具书等资料进入考场。

试题分为字音认读、字形辨误、汉字选用和汉字书写四个部分，各部分均为30题，共120题。其中，第1到第93题为选择题，每题有四个选项，只有一个选项是正确的，需要将答案填涂在答题卡上。第94到第120题为书写题，需要根据要求写出恰当的汉字(需要将答案用正楷书写在答题纸的米字格内。书写的时候要特别注意字的大小、结构、笔画数及笔画之间的关系,既不要写得太大,超出米字格,也不要写得太小,不易辨认)。

考试时间为 80 分钟。

六、HZC 的题型

(一) 字音认读

"字音认读"部分旨在测查考生的汉字认读能力,包括对难认字、多音字、异读字的考查。

题型 1:

"字音认读"第一部分(15 题)要求考生判断词语和成语中的加点字注音是否正确,并将每个题目中注音错误的一项找出。第 1~10 题由双音节词语组成,第 11~15 题由成语、四字格组成。考点中既包括难认字,又包括多音字。

例题:

A. 掣肘(chè)	B. 吮吸(shǔn)	
C. 污秽(suì)	D. 雏鸡(chú)	(答案:C)
A. 一丘之貉(hé)	B. 寡廉鲜耻(xiǎn)	
C. 引吭高歌(kàng)	D. 人头攒动(cuán)	(答案:C)

题型 2:

"字音认读"第二部分(15 题)要求考生能够辨别每组词语中的加点字读音是否相同,并将每个题目中读音不同的一组找出。这部分的 15 个题目均由双音节词语组成。每组词语中的两个加点字不仅都是容易读错的汉字,而且彼此之间可能具有一定的内在联系;或者是读音相近的汉字,或者是多音字,或者是容易混淆的字。所以,除了对难认字、多音字的考查,这部分试题还包括对形声字考查。

例题:

A. 菜肴——混淆	B. 缀合——累赘	
C. 讣告——奔赴	D. 莅临——磨砺	(答案:A)
A. 暴露——露骨	B. 参差——差错	
C. 称职——对称	D. 处罚——处理	(答案:B)

(二) 字形辨误

多数汉字使用错误或者不规范,是汉字音同或音近导致的,但也不排除形近导致的别字。"字形辨误"部分旨在测查考生的汉字辨误能力。要求考生能够在词语或连续文字中发现使用错误或不规范的汉字。

题型 3:

"字形辨误"第一部分(20 题)要求考生能够判断词语(15 题)和成语(5 题)中的汉字字形是否正确、规范,并将每个题目中用字有错误或者不规范的一项找出。

例题:

A. 赦免	B. 深邃	C. 岔路	D. 聪惠	(答案:D)
A. 再接再励	B. 竭泽而渔	C. 孺子可教	D. 珠联璧合	(答案:A)

题型 4:

"字形辨误"第二部分(10 题)每段文字分为 4 个部分,要求考生能够找出含有别字的一项。语料字数为 50~200 字,通常为 100 字左右,分成 4 个部分,每个部分一般包含 10 个字以上。考点是必须结合上下文语境才能作出判断的汉字。也就是说,将该汉字所依存的词单独拿出来看是正确的,但是联系上下文可以发现该词语不符合语境在语义等方面的要求。

例题:

他的作品反应了中国人民在前进道路上的坎坷历程,/他也由初期的热情、纯真趋于后
　　　　　　(A)　　　　　　　　　　　　　　　　　　　　　　　　　(B)
来的清醒、冷峻,/而且乐观向上、激情充沛,并在创作中进行不倦的探索和创新,/成为当代
　　　　　　　　　　　　　　　　　(C)
文坛上创作最为丰硕、始终保持创作活力的作家之一。　　　　　　　　　(答案:A)
　　(D)

(三) 汉字选用

"汉字选用"部分旨在测查考生根据需要正确选用汉字的能力。

题型 5:

"汉字选用"第一部分(10 题)要求考生能够为所给词语选用恰当的汉字。题目有双音节词语组成,也有成语或四字格词语组成。

例题:

(　　)费

A. 妄　　　　B. 枉　　　　C. 冏　　　　D. 惘　　　　(答案:B)

不(　　)之论

A. 刊　　　　B. 勘　　　　C. 堪　　　　D. 戡　　　　(答案:A)

题型 6:

"汉字选用"第二部分(20 题)要求考生结合语境选择恰当的汉字。语料字数在 10~80 字之间,通常为 30 字左右。这部分试题着重考查的是字义,而非字形。它所考查的是考生能否根据一定的语义要求选择恰当的汉字,因此,迷惑选项与正确选项所对应的汉字一般会是音同或音近字。

例题:

这次考(　　)的重点是人民群众生活必(　　)品的生产情况。

A. 查、须　　　B. 查、需　　　C. 察、须　　　D. 察、需　　　(答案:D)

(四) 汉字书写

"汉字书写"部分主要考查汉字书写能力。这部分包括客观题部分和主观题部分。客观题部分考查汉字的笔顺、笔画及笔画名称;主观题部分既考查汉字的书写能力,同时也考查在阅读中发现别字的能力。

题型 7:

"汉字书写"第一部分(3 题)要求考生能够按照规范的笔顺、笔画书写汉字,并掌握汉字基本笔画的名称。

例题:

"迟"的第五笔是(　　)。

| A. 、 | B. ノ | C. ㄱ | D. 一 | (答案:A) |

"鼎"字的笔画数是( )。

| A. 10 | B. 11 | C. 12 | D. 13 | (答案:C) |

"轻"第四笔的名称是( )。

| A. 横 | B. 竖 | C. 撇 | D. 提 | (答案:D) |

题型 8:

"汉字书写"第二部分(17 题)要求考生根据拼音书写出词语、成语或句子的空格处所需的汉字。题目中既包括对难写字的考查,也包括对易错字的考查;既包括容易写别字的考点,也要包括容易写错字的考点;既包括左右结构的汉字,也包括上下结构或其他结构的汉字。考点在字表中的分布,也是按甲、乙、丙三表的适当比例分布的。

例题:

(yù)订 (答案:预)

(ní)虹灯 (答案:霓)

(āi)声叹气 (答案:唉)

这个明星的做法受到了(yú)论的批评。 (答案:舆)

题型 9:

"汉字书写"第三部分(10 题)要求考生在阅读过程中发现使用错误的汉字,并进行改正。语料字数为 100~300 字,通常为 200 字左右。

例题:

雄伟壮观的万里长城象一条巨龙,在重峦迭嶂之间蜿蜒盘旋,从山海关到嘉峪关全长六千七百多公里。它是人类建筑史上罕见的古代军事防御工程,凝聚着我们祖先的血汗和智慧,象征着中华民族艰不可摧的意志和力量。它以幽久的历史,浩大的工程,雄伟的气魄著称于世,与埃及的金字塔、印度的泰姬陵等一起被喻为世界的奇迹。

(答案:像、叠、坚、悠、誉)

附录3　汉语言应用能力综合训练题

一、阅读理解

第一部分：请根据题目内容，选出最合适的答案。

1. 父子两人在雪地上比赛走路，看谁走得又直又快。父亲看着终点，一步一个脚印，走得既直又快；儿子看着自己走的每一步，走一步回头看一下，结果又慢又弯曲。

这段文字是要说明（　　）。

A. 如果只盯着过程，就会忘记目标

B. 过于小心谨慎，反倒会影响效果

C. 我们不应该总是留恋过去，而应具有长远的目光

D. 丰富的人生阅历，可以帮我们更完美地到达终点

正确答案是 A。

这段文字通过父子二人走路方式与比赛结果的对比，隐喻明确行为的目标，更有助于目标的实现；反之，则会比较艰难，故 A 为正确答案。儿子行为中最主要的问题不是过于小心谨慎，而是忘记目标，B 选项只说明了这段文字中一个很小的方面，故不正确；C 和 D 为过度引申，均不正确。

本题解题时应着眼于父子比赛走路后不同结果的对比"看着终点"和"看着自己走的每一步"。

2. 在中国近代历史上，"血肉长城"一词不停地被人使用。其实，最能够被冠以这一赞誉的，只有滇缅公路。

这段文字意在强调（　　）。

A. 滇缅公路是伟大之作

B. 滇缅公路是唯一的"血肉长城"

C. 历史上的"血肉长城"都不如滇缅公路

D. 滇缅公路的筑成过程中充满了艰辛和血汗

正确答案是 D。

"血肉长城"的本意是指长城修建时工人们付出的汗水和生命，这一词形象地说明了筑路工人在建造滇缅公路时也同样充满了艰辛。D 项正是作者所要强调的。滇缅公路是伟大之作，可是 A 不能体现句子所要强调的内容。B、C 的说法过于绝对了。

本题解题时最主要的是理解"血肉长城"的含义。

3. 在整个世界经济一片衰退之际，中国经济的"一枝独秀"让我们出了名。但是，善于思考的人们还会发现一个让我们清醒的话外音——"一枝独秀不是春"。如今，整个世界经济的严冬对我们这个一枝独秀的温暖角落产生了些许影响。

对这段文字概括得最准确的是（　　）。
A. 我国经济增长面临着挑战　　　　B. 中国经济与世界经济对比鲜明
C. 世界经济状况陷入不良循环之中　D. 当前中国经济形势喜人，不断增长

正确答案是 A。

这段文字的关键在于"一枝独秀不是春"。同时，文中还说明了世界经济形势不好对中国的影响，A 最为恰当。整段文字主要是说明中国的经济形式，故 D 项不正确，也没有对比中国经济与世界经济，故 B 不正确，而文中只是说明了世界经济状况不好，没有说明处于不良循环之中，故 C 也不正确。

本题解题时应把握"但是"后的文字，这也是很多类似题型的关键着眼点。

4. 教师不应该把年轻人当成等你灌充的空瓶，而是应该把他们看成等你点燃的蜡烛。这句话是要告诉教师们（　　）。
A. 正确的人生态度　　　　B. 要带给学生希望
C. 不要让学生等待　　　　D. 正确的教学方法

正确答案是 D。

"等你灌充的空瓶"比喻成"填充式教育"，而"等你点燃的蜡烛"比喻成"启发式教育"。所以本题在于说明正确的教学方法。故 A、B、C 都不正确。

5. 一只屎壳郎推着一个粪球以不慢的速度在并不平坦的路上奔走，突然它推的粪球一下子扑到了一株植物上，它在尝试了很多办法后终于把粪球从刺上推了下来，它没有丝毫的停滞，没有从困境中走出的长吁短叹，像没事一样匆匆离开了。

这段文字传递的信息是（　　）。
A. 不要轻易放弃任何机会　　　　B. 遇到困难，要客观全面地分析
C. 不能莽撞，成功需要等待时机　D. 生活本没有痛苦，不要太计较得失

正确答案是 D。

屎壳郎在搬动粪球后没有从困境中走出的长吁短叹，像没事发生一样匆匆离开了。可以想到在生活中，它已习惯了这样的场景。在它的生活里本来就没有输赢，推得过去是生活，推不过去也是一样的生活。由此想来，也许生活本来没有痛苦，只是人太计较得失，A 没有抓住题目的中心，B、C 非题目所言。

本题解题时要重视最后三句话中的三个"没有"，说明屎壳郎不在乎这一些。

小结：第一部分共 20 题，每道试题提供 1 段文字，并带有 1 个问题，阅读后根据提问，在 4 个备选项中选出最恰当的答案。这部分主要测查对句段的概括、归纳、理解的能力。解题技巧有：①遍读整段文字，找到中心主语；②把握关联词，一般句段着眼于"但是""然而""因此"等词后；③细读一些含隐喻意义的词，如"血肉长城""庙堂""江湖"等，一般不可按其字面意义解读。

第二部分：请根据文章内容，选择最恰当的答案。

按说组成牙齿的材料是人体中最硬的物质，然而几乎 99% 的成人牙齿往往有这样或那样的毛病。相比之下，许多动物的牙齿都比人的牙齿强。有些鱼在牙齿磨损或病、坏后还可以重新再长，最多能重复百次。鳄鱼全副牙齿可更新二十次，而人的牙齿最多只能换两次。有的较高等的动物如牛和马，他们的牙齿有个"磨损区"，凡属该区的牙齿能多次更新。

龋是牙齿的大敌,造成龋齿的根源在于产酸细菌,温暖湿润的口腔正是这些细菌生长繁殖的温床,它们特别喜欢积聚在牙垢中,每毫克牙垢中含有几亿个细菌。我们吃东西不仅为自己提供营养,同时也在养活这些看不见的"犯罪分子",它们主要以糖为能量,糖被消化后分泌出酸来侵蚀我们的牙齿,造成龋洞,乃至破坏全部牙齿。除龋齿外,牙龈炎也和细菌性牙垢有关,因此,通过刷牙及时去除牙垢,对牙齿和牙龈的健康十分重要。

其实,人得牙病在一定程度上与牙齿的排列和布置也有关系。人类的祖先也有牙痛和牙病,但在石器和铁器时代,坏牙的比例只有8%,公元5世纪以后上升到35%,今天,得牙病的越来越多了,人类进化的初期,由于生食,牙齿必须有力地咬嚼,上下颌也相应很宽,口腔里的地方就比较大,牙的排列不是那么紧密,牙垢不易停留,也便于清除。后来人类学会了熟食,咀嚼就容易多了,在长期进化过程中,颌慢慢退化。今天,牙齿在变小的口腔里互相挨得很紧,牙缝里的牙垢很难清除。

牙齿的排列和口腔的大小既已无法改变,唯一的办法是勤清理。早在公元前3000年,牙签已成为苏梅尔国王们的陪葬品。

6. 许多动物比人的牙齿强的原因在于动物(　　)。

　　A. 牙齿比人多　　　　　　　　B. 牙齿不易磨损
　　C. 有更换牙齿的功能　　　　　D. 组成牙齿的物质更坚硬

正确答案是C。

从第一段中可以看出,作者举出了鱼、鳄鱼、牛和马的例子说明,和人相比,这些动物们都能够更新牙齿,故C正确。

本题解题时应找到题肢对应的段落——第一段,然后稍作精读即可发现答案。

7. 文中的"犯罪分子"指的是(　　)。

　　A. 龋齿　　　　　B. 细菌　　　　　C. 糖分　　　　　D. 酸性成分

正确答案是B。

从"犯罪分子"这一句和后一句来看,"吃东西"养活"犯罪分子",同时,它们还会分泌出酸造成龋齿。因此,"犯罪分子"指的应当是"细菌"。A、C、D都提到对牙齿有害的物质,但"犯罪分子"指的不是这些。

本题解题时答案在第二段,主要应把握每句话的主语,做到了这一点,该题也就迎刃而解。

8. 对人的牙齿从古至今的变化描述正确的是(　　)。

　　A. 牙病越来越少　　　　　　　B. 牙的排列越来越宽
　　C. 牙垢越来越容易停留　　　　D. 牙齿越来越容易清理

正确答案是C。

从第三段看出,坏牙的比例由石器和铁器时代的8%上升至公元5世纪的35%,今天的牙病越来越多,故A错误。文中还提到在人类进化的初期,"牙齿的排列不是那么紧密,牙垢不易停留,也便于清除"。可见B、D错误,C正确。

本题解题时在第三段中应把握人的牙齿从古至今问题越来越多。

9. 根据文章内容,以下正确的是(　　)。

　　A. 吃生食是远古时代的人类得牙病的主要原因

B. 3 000年以前,人类已经有一些方式清理牙齿了

C. 由于组成牙齿的物质较脆弱,因此大多数成人都有这样或那样的牙病

D. 刷牙仅仅可以去除牙垢清除细菌性细菌,只能预防龋齿而没有其他作用

正确答案是B。

"吃生食"在最后一段中提到,但只有促使牙齿用力咀嚼,并不是人类得牙病的主要原因,故A错误。第一句中提到"组成牙齿的材料是人体中最硬的物质",故C错误。文中提到,"通过刷牙及时去除牙垢,对牙齿和牙龈的健康十分重要",故D错误。而最后一段中提到,要勤清理来保护牙齿,而且"早在公元前3000年,牙签已成为苏梅尔国王们的陪葬品",故B正确。

本题考查对整篇文章一些细节内容的把握,需要再返回到全文中逐点核实,略有难度。

10. 这篇文章主要是为了说明(　　)。

A. 人的牙齿的缺点　　　　　　B. 龋齿是如何产生的

C. 最常见的牙病是什么　　　　D. 怎样保护我们的牙齿

正确答案是D。

这篇文章的作者比较了人和动物的牙齿,说明了牙病是如何产生的,还解释了人类牙齿的进化过程,但总的来说,还是为了说明应该如何保护我们人类的牙齿。

本题解题时把握好题肢内容,"为了说明"指的是本文写的目的,而A、B、C三个选项都是内容。

小结:第二部分提供若干篇短文,共20个问题。每篇短文带有若干问题,并在4个备选项中选出最恰当的答案。这部分试题主要测查对篇章的综合分析能力,要求对整个文段的整体把握和一些重要信息的个别把握。我们建议在答题时,先阅读问题,然后带着问题阅读文段,在阅读中对相关信息作出相应标识,这样既有针对性,又能节约时间。

第三部分:根据陈述,选择最恰当的答案。

11. 根据全国图书出版选题计划,去年引进版图书选题共6 287种,其中美国图书占76.3%,英国图书占6.2%,德国图书占3.1%,俄罗斯图书占2.2%,韩国图书也占1.3%,而法国图书仅为1.2%。这种情况不但与法国文学在世界同时也在中国昔日的辉煌大相径庭,也与名家辈出的法兰西灿烂文化极不相符。据此可知,作者认为(　　)。

A. 美国图书引进过多　　　　　B. 法国图书值得大量引进

C. 韩国图书不应比法国图书多　D. 法国文学的辉煌在中国仍旧存在

正确答案是B。

这段文字引用诸多数据意在阐明作者的观点,即全国图书出版选题计划中法国图书的引进情况,与"法国文学在世界,同时也在中国昔日的辉煌大相径庭,也与名家辈出的法兰西灿烂文化极不相符",因此可以排除选项A、C;从文中作者使用"昔日"两字推断选项D错误。从"大相径庭""极不相符"的表述可知,作者主张大量引进法国图书。因此,正确答案是B。

本题解题时注意作者的语气,需要读者推断。

12. 广告投放应视产品销售计划而定,并不是范围越广越好,否则就是浪费。有统计表明,在媒体的权威性与品牌形象上,央视一套以六七倍的优势独占鳌头;而在适应企业市场需要的灵活性、更合算两方面,省级卫视却独领风骚,分别是央视一套的10倍和3倍。根据

这段文字可以推出(　　)。

A. 在央视一套做广告未必能树立品牌形象
B. 省级卫视的广告很难左右观众的消费倾向
C. 就广告效果来说,央视一套比不上省级卫视
D. 如考虑低成本、高收益,宜在省级卫视做广告

正确答案是 D。

从媒体的品牌形象上不能推出做广告产品的品牌形象问题,因此不能推出选项 A;从"适应企业市场需要的灵活性、更合算两方面,省级卫视却独领风骚"可以判断出省级卫视的广告具有其自身优势,从而进一步推论出其具有相当的广告效果,因此选项 B 错误;文意表明"广告投放应视产品销售计划而定",央视一套、省级卫视各具优势,因此选项 C 错误;这段文字表明省级卫视的优势之一在于"更合算",因此正确答案是选项 D。

本题稍难,无法从题目中直接寻找答案,需要做详细的比较和推断。本题采用排除法比较好。

13. 数据显示,某国 1973 年 20% 的最富有家庭的收入占该国总收入的 40%。到 2002 年,这一比例已增至 50%,对社会最下层的 20% 的家庭而言,他们的收入占该国总收入的比例从 1973 年的 4.2% 降至 3.5%。无法通过这段文字推断的是(　　)。

A. 富人越来越多
B. 穷人越来越穷
C. 贫富差距在拉大
D. 少数人占据大多数社会财富

正确答案是 A。

这段文字意在说明某国贫富差距在拉大。通过数据变化和数据计算可知选项 B、C、D 的说法均正确;文中数字变化都是根据收入提出的,因而无法推出人数方面的变化,因此正确答案是 A。

本题难度不是很大,关键在于读懂这些数字,理解百分比与人数无关。

14. 近来,关于山东某一所民办高校以百万年薪聘请"哈佛博士"为所谓"常务院长",媒体发了不少消息。媒体关注他是否为"哈佛博士",而在我看来,学位真假属法律范围,但在教育思想范畴内,颇有值得思考的地方。

作者接下来最可能表达的观点是(　　)。

A. 中国民办高校的教育思想亟须得到端正与指导
B. 媒体单纯关注学位的真假问题会对民众产生误导
C. 一味迷信洋博士会对中国的教育事业造成不利影响
D. 该民办高校应借助法律手段考察洋博士学位是真是假

正确答案是 C。

这段文字论述的重点是"作者要提出在教育思想范畴内'值得思考的地方'",选项 B、D 不属于此话题,因此可以排除;作者提出的话题并非只针对中国民办高校,而是整个"教育思想范畴",同时选项 A 提出的问题也不具有针对性,故可排除选项 A。因此,正确答案是 C。

本题解题时使用排除法,同时关注"在教育思想范畴内",应该能找到正确答案。

15. 小偷王某在屋内作案时遇房主回来,迫不得已从三层的窗户向外跳下,导致当场死亡。王某的家属要求保险公司赔偿意外保险金,但保险公司拒绝赔偿。保险合同上对意外

伤害的定义为:"指外来的、突发的、非疾病的、非本意的,导致被保险人身体受到伤害的客观事件。"保险公司拒赔的理由是王某的死亡不符合(　　)。

A. 外来的　　　B. 突发的　　　C. 非疾病的　　　D. 非本意的

正确答案是 A。

入室盗窃行为是在主观意愿下实施的,不属于"外来的"。根据保险合同上对意外伤害的定义要素"外来的、突发的、非疾病的、非本意的"逐一排除即可得出答案。其中选项 D 具有迷惑性,注意根据法律术语、行文表述而非生活印象来解答。综上所述,正确答案是 A。

本题是考查对某一定义的理解,可以分解定义,与题目中的描述逐一对比。

提示:第三部分共 10 道题目,基本上是每道试题给出一段陈述,根据这段陈述,推断出相应的答案,主要测查对句段的演绎推理能力。本部分在阅读理解部分中属于较难板块,要求掌握演绎推理能力,答案无法在题目中直接找到。

二、书面表达

第一部分:选出有错字的一个选项。

16. 尽管生活苦涩艰辛,/只要我们再接再励,就一定会成功的,/就像雪后的阳光,尽管
　　　(A)　　　　　　　　　(B)
一时被阴霾遮挡,/但终会热力四射,让人看到希望。
　　(C)　　　　　　(D)

正确答案是 B。应该是"再接再厉"。

17. 来到美伦美奂的菜茵阁西餐厅门前,/在殷勤周到的服务员引领下,/我们一进入
　　　(A)　　　　　　　　　　　　(B)
这间把大自然与装饰、餐饮文化融为一体的西餐厅,/顿时视觉、味觉、听觉等感官全部被调动
　　　　　(C)　　　　　　　　　　　　　　(D)
起来了。

正确答案是 A。应该是"美轮美奂"。

18. 近几年里,环保思潮对家居设计产生了很大的影响,/许多人开始崇尚返璞归真,回
　　　　　　　　(A)　　　　　　　　　　　　　(B)
归自然。/陶艺制品不仅能够点辍家居,/还可以通过艺术装点使家居蓬荜生辉。
　　　　　　(C)　　　　　　　(D)

正确答案是 C。应该是"点缀"。

19. 经过 20 多年的经济改革,我们消灭了物质匮乏现象,/并从过去简陋的时代一下子
　　　　　(A)　　　　　　　　　　　　　(B)
跃进了物质的天堂。/然而,我国建立在大规模投资、大量耗费自然资源基础上的经济体系,/
　　　　　　　　　　　　　　　　(C)
虽已解决了我国经济发展中"量"的问题,但其敝端和代价也暴露无遗。
　　　　　　　　　　　　(D)

正确答案是 D。应该是"弊端"。

20. 中国人民银行有关负责人就调整个人住房信贷政策答记者提问时说,/房地产业作
　　　　　　　　　　　(A)
为国民经济的支柱产业,/在扩大内需及促进消费方面发挥了巨大的作用,/金融机构将一
　　(B)　　　　　　　　　(C)
如继往地支持房地产业的健康发展。
　(D)

正确答案是 D。应该是"一如既往"。

提示:第一部分是找错别字,主要测查对音近、形近汉字的辨识应用能力,需要在平时的汉字使用注意和积累。

第二部分:21~25题为划线词语替换,25~30题为词语填空。

21. 中国对葡萄酒征收的17%的增值税、10%的消费税并不会发生改变,关税单方面下降对<u>抑制</u>进口酒的高价起不了多大作用。

  A. 遏制   B. 压制   C. 抵制   D. 限制

  正确答案是A。

"抑制"是动词,有"压抑、控制"的意思,只有"遏制"可替换。"压制"虽然表示"强力限制或制止"的意思,但限于情绪、意见等;"抵制"表示"阻挡、制止,使外力不能侵入或发生作用";"限制"表示"控制约束,不允许超过规定",主要是指范围。综上所述,正确答案是A。

22. 学无止境,如果有了一点成绩,便<u>自命不凡</u>,翘起尾巴,就会妨碍以后的进步。

  A. 自以为是   B. 不自量力   C. 自吹自擂   D. 刚愎自用

  正确答案是A。

"自命不凡"指自己认为自己了不起,不同凡俗。"自以为是"指自己以为自己是正确的,与"自命不凡"同义。"不自量力"指过高地估计自己,做力所不能及的事;"自吹自擂"比喻自我吹嘘;"刚愎自用"偏重固执己见。因此,正确答案是A。

23. 在一个太空飞行已经变得快要<u>司空见惯</u>的时代,很容易忽略乘火箭旅行的危险和在环境恶劣的地球外层大气中航行的困难。

  A. 习以为常   B. 屡见不鲜   C. 不足为奇   D. 微不足道

  正确答案是A。

"司空见惯"比喻经常看到,不足为奇。"习以为常"指经常看到(或经常做),就认为它很平常,与"司空见惯"同义。"屡见不鲜"形容多次见到,不觉得新奇,但不能用作定语;"不足为奇"指不值得奇怪;"微不足道"指渺小得不值一提。因此,正确答案是A。

24. 一些商店为了<u>招徕</u>顾客,常常向顾客赠送小饰物、小礼品等。

  A. 招揽   B. 招呼   C. 招待   D. 招引

  正确答案是A。

"招揽"的意思是招引到自己一方面来,与"招徕"同义。"招呼"的意思是"呼唤"和"用语言或动作表示问候"等意思;"招待"的意思是"对客人表示欢迎或给以应有的待遇",不含"招引到自己一方面来"的意思;"招引"的意思是用某些手段来吸引,虽与之相近,但"揽"令人感到"招"的范围较广,而"引"多是强调"招"的 结果。因此,正确答案是A。

25. 金融数学最终要运用于实践。可目前国内金融衍生产品市场还没有成气候,学生很难有实践的机会,教和学都还是纸上谈兵。另外,高校培养的人大多是本科生,只有少量的研究生,这个领域的高端人才在国内还是<u>凤毛麟角</u>。

  A. 屈指可数   B. 沧海一粟   C. 首屈一指   D. 百里挑一

  正确答案是A。

"沧海一粟"的意思是"渺小""微不足道";"首屈一指"是指"居第一位",引申为最好的;"百里挑一"是指"出色""出众"。这些都与"凤毛麟角"比喻珍贵而稀少的意思不符。而"屈指可数"是说扳着手指头就能数过来,形容数量很少。在"数量少"这层意思上,与"凤毛麟角"的意思相吻合,因此正确答案是 A。

26. 经过一年多的_____打造,总投资近千万元的大型山体浮雕《灯会溯源》即将完工。
   A. 用心   B. 耐心   C. 细心   D. 精心
   正确答案是 D。

"精心"指特别用心、非常小心,强调细心、认真,可以用来形容设计。"用心"指用功,注意力集中,形容学习、做事等,因此不适合放入本句中。"耐心"是指能在长时间里不急躁、不厌烦。"细心"是指(思考办事)细致、认真、不马虎、不粗糙等。这个句子不强调时间长或办事细致,因此不选择选项 B、C。综合而言,正确答案是 D。

27. 《北京市工资支付规定》是依据《中华人民共和国劳动法》的有关规定,结合国家相关规定和本市的实际需要起草的。通过对《劳动法》有关原则规定的_____,针对本市近年来工资支付纠纷较集中的问题加以必要的规范,维护和保障劳动者的合法权益。
   A. 复杂化   B. 具体化   C. 合法化   D. 简单化
   正确答案是 B。

"具体化"指使抽象笼统的变成具体明确的。"复杂化"指使简单的事情变得复杂。"合法化"指获得合法地位。"简单化"指使复杂的事物变得简单(跟"复杂化"相对)。只有"具体化"最符合句意。因此,正确答案 B。

28. 砍伐原生林给全球气候带来负面影响,砍树造纸的做法向来被环保人士称为"_____"。
   A. 坐以待毙   B. 杀鸡取卵   C. 画蛇添足   D. 缘木求鱼
   正确答案是 B。

"杀鸡取卵"是指为得到蛋而把鸡杀了,比喻牺牲长远利益来获得眼前好处。"坐以待毙"是指坐着等死,比喻遇到危险不采取积极措施而坐等失败。"画蛇添足"比喻多此一举,弄巧成拙。"缘木求鱼"是爬到树上去求鱼,比喻方向或方法有错误,因而不能达到目的。只有"杀鸡取卵"符合题意,因此,正确答案是 B。

29. 语文考试能得高分的学生大都思维敏捷,_____,并且综合能力较强。
   A. 见多识广   B. 博古通今   C. 旁征博引   D. 博大精深
   正确答案是 A。

"见多识广"意为"见过的多,知道的广"。该词既符合高分语文"考生"的身份实际,又是语文素质重要的构成因素,因此选项 A 是正确的。"博古通今"是说对古代的事知道得很多,并且通晓现代的事情,形容知识丰富;"博大精深"形容思想和学术广博丰富,深奥精微。"能得高分的学生"达不到选项 B 和 D 的程度;"旁征博引"意思是广泛地寻求和引证,一般是就说话、写文章引用材料丰富而言,而语文考试并非仅考写作,故选项 C 也不正确。因此,正确答案是 A。

30. 闯红灯可能是件小事,_____有的人走上犯罪道路,正因为他对生活中闯红灯这样的小事不以为然,并_____变得对什么警示都满不在乎。_____,在闯过社会生活中其他一些"红色警戒线"之际,栽倒了。
   A. 相反 因而 最终   B. 可是 由此 于是
   C. 但是 因此 然后   D. 然而 由于 最后

正确答案是 B。

在各组三个词语选择中,选项 B、C、D 中的第一个词语都可以表示转折关系,而选项 A 中的"相反"则是表示并列关系中的相反概念,不符合句子表达的原意;选项 A、B、C 中的第二个词语都可以表示因果关系,说明结果,而选项 D 中的"由于"则是表示原因,不符合句子表达的原意;选项 A、B、D 中的第三个词语是表示连接结果的,而选项 C 中的"然后"则是表示递次承接关系的,也不符合句子表达的原意。综合而言,正确答案是 B。

提示:第二部分共 10 题,主要目标是掌握同近义词语的区别,由上部分的字扩展到词,测试对词语的应用能力。这部分要求在生活中加强阅读,培养语感。

第三部分:31~35 题为病句辨析,36~40 题为句子填空。

31. A. 生存环境的恶化与文明的内在缺陷导致种族衰亡,这在人类历史上屡见不鲜。
    B. 空中飞鸟对飞机是个很大的威胁,因为飞鸟虽小,却能像子弹一样击穿飞机而坠落。
    C. 后代的人听到莫扎特的作品,对于他的命运可能一点消息都得不到,却能够完全认识他的内心。
    D. 青年组的设计方案令人耳目一新,整座大桥横跨河面的部分没有一个桥墩,桥身全靠铁索拉起,这在国内还没有先例。

正确答案是 B。

选项 B 成分缺失,表达不明确,有歧义。正确的说法应该是"……飞鸟虽小,却能像子弹一样击穿飞机而使飞机坠落"。

32. A. 我们应该尽量避免不犯错误或少犯错误。
    B. 老人告诉我长寿要两"不可":不可追名逐利,不可气量狭小。
    C. 从实验田到农田,从农田到实验田,他们反复地进行土壤分析。
    D. 他投身于屡遭挫败的民主主义革命,对国内的进步事业作出了巨大的贡献。

正确答案是 A。

选项 A 搭配不当,应删去"避免"。正确的说法应该是"我们应该尽量不犯错误或少犯错误"。

33. A. 近期全国几起大火,给北京市消防安全敲响了警钟。
    B. 今年我省高校招收的学生,是自恢复高考制度以来最多的一年。
    C. 这些物质还能直接进入肝脏,使肝脏无法正常控制人体内血糖和胆固醇的含量。
    D. 学者往往从理想主义出发,更多考虑应当做到什么,立法和执法者往往是从现在能做到哪一步出发。

正确答案是 B。

选项 B 搭配不当。正确的说法应该是"今年我省高校招收的学生人数,……"。

34. A. 有家报纸在批评该剧的同时却独具慧眼地对卓别林在剧中的表现大加赞赏。
    B. 全市已有 70% 的锅炉使用了有效的消烟除尘装置,冒黑烟的锅炉越来越少了。
    C. 澳大利亚树袋熊保护基金会最近写信给澳大利亚政府,呼吁将树袋熊列为濒危物种。
    D. 荔枝原产于我国,是我国的特产。海南岛和廉江有野生的荔枝林,可见我国是原产地的明证。

正确答案是 D。

选项 D 成分冗余。正确的说法应该是"荔枝原产于我国,是我国的特产。海南岛和廉江有野生的荔枝林,就是明证"。

35. A. 高级公务员长期在政府中担任要职,形成了一个特殊的超稳定系统,结成了一个盘根错节的人际关系网。

B. 《史记》就是这样运用"原始察终,见盛观衰"的原则,对我国具有 3 000 多年的历史进行了总结,深得史家赞赏。

C. 在经贸方面,尽管中美经贸关系将因中国入世而变得更加密切,但同时也应看到,中美之间的贸易摩擦和纠纷不但不会减少,很可能还会增多。

D. 大学生是一个比较特殊的群体,他们从中学进入大学,面临着很多"改变",要通过自己的努力去适应新的环境,这些"改变"无疑会给大学生带来一定的心理压力。

正确答案是 B。

选项 B 搭配不当、冗余。正确的说法应该是"《史记》作者就是这样运用'原始察终,见盛观衰'的原则,对我国 3 000 多年的历史进行了总结,深得史家赞赏"。

36. 观其友而知其人,同样,_____,只因书与人一样,也能做人之友。

A. 其书亦如其人
B. 其书亦如其友
C. 察其所读之书亦能知其人
D. 观其人亦能知其所读之书

正确答案是 C。

这段文字论述"观其友而知其人"。选项 A、B 的结构不完整,选项 D 的逻辑顺序颠倒,因此正确答案是 C。

37. 任何事情都是可以做的,就看你怎样去做。_____。

A. 是把它当成一项事业,还是一件事情
B. 是把它当成一件事情,还是一项事业做
C. 是把它当一件事情,还是一项事业来做
D. 是把它当一项事业,还是一件事情来做

正确答案是 C。

选项 B 文字不通顺,选项 D 逻辑顺序颠倒,选项 A 逻辑顺序既颠倒,文字又不通顺,因此正确答案是 C。

38. 人生的快乐是步向成功的过程,而不是获得成功的一刹那。这就好比爬山的快乐,是在登山的过程。_____,因此能得到莫名的喜悦。

A. 由于提升了境界,攀越了险阻,不断地开阔了视野
B. 由于开阔了视野,提升了境界,不断地攀越了险阻
C. 由于攀越了险阻,不断地开阔了视野,提升了境界
D. 由于攀越了险阻,不断地提升了境界,开阔了视野

正确答案是 C。

选项 C 符合登山的逻辑顺序,只有"攀越了险阻",才令"开阔了视野",进而在精神层面上

"提升境界"。选项 A、B、D 均不符合逻辑。

39. 西方舆论认为,德国对战争的悔悟态度已经得到欧洲受害国的认同和理解,_____。

    A. 也许欧洲人已经忘却过去的战争,而把自己的全部精力都投入到建立未来的合作了
    B. 标志着欧洲人已经忘却过去的战争,而把自己的全部精力都投入到建立未来的合作了
    C. 也许欧洲人的国际关系观念已从以战争解决纠纷走向了通过建立合作机制解决矛盾的时代
    D. 标志着欧洲人的国际关系观念已从以战争解决纠纷走向了通过建立合作机制解决矛盾的时代

    正确答案是 D。

    既然是"认为",结论就该是确定性的,不应是揣测,因此选项 A、C 错误。从"得到欧洲受害国的认同和理解"中可以看出,欧洲人并未忘却过去的战争,选项 B 是错误的。因此,正确答案是 D。

40. 有的药物制成不同的剂型,会有不同的治疗作用,比如_____。

    A. 对于药物作用需要持久、延缓的可以采用丸剂、缓释片剂
    B. 急症病人,为了使药效迅速,应使用注射液、栓剂、汤剂与舌下片等
    C. 硫酸镁制成溶液剂口服药时有致泄作用,而制成注射液则为抗惊厥药
    D. 普通的口服药片、胶囊、口服液等都是通过口腔,经食道进入肠胃而发挥药效的

    正确答案是 C。

    这段文字是用举例的方法,说明"有的药物"制成不同剂型,会有不同的治疗作用,因此选项 C 是正确的。选项 A、B、D 所论述的均不是这一问题。因此,正确答案是 C。

    提示:第三部分测查对句子的应用能力。病句中主要掌握常见的主谓不一致、缺少主语、搭配不当、句式杂糅、歧义等语病类型,找准主谓宾;句子填空要根据整句语言的意思,做到主语一致,并列句或词情感排列有序、对应工整等。

第四部分:根据问题选答案。

火星在太阳系九大行星中,按离太阳由近及远的次序为第四颗。我国古代称它为荧惑。西方人因为它的红光如血似火,就以战神玛尔斯的____命名它。

火星的自转轴与它的轨道面交角约为 66 度,而地球自转轴与轨道面的交角为 66 度 33 分,这____火星上也有____地球上的四季变化。火星绕太阳的运动周期为 687 个地球日,差不多是地球上的两年。因此,火星上的每个季节也比地球上的季节长一倍。

火星有较稀薄的大气层,其密度相当于地球大气层 30 千米至 40 千米高处的密度。火星表面白天最高气温为零下 13 摄氏度,夜间最低气温为零下 73 摄氏度。气温和气压都变化很快。火星表面气候干燥、寒冷,天空灰蒙蒙,看不到蓝天。黎明时有云,云呈粉红色,主要由尘埃组成,可能含有极少的冰粒,太阳____出来,云就消散了。

火星大气中有时刮起"季候风",低层大气卷起大量尘沙,这种____的狂风叫尘暴。有时巨大的尘暴,可以席卷整个火星,并持续几十天。例如,1971 年,"水手"9 号抵达火星时,恰逢火星上扬起大尘暴,无法观测火星表面,只得退居到等待轨道上去观测火星的卫星,尘暴

过后再观测火星。

41. 第一段中横线处最恰当的措辞为( )。
   A. 名称   B. 名字   C. 称呼   D. 称谓
   正确答案是 B。

   "名字"是指"人"的名。"名称"是指人或事物名字的叫法。"称呼""称谓"是指当面招呼时来体现彼此身份关系的名称。只有"名字"符合句意。因此,正确答案是 B。

42. 第二段中横线处最恰当的措辞为( )。
   A. 表明/仿佛   B. 说明/相似   C. 说明/好像   D. 表明/类似
   正确答案是 D。

   "表明"指明白地表示,可以是客观迹象的"表示"。"说明"指解释说明,重在主体的解释。火星的自转轴与它的轨道面交角度数与地球的交角度数相近,只能是客观的"表明",而非主体的解释,由此可以排除选项 B、C。"类似"是形容词,指大致相似。"仿佛"有动词和副词的用法。综合而言,正确答案是 D。

43. 第三段四个画线词语中删掉后不影响表达的一个是( )。
   A. 有   B. 于   C. 很   D. 一
   正确答案是 D。

   选项 A、B、C 都有一定的表达含义,不能删。只有选项 D,虽然"一……就"是固定格式,但是删去"一"后不影响表达。

44. 第四段中横线处最恰当的措辞为( )。
   A. 特异   B. 独特   C. 独到   D. 特别
   正确答案是 B。

   选项中的四个词都可以用作形容词。"独特"是指特有的、与众不同的;"特异"是指特别优异;"独到"是指(技艺、学识或见识等)与众不同;"特别"是指不一般、与众不同,另有副词用法。根据全句来看,"独特"最符合文意。因此,正确答案是 B。

45. 第四段画横线的词语中,最不宜删除的是( )。
   A. 可以   B. 例如   C. 恰逢   D. 只得
   正确答案是 D。

   根据文意:"水手"9 号是"只好,不得不""退居到等待轨道上去观测火星的卫星,尘暴过后再观测火星",如果删除"只得"就失去了表达被迫的含义。因此,正确答案是 D。

   小结:第四部分共 10 题,一般两篇文章,主要测查对篇章的综合表达能力。基本上以选择符合上下文意思的字词为主,在回答该部分题目时,要细读横线处的上下文,反复比较选择项的异同和在文中的搭配。

第五部分:复述一篇短文,按要求写实用文。

46. 一对衣着简陋的夫妇坐火车去了波士顿,到了目的地,他们就直接找到哈佛大学。这会儿,他们已经胆怯地走进了校长接待室。"对不起,我们没有预约。但是,我们想见校长。"那穿着破旧的手织套装的丈夫轻声对秘书说。秘书的眉头微皱:"哦,校长,他整天都很忙。""没关系,他们我们可以等他。"穿着褪色方格棉布的妻子微笑着说。几个小时过去了,秘书没再搭理他们。秘书不明白这对乡下夫妇和哈佛大学会有什么关系,她希望他们会气馁,然后自个离开。可看来他们丝毫没有想走的意思,尽管不太情愿,秘书决定还是去打扰一下校长。"可能,他们只需见您几分钟。"秘书对校长说。校长的确很忙,他可能不会将太多的时间花费在那些他看来无关紧要的人身上。尽管忙得烦恼,校长还是点头同意会见他的客人。女士告诉校长:"我们的儿子进入哈佛大学一年了,他爱哈佛大学。他在这里很快乐。""夫人,谢谢你的儿子爱哈佛大学,你知道,哈佛大学的学生都会爱哈佛大学。"校长说。"可是在一年前,他意外地死了。""哦,真不幸,夫人。""我丈夫和我想在学校的某个地方为他竖立一个纪念物。""非常遗憾,夫人!"校长被这个想法感动了,但他说,"你知道,我们不可能为每一个进入哈佛大学死去的人竖立纪念物。如果这样做,这哈佛大学不就成了公墓了吗?""哦,对不起,先生!"女士赶紧解释,"我们并不想要竖立一尊雕像,我们只是想说我们愿给哈佛大学建座楼。"校长的目光落在这对夫妇粗糙简陋的着装上,惊叫道:"一栋楼!你们知道事实上建一栋楼要花费多少钱?仅在哈佛大学的自然植物,价值就超过了750万美元!"校长为这远道而来的夫妇感到悲哀,他们真是太幼稚了。女士沉默了,校长松了口气,他终于可以和这夫妇俩说再见了。女士转过身平静地对她的丈夫说:"亲爱的,这笔耗费不是可以另开一所大学吗?为什么我们不建立一所自己的学校呢?"面对校长的一脸疑惑,她丈夫坦然地点了点头。斯坦福夫妇离开,他们去了加利福尼亚州。在那里他们建立了以自己的名字命名的大学——斯坦福大学。

参考答案略。

小结:本文阅读时间为5分钟,阅读时不能做摘抄记录,5分钟后收回阅读材料,考生缩写成一篇短文。答题技巧有:①一定要写500字左右,不需要加入自己的观点,只要复述内容;②用自己的语言复述,不可背诵故事语言;③一般都为记叙文,有故事情节,记忆时按起因、经过、高潮、结果顺序;④记住文中一些重要的修饰词;⑤字迹清楚,标点明确,语言流畅。

47. 单位附近有一家化工厂,污染严重,长期影响周边环境。虽经多方协调,至今未能解决。单位领导请你以单位名义,给《中国环境报》编辑部写一封信,反映情况,说明理由,呼吁尽快解决问题。篇幅为500字左右,时间为25分钟。

参考答案略。

提示:这部分主要测查生活中的常用实用文:辞职信、推荐信、倡议书、招聘启事、演讲稿、办公室或小区告示等的书写能力。写作时:①格式一定要完整;②特殊结语要分清;③根据题目要求的内容写作,不能有太多自我发挥;④字迹清楚,标点明确,语言流畅。